Handbuch zur Abschlussprüfung IT-Berufe

von

Hardi Hasenbein
Andreas Heinrich

winklers
verlag ®

Die Gebrauchsanleitung

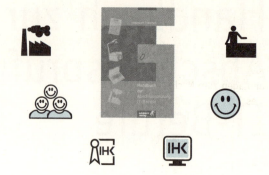

Dieses Handbuch ist zugleich Handlungshilfe und Nachschlagewerk für ALLE Phasen und Fälle in der Abschlussprüfung in den IT-Berufen!

Deswegen nehme man dieses Werk bei Bedarf und finde:

- Definitionen: Was ist überhaupt zu tun?
- Vorausschau: Was wird als Nächstes zu tun sein?
- Handlungshilfen: Was ist konkret zu tun?
- Orientierungshilfen: Tipps, Begriffe, Checklisten, Pannendienste ...

Lassen Sie sich durch alle Phasen und Fälle der IT-Prüfung leiten

- **per Prüflingstour**

  oder

- **per Prüfertour**

Seien Sie stets auf dem neuesten Stand

Kontakt / Kritik   www.IT-Pruefungshandbuch.de   Updates / Extras

Vorwort zur 2. Auflage

Wir danken unseren unzähligen Fans und Kritikern, denn dank eurer Hinweise per E-Mail, persönlich oder Brief konnten wir unser Buch mit Neuigkeiten ergänzen und verbessern! Wir danken auch Frau Bartholomy – Mitglied des DGB-Bundesvorstandes – für ihre Tipps. Wiederum danken wir vor allem unseren Familien herzlich für die duldsame Unterstützung ihrer durch Bucharbeiten zeitlich entrückten Väter!

Berlin, im Sommer 2003   *Andreas Heinrich und Hardi Hasenbein-Tiede*

2., überarbeitete und erweiterte Auflage, 2003
© Winklers Verlag
im Westermann Schulbuchverlag GmbH
Postfach 11 15 52, 64230 Darmstadt
Telefon: 06151 8768-0 · Fax: 06151 8768-61
http://www.winklers.de
Druck: westermann druck GmbH, Braunschweig
ISBN 3-8045-**9705**-X

Inhalt

Was bedeuten die Symbole?

 Das Smiley bist du als Prüfling!

 Du erhältst konkrete Hinweise oder

 in Beispielen die Qualität deiner Leistung aus Sicht der Kommission!

 Die Gruppe von Dreiermännchen stellt die Kommission dar.

 Du erhältst konkrete Hinweise oder

 die Ansicht der Kommission zu Prüfungsleistungen. Achte auf die Gesichter, daran erkennst du die Stimmung!

 Fachkommentar

 Der Piratenkopf steht für eine sehr schlechte Antwort/Reaktion deinerseits.

 Schlaumeier für Fachkommentare

 Dinge, die den Ausbildungs-/Praktikumsbetrieb betreffen

 Dinge, die die Schule betreffen

 Gesetzliche Grundlagen

 Dinge, die die IHK betreffen

 IT-gestützte Prüfungsorganisation

Schnellübersicht 1

Die Prüfung im Zeitablauf 1.1

Prüfungsaktivitäten und Leistungen 1.1.1

In den IT-Berufen verläuft die Abschlussprüfung nicht zeitpunktorientiert, sondern zeitraumorientiert.

In einem Kalenderjahr werden über zwei Zeiträume Abschlussprüfungen durchgeführt, wobei in Anlehnung an den IHK-Sprachgebrauch zwischen Sommer- und Winterprüfung unterschieden wird.

Sommerprüfung:	*Prüfungsanmeldung*	*im Februar*
	Letzte Prüfungsleistungen	*im Juli/August*
Winterprüfung:	*Prüfungsanmeldung*	*im August*
	Letzte Prüfungsleistungen	*im Januar/Februar*

Prüfungsaktivitäten und Termine in der Sommer- und Winterprüfung

	Prüfungsabschnitt/ -leistung	Wer ist aktiv?	Termin Winterprüfung	Termin Sommerprüfung
1	Du findest eine geeignete Projektarbeit	😊 🏭	Bis Mitte August	Bis Mitte Februar
2	Vorgehenskonzeption des Projektes und Ausfüllen des Projektantrages	😊	Mitte August	Mitte Februar
3	Anmeldung zur Prüfung und Einreichen deines Projektantrages	🏭	Mitte August	Mitte Februar
4	Genehmigung deiner betrieblichen Projektarbeit	😊😊😊	Erste September-Hälfte	Erste März-Hälfte
5	Durchführung deiner betrieblichen Projektarbeit	😊	Bis Anfang Dezember	Bis Mitte Mai
6	Du absolvierst die Schriftliche Prüfung (Teil B)	😊	Ende November/ Anfang Dezember	Anfang Mai
7	Abgabe deines Projektberichtes	😊	Erste Dezember-Hälfte	Mitte Mai
8	Korrektur Schriftliche Prüfung und Projektbericht	😊😊😊	Bis Mitte/Ende Januar	Bis Mitte/Ende Juni
9	Vorbereitung auf die Präsentation und Fachgespräch	😊	Bis Mitte/Ende Januar	Bis Mitte/Ende Juni
10	Durchführung Präsentation und Fachgespräch	😊 😊😊😊	Ende Januar/ Februar	Je nach Lage der Sommerferien: Ende Juni bis Ende August
11	Ggf. Mündliche Ergänzungsprüfung	😊 😊😊😊	In Zusammenhang mit Präsentation und Fachgespräch	In Zusammenhang mit Präsentation und Fachgespräch

97055

Was hast du in den einzelnen Prüfungsabschnitten zu leisten?

Projektidee Projektantrag

*Du hast deine betriebliche Projektarbeit gefunden. Jetzt entwirfst du dein **Vorgehenskonzept zur Durchführung:***

1 Du findest eine geeignete Projektarbeit

2 Vorgehenskonzeption des Projektes und Ausfüllen des Projekt-antrages

3 Anmeldung zur Prüfung und Einreichen deines Projektantrages
    IT-gestütztes Prüfungsverfahren ▶ 1.6

– *Projektbeschreibung*
– *Ziele und angestrebter Nutzen*
– *Aktivitätenplan und Zeiten*
– *Geplante Dokumente*

Damit kannst du deinen Projektantrag ausfüllen.

Projektarbeit durchführen

*Dein Projekt ist eine **betriebliche Projekt-arbeit und***

4 Genehmigung deiner betrieblichen Projektarbeit

5 Durchführung deiner betrieblichen Projektarbeit

– *bringt deinem Betrieb echten Nutzen*
– *ist inhaltlich mit der Ausbildungsordnung vereinbar*
– *erfordert dein selbst-ständiges Handeln und Planen*
– *erledigt eine echte, auch wiederkehrende betriebliche Aufgabe*
– *lässt sich in 35/70 Stunden bewältigen*

Teil B

Teil B		
Ganzheitliche Aufgabe 1	Ganzheitliche Aufgabe 2	Wirtschafts- und Sozialkunde

6 Du absolvierst die Schriftliche Prüfung (Teil B)

97056

Projektbericht erstellen

Gestaltung des Projektberichts

Es wird nicht dein Produkt bewertet. Schreibe eine Art Abschlussbericht über deine betriebliche Projektarbeit für einen sachkompetenten Dritten, der über dein Tun informiert werden muss.

Daraus wird ermittelt:

– dein Vorgehen
– die Qualität deiner Beschreibung
– deine Kundenorientierung.

7 Abgabe deines Projektberichtes

IHK IT-gestütztes Prüfungsverfahren ▶ 1.6

8 Korrektur Schriftliche Prüfung und Projektbericht

Präsentation abhalten

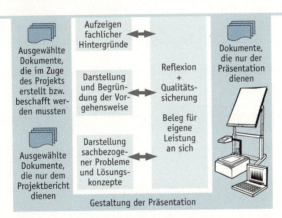

Gestaltung der Präsentation

Zeige durch deine Präsentation, dass du dein Wissen über deine betriebliche Projektarbeit in geschickter Form vermitteln kannst.

Präsentiere nicht ausschließlich dein Produkt oder deinen Projektbericht, sondern die wesentlichen Elemente deines Handelns.

Fachgespräch führen

Ein Fachgespräch

findet statt zwischen Kommission und dir über deine betriebliche Projektarbeit: Du diskutierst als Autor und vertrittst deine Ansichten und dein Tun.

9 Vorbereitung auf die Präsentation und Fachgespräch

10 Durchführung Präsentation und Fachgespräch

Mündliche Ergänzungsprüfung

Deine Leistungen waren **in Teil B** nicht so schlecht, dass du sofort durchgefallen bist!

Die Prüfungskommission hat festgestellt, dass du eine **mündliche Zusatzleistung** erbringen musst, damit du u. U. doch noch im Teil B bestehen kannst.

11 Ggf. Mündliche Ergänzungsprüfung

1.1.2 Dein Prüfungszeitraum während der Ausbildung

Bereits ein halbes Jahr vor Ende der Ausbildung werden die inhaltlichen Weichen für die Prüfung gestellt und die ersten Prüfungsaktivitäten aller Beteiligten beginnen.

Die Prüfung findet grundsätzlich **während des letzten** Ausbildungssemesters statt.

Prüfungs-Eintritts-Kalender

Art des Ausbildungs-verhältnisses	Ausbildungs-dauer	Beginn des Ausbildungs-verhältnisses	Eintritt in die Prüfungs-aktivitäten
Duale betriebliche Ausbildung oder vollschulische Ausbildung oder Umschulung	3 Jahre	1. Sept. JJ	Februar JJ + 3
		1. Febr. JJ / 1. März JJ	August JJ + 2
	2 ½ Jahre	1. Sept. JJ	August JJ + 2
		1. Febr. JJ / 1. März JJ	Februar JJ + 2
	2 Jahre	1. Sept. JJ	Februar JJ + 2
		1. Febr. JJ / 1. März JJ	August JJ + 1

Zur Ermittlung deines Prüfungszeitraumes trage doch einfach deine zeitlichen Rahmenbedingungen in dieses Muster ein:

Ausbildungsdauer	Ausbildungs-beginn 1. MM. JJ	August JJ + 1	Februar JJ + 2	August JJ + 2	Februar JJ + 3	August JJ + 3
2 ½ Jahre	z. B. 1. Sept. 2002	August 2003	Februar 2004	Beginn August 2004 (Winter-prüfung)	Prüfung abge-schlossen Februar 2005	

1.1.3 Dauerkalender für Teil B

Wann findet deine Prüfung im Teil B statt?

Damit du nicht in deiner Urlaubsplanung und vor allem deiner Vorbereitung auf die Prüfung im Teil B überrascht wirst, ist es wichtig zu wissen, wann du deine Schriftliche Prüfung im Teil B zu absolvieren hast.

97058

Von den IHK-Organisationen wurden folgende Prüfungstermine für die bundeseinheitlichen Abschlussprüfungen in den IT-Berufen festgelegt.

Für die IT-Berufe findet die Abschlussprüfung im Teil B nach dieser Planung immer an dem ersten der hier genannten Termine – dem Dienstag – statt. Es könnte sein, dass sich im Laufe der Zeit der Prüfungstag auf den zweiten Termin verschiebt.

Abschlussprüfung	Termine 1./2. Prüfungstag	Abschlussprüfung	Termine 1./2. Prüfungstag
Winter 2003/2004	**Dienstag, 25. Nov. 2003** *Mittwoch, 26. Nov. 2003*	Sommer 2005	**Dienstag, 10. Mai 2005** *Mittwoch, 11. Mai 2005*
Sommer 2004	**Dienstag, 4. Mai 2004** *Mittwoch, 5. Mai 2004*	Winter 2005/2006	**Dienstag, 22. Nov. 2005** *Mittwoch, 23. Nov. 2005*
Winter 2004/2005	**Dienstag, 23. Nov. 2004** *Mittwoch, 24. Nov. 2004*	Sommer 2006	**Dienstag, 9. Mai 2006** *Mittwoch, 10. Mai 2006*

Die AkA-Nürnberg ist eine der IHK-Organisationen, die die Festlegung dieser Termine im Internet verbindlich veröffentlicht:

Homepage: www.aka-nuernberg.de, Rubrik: „Die Prüfungen"

Sollte dein Prüfungstermin in naher oder ferner Zukunft näher rücken, dann schaue doch einfach dort nach!

Wer ist an der Abschlussprüfung beteiligt ?   1.1.4

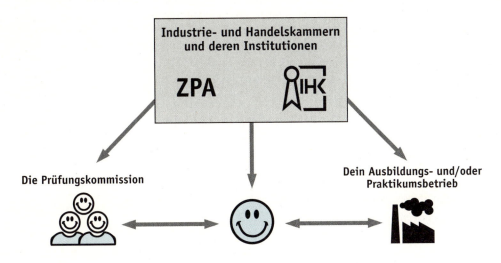

Du stehst im Mittelpunkt dieses Buches: als Prüfling und damit als
– Azubi in einem dualen Ausbildungsverhältnis oder
– Umschüler oder
– Schüler an einer Berufsschule oder eines Bildungsinstitutes.

Nur deine Prüfungskommission ist zuständig für die Bewertung aller deiner Prüfungsleistungen. Jede Prüfungskommission besteht aus mindestens drei ehrenamtlich tätigen Mitgliedern: Vertreter der Arbeitgeber, der Arbeitnehmer und der Lehrer.
(Deine Prüfungskommission wird aber in den gesetzlichen Grundlagen als Prüfungsausschuss bezeichnet. Uns ist der Begriff Prüfungskommission sympathischer, denn wir wollen doch keinen Ausschuss produzieren!)

Die IHK ist zuständig für die organisatorische Abwicklung der Abschlussprüfung. Gegenüber den Ausbildungsbetrieben nimmt die jeweils regional zuständige IHK eine Beratungs- und Kontrollfunktion bezüglich der inhaltlichen und formalen Durchführung der Ausbildung wahr.
Für dich ist die IHK als Dienstleister erster Ansprechpartner in allen Fragen der Prüfungsdurchführung.

ZPA

Die „Zentralstelle für Prüfungsaufgaben in Nordrhein-Westfalen" (= ZPA) in Köln ist zuständig und verantwortlich für die Redaktion der Prüfungskataloge und der schriftlichen Abschlussprüfung (Teil B). Hier kannst du alte Aufgabensätze beziehen.
(www.zpa-koeln.de)

1.2 Fahrtroute durch die Prüfung

Im Verlauf deiner Prüfung gibt es eine Reihe von wichtigen Ereignissen und Dokumenten, von denen dein Erfolg in dieser Prüfung sehr stark abhängt. Diese Ereignisse und Dokumente musst du kennen, um sie dann richtig steuern zu können. Wenn du weißt, dass im Ablauf deiner Prüfung ein Ereignis eintreten müsste, dann kannst du auch reagieren. Verlasse dich nicht auf andere, dann bist du ganz schnell verlassen.

Du musst diesen Prozess im Sinne eines Controllers begleiten, denn:

Du sollst wenigstens nicht an Pannen oder formalen Fehlern scheitern!

Störungen auf dem Postweg zwischen der IHK und dir können doch eine ganz banale Fehlerquelle sein. Briefe können liegen bleiben oder verloren gehen, ein Sachbearbeiter vergisst dir Anmeldeformulare zuzusenden usw. Ist dann ein Termin erstmal verstrichen, dann ist es schwer, die eigene Unschuld zu beweisen und den angestrebten Zustand noch herbeizuführen.

Nutze daher die folgenden Diagramme als Checklisten, um den Ablauf deiner Prüfung zu steuern und zu überwachen!

Den Prüfungsablauf haben wir dazu in fünf Phasen unterteilt und für jede Phase ein Ereignisgesteuertes Prozesskettendiagramm entwickelt:

Phase 1: Projektfindung und Vorgehenskonzept, ▶ *S. 11*

Phase 2: Projektbeantragung, ▶ *S. 12*

Phase 3: Erstellung Projektbericht und Schriftliche Prüfung, ▶ *S. 14*

Phase 4: Präsentation und Fachgespräch, ▶ *S. 16*

Phase 5: Mündliche Ergänzungsprüfung (MEPr), ▶ *S. 18*

970510

Phase 1: Projektfindung und Vorgehenskonzept

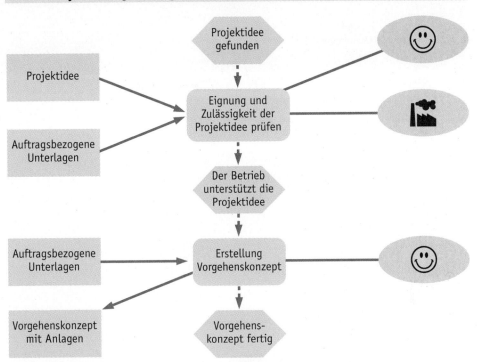

Erläuterung der Prozesskette „Projektfindung und Vorgehenskonzept"

Prozessschritt	Erläuterung	Links
Projektidee gefunden	Das Finden deiner Projektidee ist ein aktiver Prozess und ein Teil deiner Prüfung, den du selber definieren kannst.	▶ 3.1
Eignung und Zulässigkeit der Projektidee prüfen	Du musst deine Idee mit den für deine Ausbildung Verantwortlichen (Ausbilder usw.) besprechen. Diese müssen mit dir klären, – ob deine Idee mit der Ausbildungsordnung vereinbar ist. – ob der Betrieb diese Idee realisieren will. Du musst dir diese Unterstützung sichern und die Machbarkeit deines Projektes prüfen.	
Erstellung Vorgehenskonzept	Ein Vorgehenskonzept ist die Ausgangsbasis für die Planung und Durchführung eines Projektes. Du musst hier Vorbereitungen treffen, um – sicherzustellen, dass du in deinem Projekt an alles gedacht hast. – deinen Projektantrag ausfüllen zu können.	▶ 3.2

Phase 2: Projektbeantragung

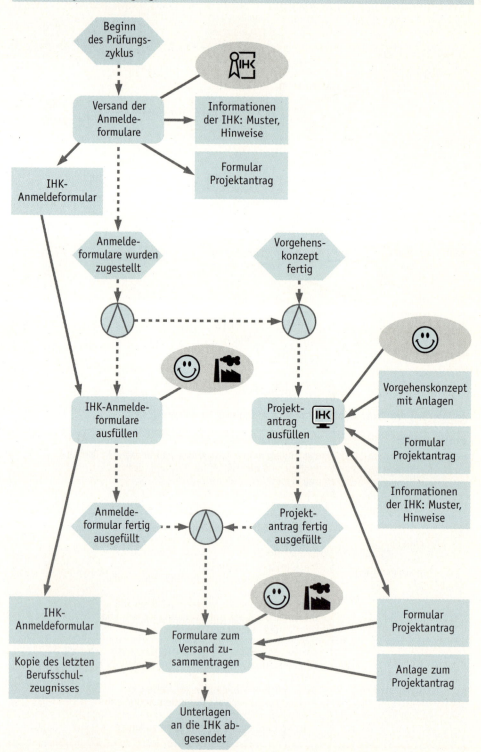

Erläuterung der Prozesskette „Projektbeantragung"

Prozessschritt	Erläuterung	Links
Versand der Anmelde-formulare	**Die Anmeldeformulare werden an den Ausbildenden, d. h. deinen Ausbildungsbetrieb/Umschulungsträger versendet.** Dies muss bis spätestens Anfang August bzw. Anfang Februar erfolgt sein. Dabei werden dir auch die Termine für die einzelnen Prüfungsaktivitäten mitgeteilt. Merke dir diese Termine gut und achte dabei auch auf die Schulferien in deinem Bundesland.	*Muster · Projektantrag* ▶ 3.3.2
IHK-Anmelde-formulare ausfüllen	**– Achte auf die Richtigkeit deiner persönlichen Daten (z. B. Name, Anschrift), die von der IHK im Kopf des Formulares eingetragen wurden.** **– Unterschreibe an der richtigen Stelle.** **– Hole die Unterschrift deines Ausbildenden ein.**	
Projekt-antrag ausfüllen [IHK]	**Deine erste Prüfungsleistung und deine Visitenkarte.**	▶ 3.3.3 ▶ 3.3.6
Formulare zum Versand zu-sammentragen	– Projektantrag und Anlage (in der geforderten Anzahl) – IHK-Anmeldeformular – Kopie des letzten Berufsschulzeugnisses **Achte auf besondere Anforderungen deiner IHK! Behalte auch du eine (Sicherungs-)Kopie aller Formulare!**	
Unterlagen an die IHK ab-gesendet	**Alle Unterlagen müssen zum Abgabetermin bei der IHK eingegangen sein!** Dies musst du mit deinem Ausbildenden unbedingt sicherstellen. Wird es zeitlich knapp, empfehlen wir dir, selber zu deiner IHK zu fahren und die Unterlagen persönlich abzugeben.	

Problem	Gefahr	Schnelle Hilfe
Es ist Anfang August/Anfang Februar, und die Anmeldeformulare zur Abschlussprüfung wurden dir oder deinem Betrieb noch nicht zugesendet.	Du kannst dich nicht zur Prüfung anmelden.	Rufe bei deiner Industrie- und Handelskammer an und fordere die Zusendung der Formulare ein.
Der Abgabetermin für die Anmeldung zur Prüfung und zur Abgabe des Projektantrages ist erreicht oder schon überschritten.	Du bist nicht zur Prüfung zugelassen.	Veranlasse bei deinem Ausbildungsbetrieb/Ausbildenden die Kontaktaufnahme zur IHK, um über eine Ausnahmeregelung die Anmeldung zur Prüfung noch sicherzustellen. Fahre selber zur IHK und gib deine Anmelde-/Antragsformulare persönlich ab.

970513

Phase 3: Erstellung Projektbericht und Schriftliche Prüfung

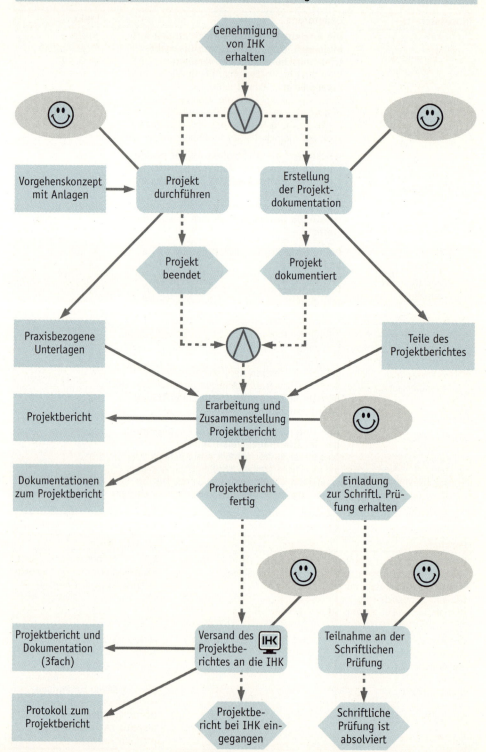

Erläuterung der Prozesskette „Erstellung Projektbericht und Schriftliche Prüfung"

Prozessschritt	Erläuterung	Links
Genehmigung von IHK erhalten	**Du bekommst Post von der IHK an deine im Anmeldeformular angegebene Adresse:** – Formblatt mit der Genehmigung deiner Projektarbeit und ggf. mit der Genehmigung verbundene Auflagen. – Ein Formular „Protokoll über die durchge-führte Projektarbeit".	▶ 3.4
Projekt durchführen	Du kannst die Projektarbeit grundsätzlich nur nach der Genehmigung durchführen. Hast du damit Probleme, gibt es Hilfestellung!	▶ 3.1.6
Erarbeitung und Zusammenstellung Projektbericht	**Deine Hauptleistung in deiner Abschluss-prüfung – nutze diese Chance!**	▶ 4.1.1
Einladung zur Schriftl. Prü-fung erhalten	Die Schriftliche Prüfung findet bundesweit am gleichen Tag statt (Ausnahme Baden-Würt-temberg). Dieser Termin wird dir mit den An-meldeformularen mitgeteilt. **Du bekommst von deiner IHK eine Einladung mit Datum und Örtlichkeit.**	
Versand des Projektbe-richtes an die IHK	Projektbericht und Dokumentation sind in **dreifacher** Ausfertigung mit dem Protokoll über die durchgeführte Projektarbeit bei der IHK abzugeben. **Achte auf besondere Anforderungen deiner IHK!** Behalte auch du eine Kopie deines Projektberichtes.	▶ 4.1.9 ▶ 4.9
Projektbe-richt bei IHK ein-gegangen	**Alle Unterlagen müssen zum Abgabetermin bei der IHK eingegangen sein!** Dies musst du unbedingt sicherstellen, wenn nötig, fahre zu deiner IHK und gib die Pro-jektberichte persönlich ab.	

Problem	Gefahr	Schnelle Hilfe
Es ist Mitte September/März und du hast noch keine Reak-tion auf deinen Projektantrag erhalten.	Du weißt nicht, ob dein Pro-jekt genehmigt ist und ob du mit der Arbeit an deinem Pro-jektbericht beginnen kannst.	Frage bei deiner IHK nach, wann du diese Informationen bekommst.
Der angekündigte Termin für die Schriftliche Prüfung rückt immer näher und du hast noch keine Einladung dazu erhalten.	Du weißt nicht, wo und wann genau die Schriftliche Prüfung durchgeführt wird und kannst im Zweifel nicht daran teil-nehmen.	Deinen Prüfungstermin findest du in ▶ 1.1.3. Sollte die Zeit knapp werden, fordere die Informationen bei deiner IHK an.
Du hast den Abgabetermin für deinen Projektbericht überschritten.	Du hast die Prüfung nicht bestanden.	Gib den Projektbericht schnellstmöglich persönlich mit einer glaubhaften/plausib-len Begründung bei deiner IHK ab. Du musst dann hoffen, dass die Prüfungskommission deine Begründung akzeptiert und dich leben lässt.

Phase 4: Präsentation und Fachgespräch

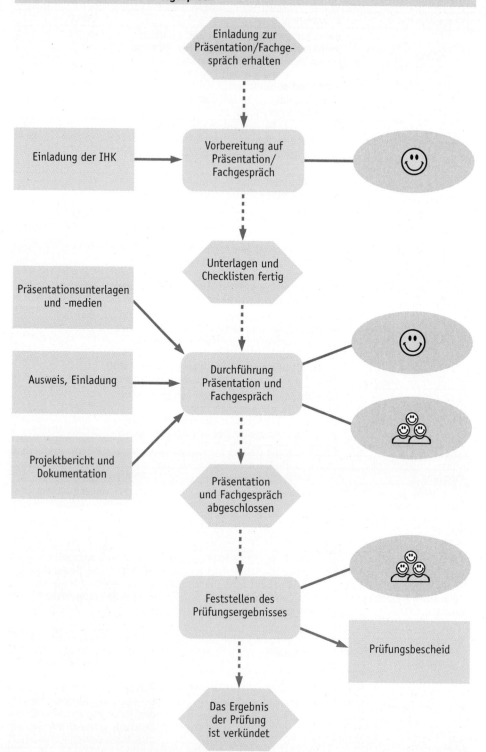

Erläuterung der Prozesskette „Präsentation und Fachgespräch"

Prozessschritt	Erläuterung	Links
Einladung zur Präsentation/Fachge-spräch erhalten	**Du bekommst Post von der IHK an deine im Anmeldeformular angegebene Adresse:** Ein **Einladungsschreiben** mit Termin und Ort für die Durchführung dieser Prüfungsleistungen. **Achte auf weitere Hinweise deiner IHK in diesem Brief.** Es kann sein, dass dir mit dieser Einladung auch die vorläufigen Ergebnisse der anderen Prüfungsleistungen mitgeteilt werden.	
Vorbereitung auf Präsentation/ Fachgespräch	Warte mit deiner Vorbereitung nicht erst auf den Erhalt der Einladung, dies könnte zeitlich sehr knapp werden. **Bereite dich intensiv vor.** Lege dir alle benötigten Unterlagen zurecht, präpariere und teste deine Präsentationsmedien.	▶ 5.2
Durchführung Präsentation und Fachgespräch	**Präsentation und Fachgespräch werden i. d. R. an einem Termin (d. h. an einem Tag) durchgeführt.** Der Termin wird zeitlich nah am Ausbildungsende liegen, achte dabei auf die Lage der Schulferien in deinem Bundesland ...	▶ 5.1.1 ▶ 6.1.1
Feststellen des Prüfungsergebnisses	**Nach der Abnahme des Fachgespräches legt die Prüfungskommission deine Noten fest und verkündet dir diese.** Schreibe dir die verkündeten Noten auf, sei dabei ruhig hartnäckig und frage nach, wenn es zu schnell geht. Die Prüfungskommission überreicht dir zum Abschluss nur einen **Prüfungsbescheid**, auf dem nur „bestanden" oder „nicht bestanden" steht.	▶ 8.1
Prüfungsbescheid	Verlange in jedem Fall die Aushändigung die-ses Bescheides. Die Ergebnisse deiner Prü-fung werden dir in Form eines Abschluss-zeugnisses von der IHK zugesendet.	

Problem	Gefahr	Schnelle Hilfe
Das Ende deines Ausbildungs-verhältnisses rückt immer näher und du hast noch keine Einladung für Präsentation/ Fachgespräch erhalten.	Du kannst dich nicht auf die Präsentation und das Fachge-spräch vorbereiten.	Fordere diese Informationen bei deiner IHK an. Du könn-test dich auch nach dem Vor-sitzenden deiner Prüfungskom-mission erkundigen und bei ihm höflich nachfragen.
Du versäumst den Termin für Präsentation/Fachgespräch um mehrere Stunden.	Präsentation/Fachgespräch werden mit null Punkten bewertet – du bist durchgefal-len. Im Glücksfall hast du nur die Prüfungskommission gegen dich.	Stelle vorher sicher, dass du diesen Termin einhalten kannst, fahre im Zweifel vor-her die Strecke zum Prüfungs-ort ab. Kommst du trotzdem zu spät, begründe dies gut vor der Prüfungskommission und hoffe, dass du an diesem Tag noch hintenangestellt wirst.

Phase 5: Mündliche Ergänzungsprüfung (MEPr)

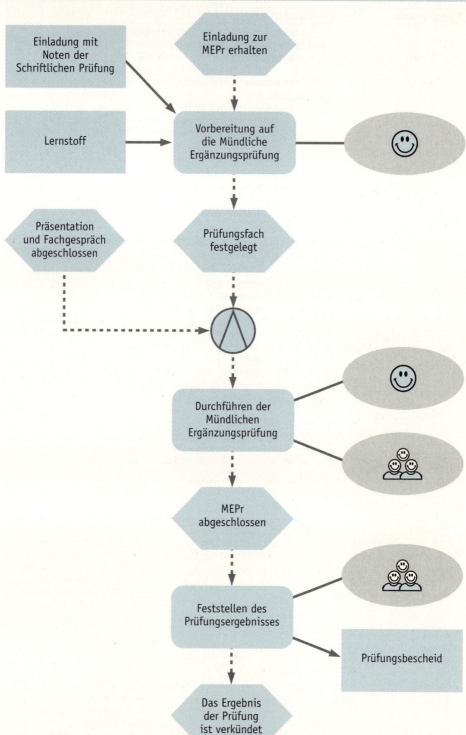

Erläuterung der Prozesskette „Mündliche Ergänzungsprüfung (MEPr)"

Prozessschritt	Erläuterung	Links
Einladung zur MEPr erhalten	**Du bekommst Post von der IHK an deine im Anmeldeformular angegebene Adresse:** Ein **Einladungsschreiben** mit Termin und Ort für die Durchführung dieser Prüfungsleistung. **Achte auf weitere Hinweise deiner IHK in diesem Brief.** Mit dieser Einladung werden dir die Ergebnisse der Schriftlichen Prüfung mitgeteilt. **In der Regel wird die MEPr am Tag der Präsentation/Fachgespräch abgenommen.**	▶ 7.1.1
Prüfungsfach festgelegt	**Nach der Einladung bleibt dir ca. eine Woche zur Vorbereitung. Lege dich rechtzeitig auf das Prüfungsfach fest.** Hier lohnt es sich, genau zu rechnen.	▶ 7.1.2
Durchführen der Mündlichen Ergänzungsprüfung	**Nutze die Zeit der Vorbereitung und lerne.**	▶ 7.2.1
Feststellen des Prüfungsergebnisses

Prüfungsbescheid | **Nach der Abnahme der MEPr legt die Prüfungskommission deine Noten fest und verkündet dir diese.** Schreibe dir die verkündeten Noten auf, sei dabei ruhig hartnäckig und frage nach, wenn es zu schnell geht. Die Prüfungskommission überreicht dir zum Abschluss nur einen **Prüfungsbescheid**, auf dem nur „bestanden" oder „nicht bestanden" steht. Verlange in jedem Fall die Aushändigung dieses Bescheides. Die Ergebnisse deiner Prüfung werden dir in Form eines Abschlusszeugnisses von der IHK zugesendet. | ▶ 8.1 |

970519

1.3 Schaubilder von der Benotung

1.3.1 Wann hast du bestanden?

Nach umfangreichen Prozessbetrachtungen soll jetzt mit wenigen Schaubildern ein prägnanter Überblick gegeben werden über die Struktur, die Bewertung und das Bestehen der Abschlussprüfung.

Vom Prüfling sind verschiedene Prüfungsleistungen zu erbringen, die beim Festlegen der Prüfungs-Gesamtnote unterschiedlich bewertet oder gewichtet werden. Es gibt auch eine Prüfungsleistung, die in diese Gesamtnote nicht direkt einfließt: der Projektantrag.

Für jeden Prüfungsbereich werden notentechnisch 100 Punkte vergeben. Für die Feststellung des Prüfungsergebnisses und die Anfertigung der Notenübersicht je Prüfling ist eine Umrechnung für die Prüfungsbereiche erforderlich, die mit weniger als 100 % zum Teil A oder Teil B beitragen.

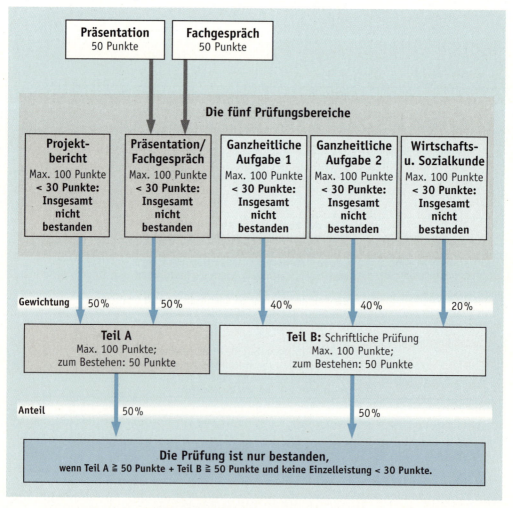

Jeder Prüfungsbereich (Projektbericht, Präsentation einschließlich Fachgespräch und die Prüfungsfächer des Teiles B) wird auf der Basis des folgenden Notenspiegels bewertet und auf deinem IHK-Abschlusszeugnis ausgewiesen.

970520

Deine Abschlussprüfung ist also bestanden, wenn du

☑ im Teil A mindestens ausreichende Leistungen, d. h. mindestens 50 Punkte erreicht hast.

☑ im Teil B mindestens ausreichende Leistungen, d. h. mindestens 50 Punkte erreicht hast.

☑ in keinem der Prüfungsbereiche (Projektbericht, Präsentation einschließlich Fachgespräch und in den Prüfungsfächern des Teiles B) eine ungenügende Leistung, d. h. weniger als 30 Punkte erbracht hast.

Abschließend noch ein paar Beispiele für Rechenkünstler:

Prüfungsteil A – 3 Prüfungsleistungen in zwei Prüfungsbereichen							
Prüfungsbereich: Präsentation und Fachgespräch				Prüfungsbereich: Projektbericht		Prüfungsteil A insgesamt	Wiederholen
Präsentation	Fachgespräch	Addition zum Ergebnis					
Punkte v. 50	*Punkte v. 50*	*Punkte v. 100/Bestanden?*		*Punkte v. 100/Bestanden?*		*Punkte/Bestanden?*	*J/N: WAS*
25	25	50	JA	49	NEIN	49,5	NEIN	J: Bericht
24	25	49	NEIN	51	JA	50	JA	N: --
14	15	29	NEIN	100	JA	64,5	NEIN	J: Pr+F
50	50	100	JA	29	NEIN	64,5	NEIN	J: Bericht
45	7	52	JA	48	NEIN	50	JA	N: --
26	16	42	NEIN	54	JA	48	NEIN	J: Pr+F

→ **Ungenügende Leistung im Fachgespräch ist hier kein K.-o.-Kriterium.**

→ **Wiederholt werden trotzdem beide Prüfungsleistungen.**

Notenschema

Note		Minimale Punktzahl	Maximale Punktzahl
1	sehr gut	92	100,00
2	gut	81	91,99
3	befriedigend	67	80,99
4	ausreichend	50	66,99
5	mangelhaft	30	49,99
6	ungenügend	0	29,99

20 MPO

Die Maßstäbe der Prüfungskommission   1.3.2

Die Mitglieder der Prüfungskommission haben bei ihrer Bewertung der Prüfungsleistungen einen Beurteilungsspielraum und sind zuständig und verantwortlich für die Notenfindung.

Welche Rahmenbedingungen gibt es denn nun für die Bewertung deiner Leistungen?

Teil B

Bei der schriftlichen Prüfung ist relativ klar, wofür es Punkte gibt: Es gilt Aufgaben unterschiedlichen Umfanges und unterschiedlicher Güte zu lösen, eine Musterlösung empfiehlt dann etwas zur Punktevergabe.

Teil A

Die meisten Prüfungskommissionen bewerten deine Leistungen unter Zuhilfenahme einer Bewertungsmatrix. Mit anderen Worten schauen sie nach, ob zu den Kernfragen ihrer Bewertungsmatrix in deinem Projektbericht, in deiner Präsentation und in deinem Fachgespräch Anhaltspunkte zu finden sind. Je nach Erfüllungsgrad erhältst du dann deine Punkte.

Das Bundesministerium für Bildung und Forschung (bmb+f) hat ein Forschungsprojekt in Auftrag gegeben, das folgende Bewertungskriterien für die im Prüfungsteil A zu erbringenden Leistungen entwickelt hat.[1]

Bewertungsmatrix des bmb+f für den Projektbericht

Bewertungskriterium	Unterpunkte	Anteil	
Ausgangssituation	☐ Projektziele und Teilaufgaben ☐ Projektumfeld und Prozessschnittstellen	ca. 15 %	
Ressourcen- und Ablaufplanung	☐ Personal-, Sachmittel-, Termin- und Kostenplanung ☐ Ablaufplan	ca. 15 %	
Durchführung und Auftrags-bearbeitung	☐ Prozessschritte, Vorgehensweise, Quali-tätssicherung ☐ Abweichungen, Anpassungen, Entschei-dungen	ca. 30 %	
Projektergebnisse	☐ Soll-Ist-Vergleich, Qualitätskontrolle, Abweichungen, Anpassungen	ca. 15 %	
Gestaltung des Portfolios	☐ Äußere Form (Gestaltung von Text, Tabellen, Grafiken usw.) ☐ Inhaltliche Form (Strukturierung, fach- und normgerechte Darstellung usw.)	ca. 15 %	
Kundengerechte Anfertigung, Zusammenstellung und Modifizierung		ca. 10 %	100 %

Bewertungsmatrix des bmb+f für die Präsentation

Bewertungskriterium	Unterpunkte	Anteil	
Aufbau und inhaltliche Struktur	☐ Sachliche Gliederung ☐ Logik ☐ Zielorientierung	ca. 33,3 %	
Sprachliche Gestaltung	☐ Ausdrucksweise ☐ Satzbau ☐ Stil	ca. 33,3 %	
Zielgruppengerechte Darstellung	☐ Medieneinsatz ☐ Visualisierung ☐ Körpersprache	ca. 33,3 %	100 %

Bewertungsmatrix des bmb+f für das Fachgespräch

Bewertungskriterium	Unterpunkte	Anteil	
Beherrschung des für die Projektarbeit relevanten Fachhintergrundes		ca. 33,3 %	
Problemerfassung, Problemdarstellung und Problemlösung		ca. 33,3 %	
Argumentation und Begründung		ca. 33,3 %	100 %

 Diese Bewertungskriterien sind die Wurzel unserer Bewertungsschemen, die wir in den jeweiligen Kapiteln der einzelnen Prüfungsbereiche ▶ 4.1.4, 5.3.2, 6.1.2) und im ▶ Anhang ausführlich darstellen.

Sie stimmen mit den entsprechenden Vorgaben der Ausbildungsordnung überein und können als gültig im Sinne der Ausbildungsordnung betrachtet werden *(vgl. [1] Seite 60).*

Auch wenn die für dich zuständige Prüfungskommission ein anderes Bewertungsschema bevorzugt, es wird auch auf den Empfehlungen des bmb+f basieren. Damit weißt du ziemlich sicher, was von dir gefordert wird.

---

1 Hinweis auf Literaturangaben im Anhang des Buches (Tabelle 1 [1] S. 63-65, Tabelle 2 [1] S. 67, Tabelle 3 [1] S. 69

970522

Gesetzliche Grundlagen zum Nachschlagen · 1.4

Eine Ausbildungsordnung für vier Berufe · 1.4.1

Die elementarsten Dinge einer Ausbildung sind im Wesentlichen durch das Berufsbildungsgesetz (BBiG) geregelt. Wenn du wissen willst, wie die Ausbildung in den IT-Berufen konkret verläuft, welche Inhalte vermittelt werden sollen und welche Leistungen in der Prüfung zu erbringen sind, dann musst du einen Blick in die vom Bundesministerium für Wirtschaft erlassene Ausbildungsordnung werfen.

Wir können dir als Prüfling in den IT-Berufen viele Hinweise und Tipps zum Bestehen der Abschlussprüfung geben, wir werden dabei nicht darauf verzichten können, das zu vermitteln, was vom Gesetz gefordert wird.

Wenn du die in der Ausbildungsordnung festgelegten Vorschriften zur Durchführung der Abschlussprüfung kennst, kann dir dies im Verlaufe deiner Abschlussprüfung durchaus nützlich sein.

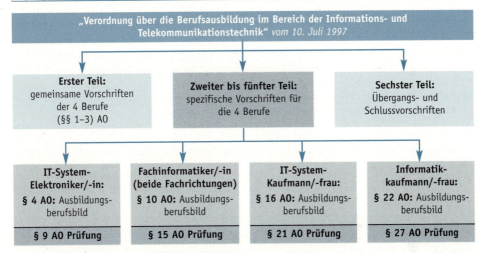

Zur Vollständigkeit sei erwähnt, dass in den §§ 5–8, 11–14, 17–20 und 23–26 jeweils für die Berufe z. B. beschrieben werden: Führen von Ausbildungsnachweisen, Zwischenprüfung.

Die Ausbildungsordnung differenziert je Beruf die fachlichen Grundlagen und Inhalte der Abschlussprüfung. Die formalen Grundlagen für die Durchführung der Abschlussprüfung sind, da für alle Berufe identisch, in diesen Paragrafen einheitlich beschrieben.

Für jede Prüfung und demnach auch für die Prüfungsteile A und B gilt:

§ 9 AO IT-System-Elektroniker/-in
§ 15 AO Fachinformatiker/-in
§ 21 AO IT-System-Kaufmann/-frau
§ 27 AO Informatikkaufmann/-frau

„Die Abschlussprüfung erstreckt sich auf die in Anlage 1 (der AO) aufgeführten Fertigkeiten und Kenntnisse sowie auf den im Berufsschulunterricht vermittelten Lehrstoff, soweit er für die Berufsausbildung wesentlich ist."

Dies bedeutet, dass für jeden der IT-Berufe der in der Ausbildungsordnung festgeschriebene Ausbildungsrahmenplan für die Durchführung der Ausbildung und der Abschlussprüfung maßgeblich ist.

Dieser Ausbildungsrahmenplan definiert die „Fertigkeiten und Kenntnisse, die unter Einbeziehung selbstständigen Planens, Durchführens und Kontrollierens zu vermitteln sind."

▶*Stuffer G1 für jeden Beruf im Anhang* ▶*Stuffer G2 für alle Berufe im Anhang*

1.4.2 Die gesetzliche Regelung des Prüfungsteils A

Die Projektarbeit

§ 9 AO IT-System-Elektroniker/-in
§ 15 AO Fachinformatiker/-in
§ 21 AO IT-System-Kaufmann/-frau
§ 27 AO Informatikkaufmann/-frau

„Der Prüfling soll in Teil A der Prüfung in insgesamt höchstens 35 Stunden (bzw. 70 Stunden beim Fachinformatiker-Anwendungsentwicklung) eine betriebliche Projektarbeit durchführen und dokumentieren sowie in insgesamt höchstens 30 Minuten diese Projektarbeit präsentieren und darüber ein Fachgespräch führen. Für die Projektarbeit soll der Prüfling einen Auftrag oder einen abgegrenzten Teilauftrag ausführen."

Eine besondere Betonung muss hier auf den Begriff „betrieblich" gelegt werden:

Das Projekt soll keine „künstliche" – d. h. für die Prüfung entwickelte – Aufgabenstellung zum Gegenstand haben, sondern einen „echten" Geschäftsprozess aus dem betrieblichen Einsatzgebiet bzw. Fachbereich.

Diese Erkenntnis wird uns in ▶ 3.1 bei der Klärung wieder begegnen, welche betrieblichen Aufgabenstellungen für eine Projektarbeit als geeignet erscheinen.

Diese Vorschrift sichert die Option, dass sich der Prüfling im Rahmen seiner betrieblichen/praxisrelevanten Ausbildung die Aufgabenstellung für sein Projekt selber aussuchen kann.

Es werden dann je Beruf zwei Beispiele genannt, wobei dabei die Formulierung verwendet wird: „Hierfür kommt insbesondere eine der nachfolgenden Aufgaben in Betracht:"

Die Wortwahl „insbesondere" unterstreicht dabei, dass die genannten Aufgaben vom Gesetzgeber für die Abschlussprüfung als besonders geeignet angesehen werden. Gleichzeitig lässt dies aber auch jede andere Form von Aufgaben als Gegenstand eines Projektes zu.

Anhand dieser Beispiele kann man ableiten, was der Gesetzgeber inhaltlich unter einem für die Prüfung geeigneten Projekt versteht.

Beruf	Zeit	Beispiel 1	Beispiel 2
IT-System-Elektroniker/-in	35 Std.	*Erstellen, Ändern oder Erweitern eines Systems der Informations- und Telekommunikationstechnik einschließlich Arbeitsplanung, Materialdisposition, Montage der Leitungen und Komponenten, Dokumentation, Qualitätskontrolle sowie Funktionsprüfung*	*Erstellen, Ändern oder Erweitern eines Kommunikationsnetzes einschließlich Arbeitsplanung, Materialdisposition, Montage der Leitungen und Komponenten, Dokumentation, Qualitätskontrolle sowie Funktionsprüfung*
Fachinformatiker/-in – Anwendungsentwicklung	70 Std.	*Erstellen oder Anpassen eines Softwareproduktes, einschließlich Planung, Kalkulation, Realisation und Testen*	*Entwickeln eines Pflichtenheftes, einschließlich Analyse kundenspezifischer Anforderungen, Schnittstellenbetrachtung und Planung der Einführung*
Fachinformatiker/-in – Systemintegration	35 Std.	*Realisieren und Anpassen eines komplexen Systems der Informations- und Telekommunikationstechnik einschließlich Anforderungsanalyse, Planung, Angebotserstellung, Inbetriebnahme und Übergabe*	*Erweitern eines komplexen Systems der Informations- und Telekommunikationstechnik sowie Einbinden von Komponenten in das Gesamtsystem unter Berücksichtigung organisatorischer und logistischer Aspekte einschließlich Anforderungsanalyse, Planung, Angebotserstellung, Inbetriebnahme und Übergabe*
IT-System-Kaufmann/-frau	35 Std.	*Abwicklung eines Kundenauftrages einschließlich Anforderungsanalyse, Konzepterstellung, Kundenberatung sowie Angebotserstellung*	*Erstellen einer Projektplanung bei vorgegebener Kundenanalyse einschließlich Ermittlung von Aufwand und Ertrag*
Informatik-Kaufmann/-frau	35 Std.	*Erstellen eines Pflichtenheftes für ein System der Informations- und Telekommunikationstechnik einschließlich der Analyse der damit verbundenen Geschäftsprozesse*	*Durchführen einer Kosten-Nutzen-Analyse zur Einführung eines Systems der Informations- und Telekommunikationstechnik*

970524

Zur Ausführung der Projektarbeit

| § 9 AO IT-System-Elektroniker/-in
§ 15 AO Fachinformatiker/-in
§ 21 AO IT-System-Kaufmann/-frau
§ 27 AO Informatikkaufmann/-frau | *„Die Ausführung der Projektarbeit wird mit praxisbezogenen Unterlagen dokumentiert.*
Durch die Projektarbeit und deren Dokumentation soll der Prüf-ling belegen, dass er Arbeitsabläufe und Teilaufgaben |

- *zielorientiert*
- *unter Beachtung wirtschaftlicher, technischer, organisatorischer und zeitlicher Vorgaben*
- *selbstständig planen und*
- *kundengerecht umsetzen sowie*

Dokumentationen kundengerecht anfertigen, zusammenstellen und modifizieren kann."

Dies ist eine sehr umfangreiche Definition, die man schon zum Verständnis etwas struktu-rieren muss. Es werden hier Objekte und Tätigkeiten erwähnt, die ohne Zweifel ganz pau-schal bei der Bearbeitung eines Projektes eine Rolle spielen. Die Vorschrift erlaubt auch einen Umkehrschluss: Wenn bei der Bearbeitung einer Aufgabe die genannten Objekte und Tätigkeiten anzutreffen sind, dann handelt es sich um ein Projekt.

Zur Präsentation und zum Fachgespräch

| § 9 AO IT-System-Elektroniker/-in
§ 15 AO Fachinformatiker/-in
§ 21 AO IT-System-Kaufmann/-frau
§ 27 AO Informatikkaufmann/-frau | *Durch die Präsentation einschließlich Fachgespräch soll der Prüf-ling zeigen, dass er fachbezogene Probleme und Lösungskon-zepte zielgruppengerecht darstellen, den für die Projektarbeit relevanten fachlichen Hintergrund aufzeigen sowie die Vorge-hensweise im Projekt begründen kann.* |

Aus diesen Vorschriften zum Prüfungsteil A wird deutlich, dass hier die Fach- und Metho-denkompetenzen bewertet werden. Diese Erkenntnis kann für alle an der Prüfung Beteilig-ten nicht oft genug wiederholt werden:

Bewertet wird nicht das Ergebnis des Projektes – z. B. ein Handbuch für ein Software-Tool –, sondern die Arbeitsmethodik und der Arbeitsprozess.

Interpretation der AO: Wohin mit der Zeit für den Projektbericht?   1.4.3

Du bist z. B. in deiner Abschlussprüfung dabei, ein „Vorgehenskonzept" zu entwickeln und deinen Projektantrag fertig zu stellen, da stellt sich dir eine interessante Frage:

Gehört der zeitliche Aufwand zur Erstellung des Projektberichtes zur Bearbeitungszeit des Projektes?

Unseren Tipps zufolge schaust du in die Vorschriften der Ausbildungsordnung und findest:

| § 9 AO IT-System-Elektroniker/-in
§ 15 AO Fachinformatiker/-in
§ 21 AO IT-System-Kaufmann/-frau
§ 27 AO Informatikkaufmann/-frau | *„Der Prüfling soll in Teil A der Prüfung in insgesamt 35 (bzw. 70 beim Fachinformatiker-Anwendungsentwicklung) Stunden eine betriebliche Projektarbeit durchführen und dokumentieren ... Die Ausführung der Projektarbeit wird mit praxisbezogenen Unterla-gen dokumentiert."* |

Damit regelt die Ausbildungsordnung leider nicht eindeutig, dass die für die Abschlussprü-fung zu erbringenden Leistungen und Dokumentationen, d. h. die Erstellung des Projektberichtes und die Anfertigung der für Präsentation und Fachgespräch benötigten Unterlagen und Präsentationsmittel, zur Projektbearbeitungszeit gehören. Die Beantwortung dieser Frage wird nun mit unterschiedlichen Interpretationen der AO kontrovers diskutiert.

Wir empfehlen daher:

Für die Erstellung des Projektberichtes solltest du maximal fünfzehn Prozent der Durchführungszeit deines Projektes in deine Zeitplanung einfließen lassen. Die restliche Zeit zur Aufbereitung des Projektberichtes für deine Abschlussprüfung gehört nicht dazu.

Begründung:

Der Projektbericht wird als Prüfungsleistung in einer besonderen Qualität von den Prüflingen vorgelegt. Selbstverständlich muss angenommen werden, dass jeder Prüfling danach strebt, „seinen" Projektbericht als „seine" Prüfungsleistung in einer größtmöglichen Qualität zu erstellen, die über das Maß der normalen Projektdokumentation hinausgeht. Dies ist damit eindeutig als prüfungs-didaktische Leistung zu bezeichnen, die nicht zur Durchführungszeit gehört.
Die Projektdokumentation entsteht demnach während der Projektarbeit, sie belegt die mit dem Projekt oder dem Kundenauftrag verbundenen Aspekte der Planung, Durchführung und Kontrolle. Damit wird plausibel, dass die praxisbezogenen Unterlagen und kundenorientierten Dokumente, die dem Projektbericht beizufügen sind, in jedem Falle zur Durchführungszeit des Projektes gehören.
vgl. [1] S. 57

Die Anfertigung des Projektberichtes erfüllt also beide Eigenschaften: Sie ist sowohl eine prüfungsdidaktische als auch eine projektimmanente Leistung im Rahmen jeder strukturierten Projektarbeit.

Unsere Empfehlung ist letztlich auch nur konsequent, weil die Anfertigung der Präsentationsunterlagen für den Prüfungsteil „Präsentation/Fachgespräch" eindeutig als prüfungsdidaktische Leistung zu werten ist, die nicht innerhalb der Durchführungszeit des Projektes zu erbringen ist.

1.4.4 Die gesetzliche Regelung des Prüfungsteils B

Im Rahmen der Prüfung in den IT-Berufen ähnelt der Teil B konventionellen Püfungen am meisten. Teil B der Prüfung bezieht sich auf die in der Ausbildungsordnung aufgeführten Fertigkeiten und Kenntnisse sowie auf den im Berufsschulunterricht vermittelten Lehrstoff, soweit er für die Berufsausbildung wesentlich ist.

Der Prüfungsteil B besteht aus folgenden drei Prüfungsbereichen:

Prüfungsbereiche	Dauer in Minuten	Gewicht im Prüfungsteil B	Aufgabentypen
Ganzheitliche Aufgabe 1	90	doppelt	ungebundene und gebundene
Ganzheitliche Aufgabe 2	90	doppelt	
Wirtschafts- und Sozialkunde	60	einfach	gebunden

*Im Gegensatz zum Prüfungsteil A wird der Prüfungsteil B **bundeseinheitlich** durchgeführt. Alle Prüflinge mit Ausnahme derer aus Baden-Württemberg werden am selben Termin mit denselben Aufgabenstellungen geprüft.*

§ 9 AO IT-System-Elektroniker/-in
§ 15 AO Fachinformatiker/-in
§ 21 AO IT-System-Kaufmann/-frau
§ 27 AO Informatikkaufmann/-frau

Für die Ganzheitliche Aufgabe 1 kommen insbesondere eine der nachfolgenden Aufgaben in Betracht:

970526

IT-System-Elektroniker/-in

Beispiel 1

Beschreiben der Vorgehensweise zur systematischen Eingrenzung eines Fehlers in einem System der Informations- und Telekommunikationstechnik

Dabei soll der Prüfling zeigen,

... dass er die Leistungsmerkmale des Systems beurteilen, Signale an Schnittstellen prüfen, Protokolle interpretieren sowie Experten- und Diagnosesysteme einsetzen kann.

Beispiel 2

Anfertigen eines Arbeitsplanes zur Installation und Inbetriebnahme eines Systems der Informations- und Telekommunikationstechnik nach vorgegebenen Anforderungen

Dabei soll der Prüfling zeigen,

... dass er die zur Installation und Inbetriebnahme des Systems notwendigen Geräte und Hilfsmittel einschließlich der Stromversorgung unter Beachtung der technischen Regeln auswählen und den notwendigen Arbeitseinsatz sachgerecht planen kann.

Fachinformatiker/-in Anwendungsentwicklung

Beispiel 1

Planen eines Softwareproduktes zur Lösung einer Fachaufgabe

Dabei soll der Prüfling zeigen,

... dass er Softwarekomponenten auswählen, Programmspezifikationen anwendungsgerecht festlegen sowie Bedienoberflächen funktionsgerecht und ergonomisch konzipieren kann.

Beispiel 2

Grobplanung eines Projektes für ein zu realisierendes System der Informations- und Telekommunikationstechnik

Dabei soll der Prüfling zeigen,

... dass er das System entsprechend den kundenspezifischen Anforderungen unter wirtschaftlichen, organisatorischen und technischen Gesichtspunkten selbstständig planen kann.

Fachinformatiker/-in Systemintegration

Beispiel 1

Entwickeln eines Sicherheits- oder Sicherungskonzeptes für ein gegebenes System der Informations- und Telekommunikationstechnik

Dabei soll der Prüfling zeigen,

... dass er ein nach wirtschaftlichen, organisatorischen und technischen Aspekten geeignetes Sicherheits- oder Sicherungskonzept planen und Maßnahmen für dessen Umsetzung erarbeiten kann.

Beispiel 2

Entwickeln eines Benutzerschulungskonzeptes für ein beschriebenes informations- und telekommunikationstechnisches System

Dabei soll der Prüfling zeigen,

... dass er eine anwendungs- und benutzergerechte Schulungsmaßnahme entwickeln sowie den dafür erforderlichen Aufwand ermitteln kann.

IT-System-Kaufmann/-frau

Beispiel 1

Erstellen eines Angebotes für ein System der Informations- und Telekommunikationstechnik aufgrund vorgegebener fachlicher und technischer Spezifikationen

Dabei soll der Prüfling zeigen,

... dass er die erforderlichen Eigen- und Fremdleistungen ermitteln, Termine planen sowie Kosten und Preise kalkulieren kann.

Beispiel 2

Planen eines informations- und telekommunikationstechnischen Systems nach vorgegebenen Anforderungen eines Kunden

Dabei soll der Prüfling zeigen,

... dass er Lösungskonzepte entsprechend den Kundenanforderungen entwickeln kann.

970527

Informatikkaufmann/-frau

Beispiel 1	Beispiel 2
Durchführen eines Angebotsvergleiches auf der Grundlage vorgegebener fachlicher und technischer Spezifikationen	Entwickeln eines Konzeptes zur Organisation des Datenschutzes, der Datensicherheit oder der Festlegung von Zugriffsrechten
Dabei soll der Prüfling zeigen,	Dabei soll der Prüfling zeigen,
... dass er unter Beachtung wirtschaftlicher, fachlicher und terminlicher Aspekte Angebote systematisch aufbereiten und auswerten sowie die getroffene Auswahl begründen kann.	... dass er unter Berücksichtigung der rechtlichen Bestimmungen, organisatorischen Abläufe und Zuständigkeiten betriebliche Standards zum Einsatz von Systemen der IT-Technik entwickeln kann.

Für die Ganzheitliche Aufgabe 2 kommt insbesondere eine der nachfolgenden Aufgaben in Betracht:

Aufgabe		Dabei soll der Prüfling zeigen,
Bewerten eines Systems der Informations- und Telekommunikationstechnik	▶	... dass er die Leistungsmerkmale, Benutzerfreundlichkeit, Wirtschaftlichkeit und Erweiterbarkeit des Systems hinsichtlich definierter Anforderungen beurteilen kann.
Entwerfen eines Datenmodells für ein Anwendungsbeispiel	▶	... dass er Kundenanforderungen in ein Datenmodell umsetzen kann.
Benutzergerechtes Aufbereiten technischer Unterlagen	▶	... dass er die zur Anwendung informations- und telekommunikationstechnischer Systeme notwendigen Inhalte fachsprachlicher, einschließlich englischsprachiger Bedienungsanleitungen, Dokumentationen und Handbücher benutzergerecht aufbereiten kann.
Vorbereiten einer Benutzerberatung unter Berücksichtigung auftragsspezifischer Wünsche anhand eines praktischen Falles	▶	... dass er ein Beratungskonzept entwickeln und kundenorientiert handeln kann.

In den Vorschriften für die beiden Ganzheitlichen Aufgaben findet sich wieder die Formulierung „insbesondere". Ebenso wie bei den für die Projektarbeit geeigneten betrieblichen Aufgabenstellungen ist die Bedeutung dieser Formulierung auch hier zu sehen.

Die Ganzheitliche Aufgabe 2 kommt dabei für alle Berufe zur Anwendung.

Die in der Ausbildungsordnung für die Ganzheitlichen Aufgaben genannten Beispiele können Gegenstand der Abschlussprüfung sein, sie müssen es aber nicht!

Im Prüfungsbereich Wirtschafts- und Sozialkunde kommen Aufgaben, die sich auf praxisbezogene Fälle beziehen sollen, insbesondere aus folgenden Gebieten in Betracht: allgemeine, wirtschaftliche und gesellschaftliche Zusammenhänge aus der Berufs- und Arbeitswelt.

Diese Vorschriften der Ausbildungsordnung sind maßgeblich für die inhaltliche Gestaltung der Abschlussprüfung. Andere Veröffentlichungen, wie zum Beispiel Stoffkataloge zum Prüfungsteil B, haben nur empfehlenden, aber keinen bindenden Charakter. Einklagbar sind daher nur die Vorschriften der Ausbildungsordnung.

970528

Das Operative Geschäft der Prüfungskommission 1.5

Grundlagen der Tätigkeit einer Prüfungskommission 1.5.1

So wie die inhaltlich-formale Gestaltung der Abschlussprüfung in den IT-Berufen auf gesetzlichen Regelungen beruht, basiert auch die Tätigkeit einer Prüfungskommission auf spezifischen Rechtsvorschriften.

Der Rahmen für die Tätigkeiten und Kompetenz einer Prüfungskommission lässt sich wie folgt darstellen:

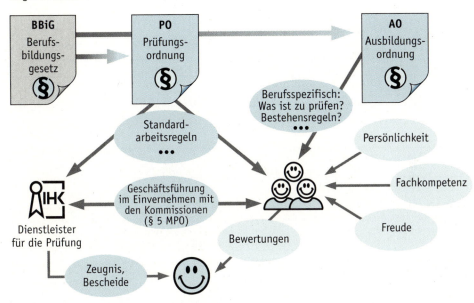

Die Prüfung wird nur von der IHK abgenommen.

Dass die Prüfung nicht z. B. von einer neutralen Einrichtung abgenommen wird, sondern von einer per Arbeitgeberbeiträgen und Gebühren finanzierten Institution, ist politisch begründet. Als 1969 das Berufsbildungsgesetz verabschiedet wurde, fiel die Entscheidung, die IHKs als „zuständige Stellen" im Sinne des § 36 BBiG zu beauftragen!

Woher stammt die Geschäftsgrundlage -Prüfungsordnung-?

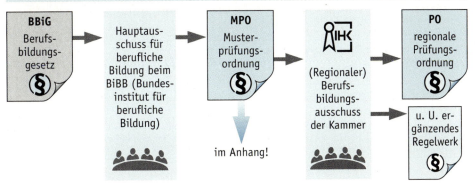

970529

Folgt man der Grafik, kann man ersehen, dass es die eine oder andere Abweichung von der MPO geben kann! Darüber hinaus können die Berufsbildungsausschüsse (der Kammern) wegen ihrer Richtlinienkompetenz auch weitere regionale Regeln schaffen, die aber dem Sinn des BBiG und der AO nicht zuwiderlaufen dürfen!

§ *Wir beziehen uns in diesem Buch daher immer auf die Musterprüfungsordnung! Diese finden Sie im Anhang unseres Buches!*

FAQ: Alle notwendigen praktischen Tipps finden Sie in unserer Prüfertour unter den Kapiteln „Operatives Geschäft der Prüfungskommission"!

§ Einrichtung der Prüfungskommission und Ehrenamt

		im Anhang
Wer richtet Prüfungskommissionen ein?	Die IHK	§ 1 MPO
Wer beruft die Prüfungskommissionen?	Die IHK für längstens 5 Jahre	§ 2 MPO
Wie sind die Prüfungskommissionen zusammengesetzt?	Mindestens drei Prüfer (Arbeit-geber-, Arbeitnehmer- und Lehrervertreter)	§ 2 MPO
Ist die Prüfertätigkeit versichert?	Für Lehrer im Rahmen ihrer Arbeit, für die übrigen sollte die IHK eine Versicherung sichergestellt haben!	
Ist die Prüfungszeit Arbeitszeit?	Für Lehrervertreter i. d. R. ja, für die übrigen Prüfer i. d. R. nein !	
Gibt es eine Aufwandsentschädigung?	Ja	§ 2, Abs. 8 MPO
Darf die IHK Kommissionen mit mehr als drei Prüfern berufen?	Ja, mit dem Nachteil, dass jeder berufene Prüfer die Prüfungsleistungen ebenfalls für sich bewerten muss!	§ 20, Abs. 4 MPO, § 21 MPO
Darf die IHK Vertreter für die Prüfungs-kommissionsmitglieder berufen?	Ja! Vertreter helfen nur im Ausnahmefall. Würde es aber dem Sinn eines Vertreters nicht zuwiderlaufen, wenn die Vertreter nicht nur ausnahmsweise eingesetzt würden?	§ 20, Abs. 4 MPO, § 21 MPO

§ Geschäftsführung der IHK im Einvernehmen mit den Prüfungskommissionen

		im Anhang
Darf die IHK Abgabefristen gegenüber den Prüflingen festsetzen?	Ja	§ 7 MPO
Darf die IHK Abgabefristen gegenüber den Prüflingen von sich aus verlängern?	Grundsätzlich nein! Z. B. wenn die Prüfungskommissionen bereits wegen Fristüberschreitungen der Prüflinge tätig geworden sind!	§ 19 MPO
Darf die IHK Termine für die unmittelbare persönliche Arbeit der Kommissionen vorgeben?	Nein, nur einvernehmlich.	§ 5 MPO
Ist die Kommission in ihren Entscheidungen autark?	Ja, aber nur im Rahmen der gesetzlichen Grundlagen AO und IHK PO und ggf. ergänzendem Regelwerk	
Darf die IHK Weisungen erteilen?	Ja, aber lediglich zur Einhaltung der Bestimmungen AO und IHK PO und ggf. ergänzendem Regelwerk	
Ist die IHK weisungsgebunden gegenüber der Prüfungskommission?	Ja, aber i. d. R. nur im Rahmen einvernehmlicher Abstimmung.	§ 5 MPO

970530

Die Organisation der Prüfungskommission — im Anhang §

Wie wird man Vorsitzender seiner Kom- mission und welche Aufgaben hat man?	Die Kommission wählt einen Vorsitzenden und einen Stellvertreter.	§§ 4, 5 MPO
Ist die Kommission mit nur zwei Mit- gliedern beschlussfähig?	Nein, mindestens 3 müssen beschließen!	§ 4 MPO
Muss man im Prüfungsteil B, während der Schriftlichen Prüfung, Aufsicht führen?	Nein, denn die zuständige Stelle kann jeman- den damit beauftragen!	§ 16 Abs. 2 MPO
Welche Aufgaben habe ich als reguläres Mitglied einer Kommission?	Alle Aufgaben, nicht nur wahlweise, denn jeder Prüfer einer Kommission ist verpflichtet bei der Bewertung mitzuwirken, und zwar jeder Prüfer für sich!	§ 20 Abs. 4 MPO § 21 Abs. 1 MPO

Durchführung der Prüfung durch die Prüfungskommission — im Anhang §

Welche offizielle Stelle gibt Empfeh- lungen zur Durchführung der Prüfungen?	Hauptausschuss für Berufsbildung beim Bundesinstitut für Berufsbildung.	
Was ist zu bewerten?	Alle Vorgaben stehen in der Ausbildungs- ordnung (AO) des jeweiligen Berufes.	§ AO (▶ Stuffer)
Wie sind Prüfungsleistungen zu bewer- ten?	Beachten Sie Tipps Ihrer IHK. Ansonsten verwenden Sie unsere Matrix (Anhang des Buches und Tipps).	§ 20 MPO
Ist die Prüfung für den Prüfling Arbeits- zeit?	Ja, deswegen müssen Sie auch die Einhal- tung von Arbeitssicherheits-/-schutzbe- stimmungen sicherstellen!	
Wie wird letztlich das Prüfungsergebnis festgestellt?	Gemeinsam in der Kommission und in einer Niederschrift dokumentiert.	§ 21 MPO
Wie wird das Prüfungsergebnis mitge- teilt?	Durch die Kommission, nach Erbringen der letzten Prüfungsleistung. Sie sollte auch Einzelpunkte/-noten verkünden.	§ 21 Abs. 5 MPO
Darf ein Gast teilnehmen? (Prüflingsbegleitung, Prüferkandidaten)	Die Prüfung ist grundsätzlich nicht öffent- lich! Ausnahmen bedürfen nicht der Zu- stimmung des Prüflings, wohl aber der IHK. Beachten Sie den Gleichheitsgrundsatz!	§ 15 MPO
Darf ich Dinge über die Prüfung per- sonenbezogen kundtun?	Nein!	§ 6 MPO
Was ist bei Befangenheit eines Kom- missionsmitgliedes zu beachten?	Wenn arbeitsrechtliche oder verwandtschaft- liche Beziehungen bestehen, sollten Sie die Prüfung nicht abnehmen!	§ 3 MPO
Was ist hinsichtlich der Zulassung eines Teilnehmers zur Prüfung zu beachten?	Z. B. muss Zwischenprüfung absolviert sein.	§§ 8-11 MPO
Welche Informationen erhalten die Be- teiligten bei einer nicht bestandenen Prüfung?	Z. B. welche Prüfungsleistungen nicht mehr zu wiederholen sind.	§ 23 MPO
Wie oft kann eine Prüfung wiederholt werden?	2-mal	§ 24 MPO
Wie ist bei Täuschungshandlungen und Ordnungsverstößen zu verfahren?	Die Kommission befindet über Aus- schluss bis zum Nichtbestehen.	§ 18 MPO

1.5.2 Die Tätigkeiten der Kommission

Aus ▶ 1.1.1 „Prüfungsablauf und Leistungen" haben Sie vielleicht bereits entnommen, dass Sie als Mitglied einer Prüfungskommission innerhalb eines Prüfungsdurchlaufes mehrere Tätigkeiten zu erledigen haben. Wir haben die dort eher aus Prüflingssicht dargestellte Tabelle auf „Ihre" Tätigkeiten zugeschnitten.

Prüfertätigkeit	Wer ist aktiv?	Input	Output
Genehmigung der Projektanträge		Projektanträge ▶ 3.5	Genehmigte Projektanträge, Terminpläne
Korrektur Schriftliche Prüfung		Schriftliche Prüfungen, Lösungshinweise, Checklisten, Tabellen ▶ 2.8	Schriftliche Prüfungen, mit Korrekturhinweisen, Checklisten, Tabellen
Korrektur Projektarbeit		Projektarbeit (dreifach), Bewertungsmatrizen ▶ 4.10	Projektarbeiten mit Korrekturhinweisen, Bewertungsmatrizen
Abstimmungssitzung		Schriftliche Prüfungen und Projektarbeiten mit Korrekturhinweisen, Bewertungsmatrizen, Terminplan z. B. ▶ 2.8	Abgestimmte Ergebnisse und Terminpläne, Bewertungsmatrizen
Durchführung Präsentation und Fachgespräch		Korrigierte Projektarbeiten, Präsentation, Antworten, Bewertungsmatrizen ▶ 5.8 ▶ 6.7	Bewertungsmatrizen
Ggf. Mündliche Ergänzungsprüfung		Antworten, Checklisten ▶ 7.4	Checklisten
Abschlussarbeiten		Schriftliche Prüfungen und Projektarbeiten mit Korrekturhinweisen, Checklisten, Bewertungsmatrizen ▶ 8.4	Niederschrift, Prüfungsunterlagen (z. B. Projektberichte, Schriftliche Prüfungen)

970532

32

Unsere Bewertungsmatrix für Ihr Ehrenamt 1.5.3

Wie können Sie aus der Fülle von Details bei einer Prüfung die wesentlichen Punkte zur Beurteilung eines Prüflings herausfiltern?

Natürliches Vorgehen bei der Beurteilung

Um den subjektiven Eindrücken umgehend ein Ventil zu verschaffen, haben wir in jeder Bewertungsmatrix ein zweigestuftes Konzept eingehalten:

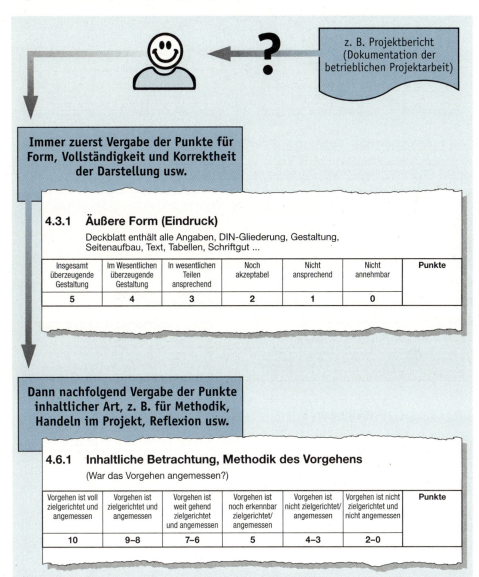

Immer zuerst Vergabe der Punkte für Form, Vollständigkeit und Korrektheit der Darstellung usw.

z. B. Projektbericht (Dokumentation der betrieblichen Projektarbeit)

4.3.1 Äußere Form (Eindruck)

Deckblatt enthält alle Angaben, DIN-Gliederung, Gestaltung, Seitenaufbau, Text, Tabellen, Schriftgut ...

Insgesamt überzeugende Gestaltung	Im Wesentlichen überzeugende Gestaltung	In wesentlichen Teilen ansprechend	Noch akzeptabel	Nicht ansprechend	Nicht annehmbar	Punkte
5	4	3	2	1	0	

Dann nachfolgend Vergabe der Punkte inhaltlicher Art, z. B. für Methodik, Handeln im Projekt, Reflexion usw.

4.6.1 Inhaltliche Betrachtung, Methodik des Vorgehens

(War das Vorgehen angemessen?)

Vorgehen ist voll zielgerichtet und angemessen	Vorgehen ist zielgerichtet und angemessen	Vorgehen ist weit gehend zielgerichtet und angemessen	Vorgehen ist noch erkennbar zielgerichtet/ angemessen	Vorgehen ist nicht zielgerichtet/ angemessen	Vorgehen ist nicht zielgerichtet und nicht angemessen	Punkte
10	9–8	7–6	5	4–3	2–0	

Unsere Bewertungsmatrix steht immer beobachtend über den jeweiligen Prüflingsleistungen. Sie müssen nur jeweils den Erfüllungsgrad anhand der vorgegebenen Formulierungen ermitteln und die Punkte eintragen.

970533

Einheitliche Beurteilungsbasis innerhalb der Kommission

Innerhalb einer Kommission wird es so möglich, binnen kürzester Zeit eine gemeinsame Sprachbasis für die Bewertung zu finden.

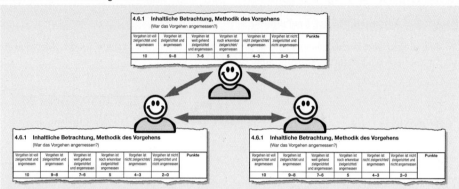

Unsere Bewertungsmatrix besteht aus 4 Elementen und ist per Download von der Winklers-Homepage unter www.it-pruefungshandbuch.de kostenlos zu beziehen oder als kostenlose Kopiervorlage im Anhang dieses Buches für Käufer des Buches vorgesehen.

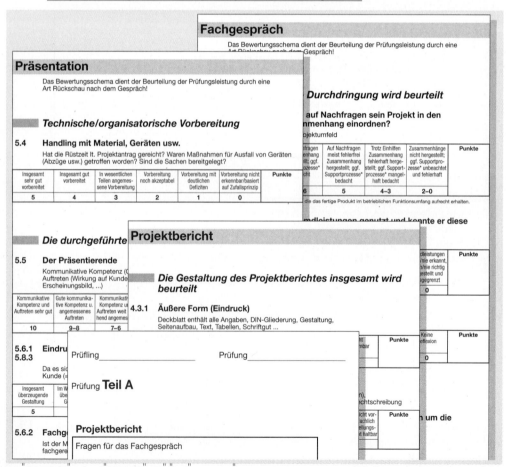

Wie viele Prüflinge sind verkraftbar? 1.5.4

Es ist eine besondere Form von Symbiose: ohne Prüflinge keine Prüfungskommission, ohne Prüfungskommission keine erfolgreich bestandene Prüfung.

Diese Symbiose steht nun im Ablauf der Prüfung im wahrsten Sinne des Wortes auf dem Prüfstand ...

Wie viele Prüflinge sind denn aber nun für diese Symbiose verträglich?

Pro Prüfling sind von einer Prüfungskommission Arbeiten unterschiedlichster Belastung auszuführen. Hinsichtlich der Summe der je Prüfling über den gesamten Prüfungsprozess zu investierenden Zeit gibt es unterschiedliche Meinungen. Hier sind unsere durchaus repräsentativen Erfahrungswerte:

Aktivität im Prüfungsprozess	Zeitdauer in Min. pro Prüfling
Genehmigung des Projektantrages	< = 10
Korrektur der Schriftlichen Prüfung (Teil B)	< = 150
Korrektur des Projektberichtes	< = 150
Abstimmungssitzung: Abstimmung der Korrekturergebnisse und Vorbereitung auf das Fachgespräch	< = 15
Abnahme Präsentation und Fachgespräch inkl. organisatorischer Vorbereitung und Auswertung. Zeitaufwand je Prüfling = 15 Minuten (max.) Rüstzeit des Prüflings / 30 Minuten Präsentation/Fachgespräch / 20 Minuten Bewertung und Niederschrift / 5 Minuten Verkündung des Ergebnisses / 10 Minuten Einstimmung auf den Nächsten / 10 Minuten Pause und Pufferzeit / 90 Minuten	< = 90
Abschlussarbeiten	< = 10
Ggf. Mündliche Ergänzungsprüfung inkl. Vorbereitung und Bewertung	< = 60
Summe	**ca. 485**
	d. h. 8–9 Std.

Aufgrund dieser Erfahrungswerte können wir hinsichtlich der Gesamtanzahl von Prüflingen je Prüfungskommission nur empfehlen:

12 – max. 14 *Prüfungsteilnehmer*   ▷   1 *Prüfungskommission*

1.5.5 Die Rolle der Prüfungskommission

Prüfungskommissionen sind ...

... der verlängerte Arm der IHK	Die Entscheidungen der Prüfungskommission sind Verwaltungsakte der IHK, die von der Kammergeschäftsführung nach außen vollzogen werden, um wirksam zu werden. Beispiel: Die Entscheidung der Kommission über das Bestehen einer Prüfung wird erst wirksam, wenn die IHK das Prüfungszeugnis zugesendet hat.
... autonom	Die Prüfungskommission ist an die gesetzlichen Grundlagen gebunden. Autonomie bezieht sich darauf, dass sie bei der Bewertung der Prüfungsleistungen einen Spielraum hat, in den niemand eingreifen darf.
... paritätisch besetzt	Eine Prüfungskommission besteht aus mindestens 3 Mitgliedern, in diesem Falle setzt sich die Kommission dann aus je einem Beauftragten der Arbeitgeber und Arbeitnehmer sowie einem Lehrer einer berufsbildenden Schule zusammen. Damit sind die Interessen aller an der (dualen) Ausbildung Beteiligten berücksichtigt.
... sachkundig	Prüfungskommissionsmitglieder müssen ■ für die Prüfungsgebiete sachkundig sein, d. h. das erforderliche berufliche Wissen und Können besitzen, um den Prüfungsgegenstand ganz oder zumindest in Teilen überprüfen zu können. ■ für die Mitwirkung im Prüfungswesen geeignet sein. Dies erfordert Verständnis für die Prüfungssituation, Unabhängigkeit, Gerechtigkeitssinn, menschliche Reife und prüfungspädagogische Kenntnisse.
... ehrenamtlich tätig	Prüfertätigkeit ist eine freiwillige Tätigkeit, die einen hoheitlichen, amtlichen Charakter hat. Ein Entgelt im Sinne einer Gegenleistung wird von der IHK nicht gezahlt, es wird lediglich für Barauslagen oder Zeitversäumnisse eine angemessene Entschädigung gezahlt.
... objektiv	Es gilt der Grundsatz der Chancengleichheit aller Prüfungsteilnehmer. Ein Prüfungskommissionsmitglied darf daher nicht befangen oder voreingenommen sein. Zur Objektivität gehört dann auch die Verschwiegenheit.
... ständig in der Lage, ihr Fach-Know-how zu erweitern	Prüfertätigkeit ist auch eine Maßnahme zur Weiterbildung und Persönlichkeitsentwicklung. Die Prüfer werden gerade in den IT-Berufen durch die Projektarbeiten mit den aktuellsten Entwicklungen der IT-Branche konfrontiert und können sich so weiterbilden.
... letztlich subjektiv ...	... an Spaß und Freude in ihrer Tätigkeit interessiert. Niemand empfindet Spaß dabei, wenn ein Prüfling mit Pauken und Trompeten durch die Prüfung knallt ...

vgl. [2]

970536

Fahrtroute durch die Prüferaktivitäten 1.5.6

Analog zu ▶ 1.2 wird für die Kommissionsmitglieder der Ablauf der Prüfung und die Einordnung der Aktivitäten in Form von „Ereignisgesteuerten Prozesskettendiagrammen (EPK)" dargestellt. Die Diagramme für die Prüfungskommission setzen genau dort an, wo die Diagramme der Prüflinge enden.

Wir bieten damit auch eine „Prüfertour" durch unser Buch, indem gezielt die Prozesse und Aktivitäten miteinander verknüpft werden, um neben dem Prüfling auch der Prüfungskommission ein Erfolgserlebnis zu verschaffen – nämlich eine erfolgreich abgewickelte Prüfung.

Die Prozessketten, die wir zur Orientierung des Prüflings entwickelten ▶ 1.2, haben einen Einfluss auf die Prozessketten für die Prüfungskommission.

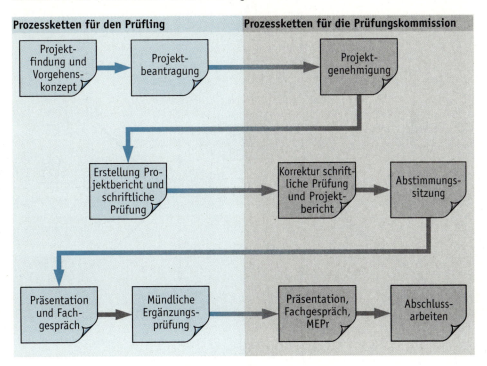

Das Stichwort **„Organisationsbedarf"** weist bei den Erläuterungen zu den Aktivitäten der Prozesse darauf hin, dass hier ein Abstimmungsspielraum und eine Möglichkeit zum effizienteren Gestalten der Prozesse zugunsten der Kommission besteht.

Beispiel: Es hängt von der Detailorganisation der jeweiligen IHK ab, wie die Projektanträge weitergegeben werden. Diese Frage sollte jede Prüfungskommission nach ihren eigenen zeitlichen und fachlichen Gesichtspunkten mit der IHK zum Vorteil der Prüfungskommission regeln (und nicht umgekehrt).

Durch Beschreibung des Prüfungsablaufes mithilfe unserer EPK geben wir Ihnen Handlungshilfen und Überblick zur erfolgreichen Abnahme der Prüfung.

Prüfer-Phase 1: Projektgenehmigung

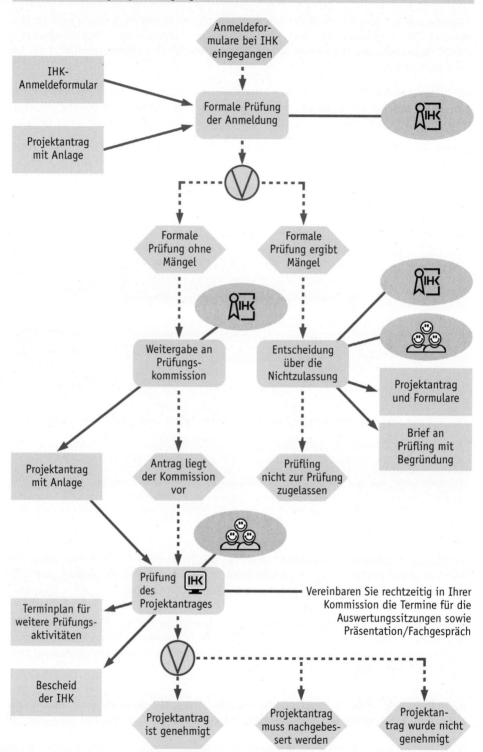

Erläuterung der Prozesskette „Projektgenehmigung"

Prozessschritt	Erläuterung	Links
Formale Prüfung der Anmeldung	Die IHK prüft zunächst rein formal die Vollständigkeit der Anträge. ■ Sind alle Unterlagen und Unterschriften vorhanden? ■ Sind die persönlichen Angaben des Prüflings korrekt?	▶ 3.5.2
Entscheidung über die Nichtzulassung	*Hält die IHK die Zulassungsvoraussetzungen nicht für gegeben, so entscheidet die Prüfungskommission.* Die Kommission ist in dieser Entscheidung autonom und übergibt den Vollzug dieser Entscheidung an die IHK.	§ 11 MPO ▶ 3.5.2
Prüfling nicht zur Prüfung zugelassen	*Solange die Anmeldeunterlagen nicht vollständig oder in der korrekten Form vorliegen, ist der Prüfling nicht zur Prüfung zugelassen!*	
Brief an Prüfling mit Begründung	Eine Entscheidung über die Nichtzulassung ist dem Prüfling **schnellstmöglich** mit Begründung zuzustellen.	
Weitergabe an Prüfungskommission	**Organisationsspielraum:** Die Weitergabe der Projektanträge kann durch einen IHK-Boten erfolgen oder auch durch direkte Übergabe an ein abholendes Prüfungskommissionsmitglied. *Zu beachten ist, dass Prüfungsunterlagen nicht auf dem Postweg versendet werden dürfen.*	▶ 3.5.1
Prüfung des Projektantrages [IHK]	**Organisationsspielraum:** Wo werden die Projektanträge geprüft? Die Kommission kann sich hierzu bei der IHK oder im dienstlichen oder privaten Umfeld eines Kommissionsmitgliedes verabreden. Stimmen Sie dabei gleich die Termine für Ihre Folgeaktivitäten ab. *Die Prüfung des Projektantrages ist auch die erste Prüfungsleistung der Kommission.*	Muster Projektantrag: ▶ 3.3.2 ▶ 3.5.4 ▶ 3.5.7
Projektantrag ist genehmigt	*Wurde der Projektantrag genehmigt,* wird dies auf dem Projektantrag vermerkt. Der Projektantrag geht an die IHK zurück. Die IHK versendet **schnellstmöglich** einen **Genehmigungsbescheid** mit Abgabetermin der Projektarbeit sowie den Vordruck „Protokoll über die durchgeführte Projektarbeit" an den Prüfling.	▶ 3.4.1 ▶ 3.5.6
Projektantrag muss nachgebessert werden	*Sieht die Prüfungskommission die Notwendigkeit einer Nachbesserung, so wird dies auf dem Projektantrag vermerkt und der Antrag wird genehmigt.* Die IHK versendet dann schnellstmöglich nach Rückgabe des Projektantrages einen Genehmigungsbescheid mit Nachbesserungsaufforderung an den Prüfling (inkl. Abgabetermin und das Protokoll über die durchgeführte Projektarbeit).	▶ 3.4.2 ▶ 3.5.6
Projektantrag wurde nicht genehmigt	*Ist der Projektantrag mangelhaft und eine Nachbesserung nicht möglich, wird das Projekt abgelehnt. Dies wird auf dem Projektantrag vermerkt.* Die IHK versendet nach Rückgabe des Projektantrages schnellstmöglich eine Ablehnungsmitteilung mit Begründung und einen neuen Projektantrag.	▶ 3.4.3 ▶ 3.5.6

Prüfer-Phase 2: Korrektur Schriftliche Prüfung und Projektbericht

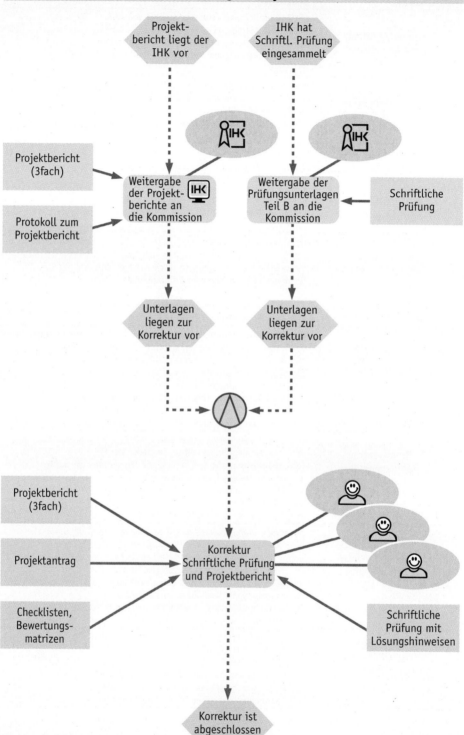

970540

Erläuterung der Prozesskette „Korrektur Schriftliche Prüfung und Projektbericht"

Prozessschritt	Erläuterung	Links
Weitergabe der Projektberichte an die Kommission IHK	**Organisationsspielraum:** Empfehlenswert wäre hier die Weitergabe an den Kommissionsvorsitzenden, der die Projektberichte an seine Kommissionsmitglieder nach individuellen Absprachen verteilt.	▶ 4.10.1 ▶ 4.10.2
Weitergabe der Prüfungsunterlagen Teil B an die Kommission	**Organisationsspielraum:** Empfehlenswert wäre die Festlegung einer Reihenfolge innerhalb der Kommission zur Korrektur der Schriftlichen Prüfung. Die IHK kann dann die Unterlagen der Schriftlichen Prüfung an den „Erstkorrektor" weitergeben.	▶ 2.8.1
Korrektur Schriftliche Prüfung und Projektbericht	**Dies ist Ihre originäre Prüfertätigkeit.** Nutzen Sie hierzu die aus unserer Erfahrung entwickelten Bewertungsmatrizen.	▶ 2.8.2 ▶ 4.10.4 ▶ Anhang
Korrektur ist abgeschlossen	*Nach Abschluss aller Korrekturarbeiten muss sich die Prüfungskommission zu einer Abstimmungssitzung verabreden. Dieses Treffen muss rechtzeitig vor den Präsentationen/Fachgesprächen stattfinden.*	

970541

Prüfer-Phase 3: Abstimmungssitzung

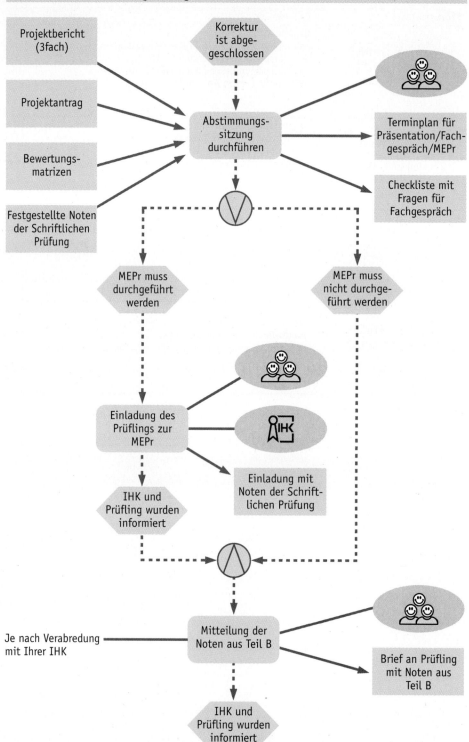

Erläuterung der Prozesskette „Abstimmungssitzung"

Prozessschritt	Erläuterung	Links
Abstimmungs- sitzung durchführen	Die Abstimmungssitzung ist für die Prüfungs- kommission eine unbedingt zu empfehlende Maßnahme: *Diese Sitzung bündelt die bisherigen Prüfungs- leistungen und -aktivitäten und bereitet die nächsten Schritte vor.* In dieser „Abstimmungskonferenz" werden endgültig festgelegt: ■ die Termine für Präsentation/Fachgespräch ■ die Zensuren der Schriftlichen Prüfung ■ die Termine für eventuelle MEPr ■ die Inhalte des Fachgespräches	▶ 2.8.4 ▶ 4.10.5
MEPr muss durchgeführt werden	*Die Ausbildungsordnung regelt präzise, in welchen Fällen eine MEPr notwendig ist.*	▶ 7.1.2
Einladung des Prüflings zur MEPr	*Organisationsspielraum:* Wenn eine MEPr durchgeführt werden muss, kann sowohl die IHK als auch die Prüfungs- kommission den Prüfling einladen. Die Noten der Schriftlichen Prüfung müssen an die IHK gemeldet werden, wenn die IHK einlädt.	▶ 7.1.1
IHK und Prüfling wurden informiert	*Der Prüfungskommissionsvorsitzende muss die IHK über alle Terminvereinbarungen informie- ren.* *Organisationsspielraum:* Die IHK versendet die Einladungen an die Prüflinge. Klären Sie mit Ihrer IHK, ob die Ergebnisse der Schriftlichen Prüfung (Teil B) dabei mitgeteilt werden sollen.	

Prüfer-Phase 4: Präsentation, Fachgespräch, Mündliche Ergänzungsprüfung

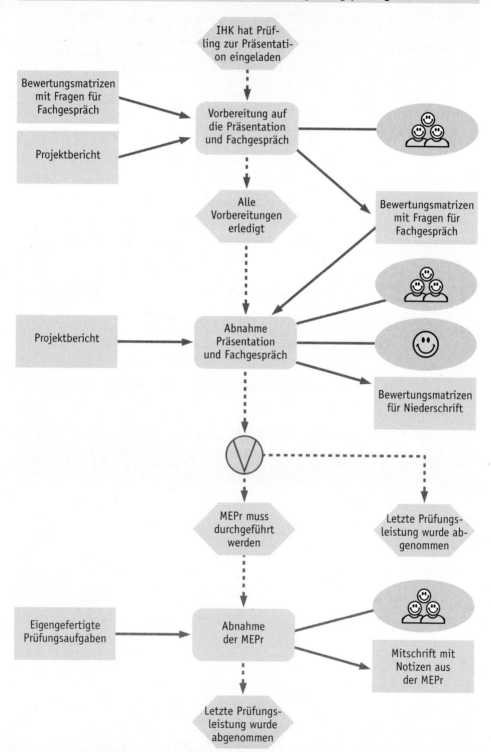

970544

Erläuterung der Prozesskette „Präsentation, Fachgespräch, Mündliche Ergänzungsprüfung"

Prozessschritt	Erläuterung	Links
Vorbereitung auf die Präsentation und Fachgespräch	Regeln Sie alle logistischen Dinge: von der Vorbereitung des Prüfungsraumes bis zur Verpflegung der Kommissionsmitglieder. Nehmen Sie sich für jeden Prüfling Zeit zur Einstimmung: *Wer ist der nächste Prüfling? Was war Thema in der Projektarbeit? Welche Fragen werden im Fachgespräch gestellt?*	Bewertungsmatrizen ▶ Anhang ▶ 5.8.1 ▶ 6.7.1
Abnahme Präsentation und Fachgespräch	***Dies ist Ihre originäre Prüfertätigkeit.*** Verhalten Sie sich in der Präsentation passiv, im Fachgespräch aktiv. Nutzen Sie Ihre Checklisten zum Führen des Fachgespräches.	▶ 5.8.1 ▶ 5.8.4 ▶ 6.7.2
Abnahme der MEPr	Machen Sie einen deutlichen Schnitt vor Eintritt in die MEPr, mind. 10 Min. Pause. *Die MEPr ergänzt die Leistungen im Teil B – Prüfungsbereiche sind die WISO und die Ganzheitlichen Aufgaben.* Machen Sie sich Notizen für die anschließende Niederschrift der Ergebnisse.	▶ 7.4.2
Eigengefertigte Prüfungsaufgaben	In der MEPr prüfen Sie genauso wie im Teil B – handlungsorientiert und ggf. ganzheitlich. Nutzen Sie unsere Empfehlungen und fertigen Sie sich eigene Aufgaben.	▶ 7.3 ▶ 7.4.7
Letzte Prüfungsleistung wurde abgenommen	Beide haben es geschafft. Der Prüfling wartet jetzt nur noch auf die Verkündung seines Ergebnisses durch die Kommission. *Sie müssen nun gem. § 21 Abs. 4 MPO die Niederschrift anfertigen.*	▶ 8.4.3

970545

Prüfer-Phase 5: Abschlussarbeiten

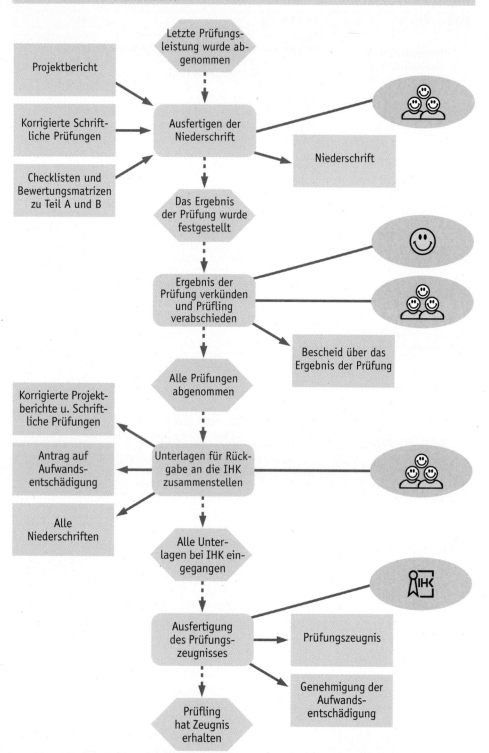

Erläuterung der Prozesskette „Abschlussarbeiten"

Prozessschritt	Erläuterung	Links
Ausfertigen der Niederschrift	Die Prüfungskommission stellt in diesem Moment **gemeinsam** die Ergebnisse der einzelnen Prüfungsleistungen fest, *fertigt die Niederschrift gemäß § 21 Abs. 4 PO.*	▶ 8.4.3
Das Ergebnis der Prüfung wurde festgestellt	Gemeinsam heißt, dass jedes Kommissionsmitglied bewertet hat und gehört wurde. Bis dahin sind alle Aufzeichnungen und Korrekturhinweise in den Checklisten nur Zwischenergebnisse.	
Ergebnis der Prüfung verkünden und Prüfling verabschieden	*... und gibt dem Prüfling das Ergebnis der Prüfung bekannt.* Der Prüfling erhält zur Vorlage in seinem Betrieb oder beim Arbeitsamt einen Bescheid mit dem Ergebnis der Prüfung (bestanden/nicht bestanden). Die Kommission sollte die Prüfung mit einem Gespräch über die weiteren Pläne des Prüflings harmonisch ausklingen lassen.	▶ 8.4.4
Unterlagen für Rückgabe an die IHK zusammenstellen	Zu den Unterlagen gehören die ■ vollständigen Niederschriften und die Prüfungsprotokolle ■ Unterlagen der Schriftlichen Prüfung ■ die korrigierten Projektberichte Die Zwischenergebnisse und -aufzeichnungen sollten für eventuelle Einsprüche beim Kommissionsvorsitzenden verbleiben. *Alle Unterlagen müssen dann an die IHK zurückgereicht werden (per Bote oder durch persönliche Übergabe).*	▶ 8.4.5
Antrag auf Aufwandsentschädigung	*Mit den Prüfungsunterlagen ist auch der von jedem Kommissionsmitglied zu stellende Antrag auf Aufwandsentschädigung an die IHK zu reichen.* Die Höhe dieser Aufwandsentschädigung ist klar geregelt. Die Vorschriften werden per Merkblatt von der IHK an die Kommissionen kommuniziert. Alle Anträge sind vom Kommissionsvorsitzenden zu unterschreiben.	▶ 8.4.5

970547

1.6 IT-gestützte Prüfungsteile in Teil A

 Der Prüfungsteil B wird derzeit IT-technisch nicht unterstützt und ist in allen Kammerbezirken konventionell mit Stift und Papier zu absolvieren. (Updates hierzu: www.it-pruefungshandbuch.de)

Es gibt zunehmend IHKs (z. B. die IHK Berlin), die für den Prüfungsteil A ein internetgestütztes Verfahren anbieten (Tool: ITXPLAIN).

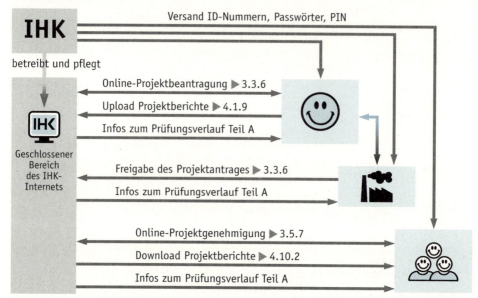

Wir wollen an dieser Stelle das Grundprinzip des Verfahrens für den Teil A (am Beispiel der IHK Berlin) erläutern und zu den unterstützten Prüfungsaktivitäten in den entsprechenden Kapiteln Hinweise und Tipps geben.

Interessierte können das Verfahren auch unverbindlich ausprobieren: Fragen Sie Ihre regionale IHK nach einem lokalen Demoserver.

Im Rahmen ihres Internetauftrittes stellt die IHK einen geschlossenen Bereich zur Verfügung, auf den alle an der Prüfung Beteiligten zugreifen können. Hierzu versendet diese IHK per Post Informationen zum Verfahren und den Zugriffen.

Du bekommst vor deiner Anmeldung zur Prüfung mitgeteilt

die Internetadresse	eine eigene ID-Nummer (Benutzerkennung)	Passwort	PIN-Nummer

Sofern dies bis eine Woche vor dem veröffentlichten Abgabetermin für die Projektanträge noch nicht geschehen ist, solltest du dich an deine IHK wenden.

Jetzt kannst du online
- ☑ je nach Prüfungsprozessfortschritt die erforderliochen (o.g.) Arbeiten erledigen
- ☑ deine persönliche Daten (E-Mail, Telefon, Anschrift usw.) einsehen und für den Kontakt mit der Prüfungskommission pflegen. (Da ein automatischer Abgleich mit den IHK-Daten derzeit nicht möglich ist, solltest du Änderungen noch mal in Schriftform der IHK mitteilen.)

970548

Der Ausbildungsbetrieb erhält von der IHK vor dem Anmeldetermin seiner ersten Prüfungsteilnehmer

die Internetadresse	eine eigene ID-Nummer (Benutzerkennung)	Passwort	PIN-Nummer

Diese Zugangsberechtigung gilt

■ unbefristet

UND

■ für alle Prüfungsteilnehmer des Betriebes/Institutes.

Nunmehr kann der Ausbildende online

☑ die Daten seiner Prüfungsteilnehmer einsehen,

☑ mit seiner PIN den Projektantrag freigeben,

☑ für seine Teilnehmer den Prüfungsprozess in Teil A verfolgen und erforderliche Schritte ausführen,

☑ Änderungen an seinen betriebsindividuellen Daten vornehmen. (Diese sind derzeit nur für den Kontakt mit der Prüfungskommission nützlich. Da ein automatischer Abgleich mit den IHK-Daten derzeit nicht möglich ist, sollten Änderungen nochmals in Schriftform der IHK mitgeteilt werden.)

Jedes Prüfungskommissionsmitglied erhält nach seiner Benennung

die Internetadresse	eine eigene ID-Nummer (Benutzerkennung)	Passwort

Nunmehr können Sie als Prüfer online

☑ die Daten ihrer Prüfungsteilnehmer mit deren Prüfungsprozessfortschritt einsehen,

☑ (leider auch jeder für sich) Projektanträge bearbeiten und entscheiden (Genehmigungen, die von nur einem Prüfer erteilt wurden sind rechtlich zweifelhaft: ▶ 3.5.7),

☑ Ihre persönlichen Daten einsehen und für den Kontakt mit der IHK und innerhalb der Prüfungskommission pflegen (da ein automatischer Abgleich mit den IHK-Daten derzeit nicht möglich ist, sollten Sie Änderungen noch mal in Schriftform der IHK mitteilen, obwohl die Tatsache der Änderungen automatisch an die IHK gemeldet wird).

2 Prüfungsteil B

2.1 Teil B ist die Schriftliche Prüfung

Einladung

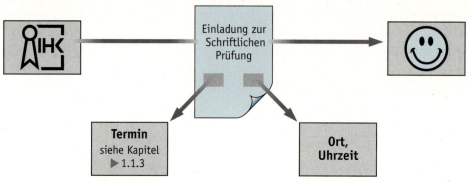

Das Einladungsschreiben wird dir von deiner IHK rechtzeitig vor deinem Prüfungstermin zugesendet. An welchem Tag deine Schriftliche Prüfung stattfindet, kannst du vorher ▶ 1.1.3 entnehmen, Uhrzeit und Ort dem Einladungsschreiben.

Ggf. wird dir auch deine IHK mitteilen, welche Hilfsmittel zur Abschlussprüfung zugelassen sind.

Die Prüfungsbereiche (auch als Prüfungsfächer bezeichnet)

Der Prüfungsteil B wird im Allgemeinen als „Schriftliche Prüfung" bezeichnet.
Dieser Prüfungsteil ist nicht als reine Wissensprüfung konzipiert. Mit folgenden Prüfungs-bereichen wird vielmehr „die selbstständige Problemlösungskompetenz überprüft". *[1] S. 19*

Prüfungsbereiche	Dauer in Minuten	Gewicht im Prüfungsteil B	Aufgabentypen
Ganzheitliche Aufgabe 1	90	doppelt	ungebundene und gebundene
Ganzheitliche Aufgabe 2	90	doppelt	
Wirtschafts- und Sozialkunde	60	einfach	gebunden

 Die folgenden Ausführungen sollen dir Möglichkeiten zur Vorbereitung auf diesen Prüfungsteil eröff-nen. Dabei sollen weniger die konkreten Inhalte der Prüfung, sondern vielmehr deine Prüfungsstra-tegie behandelt werden.

In den Prüfungsbereichen „Ganzheitliche Aufgaben 1 und 2" ...

werden keine reinen Wissensfragen gestellt. In diesen Prüfungsbereichen sollst du

- die für den Berufsalltag typischen Problemstellungen analysieren,
- Zusammenhänge erkennen
- und praxisgerechte Lösungen entwickeln. *[1] S. 72*

970550

Ganzheitliche Aufgabe 1	Ganzheitliche Aufgabe 2	WiSo
Die profilprägenden Fachqualifikationen	Die Kernqualifikationen	Wirtschafts- und Sozialkunde
Für jeden Beruf eine Aufgabe G1	Eine Aufgabe G2 für alle Berufe	Eine Aufgabe für alle Berufe
FIAN ITSE FISI INKA ITSK	ITSE FISI FIAN ITSK INKA	ITSE FISI FIAN ITSK INKA
Aufgabenstellung geht eher in die Tiefe.	Aufgabenstellung geht eher in die Breite.	Aufgabenstellung geht eher in die Breite.
Zu den Inhalten Stuffer G1 je Beruf ▶ **Anhang**	**Zu den Inhalten** Stuffer G2 ▶ **Anhang**	**Zu den Inhalten** Stuffer WiSo ▶ **Anhang**

Aufgabentypen

Ungebundene Aufgaben ...

... sind Aufgaben, zu denen du ganz normal eine Lösung hinschreibst, ausformulierst, Stichworte verfasst usw.

Bei gebundenen Aufgaben ...

... musst du aus vorgegebenen Strukturen eine Lösung auswählen oder zusammensetzen.

Typisches Beispiel sind die Multiple-Choice-Aufgaben = Ankreuzaufgaben.

- Wirtschafts- und Sozialkunde wird vollständig mit gebundenen Aufgaben geprüft.
- In den Ganzheitlichen Aufgaben ist ein Anteil von gebundenen Aufgaben nicht festgelegt, grundsätzlich sollte diese Aufgabenform einen Anteil von 10 % der zu vergebenden Punkte nicht überschreiten.

Die gesetzlichen Grundlagen und weitere Rahmenbedingungen für den Prüfungsteil B werden in ▶ 1.3 und 1.4 behandelt.

PC-gestützte Prüfung?

Es sind vorerst keine Verfahren geplant, wo du die Prüfung im Teil B am PC „online" zu absolvieren hast. Updates hierzu: www.it-pruefungshandbuch.de.

Das Prinzip von Ganzheitlichen Aufgaben   2.2

So werden dir die Ganzheitlichen Aufgaben gestellt   2.2.1

Du wirst zunächst mit deiner Aufgabenstellung – der Ausgangssituation – vertraut gemacht. Dir wird ein Betrieb vorgestellt und eine konkrete Situation oder ein Geschäftsprozess beschrieben, der sich wie ein roter Faden durch die Aufgabe zieht. Du bist sozusagen der Fachmann, der dann die beschriebenen praxisbezogenen Probleme durch geeignete Handlungen in mehreren Schritten zu lösen hat.

Ganzheitlich bedeutet hier, dass die schriftlich zu lösenden Aufgabenstellungen auftragsbezogen und im Sinne einer Ganzheitlichkeit als praxisbezogene Fallstudie angelegt sind.

[1] S. 27

970551

ⓘ *Es werden also von dir entlang eines standardisierten Geschäftsprozesses mehrere Handlungsschritte, die oftmals aufeinander aufbauen, einzeln zu lösen und zu bearbeiten sein.*
Daraus folgt, dass du nicht nur eine einzige Aufgabe in den 90 Minuten zu lösen hast.

Beispiel: Ganzheitliche Aufgabe 1 für Informatikkaufleute (ausgehend von der Sommerprüfung 1999):

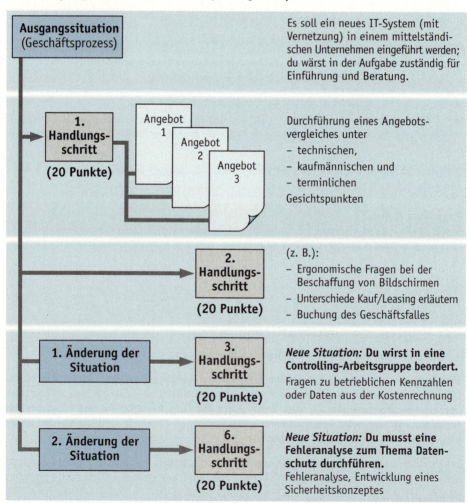

Die Ganzheitlichen Aufgaben 1 und 2 unterscheiden sich in den Inhalten der zu behandelnden Problemstellungen und in der fachlichen Tiefe, die Prüfungsdidaktik und Aufgabenstruktur ist dieselbe.

Welche konkreten Aufgaben in den einzelnen Prüfungsfächern zu erwarten sind, werden wir dir im Detail nicht mitteilen. Es gibt von uns auch keine Musterantworten. Dies kannst du eher an den echt gelaufenen Prüfungen herleiten. Diese Aufgaben stehen ohnehin im Internet und es dürfte für dich ein Leichtes sein, die Seiten zu finden (gib doch mal in einer Suchmaschine „IT-Prüfung" ein ...).

Für alle Aufgaben im Teil B gilt: Genau lesen.

Oftmals stehen in der Beschreibung der Ausgangslage entscheidende Hinweise für Lösungsansätze. Es kann auch umfangreiche Prozessbeschreibungen, auszuwertende Belege oder Diagramme und vieles andere mehr geben. Kalkuliere bei der Bearbeitung der Aufgaben eine gewisse Zeit für das Lesen ein und gehe auch bei Zeitnot nicht oberflächlich mit der Aufgabenstellung um.

Wahlmöglichkeiten bei Ganzheitlichen Aufgaben 2.2.2

Die Aufgaben im Prüfungsteil B wurden erstmalig in der Winterprüfung 2002 neu strukturiert.

Für die beiden Ganzheitlichen Aufgaben (G1, G2) besteht der Aufgabensatz aus 6 Handlungsschritten zu jeweils 20 Punkten. Vom Prüfungsteilnehmer sind in der Prüfung 5 der 6 Handlungsschritte zu bearbeiten, der Prüfungsteilnehmer kann dabei frei wählen.

Hier musst du also Entscheidungsfähigkeit und Handlungsorientierung zeigen, denn wenn du dich nicht entscheidest und den nicht bearbeiteten Handlungsschritt nicht oder nicht eindeutig kennzeichnest, dann nimmt dir die Prüfungskommission die Entscheidung ab. Dann gilt z. B. der 6. Handlungsschritt als nicht bearbeitet, unabhängig von deinen Antworten. Achte auf die Bearbeitungshinweise auf dem Deckblatt der jeweiligen Aufgabensätze!

Falsches Verhalten

~~1. HS~~	~~2. HS~~	3. HS	4. HS	5. HS	6. HS
1. HS	2. HS	3. HS	4. HS	5. HS	6. HS
~~1. HS~~	~~2. HS~~	~~3. HS~~	~~4. HS~~	~~5. HS~~	~~6. HS~~

Beispiele für richtiges Verhalten

~~1. HS~~	2. HS	3. HS	4. HS	5. HS	6. HS
1. HS	2. HS	~~3. HS~~	4. HS	5. HS	6. HS
1. HS	2. HS	3. HS	4. HS	5. HS	~~6. HS~~

- Dir kann vor dem Beginn der eigentlichen Prüfungszeit eine „Rüstzeit" zur Verfügung gestellt werden, d. h. Zeit zum Lesen des Aufgabensatzes und zum Finden deiner Entscheidung.
- Nutze diese Zeit und entscheide dich, welchen Handlungsschritt du nicht bearbeiten willst!
- Du kannst deine Entscheidung auch während der offiziellen Prüfungszeit treffen.
- Die Prüfungszeit wird in der Regel kaum ausreichen, um alle 6 Handlungsschritte zu bearbeiten. Du wirst wahrscheinlich am Ende nicht schauen können, welche der 6 Lösungen/Antworten am besten ausgefallen sind. Deine Entscheidung muss zur Konsequenz haben, dass du einen Handlungsschritt gar nicht erst in Angriff nimmst.
- Am Ende musst du den nicht bearbeiteten Handlungsschritt eindeutig kennzeichnen:
  - Streiche den Aufgabentext im Aufgabensatz durch.
  - Schreibe in den Platz für deine Lösung hinein: „Nicht bearbeiteter Handlungsschritt".

Bei der Bearbeitung der WiSo-Aufgaben gibt es keine Wahlmöglichkeiten, du musst alle Aufgaben lösen!

2.3 Deine Vorbereitung auf Ganzheitliche Aufgaben

Zur Vorbereitung auf Ganzheitliche Aufgaben stehen dir folgende Mittel bzw. Methoden zur Verfügung:

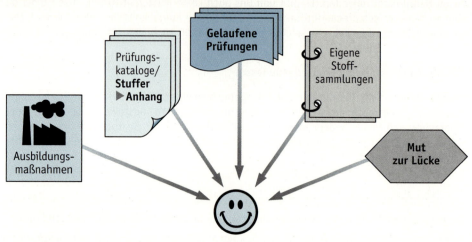

2.3.1 Ausbildungsmaßnahmen

Eine fundierte Ausbildung in Betrieb und Berufsschule ist die beste Vorbereitung auf die Prüfung. Dies ist sicherlich unstrittig, aber leider keine hilfreiche Erkenntnis für diejenigen, die nicht fundiert oder dual ausgebildet werden.

Berufsschule oder Bildungsträger vermitteln das notwendige fachliche Know-how, und wer dort nicht 3 Jahre nur die Zeit abgesessen hat, dürfte mit dem Bestehen in den Ganzheitlichen Aufgaben kein Problem haben. Maßnahmen in Ausbildungs- oder Praktikumsbetrieben könnten diesen Leistungsstand noch fördern.

Betriebliche Maßnahmen zur Vorbereitung auf Ganzheitliche Aufgaben:	
Durchführung einer Generalprobe mit eigenentwickelten oder alten Prüfungsaufgaben	▪ Die Prüflinge absolvieren eine simulierte, betriebsinterne Abschlussprüfung. Anhand der ausgewerteten Ergebnisse erhält jeder Prüfling ein Feedback und kann damit eventuell noch bestehende Defizite ausgleichen.
Planspiele	▪ Durchführung von betriebswirtschaftlichen Planspielen zum Erlernen von Zusammenhängen und Handlungskompetenz.
Prüfungsvorbereitungen, Lerngemeinschaften und Workshops	▪ Workshops zu betrieblichen Prozessen (z. B. Absatzwirtschaft, Controlling). ▪ Alle Prüflinge bereiten sich gemeinsam auf die Abschlussprüfung vor und helfen sich gegenseitig.

Du könntest jetzt denken: „Das hört sich gut an, aber was kann ich schon ausrichten, wenn dies in meinem Ausbildungs- oder Praktikumsbetrieb so nicht anzutreffen ist?"

Wir wollen dir nur aufzeigen, was möglich ist. Du kannst dann nur versuchen, diese Themen mit deinem Ausbildenden zu besprechen und einzufordern.

Am leichtesten realisierbar dürften die Lerngemeinschaften sein, es gibt immer und überall Leidensgenossen, die mit denselben Problemen der Prüfung entgegensehen. Also bleibe nicht alleine, gemeinsam lernt es sich wesentlich besser.

970554

Stuffer und Prüfungskataloge bringen Ordnung in dein Lernchaos 2.3.2

Unser Stuffer und die Prüfungskataloge informieren je Prüfungsbereich – Ganzheitliche Aufgabe 1, Ganzheitliche Aufgabe 2 und WiSo – über die Schwerpunkte der Abschlussprüfung etwas strukturierter und detaillierter als die Ausbildungsordnung.

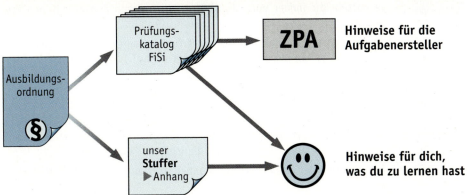

Die Prüfungskataloge sind kein Lehrbuch und haben keinen Richtliniencharakter.

Sie werden für jeden IT-Beruf von der ZPA herausgegeben und sind über den U-Form-Verlag zu beziehen.

Die Prüfungskataloge geben dir lediglich Hinweise zum Stoff, der von den Aufgabenerstellern für die Abschlussprüfung verwendet werden kann.

Beispiel: Ganzheitliche Aufgabe 2	
Ausbildungsinhalt: Systempflege	**Hinweis zur Prüfung = dein Lernschwerpunkt:** SQL (Grundlagen)

Du erkennst, dass „Systempflege" ein Thema für die G2 ist, wobei du dafür u. a. auch SQL beherrschen musst. Welche Anweisungen, Strukturen usw. dazugehören, steht in den Prüfungskatalogen nicht geschrieben. Und der Begriff „Grundlagen" ist dehnbar ...

Unser Stuffer gibt dir eine Strategie für dein Lernen.

Er zeigt dir ebenfalls je Ausbildungsberuf und je Prüfungsbereich den zu lernenden Stoff – und das auch noch kostenlos.

Damit du zielorientiert lernen kannst, sortierst du dein Wissen in unser Raster und kannst feststellen, was du schon kannst und was dir noch fehlt. ▶ Anhang

2.3.3 Vorbereitung anhand alter Prüfungen

Gelaufene Prüfungen

 Den besten Eindruck von den Anforderungen der Abschlussprüfung im Teil B vermitteln dir immer noch die in der vergangenen Zeit gelaufenen Prüfungen.

Wer die Aufgaben der letzten Jahre nicht im Internet findet, kann auch die vollständigen Aufgabensätze über einen Verlag beziehen (z. B. U-Form-Verlag).

 Ansprechpartner für den Bezug der Aufgabensätze und die Übernahme der Bezugskosten sind in erster Linie deine Ausbilder. Du könntest diese als notwendige Arbeitsmittel erbitten (§ 6 Abs. 3 BBiG).

Das Eindenken in die Ganzheitlichkeit geht nun mal am besten mit echten Aufgaben und Problemstellungen. Du bekommst ein Gefühl dafür, wie Ganzheitliche Aufgaben aufgebaut sind, wie die Fragestellungen lauten und wofür es die meisten Punkte gibt.

Du kannst mit dem Studium der alten Prüfungsaufgaben aber auch keine 100%ige Sicherheit erzielen, weil

- der Wiederholungsfaktor von Aufgaben ziemlich gering, wenn nicht sogar gleich null ist.
- es keine Musterlösungen, sondern nur Lösungshinweise für die Aufgabenstellungen gibt.
- die jeweilige Ausgangssituation und der dazugehörige Geschäftsprozess immer anders ist und damit immer besondere Aspekte in die Lösung gehören.

Es hilft nur eines: Üben – Üben – Üben!!

Eines kannst du mit den alten Prüfungen gut trainieren: deine Prüfungsstrategie.

Pluspunkte sammeln	
1. Schlüsselwörter erkennen.	2. Trainiere die Kompetenzen, die zur Lösung von „Entwicklungsaufgaben" benötigt werden. Diese bringen die meisten Punkte.
Steht in der Aufgabenstellung ... ■ **Erläutern, Beschreiben,** ... musst du schon über Stichwörter hinaus deine Lösung etwas ausführlicher beschreiben, sonst drohen Punktabzüge. ■ **Nennen,** ... reicht eine Aufzählung von Stichwörtern. ■ **Begründen,** ... musst du zur fachlichen Lösung auch noch dazu schreiben, warum dies so ist.	■ Es gibt in den IT-Berufen typische Arbeiten/Arbeits-techniken, die bisher auch schon Gegenstand der Ganzheitlichen Aufgaben waren. Diese Techniken können wiederholt in der Prüfung vorkommen. – Daten- oder Datenbankstrukturen, z. B. Entity-Relationship-Modelle, Tabellenstrukturen – Darstellungsformen von Netzwerkstrukturen – Durchführung von Angebotsvergleichen – Struktogramme ■ Du musst in den Techniken zur Prozessdarstellung fit sein, z. B. – Ereignisgesteuerte Prozesskettendiagramme – Vorgangskettendiagramme

 Zur Bewältigung des Prüfungsteiles B sind Kenntnisse einer bestimmten Programmiersprache nicht erforderlich.

Es könnten Aufgaben gestellt werden, die auf Grundprinzipien der objektorientierten Programmierung basieren (z. B. mit Klassendiagrammen) oder der strukturierten Progammierung (z. B. mit Struktogrammen). Es ist auch vorstellbar, dass du mit SQL-Anweisungen konfrontiert wirst. Zu diesen Inhalten der Prüfung geben dir vielleicht die Prüfungskataloge Auskunft.

970556

Deine eigenen Stoffsammlungen 2.3.4

Eigene Stoff-sammlungen

Aus dem, was dir die gelaufenen Prüfungen gezeigt haben, und deinen Unterlagen aus der Berufsschule/deinem Bildungsinstitut kannst du dir auch ein gutes Hilfsmittel für deine Vorbereitung erstellen.

Es ist der Effekt, der beim Erstellen der so genannten und nicht totzukriegenden „Spicker" bzw. „Spickzettel" entsteht: Du musst das Wesentliche auf kleinem Raum für dich abrufbar zusammenfassen. Dabei überlegst du, wie du bestimmte Lehrsätze, Definitionen oder andere Inhalte kurz und knapp schreibst. Dabei lernst du besser und eher, weil du beim Schreiben mehr Sinne einsetzen musst als beispielsweise nur beim Lesen oder Zuhören. In den meisten Fällen wirst du den „Spicker" dann gar nicht mehr brauchen.

Lege dir eine Wissenskartei an

Für alle prüfungsrelevanten Themengebiete, die du in der Theorie an deiner Berufsschule oder in deinem Institut vermittelt bekommen hast oder dem Prüfungskatalog entnimmst, legst du dir eine eigene Rubrik in der Kartei an.

Damit hast du eine Gliederung deiner Themenbereiche, die zu lernen sind.

Diese Rubriken füllst du nun mit Wissen. Auf eine Karteikarte schreibst du dann in kurzer, prägnanter Form die Merksätze zu einem Thema auf. Die Karten kannst du dann auch später sortieren in Kategorien „habe ich drauf", „muss ich nochmal ansehen", „muss ich noch lernen". Diese Karten kannst du dann überall mitnehmen und auch unterwegs lernen. Das Verfahren ist zwar aufwändig, aber erfolgreich und zeitlos ...

Mut zur Lücke 2.3.5

Wenn du in deiner Vorbereitung auf Teil B deiner Abschlussprüfung anfängst zu zweifeln, dass du dein Lernpensum nicht schaffst, dann mache eine Pause und atme tief durch.

Du schaffst dein Lernpensum auch nicht, wenn du keine Pausen machst.

Spätestens am Tag vor der Prüfung wirst du sagen: „Hätte ich nur einen Tag mehr Zeit ..." Das „Minus-1-Syndrom" befällt dich (▶ 5.2.4).

Für einige Themengebiete kannst du dich nun mal im Vorfeld nicht intensiv vorbereiten, z. B. für Englisch. Hier wirst du vor der Prüfung kaum noch Vokabeln für wirtschaftliche Fachbegriffe oder Grammatik büffeln. Hier nimmst du Lücken in deiner Vorbereitung wahrscheinlich eher in Kauf, denn entweder du kannst Englisch oder eben nicht.

Bewahre dir für deine Prüfung einen kühlen Kopf und einen wachen Verstand. Dies könnte für die Lösung einer Ganzheitlichen Aufgabe mehr Wert haben als 5 Stunden Auswendiglernen.

2.4 Wie kannst du gebundene Aufgaben lösen?

2.4.1 Beispiele für gebundene Aufgaben

Aufgabentyp	Beispiel
Multiple-Choice-Aufgabe – Mehrere richtige Lösungen	Welche der nachstehenden MS-DOS-Befehle sind richtig charakterisiert: ❏ COPY: Kopieren einer oder mehrerer Dateien ❏ FORMAT: Formatieren von Texten ❏ REN: Löschung eines Verzeichnisses ❏ MD: Anlegen von (Unter-)Verzeichnissen Kennzeichnen Sie die richtigen Aussagen durch Ankreuzen.
Multiple-Choice-Aufgabe – Anzahl der Lösungen wurde genannt (1 – n)	Tragen Sie die Nummern der drei falschen Aussagen in die Kästchen ein. 1. Berlin ist die Hauptstadt Deutschlands. 2. Bonn war die Hauptstadt Deutschlands. 3. Bonn war immer die Hauptstadt Deutschlands. 4. Berlin wurde 1990 Hauptstadt der Bundesrepublik Deutschland. 5. Bonn wurde nach dem ersten Weltkrieg Hauptstadt Deutschlands.
Reihenfolgeaufgaben	Bringen Sie folgende Tätigkeiten in die richtige Reihenfolge: 1. Trinkspruch 2. Prüfungsergebnis abholen 3. Sekt aus dem Kühlschrank nehmen 4. Eingießen 5. Flasche öffnen 6. Austrinken und Glas an die Wand werfen
Zuordnungsaufgaben	• Eintragen von Fachbegriffen aus einer vorgegebenen Liste in eine vorgegebene Struktur • Ergänzungen von Tabellen oder Struktogrammen

Du gibst deine Antworten in Form von Ziffern, die du in ein vorgefertigtes Lösungsblatt in deinen Prüfungsunterlagen einzutragen hast.

Im Falle unserer zweiten Multiple-Choice-Aufgabe wären die Ziffern 3, 4 und 5 einzutragen. Achte genau darauf, ob die Reihenfolge der Ziffern die Richtigkeit der Lösung ausmacht oder nicht: Im zweiten Beispiel ist 5 – 4 – 3 ebenso richtig wie 4 – 3 – 5. In unserem dritten Beispiel dagegen gibt es zur Ziffernfolge 2 – 3 – 5 – 4 – 1 – 6 keine Alternative.

2.4.2 Deine Lösungsstrategie

1. *Auch wenn es zum wiederholten Mal gesagt wird: Genau lesen und eintragen.*

Gebundene oder Programmierte Aufgaben haben eine charakteristische Eigenschaft: Es werden unter den Lösungsmöglichkeiten Formulierungen verwendet, die sich sehr ähnlich sehen. Prüfe die sich ähnelnden Aussagen und stelle fest, worin sich diese Aussagen unterscheiden.
Manchmal ist auch die Reihenfolge der Eintragungen wichtig, die Lösungsfelder sind manchmal relativ klein gekennzeichnet – vermeide Fehler durch unkonzentriertes Eintragen.

970558

2. Wende das Eliminierungsprinzip an.

Prüfe zunächst, welche Lösungsangebote du mit Sicherheit für die Aufgabenstellung ausschließen kannst.

▶ **a)** *Generalisierende Aussagen sind sehr wahrscheinlich falsch.*

Achte bei Aufgaben, in denen es um richtig oder falsch geht, auf harte Formulierungen wie „immer", „stets", „nie". Bei diesen Lösungsangeboten ist die Wahrscheinlichkeit, dass diese Formulierungen falsch sind, sehr hoch.

Beispiel:

„Bonn war immer die Hauptstadt Deutschlands." – falsch.
„Bonn war die Hauptstadt Deutschlands." – richtig.

▶ **b)** *Weiche Formulierungen sind sehr wahrscheinlich richtig.*

Sofern bei den Lösungsangeboten Formulierungen verwendet werden, die die Aussage relativieren, so ist die Richtigkeit dieser Aussage eher wahrscheinlich. Solche Formulierungen wären: „grundsätzlich", „in der Regel", „häufig", „selten" ...

Beispiel:

„Höhere Bestände im Rohstofflager sind häufig
auf eine gute Auftragslage zurückzuführen." – richtig.

▶ **c)** *Bei Reihenfolgeaufgaben kläre die Eckpunkte.*

Fange zunächst mit den Informationen an, die du mit Sicherheit in das geforderte Schema einordnen kannst. Ordne zuerst die Lösungsangebote zu, die den Anfang und das Ende des Prozesses bilden, dann den Rest nach dem Eliminierungsverfahren 2a und 2b.

3. Halte dein Zeitmanagement ein.

Verwende nicht mehr Zeit für die Lösung einer Aufgabe, als es dir die Punkte erlauben.

Beachte die Faustregel: Anzahl der erreichbaren Punkte in dieser Aufgabe dividiert durch 2 ist gleich die Zeit, die für die Lösung der Aufgabe investiert werden sollte.

Solltest du diese Zeit überschreiten, dann mache mit den anderen Aufgaben weiter und kehre ggf. nochmals zu dieser Aufgabe zurück.

4. Wenn nichts mehr hilft: „Just do it."

Ohne Ankreuzen oder Antwort keine Punkte – also mache zum Schluss irgendetwas. Es wird nicht belohnt bzw. gewertet, wenn du dein Nichtwissen durch Weglassen der Lösung dokumentierst.

Du erschließt dir die zugelassenen Hilfsmittel 2.5

*Im Prüfungsteil B sind zur Bearbeitung der Aufgaben
ein Taschenrechner und ein Handbuch zugelassen.
Als Handbuch gelten ein IT-Handbuch oder ein Tabellenbuch. Achte genau auf die Ausführungsbestimmungen deiner IHK und die Ansagen der Prüfungsaufsicht zur Benutzung von Hilfsmitteln.*

Das Handbuch könnte auch nur für die Bearbeitung der Ganzheitlichen Aufgaben 1 und 2 zugelassen sein.

Zugelassen ist auch nur „ein" Handbuch, mehrere Bücher sind nicht erlaubt. Dafür ist auch nicht definiert, welche Bücher zugelassen sind. Wenn in deinem Handbuch keine Formel-sammlung enthalten ist, dann darfst du diese noch zusätzlich benutzen.

970559

Du darfst auch kein selbst erstelltes Handbuch benutzen, auf Randbemerkungen und Notizen in deinem Buch solltest du verzichten, denn die Aufsicht in der Prüfung wird die Bücher kontrollieren und dich bei Missbrauch von der Prüfung ausschließen. [5]

Wir empfehlen dir als Tabellenbuch das jeweils berufsspezifische IT-Handbuch[1]. [18] [19]

 Erkundige dich vor Prüfungsbeginn bei deiner IHK, ob du die von uns empfohlenen Tabellenbücher verwenden darfst.

Das Blättern im Tabellenbuch kostet in der Prüfung sehr viel Zeit und diese ist bei den Aufgaben knapp bemessen.

Ob du dir ein solches Hilfsmittel anschaffst, musst du selbst entscheiden. Die Verwendung des Buches in der Prüfung wird dir in erster Linie Sicherheit verschaffen und dir vielleicht ein paar Punkte retten. Es wird kein Allheilmittel zum Bestehen der Prüfung sein. Die Aufgabenersteller wissen auch, dass es dieses Hilfsmittel gibt und werden nun kaum Aufgaben formulieren, deren Lösung sofort aus einem Tabellenbuch abzuschreiben ist.

Bevor du dich in deinem Tabellenbuch verlierst, dir beim Suchen die Zeit verrinnt und dein Stress immer größer wird, lehne dich zurück und versuche erstmal mit normaler Logik oder aus deinem Erfahrungsschatz die Aufgabe zu lösen. Arbeite nur dann intensiv mit deinem Handbuch, wenn du noch genügend Zeit in der Prüfung hast.

Arbeitsmittel nicht vergessen.

■ Papier wird dir in ausreichender Anzahl gestellt, deine eigenen Blöcke und Zettel haben an deinem Platz im Prüfungsraum nichts zu suchen.

■ Stifte, Kugelschreiber usw.; für Notfälle vorbeugen: 2–3 Ersatzstifte.

■ Lineal und Schablone zum Zeichnen von Ablaufdiagrammen.

2.6 Deine Vorbereitung auf Wirtschafts- und Sozialkunde

■ Dieser Prüfungsteil wird ausschließlich in gebundener Form geprüft.

■ Was du unter gebundenen Aufgaben zu verstehen hast und wie du dich auf gebundene Aufgaben vorbereitest, haben wir in ▶ 2.4 behandelt.

■ Die Inhalte dieses Prüfungsteiles sind kaum mit einem IT-Handbuch oder Tabellenbuch lösbar.

■ Du solltest einfach nur lernen, was dir im Unterricht an der Berufsschule oder in deiner Institution vermittelt wurde. Siehe dazu auch ▶ 2.3.

Weitere Empfehlungen zur Prüfungstaktik und -strategie können wir nicht geben und konkrete Beispiele für WiSo-Aufgaben findest du außerhalb dieser Lektüre ...

---

1 IT-Handbücher, ISBN 3-14-**225042**-5, ISBN 3-14-**225043**-3, Westermann Schulbuchverlag GmbH

970560

Verschenke keine Punkte   2.7

Motto unseres Buches: Du musst dich gut vorbereiten, du brauchst für alles einen Plan, so auch für das Bestehen des Prüfungsteiles B. Auf die richtige Strategie zum Lösen der Aufgaben kommt es an.

Punkte sammeln, nicht verschenken

Genau lesen

- Stecken in der Beschreibung der Ausgangslage Informationen für die Beantwortung der Aufgabe?
- Nimm dir Zeit für das Lesen. Du darfst die Aufgabenstellung nicht missverstehen. Du schreibst dann deinen Stift leer und erntest trotzdem nichts.
- Wie musst du antworten: Fachwörter nennen oder in ganzen Sätzen erläutern ...
- Nachfragen nützt i. d. R. nichts, da die Aufsichtspersonen keine Fachkompetenz bez. der Aufgabenstellung haben, und außerdem sehen sie die Prüfungsaufgaben auch zum ersten Mal.

Reihenfolge der Aufgaben beachten

- Die Ganzheitlichen Aufgaben sind in der Regel besser lösbar, wenn du in der vorgegebenen Reihenfolge vorgehst und nicht umgekehrt.
- Zuerst die leichten Aufgaben beantworten – versuche es, aber oftmals wird das nicht funktionieren, weil die Aufgaben sehr stark aufeinander aufbauen.

Where is the beef? Wo riechst du den Braten? Wo ist was zu holen?

- Wo viele Punkte vergeben werden, musst du auch viel antworten/leisten.
- Wenn du nichts hinschreibst, dann kann es nicht mehr als null Punkte geben.

Letztlich: Wenn du nichts weißt, versuche irgendwie eine Anregung zu bekommen:

- Schaue kurz in dein Tabellenbuch,
- lies die Aufgaben von hinten nach vorn,
- halte dein Zeitmanagement für diese Aufgabe ein,
- und dann schreibe am Ende irgendetwas hin, auch wenn du dabei raten musst.

Fehler vermeiden – keine Täuschungsversuche wegen ein paar Punkten

- Versuche aber nie, Anregung von deinen Nachbarn zu erhalten.
- Das Abschreiben, Abschauen, das Kommunizieren mit anderen Prüfungsteilnehmern kann als Täuschungsversuch ausgelegt und mit Ausschluss von der Prüfung geahndet werden. Durchgefallen! ▶ 9.3.5, ▶ 4.10.8
- Wirst du von deinem Nachbarn um Hilfe gebeten, dann gehe nicht darauf ein, du darfst ruhig egoistisch sein. In solchen Situationen kannst du auch ganz schnell dem Vorwurf eines Täuschungsversuches ausgesetzt sein.

970561

2.8 Das Operative Geschäft der Prüfungskommission

Unsere Betrachtung, welche Aufgaben von der Prüfungskommission während und insbesondere nach der Abnahme der schriftlichen Prüfung zu leisten sind, setzt an folgendem Punkt an:

☑ Die Schriftliche Prüfung wurde unter der Regie der IHK abgenommen.

☑ Die IHK hat die Prüfungsunterlagen eingesammelt.

☑ Die Korrektur der Projektarbeiten (Teil A) ist für die folgenden Aktivitäten der Kommission am Rande zu beachten.

 Während der Prüfung im Teil B könnte auf die Prüfungskommissionsmitglieder nur eine Aufgabe warten: Die Übernahme einer Aufsicht im Prüfungsraum.

Die jeweilige IHK ist für jede Hilfe dankbar. Jeder Prüfer sollte sich aus Erfahrungsgründen für diese Aufsicht durchaus einmal anbieten. Allerdings wäre der Einsatz eines Prüfungskommissionsmitgliedes hierfür nicht unbedingt erforderlich. Die Aufsicht in der Prüfung fordert nicht die Fachkompetenz eines Kommissionsmitgliedes, die eher an anderer Stelle gefragt ist. Die Belastung der Kommissionsmitglieder ist ohnehin schon hoch genug und auch die Arbeitgeber werden nicht mit Begeisterung die wachsende Abwesenheit ihrer Mitarbeiter für IHK-Aufgaben hinnehmen.

2.8.1 Korrektur-Logistik

Die Schriftliche Prüfung muss in ihrer Gesamtheit von allen drei Prüfungskommissionsmitgliedern (Lehrer-, Arbeitnehmer-, Arbeitgebervertreter) korrigiert werden (§ 20 Abs. 4 MPO).

Da die Prüfungsunterlagen nur im Original vorliegen und nur auf dem Original die Korrekturhinweise zu vermerken sind, müssen die Prüfungsunterlagen innerhalb der Kommission bewegt werden. Dies sollte am besten durch persönliche Übergabe, auf keinen Fall per Post (wegen der Gefahr des zufälligen Untergangs) erfolgen.

Beispielhafte Verteilung aller Korrekturaktivitäten

Lehrervertreter/-in	Arbeitgebervertreter/-in	Arbeitnehmervertreter/-in
1. Korrektur der Schriftlichen Prüfung	1. Korrektur der Projektberichte	1. Korrektur der Projektberichte
Weitergabe		
2. Korrektur der Projektberichte	2. Korrektur der Schriftlichen Prüfung	
	Weitergabe	
	Korrektur der Projektberichte	2. Korrektur der Schriftlichen Prüfung

Zeit

Stimmen Sie sich ab, wer die Arbeiten zuerst erhält. Die Reihenfolge können Sie dann von Prüfungstermin zu Prüfungstermin verändern. Teilen Sie sich Ihre persönliche Belastung so ein, dass Sie für die Korrektur des Teils B und der Projektberichte entsprechende Zeit haben.

 Folgen Sie unseren Empfehlungen immer dann, wenn Ihre IHK keine besonderen Vorgaben erlassen hat.

970562

Zentrale Korrektur und Auswertung gebundener Aufgaben

Die bundeseinheitliche Erstellung der Prüfungsaufgaben für den Teil B ermöglicht auch eine zentrale, maschinelle Korrektur der Prüfung durch die herausgebende Stelle, die ZPA. Dies gilt im Teil B nur für die gebundenen Aufgaben (d. h. WiSo und Teile der Ganzheitlichen Aufgaben).

Die Möglichkeit der zentralen, maschinellen Korrektur der gebundenen Aufgaben wird nicht von allen beteiligten Industrie- und Handelskammern genutzt, informieren Sie sich und stimmen Sie sich mit Ihrer Kammer ab, welche Vorgehensweise dort gewünscht wird.

Sollte in Ihrem Kammerbezirk eine zentrale Korrektur durchgeführt werden, so wird dies die Logistik innerhalb Ihrer Prüfungskommission beeinflussen:

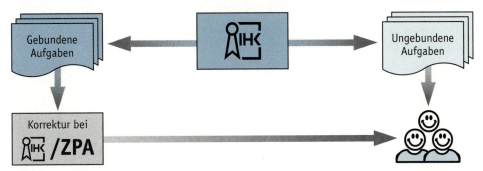

Sie ersparen sich zwar die Bewertung von Teilen der Prüfung, müssen aber die Ergebnisse von der ZPA in die Korrekturarbeiten Ihrer Kommission integrieren.

Wir lehnen eine zentrale Korrektur und Bewertung ab.

- Zum einen ist die Anzahl der zentral bewertbaren Aufgaben in den Ganzheitlichen Aufgaben gering. Dem logistischen Aufwand stünde hier eine geringe Einsparung an Korrekturaufwand gegenüber.

- Zum anderen scheint uns die Korrektur der WiSo-Aufgaben für die Prüfungskommissionen die einfachste Tätigkeit im gesamten Prüfungsablauf zu sein. Der Effekt hinsichtlich des zu leistenden Gesamtaufwandes wäre auch hier eher gering.

Unstrittig bleibt aber die Option auf zentrale Auswertung aller Prüfungsteile durch die ZPA. Hierzu müssen Sie nach Ihrer Auswertungssitzung innerhalb der Kommission die Endergebnisse in die dafür vorgesehenen Felder eintragen. Ihre IHK wird dann alle weiteren Schritte übernehmen, stimmen Sie sich auch hier mit Ihrer IHK über die zu erfüllenden Anforderungen ab.

Definieren Sie in Ihrer Kommission einen Erstkorrektor.

Sie können diesen Erstkorrektor

- für alle drei Prüfungsteile definieren,
- für jedes Prüfungsfach anders definieren,
- zu jedem Prüfungstermin neu definieren (rollierendes System).

Diese Vorgehensweise dürfte Ihnen den Korrekturaufwand erheblich vereinfachen, wenn die fachliche Neigung oder Kompetenz eines Erstkorrektors die grundlegenden Entscheidungen über die Punktevergabe bzw. über „richtig" oder „falsch" herbeiführt.

Die Kommissionsmitglieder, die an zweiter oder dritter Stelle korrigieren, entscheiden dann,

- ob die Punktevergabe des Erstkorrektors akzeptabel ist.
- ob die Punktabzüge in der Höhe gerechtfertigt waren.
- ob die Addition der Punkte des Vorgängers korrekt war.

Ob mit oder ohne Erstkorrektor: Jedes Kommissionsmitglied muss sein Votum abgeben und entsprechende Korrekturvermerke machen ▶ § 20 Abs. 4 MPO.

Sie können Ihre Verantwortung als Prüfer nur dann wahrnehmen, wenn Sie die vom Prüfling erbrachte Leistung
  selbst,
  unmittelbar und
  vollständig
zur Kenntnis genommen haben und aus eigener Sicht beurteilt haben.

Vgl. [3], Randnote 179; siehe auch ▶ 4.10.4

2.8.2 Hinweise zur Korrektur des Teils B

Die Korrektur der Schriftlichen Prüfung ist auch in den IT-Berufen die klassische Prüfertätigkeit im konventionellen Sinne. Wie Sie Prüfungsarbeiten, Klausuren oder andere Leistungen bewerten, definiert sich aus Ihrer Prüfungserfahrung, Ihrer Fachkompetenz und Ihrer Persönlichkeit als Prüfungskommissionsmitglied und kann nicht im Rahmen eines Fachbuches vermittelt werden.

Wir werden uns daher auf die wenigen Besonderheiten konzentrieren.

Zu den Prüfungsfächern des Teiles B werden Lösungshinweise zur Verfügung gestellt.

Die ZPA stellt den IHKs Aufgabensätze mit separaten Lösungen zur Verfügung, die der Korrektur durch die Kommissionen dienlich sein sollen. Darüber hinaus gibt es Angaben zu den in den Handlungsschritten zu erreichenden Punkten.

Lösungshinweise

zu WiSo	**zu Ganzheitlichen Aufgaben**
Wenig Spielraum in der Bewertung	- sind keine Musterlösungen/Schablonen
Die Lösungshinweise sind hier schon ver- bindlich und damit eher als „Musterlö- sung" zu verstehen.	- skizzieren nur den Lösungsraum
	- schaffen Spielräume in der Bewertung durch die Kommis- sionen
	- lassen ähnliche Lösungen zu

Was bedeutet dies für die Korrektur der Ganzheitlichen Aufgaben 1 und 2 durch die Kommissionen?

- Es gibt nicht die „eine" zugelassene Lösung.
- Es sind auch Antworten zulässig, die nicht in den Lösungshinweisen erwähnt sind. Daher können die von den Prüflingen aus deren individueller Sicht angesetzten Lösungen ebenfalls zu Punkten führen.
- Die Richtigkeit und damit die Punktevergabe richtet sich dann nach der Sinnhaftigkeit der formulierten Antworten.
- Die Fachkompetenz der Prüfungskommission wird stärker gefordert.
- Der Aufwand für die Korrektur steigt.

970564

Sie können also auch andere als die in den Lösungshinweisen angegebenen Lösungen anerkennen, wenn sie fachlich richtig und in der Situation oder unter bestimmten Annahmen des Prüflings sinnvoll erscheinen.

Wegen des größeren Lösungsspielraumes und im Interesse der Gleichberechtigung aller Prüflinge empfehlen wir Ihnen, nach Prüfungsteilen sortiert zu korrigieren.

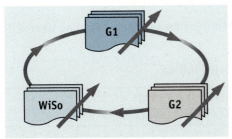

Z. B. zuerst alle Prüflinge in der „Ganzheitlichen Aufgabe 1", dann alle Prüflinge in der „Ganzheitlichen Aufgabe 2" und abschließend die „Wirtschafts- und Sozialkunde".

Vorteile:

- Know-how wächst
- Korrekturgeschwindigkeit nimmt zu

Wo werden die Punkte und Noten festgehalten? 2.8.3

Jedes Kommissionsmitglied muss in den Prüfungsarbeiten Korrekturhinweise und die vergebene Punktzahl eintragen, auch wenn sie mit dem Erstkorrektor übereinstimmen. Das Endergebnis der Prüfung und die dementsprechenden Punktzahlen je Handlungsschritt können/müssen auf dem Deckblatt der Prüfungsunterlagen festgehalten werden. Beachten und berücksichtigen Sie hierzu bitte die Ausführungsvereinbarungen mit Ihrer IHK.

Letztlich ist für die Feststellung des Prüfungsergebnisses nur die Niederschrift der Prüfung maßgeblich. Bis dahin ist es aber noch ein weiter Weg, denn die Ergebnisse der einzelnen Prüfungsleistungen müssen ja noch in Ihrer Kommission abgestimmt werden.

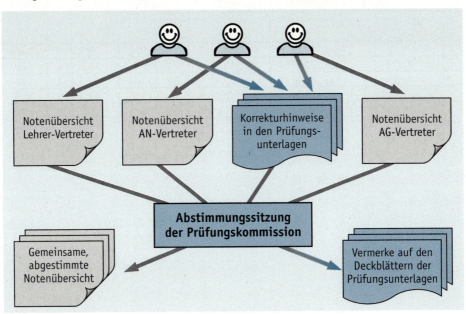

Gerade bei den Ganzheitlichen Aufgaben kann es oftmals zu Abweichungen bei der Punktevergabe innerhalb Ihrer Kommission kommen, die miteinander abgestimmt werden müssen. Diese Abstimmung erhält eine noch höhere Bedeutung, wenn die Abweichungen zu unterschiedlichen Noten führen würden.

In diesem Prozess hat es sich für uns stets als vorteilhaft erwiesen, wenn jedes Mitglied der Prüfungskommission eine Übersicht der vergebenen Punkte erstellt hat, um das langwierige Blättern in den Originalunterlagen zu vermeiden.

Wir empfehlen Ihnen daher für jedes Mitglied Ihrer Kommission, folgende Übersichten bzw. Tabellen zu erstellen:

1. Tabelle über die Punktevergabe je Aufgabe/je Prüfling

Schriftliche Prüfung Fachinformatiker SS 2005 – G 1															
Handlungsschritt			1	2a	2b	3a	3b	4a	4ba	4bb	4bc	4bd	4c	Summe	Note
Punkte			6	24	6	5	24	20	3	3	3	3	3	100	
lfd. Nr.	Name	Betrieb													
1	P. Rüfling		6	16	1	3,5	16	–	3	–	–	3	–	48,5	5
2	Knut Wuchtig		4	14	1	4,5	20	14	3	–	–	3	–	63,5	4
3	B. Best		6	24	6	4	22	20	3	3	3	3	–	94	1
4	Sch. Wächling		4	11	1	4	5	14	3	0	3	3	–	48	5
5	Nobody Nowhere		3	18	2	2	19	10	3	3	2	3		65	4

2. Tabelle über die Gesamtpunktzahl je Prüfling

Schriftliche Prüfung Fachinformatiker SS 2005												
Aufgabe			Ganzheitliche 1			Ganzheitliche 2			WiSo			Summe	Note	bestanden
lfd. Nr.	Name	Betr.	Punkte	· 0,4	Note	Punkte	· 0,4	Note	Punkte	· 0,2	Note			
1	P. Rüfling		48,5	19,4	5	41	16,4	5	70	14	3	49,8	5	Nein
2	Knut Wuchtig		63,5	25,4	4	39	15,6	5	78	15,6	3	56,6	4	Ja
3	B. Best		94	37,6	1	83,5	33,4	2	92	18,4	1	89,4	2	Ja
4	Sch. Wächling		48	19,2	5	26,5	10,6	6	68	13,6	3	43,4	5	Nein
5	N. Nowhere		65	26	4	45	18	5	30	6	5	50	4	Ja

Notenschema
▶ 1.3.1

Notenfestlegung in der Abstimmungssitzung 2.8.4

Rechtzeitig im Prüfungsverfahren sollten Sie in Ihrer Kommission einen Termin für die Durchführung der Abstimmungssitzung vereinbaren. Ihre Terminvereinbarung sollten Sie auch Ihrer IHK mitteilen, damit Sie ggf. von Ihrer IHK eine offizielle Einladung erhalten.

Eine offizielle Einladung Ihrer IHK hat für Sie den Vorteil, dass

- Sie Ihrem Arbeitgeber die Teilnahme an dieser Sitzung belegen können,
- Sie bei Tätigkeiten für die IHK auch einen besonderen Versicherungsschutz (z. B. bei Wege- unfällen) genießen.

Abstimmungssitzung

Prüfungsteil A

| Termine für Präsentationen/ Fachgespräche festlegen ▶ 5.8.1 | Zensuren festlegen für Projektberichte ▶ 4.10.5 | Fachgespräche vorbereiten: Fragen und Rollenverteilung ▶ 6.7.2 |

Prüfungsteil B

| Zensuren festlegen für G1 G2 WiSo | Mündliche Ergänzungs- prüfungen festlegen |

In der Abstimmungssitzung werden die Ergebnisse der Schriftlichen Prüfung festgelegt und entschieden, ob eine Mündliche Ergänzungsprüfung zum Bestehen für den Prüfling erfor- derlich ist.

Sie müssen in dieser Sitzung hinsichtlich der endgültigen Punktzahl und Zensur der Prü- fungsbereiche im Prüfungsteil B so weit Klarheit und Konsens erzielen, dass Sie eine Ent- scheidung bzgl. der Notwendigkeiten für Mündliche Ergänzungsprüfungen treffen können.

Die Voraussetzungen für eine Mündliche Ergänzungsprüfung sind ebenfalls in einem sepa- raten Kapitel, ▶ 7.1.2, beschrieben.

Letztlich lässt sich also Ihre Abstimmungssitzung hinsichtlich Prüfungsteil B darauf reduzieren, dass Sie entscheiden müssen, ob ein oder mehrere Prüflinge zu einer Mündlichen Ergänzungsprüfung ein- geladen werden müssen.

Abweichungen in der Bewertung

Bei dieser Abstimmung werden zunächst die Abweichungen zwischen den Kommissionsmit- gliedern festgestellt:

- In welcher Aufgabe sind Unterschiede in der Punktevergabe festzustellen?
- Welche Gründe führten zu diesen Unterschieden – formale oder inhaltliche?

Jedes Mitglied der Kommission wird in dieser Sitzung nun seine Argumente für die eigene Punktevergabe vortragen. In einer anschließenden Diskussion wird dann unter Abwägung aller Argumente eine Abstimmung herbeigeführt.

Bitte nehmen Sie sich die Zeit für diese Abstimmungsdiskussion, insbesondere wenn die Abweichungen in Ihren Punkten einen Notensprung ausmachen, der vielleicht über „Beste- hen" oder „Nichtbestehen" entscheidet.

Abweichungen in der Bewertung entstehen durch

- Unterschiedliche Interpretation der Lösungshinweise
- Andere fachliche Sichtweisen
- Formale Fehler: Falsche Additionen, zu hohe Punktevergabe,
- Übersehen von Lösungen

Entscheidung der Kommission – Konsens und Beschluss

- Maßgeblich ist die Meinung, die die Kommission nach ihrer Beratung findet. Stimmen zwei Kommissionsmitglieder der Punktzahl des dritten zu, dann wird diese Punktzahl per Beschluss als Endergebnis festgelegt.

- Die Kommission kann auf diese Weise auch eine Punktzahl beschließen, die keines der Kommissionsmitglieder für sich alleine ermittelt hatte.

- Es kann auch der Mittelwert der drei Einzelpunktzahlen sowie

- der „Modalwert" beschlossen werden (zwei Kommissionsmitglieder haben die gleiche Punktzahl).

Eintragung der beschlossenen Punkte

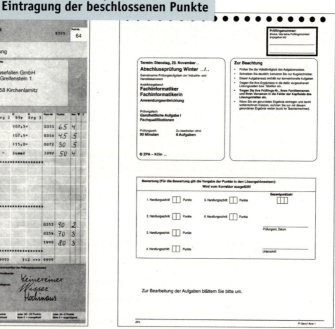

Versehen Sie die Eintragungen auf den Aufgabenblättern auch mit einem Kurzzeichen (z. B. des Kommissionsvorsitzenden).

Im Kapitel ▶ 8 „Abschlussarbeiten" werden das Eintragen in der Niederschrift sowie alle Tätigkeiten zur Abgabe der Prüfungsunterlagen an die IHK beschrieben.

970568

Konzept und Antrag 3

> „Eines Tages schaute unser Mitarbeiter während einer schöpferischen Pause zwischen zwei Projekten aus dem Fenster. Auf der Straße fuhr ein Auto vorbei. Da kam ihm die Idee, dass der Fuhrpark des Betriebes mal wieder reorganisiert werden müsste. Nach einer Planungs- und Analysephase von 3 Monaten wurde festgestellt, dass dieser Betrieb gar keinen eigenen Fuhrpark besitzt ..."

In drei Etappen zu deiner Projektidee 3.1

Deine Abschlussprüfung könnte eines Tages mit folgender Idee oder Erkenntnis beginnen:

- „Das wäre ein tolles Thema für meine Projektarbeit."
- „Ich habe ein so großes Interesse an der Netzwerktechnik, in diesem Themenkomplex möchte ich mich mit einer Projektarbeit weiter spezialisieren."
- „Mich interessiert schon vieles, aber kein Thema weit und breit."

Dem einen fällt ein Projekt in den Schoß, andere müssen lange danach suchen. Wenn du also nach einer betrieblichen Projektarbeit suchst, musst du natürlich wissen, wie und wonach du suchen musst.

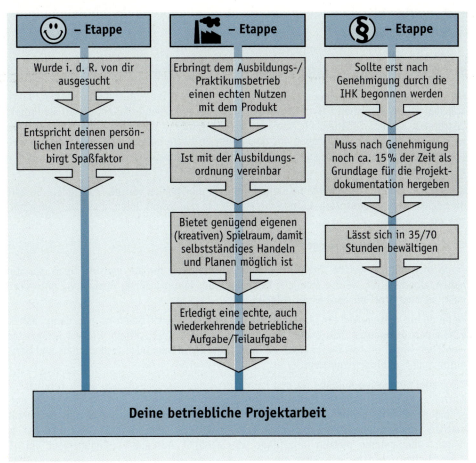

Also stellen sich folgende Fragen:
„Wonach muss ich eigentlich Ausschau halten?"
„Wie finde ich meine betriebliche Projektarbeit?"

Dein Findungsprozess führt dich über diese Etappen: Je nach dem Reifegrad deiner Ideen und deinen spezifischen betrieblichen Rahmenbedingungen wirst du diese Etappen voll-ständig oder nur teilweise durchlaufen müssen.

3.1.1 Du musst aktiv werden

50 % der in deiner Abschlussprüfung insgesamt zu erbringenden Leis-tungen basieren auf einer Aufgabenstellung, die du dir auch selbst aussuchen könntest.

Einfordern entsprechender Aufgaben im Betrieb

Du kannst deine Etappen nur bewältigen, wenn du in deinem Ausbildungs- oder Prakti-kumsbetrieb in Bereichen beschäftigt wirst, in denen Aufgaben anfallen, die du als Projekt bearbeiten kannst. Schaue dich also um, welche Aufträge dort im IT-Bereich bearbeitet werden, welche Geschäftsprozesse mit geeigneter Software unterstützt werden und so wei-ter. Rede auch mit deinem Ausbilder/Chef und fordere entsprechende Aufgaben aus der Pra-xis ein.

Warte nicht darauf, dass dir wie im Schlaraffenland die Themen vor die Füße fallen. So wird dir höchstens aus dem Internet eine Projektarbeit in den Schoß fallen, aber das Thema hat-ten wir ja schon ...

Spaß und persönliche Neigungen

Frage dich selbst, welche Themen in deiner Ausbildung dir am meisten Spaß bereitet haben. Überlege dir, welche fachliche Neigungen du während deiner Ausbildung entwickelt hast, welcher Stoff dir am besten gelegen hat.

Wenn du auf diesem Weg ein „Lieblingsthema" für dich identifizieren kannst, dann hast du schon den geeigneten Nährboden für eine Projektidee oder -arbeit. Die erfolgreichsten Menschen waren oftmals diejenigen, die Hobby und Beruf oder auch Leidenschaft und Beruf miteinander verbinden konnten.

Die Frage, ob du eine Aufgabe für den Papierkorb erledigst oder ob sich damit wirklich ein Nutzen – für deinen Kunden, für Mitarbeiter X oder für deinen Betrieb – verbindet, ist ent-scheidend für die Identifikation mit deiner Aufgabe. Zu wissen, dass das, was du gerade machst, wirklich gebraucht wird, ist ein Erfolgsfaktor für dein Projekt. Dann brauchst du nämlich die anderen platten Ratschläge wie „Fleiß", „Ausdauer", „Engagement" nicht, diese stellen sich dann von selbst ein.

970570

Womit kannst du dich identifizieren?

Dein Projekt schafft einen Nutzen 3.1.2

Der Gegenstand deiner Projektarbeit soll ja kein künstlich definierter sein, sondern sich auf einen konkreten Auftrag beziehen. Dabei solltest du versuchen, einen Auftrag zu wählen, der einen Nutzen für den Kunden oder dein Unternehmen beinhaltet.

Es ist nur schwer vorstellbar, dass es Aufträge ohne einen Nutzen zumindest für einen der Beteiligten gibt. Du solltest bei deinen Überlegungen zur Auswahl einer betrieblichen Projektarbeit an diesen Nutzenaspekt denken, denn diesen musst du z. B. im Projektbericht darstellen. Wenn du dabei von Anfang an Probleme hast, dann überlege nochmal neu.

Mut zu kaufmännischen Themen

Als angehender IT-Profi solltest du nicht nur nach den typischen IT-Aufgaben Ausschau halten. Eine erfolgreiche Projektarbeit kannst du auch finden und abwickeln, ohne ein „Programmier-Freak", Techniker oder ein „Hacker" zu sein. Dies gilt natürlich in erster Linie für die beiden IT-Berufe, wo du dich nach Absolvieren der Prüfung „Kaufmann" oder „Kauffrau" nennen darfst. Da bieten sich dir auch Themen jenseits von Programmierung, Netzwerken oder PC-Anwendungen, also rein kaufmännische Problemstellungen an.

Zentrales Element der Projektarbeit ist und bleibt immer noch die Arbeitsmethodik, und da gibt die Ausbildungsordnung ja auch einige Stichpunkte vor, die dich vielleicht auf den Geschmack bringen:

- Erstellen einer Projektplanung bei vorgegebener Kundenanalyse.
- Durchführen einer Kosten-Nutzen-Analyse.

Dein Projekt ist mit der Ausbildungsordnung vereinbar 3.1.3

Du darfst bei der Durchführung deiner betrieblichen Projektarbeit nur die Fertigkeiten und Kenntnisse anwenden, die im Ausbildungsrahmenplan für deinen Beruf definiert wurden.

Dieser Aspekt dürfte dir bei deiner Ideenfindung nicht so sehr im Wege stehen, da für die IT-Berufe gemeinsame Kernqualifikationen definiert wurden und auch darüber hinaus sehr ähnliche Fertigkeiten und Kompetenzen vermittelt werden. Damit besteht eine große Schnittmenge und die Ausbildungsrahmenpläne lassen sich sehr gut interpretieren.

> **Du musst deine Projektarbeit mindestens einem der im Ausbildungsrahmenplan aufgeführten Ausbildungsinhalte und seinen zugehörigen Fertigkeiten und Kenntnissen zuordnen können (▶ 1.4.2). Zu den konkret möglichen Inhalten siehe Stuffer zu G1 und G2 ▶ Anhang.**

Beispiel

Projektidee	Exemplarische Zuordnung zu Ausbildungsinhalten lt. Ausbildungsrahmenplan
Informatikkaufmann/-frau: Erstellung eines Pflichtenheftes zur Einführung einer computergestützten Gutschriftbearbeitung in der Buchhaltung	7.4 – Rechnungswesen und Controlling 8.2 – Konzeption – Pflichtenhefte für die Einführung oder Anpassung von Systemen ... erstellen

3.1.4 Gestaltungsspielraum für dein Projekt

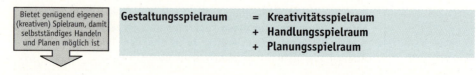

| Bietet genügend eigenen (kreativen) Spielraum, damit selbstständiges Handeln und Planen möglich ist | **Gestaltungsspielraum** | = **Kreativitätsspielraum** + **Handlungsspielraum** + **Planungsspielraum** |

Solange du im Rahmen der auszuführenden Aufgabe selbst planen und dein Handeln bestimmen sowie eigene Ideen einbringen kannst, ist diese Aufgabe als Projekt geeignet.

Dieser Gestaltungsspielraum findet sich in Teilaufträgen und wiederkehrenden Aufgaben.

Wenn dir die Ideen ausbleiben und deine Kollegen reden freudig über „ihre" Themen für die Projektarbeit, dann könntest du denken: „Was die können, das kann ich schon lange." oder „Könnte ich doch nur bei einer dieser Projektarbeiten mitarbeiten."

Kannst du? Ja, eigentlich schon.

 Es ist durchaus vorstellbar, dass mehrere Prüflinge eines Ausbildungsbetriebes oder eines Bildungsträgers ähnliche Aufgabenstellungen für die betriebliche Projektarbeit nutzen wollen oder in Ermangelung anderer Themen gar müssen.

In einer solchen Situation musst du dich intensiv darum bemühen, eine individuelle Darstellung in deiner Projektarbeit anzustreben, die dich von den anderen Prüflingen unterscheidet. Du musst dann sicher auch im Fachgespräch unter Beweis stellen, dass du nicht von deinen Mitstreitern abgekupfert oder einen Download aus dem Internet verwendet hast.

 Vorstellbar ist auch, dass mehrere Prüflinge an einem größeren Projekt arbeiten. Für die Prüfung muss dann jeder einen eigenen, abgegrenzten Teilauftrag als betriebliche Projektarbeit verwenden (▶ 1.4.2).

Es sind rechtliche Gründe, die eine Prüfungsleistung im Team verhindern: Zur Feststellung einer Note in der Abschlussprüfung muss die Leistung des einzelnen Prüfungsteilnehmers eindeutig identifizierbar sein.

Solltest du also mit einem Prüflingskollegen an einem gemeinsamen Auftrag arbeiten, so muss jeder einen Teilauftrag abgrenzen. Beispiel: Prüfling 1 erstellt das Pflichtenheft, Prüfling 2 übernimmt die Realisierung.

Wo der Gestaltungsspielraum endet

Mit zunehmender Standardisierung eines betrieblichen Prozesses nehmen die Gestaltungs-spielräume ab und damit endet die Eignung solcher Aufgaben und Prozesse für deine Projektarbeit:

- bei „Fließbandarbeit"
- du gehst mit einem PC-Techniker zum Kunden und darfst ihm „mal den 13er-Schrauben-schlüssel reichen" ...

Wie einmalig muss dein Projekt sein? 3.1.5

Der Begriff „betriebliche Projektarbeit" legt auch fest, dass die Aufgabenstellung des Prüfungsteiles A an einen im Betrieb statt-findenden Prozess angelehnt wird. Als Hintergrund für die Projektarbeit kommen daher grundsätzlich alle in einem Betrieb abzuwickelnden Geschäftsprozesse infrage.

Dies bedeutet, dass auch operative Geschäftsprozesse und wiederkehrende Aufgabenstel-lungen für deine betriebliche Projektarbeit geeignet sind. Damit wäre zum Beispiel auch folgendes Thema grundsätzlich möglich: „Installation eines zusätzlichen Arbeitsplatzrech-ners für einen Sachbearbeiter in Abteilung X des Betriebes Y."

Der oft mit Projekten verbundene und in der DIN ISO 69901 auch formulierte Anspruch der Einmaligkeit kann damit für die betriebliche Projektarbeit nicht akzeptiert werden.

Du kannst für deine betriebliche Projektarbeit auch Themen oder Kundenaufträge verwen-den, die andere Prüflinge aus deinem Ausbildungs- oder Praktikumsbetrieb verwenden oder verwendet haben.

Ansonsten ist deine Projektarbeit natürlich einmalig, genauso, wie du einmalig bist.

Deine Idee erfüllt die prüfungstechnischen Anforderungen 3.1.6

Projekt vor offiziellem Genehmigungstermin?

- Dein Kundenauftrag erfordert Projektaktivitäten vor der Genehmigung.
- Deine Praxisphase als Umschüler endet bereits vorher.

Sprich mit deiner IHK und versuche bei deiner Prüfungskommission eine vorfristige Genehmigung zu erlangen.
(Zu rechtlichen Hintergründen siehe unsere Abhandlungen für die Prüfer ▶ 3.5.5.)

Viele IHKs (und damit auch deine Prüfungskommission) halten sich an Formalien, zu denen ein offiziell gesetzter Genehmigungstermin gehört.

Wir als erfahrene Prüfer praktizieren es und fordern es – und du dann vielleicht mit uns –, dass die Durchführbarkeit eines Projektes nicht vom Abgabetermin der Projektanträge abhängen sollte, da dieser sich nicht an deiner betrieblichen Praxis, sondern an IHK-internen Abläufen orientiert. Der konkrete Kundenauftrag ist der wesentliche Erfolgsfaktor für eine Projektarbeit. Der Durchführungszeitpunkt ist gegenüber diesen inhaltlichen Aspekten, an denen du auch bewertet wirst, für uns absolut nachrangig.

Der Normalweg kann für dich aber nur lauten:

 Erst Genehmigung – dann Durchführung deiner betrieblichen Projektarbeit.

3.1.7 Wenn die Ideen ausbleiben

Sollten die Ideen immer noch ausgeblieben sein, dann musst du Berater und Hilfestellung in jeder Form dazugewinnen.

Das Internet sollte natürlich nur als Ideenspender dienen, nicht als Quelle für fertig einzureichende Projektarbeiten.

Ein sehr guter Ausbildungsbetrieb hat dann vielleicht auch einen so genannten Projektalmanach angelegt, in dem alle Projektarbeiten seiner Azubis verzeichnet sind. Dies wäre ein schönes Nachschlagewerk für alle, die wissen wollen, was als Projektthema geht – Auftraggeber wie auch Prüfling.

Ein altes Sprichwort sagt: „Geteiltes Leid ist halbes Leid."

Es wird für dich stets ein Vorteil sein, wenn du im gesamten Prüfungsprozess bestimmte Aktivitäten nicht alleine bewältigen musst. In deinem Ausbildungsbetrieb, in deiner Berufsschule oder bei deinem Bildungs-/Umschulungsträger wird es vielleicht noch andere Auszubildende oder Prüflinge geben, die dein Schicksal teilen.

 Organisiere in deinem Ausbildungsbetrieb oder in deiner Berufsschule einen Workshop, in dem jeder Prüfling seine Ideen, Ansätze oder Probleme vorstellt und sich von den anderen Prüflingen ein Feedback dazu einholt.

In der Ausbildungsordnung (▶ 1.4.2) werden für jeden Beruf Aufgaben genannt, „die insbesondere als Projektarbeit in Betracht kommen". Wenn dir wirklich die Ideen ausbleiben sollten, dann versuche doch eines von den in der Ausbildungsordnung genannten Themen für dich als Projektarbeit zu erschließen.

970574

Entwurf deines Vorgehenskonzeptes für Projekt und Projektantrag   3.2

Bestandteile deines Vorgehenskonzeptes   3.2.1

Du willst mit deinem Projekt den gewünschten Erfolg erzielen: einen Nutzen erwirtschaften und die Prüfung bestehen. Der Erfolg deines Projektes hängt auch von einer guten Vorbereitung und Planung der Projektdurchführung ab.

Erstelle dir für dein Projekt ein Vorgehenskonzept.

Dies ist ein ganz normaler Prozess am Beginn eines jeden Projektes.

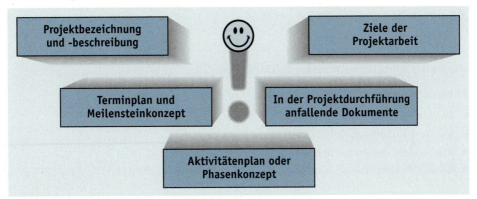

Projektbezeichnung und -beschreibung   3.2.2

Projektbezeichnung und -beschreibung

Durch die Projektbezeichnung und -beschreibung wird ein Projekt eindeutig charakterisiert.

Wie muss die Projektbezeichnung beschaffen sein?

Die Projektbezeichnung muss grundsätzlich so gefasst sein, dass eine nicht auf dieses „Thema" spezialisierte Zielgruppe den wesentlichen Inhalt eines Projektes erfassen kann.

Mit welchen Bestandteilen kann eine Projektbezeichnung diesen Anspruch erfüllen?

Einen Bestandteil braucht sie nicht: Wer etwas tut, muss nicht erwähnt werden, da klar ist, dass du es bist.

Es müssen aber immer zwei weitere Bestandteile zusammenkommen:

Projektbezeichnung

Fehler vermeiden	Pluspunkte sammeln
Installation eines Modemservers	Installation eines Modemservers in der Filiale 17
Es fehlt das Wo oder Wofür	Installation eines Modemservers zur Verbesserung der Außenkommunikation
Verbesserung der Durchlaufzeiten	Verbesserung der Durchlaufzeiten bei der Antragsbearbeitung im Mahnwesen
Es fehlt das Wofür/Für wen	

Wie muss die Projektbeschreibung beschaffen sein?

Du musst in wenigen Sätzen beschreiben:

- Woher kommt der Anstoß für dein Projekt (Ausgangslage/Ist-Zustand)?
- Wer ist dein Auftraggeber/Kunde?
- Welche Ziele werden für den Auftraggeber/Kunden angestrebt?
- Welches Produkt übergibst du konkret zum Abschluss deines Projektes?

Beispiel:

Projektbezeichnung:

„Erstellung eines Pflichtenheftes zur Einführung einer computergestützten Gutschriftsbearbeitung in der Buchhaltung."

Projektbeschreibung:

*Die Gewährung von Gutschriften für unsere Kunden erfolgte bisher manuell unter Beteiligung verschiedener Sachbearbeiter (**Anstoß**). Der Abteilungsleiter „Buchhaltung", Herr G. Gans (**Auftraggeber**), hat daher in Zusammenarbeit mit der Abteilung „IT-Projekte" den Auftrag gegeben, diesen Prozess mit entsprechender IT-Technik zu unterstützen. Mit dem neuen System sollen die Bearbeitungszeit einer Gutschrift gesenkt und die Sachbearbeiter entlastet werden (**Ziel**). Herr Gans erhält zum Abschluss des Projektes mein fertiges Pflichtenheft (**Produkt**).*

3.2.3 Ziele deiner Projektarbeit

Ziele der Projektarbeit

In deinem Vorgehenskonzept solltest du auch die Ziele deiner Projektarbeit darstellen. Dies könnte dir für die Bearbeitung der späteren Passagen deines Projektberichtes hilfreich sein.

Die Ziele sollten kurz angegeben werden, damit die Prüfungskommission die wesentlichen Inhalte deines Projektes noch besser erfassen kann. Wenn die Prüfungskommission feststellt, dass du dich mit diesen Themen beschäftigt hast, ist sie möglicherweise schneller von der Realisierbarkeit und Echtheit deines Projektes überzeugt.

970576

Ziele und angestrebter Nutzen

Fehler vermeiden	Pluspunkte sammeln

 „Mit meinem Projekt will ich die Benutzerfreundlichkeit erhöhen."

 „Beschleunigung des Bearbeitungsprozesses um 10 % durch höhere Benutzerfreundlichkeit."

 Wie kannst du Benutzerfreundlichkeit messen? Hat die höhere Benutzerfreundlichkeit nicht etwas zur Folge, vielleicht eine geringere Fehlerrate bei der Dateneingabe oder vielleicht eine schnellere Bearbeitung?

 „Die von mir entwickelte Datenbank optimiert die Bestellmengen im Einkauf."

 „Die von mir entwickelte Anwendung hilft dem Einkäufer, mehrere Bedarfsmeldungen der Bereiche zu einer Bestellung zusammenzufassen. Dadurch sollen jährlich Mengenrabatte in Höhe von 1.000,00 € erzielt werden."

 Eine „optimale Bestellmenge" hängt sicherlich von anderen Punkten ab, deine Datenbank kann das sicher nicht. Außerdem: Was ist optimal? Bleibe realistisch. Wo ist der Zeitaspekt?

 „Das von mir entwickelte Pflichtenheft für die Entwicklung einer Homepage soll maßgeblich zur Existenzsicherung des Ladens beitragen."

 „Durch die Homepage wird ein Kundenzuwachs von 10 % erwartet."

 Ist das nicht unrealistisch? Eigentlich tragen doch grundsätzlich Kunden zum Überleben eines Unternehmens/Ladens bei. Die Messung dürfte auch schwer fallen …

 „Ich will mit dem Abschlussprojekt meine Kenntnisse in der Netzwerktechnik verbessern."

 Ob das machbar ist, weißt nur du alleine. Messbar und spezifisch ist dies sicherlich nicht. Wir drücken die Daumen …

Dein Aktivitäten- und Zeitplan   3.2.4

Aktivitätenplan oder Phasenkonzept

Terminplan und Meilensteinkonzept

Mit der Definition deiner Projektbeschreibung hast du festgelegt, was von dir zu erbringen ist. In diesem Schritt deines Vorgehenskonzeptes sollst du nun darlegen, wie du dein Projekt durchführen und deine definierten Ziele erreichen willst.

Als nächstes Element deines Vorgehenskonzeptes ist von dir der Projektablauf zu planen. Du musst dir jetzt überlegen, welche Schritte du zur Bearbeitung deines Projektes durchführen musst. Gehe dabei vom Groben zum Detail.

Du solltest dich konsequent an die verschiedenen Grundschemen für organisatorisches Arbeiten oder für Projekte halten, die in vielen Lehrbüchern als „Phasenschemen" beschrieben sind. Aber auch die in deinem Betrieb zur Anwendung kommenden Schemen sowie deine ganz individuellen Vorgehensweisen sind dabei von Interesse.

970577

In wie viele Phasen kannst du ein Projekt gliedern?

Es dürfte sicherlich verständlich sein, dass die Prüfungskommission Probleme bei der Genehmigung deines Projektantrages bekommt, wenn du nur eine Phase angegeben hast. Ebenso dürfte eine Gliederung in 35 Phasen (sozusagen jede Stunde eine Phase) Probleme bereiten. Wo liegt also die Grenze? Es gibt keine Vorschriften, sondern eher nur Empfehlungen, in wie viel Phasen dein Projekt zu gliedern ist.

 Die Anzahl der Projektphasen hängt von dem konkreten Kundenauftrag ab und wird maßgeblich durch eine sinnvolle Arbeitsmethodik geprägt. Für den Projektantrag wird später gefordert, dass mindestens drei unterschiedliche Projektphasen sowie die Erstellung der Dokumentation als Projektphase angegeben werden. [1] S. 41

Für die „Phasenschemen" gibt es in der Lehre verschiedene Bezeichnungen. Wir wollen dir hier einen Überblick verschaffen und auch eine nach unserer Erfahrung nützliche Vorgehensweise empfehlen. Die im Folgenden vorgestellten Schemen erheben keinen Anspruch auf Vollständigkeit oder sofortige Verwendbarkeit, dies müsstest du durch eine individuelle Bearbeitung schon selbst herstellen.

 Aussagefähige Bezeichnungen der Projektphasen müssen abhängig vom Berufsbild, dem Betrieb und dem Projekt gewählt werden. Die Projektphasen sollen durch wesentliche Arbeitsschritte erläutert werden. [1] S. 41

Phasenmodell	Beschreibung
Wasserfallmodell [18] S. 156	Es werden fünf Phasen unterschieden, die strikt zu trennen sind. Die nächste Phase wird erst dann durchlaufen, wenn die vorherige vollständig abgearbeitet wurde. *1. Startphase (Problemanalyse, Produktdefinition)* *2. Entwurf* *3. Implementation* *4. Systemtest* *5. Abschluss (Einsatz und Wartung)* Dieses „klassische" Phasenmodell wurde in vielen Varianten verfeinert oder ergänzt.
Spiraliger Projektablauf/ Prototyping [18] S. 156/157	Das Projekt „durchläuft" immer wieder gleichartige Entwicklungsphasen und wird zunehmend komplexer: *1. Festlegung der Soll-Vorgaben* *2. Bewertung von Entwicklungspfaden* *3. Erstellung eines Zwischenproduktes und Testläufe* *4. Ist-Aufnahme, Soll-Ist-Vergleich und Festlegung weiterer Entwicklungs- und Arbeitsschritte* Diese theoretischen Angaben sollen durch folgendes Beispiel aus dem Bereich der Anwendungsentwicklung gestützt werden: *1. Definition und Entwurf der Oberfläche* *2. Bewertung durch Kunden und Suche nach Alternativen* *3. Revision der Oberfläche* *4. Abstimmung mit dem Kunden* *5. Implementierung und Abnahme*
Ein betriebliches oder dein eigenes Modell	Beschreibe deinen Projektablauf anhand der Erfahrungen aus deinem Ausbildungs- oder Praktikumsbetrieb. Beachte, dass jedes Prozessmodell tailorisierbar sein muss, d. h., es muss sich in sinnvolle geeignete Phasen oder Meilensteine zerlegen lassen. Du musst dann aber auch diese Verfahrensweise sowie ihre Besonderheiten und Vorteile gegenüber anderen Verfahren in der Präsentation oder im Fachgespräch begründen können. Unter diesem Aspekt solltest du auch ein eigenes Vorgehen gestalten können.

970578

Es gibt keine Vorschriften, wie hoch der Zeitaufwand für die einzelnen Phasen anzusetzen ist.

Du solltest dich hier also schon sehr genau auf deinen Projektablauf festlegen und ihn adäquat darstellen. Jede Abweichung im späteren Projektverlauf muss von dir dann im Projektbericht oder in der Präsentation/Fachgespräch begründet werden.

Aktivitätenplan/Phasenmodell

Fehler vermeiden	Pluspunkte sammeln
Phasenbezeichnung „Soll-Analyse"	*Erstellung eines Soll-Konzeptes*
Es gibt keine Soll-Analyse. Dies ist sprachlicher Unfug.	
– Durchführung Ist-Analyse *– Abstimmung des Kundenauftrages*	*– Genaue Abstimmung des Auftrages mit dem Kunden* *– Ist-Analyse* *– Vorgehensänderung aufgrund der Ist-Analyse mit dem Kunden abstimmen*
Das ist nur dann sinnvoll, wenn der Auftrag gestuft erteilt wurde und in der zweiten Stufe erneut über eine Fortsetzung zu entscheiden war!	
Planung des Projektablaufs	*Abstimmung der Vorgehensweise mit deinem Auftraggeber!*
Dies ist nicht Gegenstand deines Projektes, da du dies vor deinem Projektantrag zu planen hattest.	*Aber nur wenn dies vorher mit deinem Auftraggeber für zwischendurch vereinbart war oder als eine Maßnahme der permanenten Qualitätssicherung*

Entwurf des Schaltplanes   *4 h*
 Platine erstellen und programmieren   *22 h*
 Testen   *10 h*
 Deine Phaseneinteilung ist zu grob!
	– Entwurf des Schaltplanes *6 h*
	 – Teile beschaffen *4 h*
	 – Platine erstellen,
	    bestücken und testen *8 h*
	 – Platine programmieren und testen 10 h
	 – Abnahme des Prototyps
	    durch Auftraggeber *3 h*
	 – Anfertigen der Kundendokumentation 4 h

Und Testphasen der Hardware wirklich nach der Programmierung? Wo bleibt der Auftraggeber? Rechne auch die Stunden nach (Limitüberschreitung!)	

3.2.5 Deine geplante Dokumentation

> **In der Projektdurchführung anfallende Dokumente**

Als letztes Element deines Vorgehenskonzeptes fügt sich jetzt noch die Dokumentation in die Betrachtung ein. Du hast zu überlegen, welche typischen Dokumente und Ergebnisse während der Abarbeitung deiner Projektphasen von dir erstellt werden oder du zu beschaffen hast.

Selbsterstellte Unterlagen

Pläne und Skizzen, Gesprächsaufzeichnungen mit Kunden/Mitarbeitern, Ergebnisse der Ist-Aufnahme, Sollkonzepte, Tagungsplan, Handbücher, Klassendiagramme, ERMs.
Prüfprotokolle für Funktionen und VBG 4, Nachmaß, Kundenübergabeprotokoll, Schaltpläne.

Fremderstellte Unterlagen

Extern: Katalogauszüge, Bedienungsanleitungen, Schaltpläne, Rechnungen, Bescheide, Schulungsunterlagen, ...

Intern: Vorhandene betriebliche Unterlagen (Rechnungen, Inventurbelege, Pflichtenhefte usw.), von Kollegen/Abteilungen erstelltes Material, ...

Praxisbezogene Dokumente

dienen dem Auftraggeber und/oder Nutznießer deines Produktes.

dienen der Klarheit und dem Gesamt-verständnis deines Projektberichtes.

Was bekommt dein Auftraggeber/Kunde von dir für dein Produkt zum Abschluss an die Hand?
Welche Unterlagen benötigt dein Auftraggeber/Kunde?
Welche Unterlagen benötigt der Nutznießer deines Produktes?
Welche Dokumente musst du selbst erstellen?
Welche Dokumente musst du besorgen?

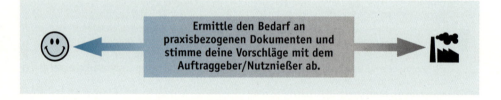

Ermittle den Bedarf an praxisbezogenen Dokumenten und stimme deine Vorschläge mit dem Auftraggeber/Nutznießer ab.

3.3 Die Beantragung deines Projektes

3.3.1 Welche Formulare sind von dir auszufüllen?

Rechtzeitig vor Beginn des Prüfungszeitraumes sendet deine zuständige IHK an deine Pri-vatanschrift oder an deinen ausbildenden Betrieb die Formulare zur Prüfungsanmeldung.

Das Anmeldeformular zur Abschlussprüfung ist auch deine Visitenkarte.

- Achte auf die Richtigkeit deiner persönlichen Daten (z. B. Name, Anschrift – insbesonde-re nach einem Umzug), die von der IHK im Kopf des Formulares eingetragen wurden.
- Unterschreibe an der richtigen Stelle.
- Hole die Unterschrift deines Ausbildenden ein.

970580

Hinweise für die Anfertigung der Projektarbeit

Diese werden zu deiner Information versandt und enthalten neben Auszügen aus der Ausbildungsordnung auch konkrete Hinweise zur Anfertigung des Projektberichtes mit den für deine IHK gel-
tenden Bedingungen, z. B.: im Projektbericht zu verwendende Schriftgröße, Gestaltung des Titel-
blatts, Inhaltsverzeichnis.

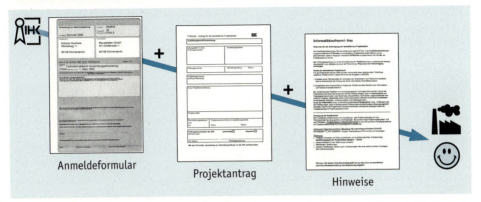

Anmeldeformular   Projektantrag

Hinweise

Teilnehmer am internetgestützten Verfahren schauen auch unter ▶ 1.6 und 3.3.6 nach.

Wie sieht ein Projektantrag aus?

3.3.2

Um es gleich zu sagen: **Den** Projektantrag gibt es nicht, es gibt zz. keinen normierten Vordruck, der bundeseinheitlich Anwendung findet.

*Die konkrete Ausgestaltung der Prüfungsorganisation liegt in der Zuständigkeit und Verantwortung
der örtlichen Industrie- und Handelskammern, die aus der Ausbildungsordnung und von zentralen
Stellen Handlungsempfehlungen und Rahmenbedingungen vorgegeben bekommen. Für die Prüfung
in den IT-Berufen sind von folgenden Institutionen Handlungsempfehlungen erarbeitet worden:*

- *Der Industrie- und Handelskammer in Essen (als zuständiger Leitkammer).*
- *Von einem Entwicklungsprojekt im Auftrag des Bundesministeriums für Bildung und Forschung,
  durchgeführt vom Zentralverband für Elektrotechnik und Elektronikindustrie e. V. (ZVEI). [1]*

Wir haben nachstehend einen Musterprojektantrag dargestellt, der auf den Handlungsempfehlungen dieser Institutionen basiert. Unser Musterprojektantrag sowie die darauf auf-
bauenden Erläuterungen zu den Antragspositionen haben damit einen hohen Grad an Zu-
verlässigkeit.

Verbindlich sind jedoch einzig und allein die Anweisungen deiner IHK .

Der von deiner örtlichen Industrie- und Handelskammer entwickelte Projektantrag basiert
zwar auch auf diesem Muster-Projektantrag, kann jedoch im Layout und in einigen Antragspositionen geringfügig davon abweichen (z. B. wird nach dem Projektumfeld nicht von
allen Industrie- und Handelskammern gefragt).

IT-Berufe – Antrag für die betriebliche Projektarbeit

IHK

Ausbildungsberuf/Fachrichtung:

Antragsteller/-in bzw. Prüfungsbewerber/-in	Ausbildungsbetrieb

Prüfungsnummer	Abschlussprüfung	Datum

Projektbezeichnung
(Auftrag/Teilauftrag)

Kurze Projektbeschreibung

Projektumfeld

Durchführungszeitraum Vom Bis	Projektverantwortlicher im Ausbildungsbetrieb
	Name Telefon

Prüfungskommission der IHK: **genehmigt ( )   abgelehnt ( )**

Bemerkungen

Ort, Datum   Prüfungskommission

970582

IT-Berufe – Antrag für die betriebliche Projektarbeit

IHK

Projektablauf/Projektphasen	Zeitplanung in Std.

Geplante Dokumentationen zur Projektarbeit
Nicht selbstständig erstellte Dokumentationen sind zu unterstreichen.

Unterstrichene Positionen wurden nicht von mir erstellt. Sie dienen der Klarheit und dem Gesamtverständnis des Projektes.

Geplante Präsentationsmittel (werden am Prüfungsort bereitgestellt)

❏ Flipchart ❏ Tageslichtprojektor ❏ Pinnwände

Andere Präsentationsmittel (sind vom Prüfungsteilnehmer funktionsfähig mitzubringen):

Erforderliche Rüstzeiten (Aufbau und Abbau dieser Geräte): .... Minuten

Einverständniserklärung des Ausbildungs- oder Praktikumsbetriebes zur Durchführung des Projektes:	Antragsteller/-in
Ort, Datum **Stempel und Unterschrift**	**Ort, Datum, Unterschrift**

3.3.3 Dein Projektantrag als deine Visitenkarte

■ Mit deinem Projektantrag gibst du bei der Prüfungskommission deine Visitenkarte ab. Ein unordentlicher und/oder fehlerhafter Projektantrag könnte dich bei der Kommission bei der Bewertung deines Projektberichtes oder bei deiner Präsentation unangenehm in Erinnerung bringen: „Das ist doch der mit diesem unmöglichen Projektantrag, na dann wollen wir mal sehen …"

■ Fertige dir Leerkopien, damit du erstmal einen Probeversuch durchführen kannst.

■ Wenn du den Antrag handschriftlich ausfüllst, dann versuche dies in „deiner schönsten Schrift", vermeide Unsauberkeiten aller Art (z. B. das wüste Verbessern von Schreib- oder Rechenfehlern, Kaffeeflecken).

■ Du beabsichtigst die Abschlussprüfung in einem IT-Beruf abzulegen, da sollte dir doch auch beim Ausfüllen eines solchen Antrags die Benutzung der IT-Technik ein Selbstverständnis sein.

Für die weiteren Erläuterungen unterscheiden wir drei Teile des Projektantrages:

1. Formale Antragspositionen	– Seite 1 bzw. Vorderseite des Antrags.
2. Inhaltliche Antragspositionen	– Seite 2 bzw. Rückseite des Antrags.
3. Ggf. eine von dir beigefügte Anlage.	

 Du musst davon ausgehen, dass ein nicht vollständiges Ausfüllen der ersten beiden Teile zur Ablehnung deines Projektantrages aus formalen Gründen führen kann.

IHK-Daten im Antragskopf

Im Kopf des Antrages werden in unterschiedlichen Blöcken folgende Angaben enthalten sein:

Diese Angaben, insbesondere Name und Anschrift des Prüfungsbewerbers und des Ausbildungsbetriebes, sind von dir auf Richtigkeit und Vollständigkeit zu prüfen bzw. zu ergänzen.

Die Fachinformatiker sollten darauf achten, dass die richtige Fachrichtung angegeben ist.

970584

Wenn du nach Abschluss deines Ausbildungsvertrages umgezogen bist, dann könnte hier noch deine alte Adresse stehen. Streiche deine alte Adresse durch und notiere deine neue Adresse, auch auf dem Anmeldeformular.

Im Zweifel rufst du einfach bei deiner IHK an und klärst das mit deinem/deiner zuständigen Sachbearbeiter/-in.

Projektbezeichnung:

Benutze hier schon zum ersten Mal dein Vorgehenskonzept und verwende deine dort entwickelte Projektbezeichnung. ▶ 3.2.2

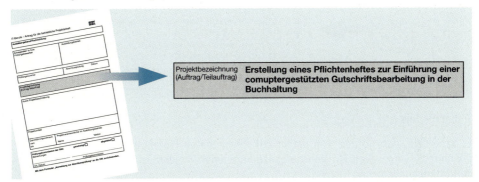

Projektbezeichnung (Auftrag/Teilauftrag) **Erstellung eines Pflichtenheftes zur Einführung einer comuptergestützten Gutschriftsbearbeitung in der Buchhaltung**

Nach Genehmigung der Projektarbeit sollte während ihrer Bearbeitung die Projektbezeichnung nicht mehr verändert werden. Der Projektbericht sollte später den genehmigten Titel tragen.

Manchmal kann auch eine Veränderung der Projektbezeichnung im Projektverlauf unvermeidlich sein, wenn sich z. B. Rahmenbedingungen ändern, der Auftraggeber plötzlich neue Wünsche entwickelt oder ganz einfach bei dir ein Lernprozess einsetzt.

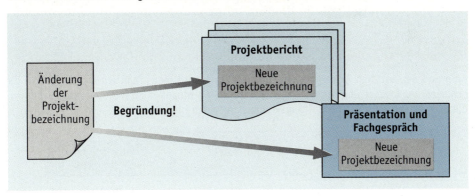

Dann muss selbstverständlich eine Veränderung der Projektbezeichnung legitim sein. Du solltest dies dann aber auch genauso in deinem Projektbericht erwähnen und auch für die Präsentation und das Fachgespräch eine gute Begründung parat haben.

Sollte in deiner Projektarbeit eine Veränderung der Projektbezeichnung unumgänglich sein, so gehe in die Offensive. Begründe dies gut und überlasse nicht der Prüfungskommission die Initiative. Gib der Kommission nicht das Gefühl, dass du vom beantragten Weg abgewichen bist und dies auch noch verschweigst.

970585

Kurze Projektbeschreibung

Verwende hier die kurze Projektbeschreibung aus deinem Vorgehenskonzept. ▶ 3.2.2

Du musst hier so wenig wie möglich, aber so viel wie nötig schreiben, um der Prüfungs-kommission das Verstehen deines Projektes und damit das Genehmigen deines Projektes zu erleichtern.

Kurze Projektbeschreibung

Die Gewährung von Gutschriften für unsere Kunden erfolgte bisher manuell unter Beteiligung verschiedener Sachbearbeiter.

Der Abteilungsleiter „Buchhaltung", Herr G. Gans, hat daher in Zusammenarbeit mit der Abteilung „IT-Projekte" den Auftrag gegeben, diesen Prozess mit entsprechender IT-Technik zu unterstützen.

Mit dem neuen System sollen die Bearbeitungszeit einer Gutschrift gesenkt und die Sachbearbeiter entlastet werden.

Herr Gans erhält zum Abschluss des Projektes mein fertiges Pflichtenheft.

Projektumfeld

Es kann sein, dass in dem von deiner IHK verwendeten Projektantrag keine Rubrik „Pro-jektumfeld" vorgesehen ist. Dann ergänze kurz deine Projektbeschreibung um die folgen-den Überlegungen.

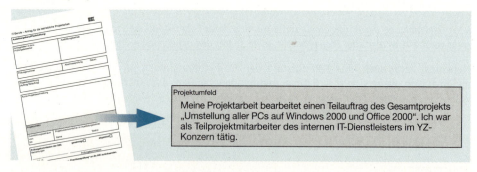

Projektumfeld

Meine Projektarbeit bearbeitet einen Teilauftrag des Gesamtprojekts „Umstellung aller PCs auf Windows 2000 und Office 2000". Ich war als Teilprojektmitarbeiter des internen IT-Dienstleisters im YZ-Konzern tätig.

Aufgrund des auf dem Antrag vorgesehenen Platzes wird hier inhaltlich nicht viel von dir erwartet. Du solltest über deine Projektbeschreibung hinaus noch die Stichpunkte liefern, die zum Verständnis für die Prüfungskommission noch hilfreich wären.

Betriebliches Umfeld | **Dein Projekt** | Projektbezogenes Umfeld

■ *Die Stichpunkte zum betrieblichen Umfeld könnten sein:*
 – Einordnung deines Betriebes in eine Branche
   (z. B.: Telekommunikation, Elektrizitätswirtschaft, Handel)
 – Zuordnung deines Projektes zu Organisationseinheiten
   (z. B.: Vertriebsbuchhaltung, Customer-Care-Service, Einkauf)

■ *Die Stichpunkte zum projektbezogenen Umfeld sollten sein:*
 – Abgrenzung des Teilauftrages
 – Spezielle IT-Ausstattung für die Durchführung der Projektarbeit

970586

Durchführungszeitraum

Du solltest deine Projektarbeit nur nach der Genehmigung durchführen.
Bei zeitlichen Problemen schlage nach unter ▶ *3.1.6.*

Der tatsächliche Zeitraum der Projektdurchführung ist hier mit Beginn- und Enddatum anzugeben.

Projektverantwortlicher in der Firma

Hier müssen der Name und die Telefon-Nr. deines Projektverantwortlichen in deinem Ausbildungs- oder Praktikumsbetrieb angegeben werden.

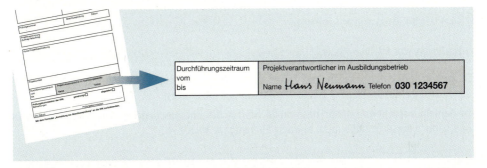

In deinem Projektantrag sind an unterschiedlichen Stellen zwei Personen zu benennen:

- Der Projektverantwortliche vertritt die fachliche Seite deines Projektes.
- Der Ausbildende vertritt die formale Seite deines Projektes bzw. deiner Ausbildung.

Projektverantwortlicher wäre z. B.: dein Auftraggeber, dein Projektbetreuer, der Ausbildungsbeauftragte des entsprechenden Fachbereiches deines Betriebes.

Projektverantwortlicher und Ausbildender können auch identisch sein.

Wir empfehlen dir, den Projektverantwortlichen an dieser Stelle auch unterschreiben zu lassen.

 Die Prüfungskommission benötigt diese Informationen, um einen Ansprechpartner für fachliche, betriebsbezogene oder formale Rückfragen zu haben.

Es soll auch schon vorgekommen sein, dass sich eine Prüfungskommission bei dem Projektbetreuer angemeldet hat, um dem Prüfling bei der Bearbeitung seines Projektes zuzusehen.

Vermerke der Prüfungskommission

Der untere Teil der ersten Seite deines Projektantrages ist dann für Vermerke der Prüfungskommission vorgesehen (Genehmigung ja/nein, Begründung, Unterschriften). ▶ 3.4

3.3.4 Inhaltliche Antragspositionen

Darstellung des Projektablaufes und Zeitplanung

Im ersten Block des inhaltlichen Teiles deines Projektantrages (also auf Seite 2 bzw. auf der Rückseite des Antrages) ist der Projektablauf anzugeben.

In deinem Vorgehenskonzept hast du ja hierfür die entsprechenden Vorarbeiten geleistet und kannst diese Inhalte jetzt einfach übertragen. ▶ 3.2.4

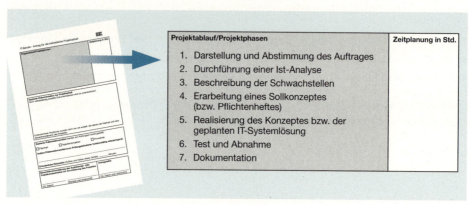

Projektablauf/Projektphasen	Zeitplanung in Std.
1. Darstellung und Abstimmung des Auftrages	
2. Durchführung einer Ist-Analyse	
3. Beschreibung der Schwachstellen	
4. Erarbeitung eines Sollkonzeptes (bzw. Pflichtenheftes)	
5. Realisierung des Konzeptes bzw. der geplanten IT-Systemlösung	
6. Test und Abnahme	
7. Dokumentation	

Auch hier erbringst du bereits eine Prüfungsleistung:

Der von dir darzustellende Projektablauf darf kein Provisorium sein oder einfach nur so hingeschrieben werden.

 Der beantragte Ablauf muss dem realen Projektablauf entsprechen, Abweichungen müssen im Projektbericht oder dann spätestens im Fachgespräch dargestellt und begründet werden.

970588

Geplanter Zeitaufwand in Stunden

Auch hier kannst du auf dein Vorgehenskonzept zurückgreifen und die Zeitplanung übertragen. ▶ 3.2.4

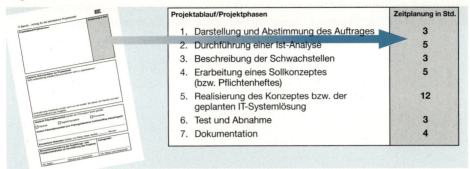

Projektablauf/Projektphasen	Zeitplanung in Std.
1. Darstellung und Abstimmung des Auftrages	3
2. Durchführung einer Ist-Analyse	5
3. Beschreibung der Schwachstellen	3
4. Erarbeitung eines Sollkonzeptes (bzw. Pflichtenheftes)	5
5. Realisierung des Konzeptes bzw. der geplanten IT-Systemlösung	12
6. Test und Abnahme	3
7. Dokumentation	4

Überschreitet deine Planung die erlaubten Zeitaufwendungen von 35 Stunden (bzw. 70 Stunden), so führt dies ohne Diskussionen zur Ablehnung deines Projektantrages aus formalen Gründen.

Da die Ausbildungsordnung nur Obergrenzen für den Zeitaufwand vorgibt, ist eine Unterschreitung der Obergrenzen zulässig. Wie weit diese Obergrenzen unterschritten werden dürfen, regelt die Ausbildungsordnung nicht. Der „gesunde Menschenverstand" setzt hier sicherlich die Grenzen: Es dürfte jedem klar sein, dass eine Projektarbeit mit einem Zeitaufwand unter 5 Stunden nicht den gewünschten Erfolg bringen kann.

Wir raten dir, die vorgegebenen Obergrenzen nicht mehr als 20 % zu unterschreiten, d. h., wir empfehlen dir einen Zeitaufwand von minimal 28 Stunden anzusetzen.

Die Planung der entsprechenden Zeiten ist von dir ebenfalls mit der erforderlichen Aufmerksamkeit durchzuführen. Du musst auf Plausibilität und Ausgewogenheit deiner Zeitplanung achten. Es gibt keine Vorschriften, wie hoch der Zeitaufwand für die einzelnen Phasen anzusetzen ist. Vermeide jedoch Aktivitäten mit Zeiten größer als 15 Stunden anzugeben, gliedere diese Aktivitäten genauer auf.

Ist der Zeitaufwand deines Projektberichtes Bestandteil der Zeitplanung?

Wir haben in ▶ 1.4.3 diese Frage vor dem Hintergrund der Ausbildungsordnung untersucht und eine Interpretation gegeben.

Für die Erstellung des Projektberichtes solltest du maximal **fünfzehn Prozent** der Durchführungszeit deines Projektes in deine Zeitplanung einfließen lassen. Die restliche Zeit zur Aufbereitung des Projektberichtes für deine Abschlussprüfung gehört nicht dazu.

Die Anfertigung der Präsentationsunterlagen und die Vorbereitung auf die Präsentation gehören genauso wenig zur Projektbearbeitungszeit wie das Fachgespräch.

Fehler vermeiden	Pluspunkte sammeln
Du gibst in deiner Zeitplanung Minuten an.	*Deine Zeitplanung basiert auf vollen Stunden.*
Wenn du deine Aktivitäten in Minuten und damit sehr kleinschrittig planst, steigt das Risiko, dass deine Planung schon bei kleineren Störungen scheitert.	

Geplante Dokumentationen zur Projektarbeit

Welche Unterlagen du hier im Projektantrag zu benennen hast, hängt natürlich von deinem konkreten Projekt und dem dazugehörigen Kundenauftrag ab. Deshalb greifst du hier zum letzten Mal auf dein Vorgehenskonzept zurück und verwendest die darin aufgeschriebenen Dokumente ▶ 3.2.5. Nicht selbst erstellte Dokumente sind zu unterstreichen.

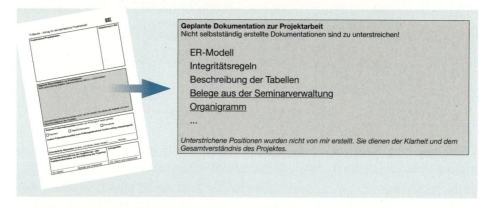

Wenn du noch Genaueres nachlesen willst oder unsicher bist, dann schaue doch schon mal in ▶ 4.7.1 vorbei.

Bei den Fachinformatikern-Anwendungsentwicklung wird zu den praxisrelevanten Unterlagen mit Sicherheit der vollständige Quellcode einer entwickelten Software gehören, bei den Informatikkaufleuten würden schon 10 Seiten reine Codierung eher nicht als kundenorientierte Dokumentation anzusehen sein.

Du musst im Antrag festlegen, welche Unterlagen für deinen Kunden wichtig sind. Die Prüfungskommission wird schon erwarten, dass du hier je nach deinem Kundenauftrag die dafür wichtigsten Unterlagen angibst. Auf keinen Fall solltest du hier diese Unterlagen aufblähen, weniger kann manchmal mehr sein. Du solltest immer daran denken, dass jede von der Prüfungskommission als nicht praxisbezogen oder nicht kundenorientiert eingestufte Unterlage Anlass für eine mehr oder weniger unangenehme Frage im Fachgespräch geben könnte.

Fehler vermeiden	Pluspunkte sammeln
Zum Abschluss deiner aufgezählten Dokumente benennst du einen „Anhang", in dem sich die Unterlagen befinden, die für den Kunden nicht wichtig sind. Du traust dich nur nicht, diese Unterlagen wegzulassen.	 *Du solltest bei deiner Dokumentation nie einen Anhang anlegen oder benennen. Du nimmst in die Dokumentation nur die kundenorientierten Unterlagen auf und vermeidest Restpositionen.*
Als Dokumentation zählst du auf: *– Beschreibung der Prozessschritte* *– Getroffene Entscheidungen* *– Erarbeitung des Schulungskonzeptes* *Das gehört in den Projektbericht.*	*Du beherzigst den Grundsatz: „Der Projektbericht wird methodenorientiert, die Dokumentation kundenorientiert erstellt."*
Bei der Dokumentation zählst du auch den Projektbericht auf.	*Projektbericht und die praxisbezogenen Unterlagen sind zwei sich ergänzende Bestandteile deiner Dokumentation. Der Projektbericht muss daher hier nicht erwähnt werden.*

970590

Fehler vermeiden	**Pluspunkte sammeln**
Zur Dokumentation gehört bei dir auch eine „Dokumentation für die Prüfungskommission".	Nochmals zum Abschluss: Die Dokumentation ist kundenorientiert.
Zur Dokumentation wird von dir ein Pflichtenheft benannt. In der Zeitplanung fehlt aber eine entsprechende Aktivität wie z. B. „Soll-Konzeption", „Erstellung Pflichtenheft".	Achte auf Übereinstimmung zwischen Zeit-/Aktivitätenplanung und Dokumentation. Die von dir angegebenen Dokumente müssen aus einer geplanten Aktivität resultieren.
Du liest: „Unterstrichene Positionen wurden nicht von mir erstellt. Sie dienen der Klarheit und dem Gesamtverständnis des Projektes." Nun denkst du: „Zu Klarheit des Projektes dienen nur fremd erstellte Unterlagen."	Lass dich nicht in die Irre führen, du kannst jederzeit fremde oder eigene Dokumente beifügen, wenn sie zur Klarheit dienen.

Niemand wird von dir erwarten, dass du bei der Beantragung deines Projektes schon alle praxisbezogenen Unterlagen identifizieren und benennen kannst.

Dies entscheidet sich ja häufig erst bei der konkreten Durchführung des Projektes. Es erscheint daher als völlig legitim, wenn du deinem Projektbericht mit entsprechender Begründung noch weitere ergänzende Unterlagen beifügst.

Du solltest jedoch keine der im Antrag angegebenen Unterlagen bei der Abgabe deines Projektberichtes weglassen.

Dies hat mit sehr großer Wahrscheinlichkeit eine entsprechende Frage im Fachgespräch zur Folge („Sagen Sie mal, wo ist eigentlich die Unterlage ..."). Du musst dann auf solche Fragen vorbereitet sein und eine entsprechende Erklärung parat haben. In keinem Falle darf die Prüfungskommission eine wirklich relevante Unterlage vermissen, das führt dann auch mit einer hohen Wahrscheinlichkeit zu Punktabzügen.

Die Niederschrift des Sollkonzepts (bzw. eines Pflichtenheftes) ist oftmals ein wichtiger, praxisbezogener Bestandteil der Dokumentation, aber niemals der Projektbericht selbst.

Geplante Präsentationsmittel

Im letzten Block des inhaltlichen Teiles des Projektantrages sind die von dir geplanten Präsentationsmittel zu benennen.

Hinweise zur Auswahl der Präsentationsmittel und -formen findest du auch in ▶ 5.2.2.

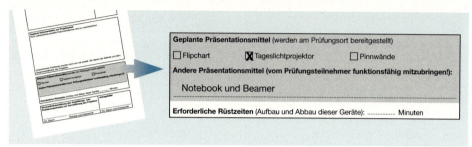

Du hast zwei Möglichkeiten zur Auswahl:

1. Du nutzt die Standard-Präsentationsmittel.
2. Du nutzt über den Standard hinausgehende Präsentationsmittel.

An jedem Prüfungsort werden als **Standard-Präsentationsmittel** bereitgestellt: Flipchart, Tageslichtprojektor bzw. Overheadprojektor, Pinnwände.

Über den Standard hinausgehende Präsentationsmittel sind in einer dafür vorgesehenen Zeile von dir zu benennen.

Du musst die von dir gewählten Präsentationsmittel ankreuzen, wobei du nicht auf ein Präsentationsmittel begrenzt bist. Wenn du ein Methoden-Mix für deine Präsentation bevorzugst, dann kannst du auch alle drei Mittel ankreuzen.

 Solltest du vergessen haben, ein Präsentationsmittel anzugeben, so kann dir die Prüfungskommission deinen Projektantrag aus formalen Gründen zur Überarbeitung zurücksenden.

Dies ist zwar erstmal nicht besonders tragisch, aber du verlierst Zeit und – wie bereits erwähnt – der Projektantrag ist deine Visitenkarte ...

Rüstzeiten

Vergiss oder unterschätze in deinem Projektantrag nicht die Angabe der Rüstzeiten.

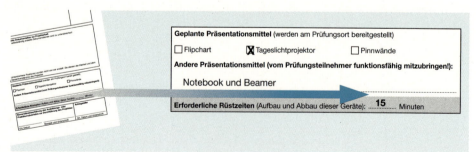

 Mit Rüstzeiten bezeichnet man die Zeiten, die du für die Vorbereitung auf deine Präsentation benötigst.

Dazu gehören in erster Linie die Zeiten zum Aufbau und Abbau der von dir benutzten Geräte, wobei der Abbau der Geräte für die Prüfung uninteressanter ist als der Aufbau. In die Rüstzeiten fällt also das Einrichten und Einstellen der Präsentationsmittel.

Solltest du hier vergessen oder unterlassen, Rüstzeiten anzugeben, so könnte die Prüfungskommission eine Rüstzeit von null Minuten erwarten.

Auch wenn du für deine Präsentation „nur" einen OH-Projektor einzuschalten hast – du kannst doch nicht annehmen, dass dieser dir fremde OH-Projektor so funktioniert, wie du es erwartest und deine Folien exakt projiziert. Diese Situation wäre schon peinlich: Die Prüfungskommission fordert dich auf, mit der Präsentation zu beginnen, und du suchst zuerst nach dem Einschaltknopf des OH-Projektors und fummelst dann am Projektor herum, um eine optimale Darstellung deiner Folien zu ermöglichen. Bei Rüstzeiten von null Minuten wird dies keine Freude bei der Prüfungskommission auslösen.

Wir empfehlen daher die Angabe folgender Rüstzeiten:

Rüstzeit	
Minimum	5 Minuten
Maximum	15 Minuten

Achte auch auf die Ausführungsvorschriften der für dich zuständigen IHK. Es kann sein, dass deine IHK für die Rüstzeiten eine eigene Obergrenze festgelegt hat.

Unterschriftenblock

Am Ende des Projektantrages wird es nochmals formal, aber auch bedeutsam. Unterschriften besiegeln stets Dokumente dieser Güte.

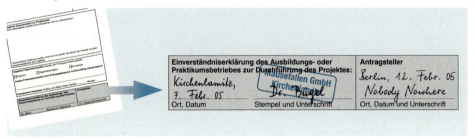

Einverständniserklärung des Ausbildungs- oder Praktikumsbetriebes zur Durchführung des Projekes

Der Ausbildende oder der Ausbildungsverantwortliche deines Ausbildungs- oder Praktikumsbetriebes bestätigt hier rein formal, dass er mit der Durchführung dieser Projektarbeit einverstanden ist.

Achte darauf, dass dieses Einverständnis auch mit Firmenstempel und Unterschrift belegt ist.

Für die Prüfungskommission ist es wichtig, neben dem Projektverantwortlichen auch einen Verantwortlichen für die formale Durchführung der Projektarbeit im Betrieb identifizieren zu können.

Falls es also Rückfragen der Prüfungskommission geben sollte, muss anhand des Firmenstempels der Ansprechpartner klar erkennbar sein. Da dies aufgrund einer Unterschrift nicht immer möglich ist, trägst du hier noch den Namen in Druckbuchstaben ein. Falls die Telefon-Nr. nicht dem Firmenstempel zu entnehmen ist, trägst du auch diese noch ein.

Wenn Projektverantwortlicher und Ausbildender identisch sind, dann muss derjenige auch zweimal – an den jeweiligen Stellen des Projektantrages – unterschreiben.

Mit seiner Einverständniserklärung wird auch bestätigt, dass es keine datenschutzrechtlichen Bedenken für die Durchführung dieser Projektarbeit gibt.

Nicht vergessen: Ort und Datum.

Unterschrift des Antragstellers

Jetzt bist du an der Reihe: Nach all den schicksalsträchtigen Überlegungen, die mit dem Ausfüllen des Projektantrages verbunden waren, bestätigst du mit deiner Unterschrift, dass du dich wie beschrieben bzw. beantragt der Prüfungskommission stellen wirst. Du bestätigst damit aber auch, dass du den Projektantrag selbst erstellt hast.

Hierfür sind nur noch kleinere Handlungsempfehlungen erforderlich:

- Ort = Sitz deines Ausbildungs-/Praktikumsbetriebes oder dein Wohnort.
- Datum = Datum des Tages, an dem der Projektantrag ausgefüllt wurde.
- Unterschrift = deine.

Schreibe auch du zur besseren Lesbarkeit für die Prüfungskommission deinen Namen in Druckbuchstaben dazu.

Ganz zuletzt

Der Projektantrag ist in zweifacher oder dreifacher Ausfertigung einzureichen.

Der Projektantrag ist deine Visitenkarte.

3.3.5 Wann brauchst du eine Anlage zum Projektantrag?

- Wenn deine das von dir verlangt
- Wenn deine Prüfungskommission das zu ihrem besseren Verständnis von dir verlangt
- Wenn dir dein Platz im Projektantrag nicht zur Erläuterung ausreicht

Dann ist es möglich, den Projektantrag um eine Anlage zu ergänzen, in der du dann ausführlicher darstellen musst z. B.

- Inhalte und Gegenstand deiner Projektarbeit
- Einordnung deines Teilprojektes in ein Gesamtprojekt
- den Betrieb, in dem deine Projektarbeit durchgeführt wird
- den Kundenauftrag ...
- den angestrebten Nutzen

Hinsichtlich Umfang und Formatierung achte auf die Ausführungsbestimmungen deiner . Beherzige auf jeden Fall:

- Die Angabe deines Namens und deines Ausbildungsbetriebes zur eindeutigen Identifikation deiner Anlage.
- Die Anlage muss am PC erstellt werden.
- Die Anlage ist ebenfalls deine Visitenkarte!

970594

Projektbeantragung via Internet 3.3.6

Voraussetzungen

☑ Du hast von deiner IHK einen Brief erhalten mit der Internetadresse, deiner ID-Nummer, deiner PIN und deinem Kennwort (Übersicht in ▶ 1.6).

☑ Du brauchst einen PC mit Internetzugang, um dein Projekt im Internet bei deiner IHK zu beantragen. Dein Ausbildungsbetrieb muss dir diese Möglichkeit zur Verfügung stellen.

☑ Du hast dein Vorgehenskonzept erstellt.

Du nimmst dein Vorgehenskonzept und musst in die von der IHK vorgegebene Struktur der Internetseiten mindestens die Daten eingeben, die in unserem Muster-Projektantrag (siehe ▶ 3.3.2) enthalten sind.

Rubrik 	Einträge analog ▶ 3.3.3, ▶3.3.4	Unsere Tipps und Hinweise ▶ 3.3.3, ▶ 3.3.4
Antragsdaten	– **Deine Daten:** Ausbildungsberuf, Name, Anschrift, E-Mail – **Dein Ausbildungsbetrieb:** Firmenname, Anschrift, E-Mail	– Prüfe die von der IHK vorgegebenen Daten auf Richtigkeit. – Trage für den Kontakt mit deiner Kommission deine E-Mail-Adresse ein.
Projektbezeich-nung	– Projektbezeichnung – kurze Projektbeschreibung – Projektumfeld – Ggf. Ist-Analyse	– Hier wäre zwar viel Platz, aber bleibe knapp und präzise! – Greife deiner Ist-Analyse nicht vor und schreibe: „Die Ist-Analyse ist Gegenstand des Projektes und wird erst im Laufe der Projektarbeit erstellt." Verweise auf die Projektphasen bzw. deinen Aktivitätenplan. – Schreibe noch keine Teile deines Projektberichtes hier hinein!
Zielsetzung entwickeln/ Sollkonzept	– Weitere Erläuterungen zur Projektarbeit (= Anlage zum Projektantrag) – Deine geplante Dokumentation zur Projektarbeit	– Erläutere hier die Ziele deiner Projektarbeit (▶ 3.2.3)! – Stelle dar, was am Ende des Projektes erreicht sein soll! – Was erhält dein Auftraggeber/Kunde als Dokumentation an die Hand?
Projektstruktur-plan entwickeln	– kein Zwang, du musst hier nichts eintragen! – Achte aber auf konkrete Anforderungen deiner IHK.	– Um keine Lücke in deiner Visitenkarte zu bieten, nimm ggf. diesen Standardtext: „Der Strukturplan wird erst im Laufe des Projektes erstellt."
Grafische oder tabellarische Darstellung	– kein Zwang! – Du kannst hier zum besseren Verständnis für die Kommission Grafiken/Bilder als Dateianhang beifügen.	– Beispiele: Ausgangslage, Schnittstellen des Projektes, Meilensteinplanung (per MS Project). – Nutze diese Grafiken auch, wenn möglich, für deinen Projektbericht!
Projektphasen mit Zeitplanung in Stunden	– Darstellung des Projektablaufes – Geplanter Zeitaufwand in Stunden	– Soweit nicht woanders möglich, gib hier auch deine Rüstzeiten für die Präsentation an!
Erklärung	– Geplante Präsentationsmittel – Projektverantwortlicher	– Erinnere deinen Ausbildenden an seine Einverständniserklärung per PIN.

970595

Freigabe durch deinen Betrieb

Auch dein Ausbildungsbetrieb/Bildungsinstitut hat eine Kennung, ein Passwort und eine PIN erhalten. Du musst dich darum kümmern, dass dein Projekt auch via Internet bestätigt wird.

Hierzu muss sich dein Ausbildungsverantwortlicher/Projektbetreuer/Ausbildender unter seiner ID-Nummer und mit seinem Passwort auf die Internetseite einloggen und an der entsprechenden Stelle seine PIN eingeben.

Fehler vermeiden

■ **Du hast keine Post von der IHK erhalten.**

Sofern du eine Woche vor dem veröffentlichten Abgabetermin der Projektanträge die benötigten Informationen nicht erhalten hast, solltest du dich an deine IHK wenden.

■ **Halte dich an die Ausführungsvorschriften deiner IHK!**

Unsere Ausführungen sind rein exemplarisch und sollten dir lediglich zur Orientierung dienen.

■ **Halte den Abgabetermin deiner IHK ein!**

Hast du den offiziellen Termin verpasst, sperrt die IHK die Eingabebereiche im Internet. Du oder dein Betrieb muss dann eine begründete Ausnahme erwirken – keine gute Visitenkarte!

Der Bescheid der Prüfungskommission   3.4

Nach Abgabe deines Projektantrages gilt es, erst einmal zu warten – auf die Stellungnahme der Prüfungskommission zu deinem Projektantrag. Diese Stellungnahme kannst du ca. drei bis vier Wochen nach dem offiziellen Abgabetermin für deinen Projektantrag erwarten. Bis dahin prüfen die IHK und die Prüfungskommission deinen Projektantrag, wie sie dabei vorgehen und was geprüft wird, kannst du in ▶ 3.5 nachlesen.

Eines Tages bekommst du also Post von der IHK – entweder an deine Privatadresse oder in deinen Betrieb. Was steckt drin?

Deine Genehmigung   3.4.1

Vordruck „Genehmigung der Projektarbeit"

Vordruck „Protokoll über die durchgeführte Projektarbeit"

Sehr geehrte/r Frau/Herr *Nowhere*,

die für Sie zuständige Prüfungskommission hat Ihr eingereichtes Konzept für die betriebliche Projektarbeit geprüft. Ihr Projekt wurde **genehmigt**.

(...)

Kirchenlamitz, 05-02-29   *Hans Neumann*

Ort, Datum   **Prüfungskommission**

Diesem Genehmigungsbescheid kannst du noch den Abgabetermin für deinen Projektbericht entnehmen. Damit kannst du jetzt dein Projekt und die Anfertigung des Projektberichtes beginnen.

Einige Industrie- und Handelskammern senden dir mit der Genehmigung auch einen Vordruck „Protokoll über die ausgeführte Projektarbeit" zu, der mit Abgabe des Projektberichtes an die IHK zu reichen ist. ▶ 4.9

3.4.2 Deine Genehmigung mit Nachbesserungsaufforderung

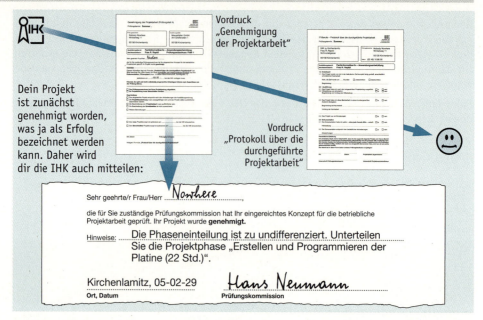

Dein Projekt ist zunächst genehmigt worden, was ja als Erfolg bezeichnet werden kann. Daher wird dir die IHK auch mitteilen:

Vordruck „Genehmigung der Projektarbeit"

Vordruck „Protokoll über die durchgeführte Projektarbeit"

Sehr geehrte/r Frau/Herr ...... *Nowhere* ......,

die für Sie zuständige Prüfungskommission hat Ihr eingereichtes Konzept für die betriebliche Projektarbeit geprüft. Ihr Projekt wurde **genehmigt**.

Hinweise: Die Phaseneinteilung ist zu undifferenziert. Unterteilen Sie die Projektphase „Erstellen und Programmieren der Platine (22 Std.)".

Kirchenlamitz, 05-02-29   *Hans Neumann*
Ort, Datum   Prüfungskommission

Ganz ohne Mängel ist dein Projektantrag nicht. Die Prüfungskommission hat diese Mängel jedoch nicht für so schwer wiegend gehalten, dass dein Projektantrag abgelehnt werden musste. Vielmehr hat die Prüfungskommission erkannt, dass mit gewissen Nachbesserungen dein Projekt allen Anforderungen entspricht.

Die dir als „Bemerkungen" mitgeteilten Auflagen und/oder Nachbesserungen sind von dir im weiteren Projektverlauf und im Projektbericht zu berücksichtigen und zu beschreiben.

Beispiele für diese Mängel und Auflagen:

Mängel	Auflage/Nachbesserung
Die Rüstzeiten wurden nicht angegeben.	Die Rüstzeiten müssen der IHK benannt werden, sonst droht Rüstzeit = 0.
Die Präsentationsmedien wurden nicht angegeben.	Sofern andere als die Standard-Medien verwendet werden sollen, müssen diese noch angegeben werden.
Die Aktivität „Realisierung der Datenbankanwendung" mit einem Zeitaufwand von 22 Std. muss präzisiert werden.	Im Projektbericht müssen die zu dieser Aktivität gehörenden Prozessschritte ausführlich dargestellt werden.
Zur Projektbezeichnung, zum Projektablauf und Zeitaufwand wurde nur auf eine Anlage verwiesen.	Die Genehmigung erfolgt nur unter Bezug auf die Anlage. Die Inhalte der Anlage sind dann maßgeblich und müssen von dir konsequent angewendet werden.

Dein Projekt ist genehmigt – du musst jetzt nichts weiter an die IHK zurücksenden, es sei denn, du willst z. B. an Rüstzeiten oder Präsentationsmedien noch etwas nachbessern. Erkundige dich nach den Formvorschriften deiner IHK.

970598

Die Ablehnung deines Projektantrages 3.4.3

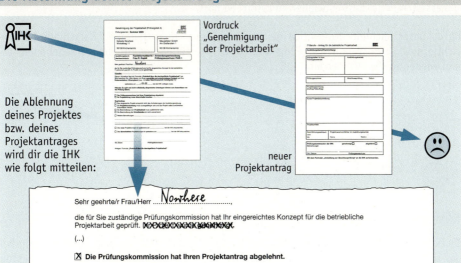

Vordruck „Genehmigung der Projektarbeit"

Die Ablehnung deines Projektes bzw. deines Projektantrages wird dir die IHK wie folgt mitteilen:

neuer Projektantrag

Sehr geehrte/r Frau/Herr ..... *Nowhere* .....,

die für Sie zuständige Prüfungskommission hat Ihr eingereichtes Konzept für die betriebliche Projektarbeit geprüft. XXXXXXXXXXX XXXXXXXX.

(...)

[X] **Die Prüfungskommission hat Ihren Projektantrag abgelehnt.**

Zusätzlich zum ablehnenden Bescheid wird dir die IHK einen neuen Projektantrag zusenden.

Wird dein Projektantrag vollständig abgelehnt, so begründet dir dies die Prüfungskommission schriftlich im Genehmigungsbescheid und fordert dich zur Abgabe eines neuen Antrages auf.

Ist ein abgelehnter Projektantrag durch Nachbesserungen noch genehmigungsfähig, so teilt dir die Prüfungskommission auch die notwendigen Maßnahmen zur Verbesserung des Antrages bzw. die Voraussetzungen zur Genehmigung mit. Du kannst dann deinen Projektantrag erneut zur Genehmigung einreichen.

Folgende Begründungen könnte dir die IHK mitteilen (exemplarische Beispiele):

- Das eingereichte Projekt entspricht nicht den Anforderungen der Ausbildungsordnung.
- Die Projektbezeichnung muss aussagefähiger sein.
- Die Projektbearbeitungszeit überschreitet die Grenze (lt. AO.)
- Die Projektbeschreibung muss überarbeitet und das Projekt eingegrenzt werden, da es in dem vorgelegten Umfang nicht zu schaffen ist.

970599

Die IHK wird dir dann die Termine benennen, zu denen du deinen neuen oder deinen nach- gebesserten Projektantrag wieder einzureichen hast.

Da du unser Büchlein ausführlich gelesen und die darin enthaltenen Ratschläge berück- sichtigt hast, kannst du deinen Projektantrag neu ausfüllen und bis zum vorgegebenen Ter- min wieder an die IHK senden.

Sonderfall:

Du hast deinen Projektantrag mehrere Wochen oder gar Monate vor dem Abgabetermin bei der IHK abgegeben. Nun kann es dir passieren, dass die IHK deinen zu früh eingereichten Projektantrag wieder zurücksendet und dich auffordert, den Antrag bis zu einem späteren Zeitpunkt erneut zu stellen. Halte die Abgabetermine daher möglichst zeitnah ein.
(Bei Problemen mit der Projektdurchführungszeit: ▶ 3.1.6)

Das Operative Geschäft der Prüfungskommission 3.5

Prüfungsorganisation mit der IHK abstimmen 3.5.1

Die IHK ist zuständig für die Organisation der Abschlussprüfung – in enger Zusammenarbeit und nach § 5 MPO im Einvernehmen mit den Prüfungskommissionen. Wie diese Zusammenarbeit nun im Detail aussieht, kann von der Prüfungskommission mit der IHK abgestimmt werden.

Jede Prüfungskommission sollte mit der IHK und den durch sie vertretenen Sachbearbeitern Prozesse abstimmen, die der Prüfungskommission die Arbeit erleichtern. Die Kompetenzen und Kapazitäten der Kommissionsmitglieder sollen für das Abnehmen der Abschlussprüfung genutzt werden und nicht für deren Organisation.

Auch wenn der § 5 Ihrer vor Ort gültigen MPO nur vom „in Benehmen mit den Kommissionen" spricht, so bleibt die IHK Ihr Dienstleister im Ablauf der Prüfung.

Anzahl der Projektanträge (= Prüflinge) je Kommission

Die Anzahl der zu jedem Prüfungstermin zu begutachtenden Projekte und damit auch der Projektanträge muss verbindlich zwischen der IHK und den Prüfungskommissionen festgelegt werden. Diese Zahl sollte so bemessen sein, dass die Qualität in der Bewertung der Prüfungsleistungen nicht leidet.

Wir empfehlen ausdrücklich: Grundsätzlich nicht mehr als 12 Prüflinge (Projekte/Projektanträge) pro Prüfungskommission.

Bei weiter steigenden Prüflingszahlen in den IT-Berufen sollte diese Zahl nicht Dogma bleiben, in Spitzenzeiten sollte eine höhere Zahl als 12 von der Kommission schon akzeptiert werden. Dies darf jedoch kein Dauerzustand werden, dann muss die IHK neue weitere Prüfungskommissionen einsetzen.

Zeitpunkt und Ort zur Begutachtung der Projektanträge

Positiv hat sich folgende Verfahrensweise dargestellt:

- Die IHK lädt alle Prüfungskommissionen zu einem gemeinsamen Termin bei der IHK ein.
- Die IHK nutzt diese Gelegenheit zu einem Feedback der Ergebnisse und Erfahrungen aus der letzten Prüfung und informiert die Kommissionen über Neuerungen und aktuelle Entwicklungen.
- Die Prüfungskommissionsmitglieder können sich kommissionsübergreifend austauschen und Verabredungen zur Prüfungsorganisation mit der IHK treffen.
- Die Prüfungskommissionen begutachten „ihre" Projektanträge.
- Die Projektanträge verbleiben abschließend bei der Kammer.

Natürlich kann die Kommission die zeitlichen und örtlichen Rahmenbedingungen für die Begutachtung ihrer Projektanträge selbst festlegen bzw. individuell mit der IHK abstimmen.

Als Orte für die Begutachtung der Projektanträge kommen infrage:

- Räume der IHK,
- Diensträume eines Kommissionsmitgliedes (z. B. Büro des Kommissionsvorsitzenden, Klassenräume in der Berufsschule),
- private Räumlichkeiten eines Kommissionsmitgliedes.

Als ungeeignet empfinden wir Örtlichkeiten oder Lokalitäten (im wahrsten Sinne des Wortes), wo sich ein bestimmter Grad an Öffentlichkeit nicht vermeiden lässt.

Transport der Prüfungsunterlagen/Projektanträge

Die gesammelten Prüfungsunterlagen dürfen nicht mit der Post versendet werden. Dies ist eine unge-schriebene Regel für das Prüfungsgeschäft: Alle Prüfungsunterlagen dürfen nicht in die Hände Dritter gelangen und müssen vor zufälligem Untergang bewahrt werden.

Für eine Übergabe der Unterlagen von der IHK an die Kommission und zurück kommt damit grundsätzlich nur ein Botendienst infrage. Diesen Boten organisiert in der Regel die IHK. Oftmals übernehmen auch die Kommissionsmitglieder selbst diesen Botendienst. Dieser Weg hat den Vorteil der persönlichen Begegnung, die für Informationsaustausch und weiterführende Absprachen genutzt werden kann. Allerdings kostet dies für ein ehrenamt-lich tätiges Kommissionsmitglied wertvolle Zeit und Fahrtkosten (die dann aber über die Aufwandsentschädigung abgegolten werden).

3.5.2 Vorstufe: Zulassungsprüfung durch die IHK

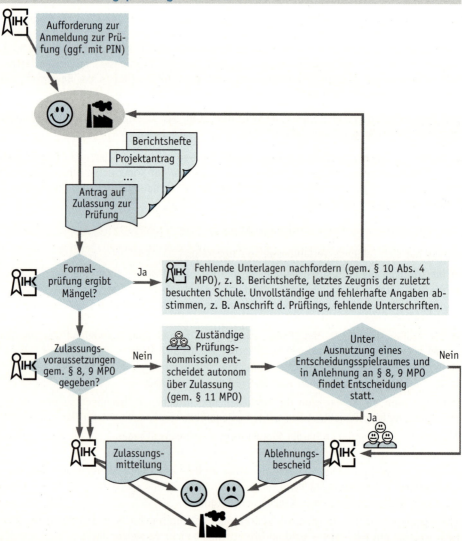

9705102

Unser Organisationsvorschlag zur Begutachtung der Projektanträge   3.5.3

Wir möchten Ihnen nachstehend unseren Vorschlag als Orientierung an die Hand geben!
Dieses Vorgehen hat sich für uns und in vielen uns bekannten Kammern recht gut bewährt.
Denn trotz IT-Arbeitsmitteln sind persönliche Kontakte und Erfahrungsaustausch u. E.
unverzichtbare Elemente beim gemeinsamen Prüfen!

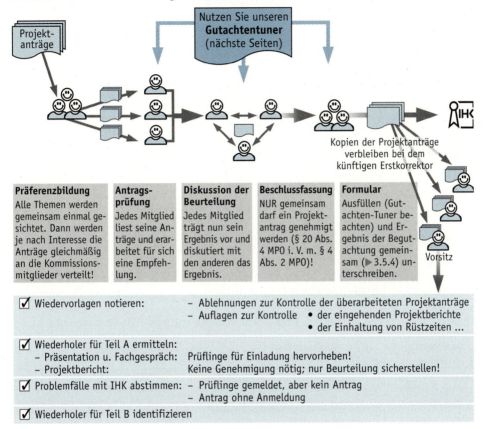

Präferenzbildung
Alle Themen werden gemeinsam einmal ge-sichtet. Dann werden je nach Interesse die Anträge gleichmäßig an die Kommissions-mitglieder verteilt!

Antrags-prüfung
Jedes Mitglied liest seine An-träge und erar-beitet für sich eine Empfeh-lung.

Diskussion der Beurteilung
Jedes Mitglied trägt nun sein Ergebnis vor und diskutiert mit den anderen das Ergebnis.

Beschlussfassung
NUR gemeinsam darf ein Projekt-antrag genehmigt werden (§ 20 Abs. 4 MPO i. V. m. § 4 Abs. 2 MPO)!

Formular
Ausfüllen (Gut-achten-Tuner be-achten) und Er-gebnis der Begut-achtung gemein-sam (▶ 3.5.4) un-terschreiben.

☑ Wiedervorlagen notieren:
– Ablehnungen zur Kontrolle der überarbeiteten Projektanträge
– Auflagen zur Kontrolle • der eingehenden Projektberichte
• der Einhaltung von Rüstzeiten ...

☑ Wiederholer für Teil A ermitteln:
– Präsentation u. Fachgespräch: Prüflinge für Einladung hervorheben!
– Projektbericht: Keine Genehmigung nötig; nur Beurteilung sicherstellen!

☑ Problemfälle mit IHK abstimmen: – Prüflinge gemeldet, aber kein Antrag
– Antrag ohne Anmeldung

☑ Wiederholer für Teil B identifizieren

Projektanträge bereits bekannter Wiederholer

Es könnte Sie z. B. auch verblüffen, wenn Sie bei der Begutachtung einen Antrag in den
Händen halten, der Ihnen irgendwie bekannt vorkommt. Beim Blick auf den Autor des
Antrages wird Ihnen klar: Dieser Prüfling ist mit diesem Projekt am letzten Prüfungstermin
in Ihrer Kommisssion durchgefallen.

Ein Prüfling darf von der gleichen Kommission erneut geprüft werden, wenn die Prüfungs-ordnung nichts anderes vorsieht.
Denn ein Prüfer ist nicht schon alleine deswegen befangen, weil er den Prüfling schon ein-mal geprüft hat.

Wir halten es allerdings schon im Interesse des Erfahrungszuwachses für die Kommissionen
für geboten, andere Prüflinge kennen zu lernen und nicht im schlimmsten Fall mit dem
Prüfling dasselbe Erlebnis zu teilen: „Derselbe Raum, dieselben Prüfer, dieselben Fragen ...
und wieder nicht bestanden."

3.5.4 Der Gutachtentuner

Vollständigkeit und Fristen

☑ Fristgerechte Abgabe gemäß Terminvorgaben der IHK?
☑ Ansprechpartner mit dessen Telefonnummer im Betrieb benannt?
☑ Einfache Vollständigkeit: Projektbezeichnung, Zeitplanung des Projektes ...
☑ Einverständnis des Betriebes (Unterschriften)?

😊 Genehmigung mit Auflage	😟 Ablehnungstext	Erläuterungen
Fehlende Angaben Bitte ergänzen Sie folgende Angaben: ☑ Ansprechpartner im Betrieb ☑ ... **Bitte reichen Sie den geänderten Antrag bis spätestens zum tt.mm.jj ein.**	**Fristüberschreitung** Zur Sicherstellung eines geregelten Prüfungsablaufs gibt es die Ihnen von der IHK gesetzten Fristen. Ihre Fristüberschreitung führt somit zu einer Ablehnung des Projektantrages. **Ohne Vorliegen eines wichtigen Grundes gemäß § 19 MPO bewertet die Kommission den Teil A als nicht bestanden!** **Fehlende Bearbeitungsgrundlage** Ihr Antrag wurde abgelehnt, weil eine wesentliche Bearbeitungsgrundlage fehlt: ☑ Projektbezeichnung, ☑ Zeitplan des Projektes **Bitte reichen Sie einen neuen Antrag bis spätestens zum tt.mm.jj ein.**	Recherchieren Sie – auch ohne Einwendungen des Prüflings – bei Fristüberschreitung in Kooperation mit Ihrer IHK mögliche „wichtige Gründe" **gemäß § 19 MPO** für Verzögerungen und Nichtabgabe (▶ 9.2.3). Die Genehmigung ist Voraussetzung für den Prüfungsteil A. Gleich einem Pflichtenheft einigen sich alle Beteiligten auf eine überprüfbare Grundlage.

Projektgegenstand

☑ ist verständlich und ☑ ist nachvollziehbar?
☑ entspricht der Ausbildungsordnung des Berufes (vgl. ▶ Stuffer G1/G2 im Anhang)?
☑ bietet genug eigenen kreativen Spielraum?
☑ ist zeitangemessen und anspruchsvoll?
☑ ist mit seiner betrieblichen Einbindung, Projekt-Schnittstellen und ggf. IT-Technik erkennbar?

😊 Genehmigung mit Auflage	😟 Ablehnungstext	Erläuterungen
Fremde Leistung Die Inanspruchnahme fremder Leistungen ist zu kennzeichnen. **Bitte reichen Sie den geänderten Antrag bis spätestens zum tt.mm.jj ein.**	**Der Projektgegenstand ist nicht verständlich.** ☑ Für wen soll gearbeitet werden? ☑ Was ist das Ergebnis Ihrer Arbeit? ☑ An welcher Stelle des Geschäftsprozesses setzt Ihr Projekt an? ☑ ... **Ausbildungsordnung (AO)** Ihr Projekt entspricht nicht der AO des Berufes, weil das Thema hierdurch nicht gedeckt ist! **Fehlender Gestaltungsspielraum** Sie wollen einen stets wiederkehrenden Prozess ohne genügenden eigenen Entscheidungsspielraum durchlaufen. **Zeitangemessen, anspruchsvoll** ☑ Ihr Projekt scheint in der beantragten Zeit nicht durchführbar. Zerlegen Sie es in Teilprojekte und wählen Sie eines davon aus! ☑ Ihr Projekt erfordert praxisüblich nicht die beantragten Zeitkontingente. **Betriebliche Einbindung** Bei Ihrem beantragten (Teil-)Projekt sind nicht erkennbar ☑ die Projektschnittstellen/die Prozessschnittstellen ☑ die zeitlichen Abhängigkeiten ☑ die eingesetzten IT-Umgebungen **Bitte reichen Sie einen neuen Antrag bis spätestens zum tt.mm.jj ein.**	**Keine Eingriffe in die Prüflingsleistung:** Planung und Strukturierung eines Projektes sind wesentliche Leistung des Prüflings im Sinne der §§ der AO. Deswegen dürfen erkennbare sachliche/fachliche Fehler im Antrag wie - schlechte Strukturierung, - falsche/fehlende Begriffe, - bessere Alternativen (z. B. Kauf statt Entwicklung) nicht korrigiert werden! **Ausbildungsordnung** Die AO unterscheidet nicht zwischen technischen und kaufmännischen Berufen! Es gibt also keine kaufmännischen oder technischen Projekte! Die Zulässigkeit ist lediglich aus dem Themenkatalog der AO (vgl. ▶ Stuffer G1/G2) herzuleiten! **Ist-Analyse** Angaben hierzu sind im Projektantrag entbehrlich, weil es sich um eine eigene Projektphase aus der Durchführung handelt! **Projektstrukturplan** Angaben hierzu enthalten eher die Aufbauorganisation/Aufgabenteilung eines Projektes. Bei ONE-Man-Projekten ist dies daher grundsätzlich entbehrlich.

9705104

Projektphasen und geplante Dokumentation

☑ Obergrenzen für Projektbearbeitungszeit (35/70 Std.) eingehalten?
☑ Projektphasen fachlich angemessen strukturiert?
☑ Nicht mehr als 15 % der Zeit für Projektdokumentation angesetzt?
☑ Angaben zur geplanten Kundendokumentation vorhanden?

Genehmigung mit Auflage	Ablehnungstext	Erläuterungen
Zeitobergrenzen ☑ Bitte kürzen Sie Ihre Projektzeiten auf die Länge von 35/70 Std. und passen Sie Ihre Projekttätigkeiten entsprechend an. **Inhalte** ☑ Die Präsentation Ihres Projektes im Rahmen der Prüfung ist nicht Gegenstand Ihrer betrieblichen Projektarbeit. Prüfen Sie, ob stattdessen andere Projektbestandteile angemessen zu erhöhen sind. ☑ Die Projektdokumentation ist nicht Hauptgegenstand des Projektes, sondern der Prüfung. Kürzen Sie die Projektdokumentationszeit auf maximal 15 % der Projektdurchführungszeit. Prüfen Sie, ob stattdessen andere Projektbestandteile angemessen zu erhöhen sind. **Phaseneinteilung** ☑ ist zu undifferenziert, differenzieren Sie die Teile xyz stärker. **Bitte reichen Sie den geänderten Antrag bis spätestens zum tt.mm.jj ein.**	Hier werden keine Ablehnungsgründe gesehen!	**Vorgaben von Phasen** besonders mit Ablehnungsdrohung sind rechtswidrig! Verkneifen Sie sich Vorgaben von Phasen, auch weil Sie dem Prüfling und dem Betrieb Arbeitszeit stehlen. Wirtschaftlichkeitsbetrachtungen können sie im Projektbericht erwarten (▶ 4.8.2). **Phaseneinteilung** Die Beurteilung der Phasengeometrie wäre ein Eingriff in die originäre Prüflingsleistung, nämlich ein Projekt selbstständig zu strukturieren! Eine aus Ihrer Sicht falsche Phaseneinteilung darf nicht zur Ablehnung eines Projektantrages führen!

Durchführungszeitraum

☑ Durchführungszeitraum NACH Genehmigung?
☑ Durchführung VOR Genehmigung begonnen/Endet nach IHK-Terminen?
☑ Wiederholer?

Genehmigung mit Auflage	Ablehnungstext	Erläuterungen
Vorgezogener Projektstart Teilen Sie uns die Gründe mit, warum Ihr Projekt bereits durchgeführt/begonnen wurde! **Bitte reichen Sie den ergänzten Antrag bis spätestens zum tt.mm.jj ein.**	**Projektende nach IHK-Abgabetermin** ☑ Ihr Projekt endet nach dem spätesten Abgabetermin der IHK. **Bitte reichen Sie einen neuen Antrag bis spätestens zum tt.mm.jj ein.**	**Projektbeginn/Ausführung vor Projektgenehmigung ist grundsätzlich KEIN Ablehnungsgrund bei** ☑ fehlendem Praktikumsplatz nach IHK-Termin. ☑ Konkurs/drohender Insolvenz des Betriebes. ☑ unumstößlichen Erfordernissen des realen betr. Prozesses. Die Bestimmungen der AO §§ 9, 15, 21, 27 sind nicht zeitlich, sondern inhaltlich zu verstehen, denn dem gewillkürten IHK-Antragstermin geht vor: - eine Projektarbeit, die echt und kundenorientiert ist - die weiterhin bestehende inhaltliche Ablehnungsmöglichkeit der Kommission bei einem bereits begonnenen/durchgeführten Projekt (dies ist das bekannte Risiko für den Prüfling und seinen Betrieb) - die frühere Durchführung hindert nicht den Benotungszweck (vertieft ▶ 3.5.5) **Wiederholer** Wiederholer erhalten die Möglichkeit der Neueinreichung! Denn sie fallen grundsätzlich nicht wegen ihres Produktes durch, sondern wegen ihres Projektberichtes und benötigen daher i. d. R. kein neues Projekt ▶ 8.3.6.

Geplante Präsentationsmittel

☑ Medien angegeben?
☑ Erforderliche Rüstzeiten angeführt?

Genehmigung mit Auflagen	Ablehnungstext	Erläuterungen
☑ Die Rüstzeit fehlt. ☑ Es sind keine Medien angegeben. **Bitte reichen Sie den ergänzten Antrag bis spätestens zum tt.mm.jj ein.**	Hier werden keine Ablehnungsgründe gesehen!	Die Angemessenheit eines Präsentationsmediums ist dem Auswahlprozess des Prüflings zu überlassen! Angemessen ist jedes Medium! Angabe aller Medien kann auch bedeuten, dass hier Reservemedien vorgesehen sind!

3.5.5 Projektbeginn vor Genehmigung

Sie werden mit folgenden Situationen konfrontiert:

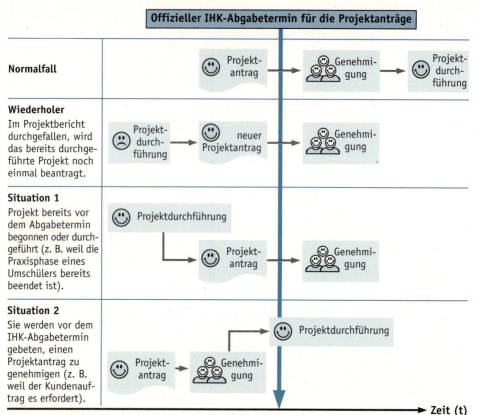

 Wir empfehlen Ihnen: Genehmigen Sie in diesen oder auch vergleichbaren Situationen die Projekt-anträge!

Für uns Autoren ist es eine Selbstverständlichkeit, dass ein Prüfungsteilnehmer sein Projekt auch schon vor dem offiziellen Genehmigungszeitpunkt beginnen oder gar ganz durchführen darf. Dies ist aus unserer Sicht mit der Ausbildungsordnung vereinbar. Wir praktizieren dies, und immer mehr Prüfungskommissionen tragen diese Praxis auch mit.

Wir bieten Ihnen hierzu folgende Argumentationshilfe:

1. Die Durchführbarkeit eines Projektes sollte weniger vom Abgabetermin der Projektanträge abhängen, da dieser sich kaum an der betrieblichen Praxis, sondern an IHK-internen Abläufen orientiert.

2. Die vor einem von der IHK definierten Termin stattfindende Beteiligung des Prüflings an einem betrieblichen Prozess und die nachträgliche Erklärung der Prüfungsrelevanz hindert nicht an dem Ziel, einen Prüfling gemäß der Ausbildungsordnung zu beurteilen.

3. Das höherwertige Ziel der AO ist für uns die reale, dem Betrieb Nutzen bringende Projektarbeit, die auch geeignet ist, den Berufsbefähigungsnachweis zu erbringen.

4. Wir bewerten und korrigieren auch lieber Projektarbeiten, die real im Betrieb gelaufen sind. Wann der Kundenauftrag vorlag, ist für uns nebensächlich. Wir wollen den Prüfling nicht animieren, den Durchführungszeitraum oder gar seine ganze Projektarbeit zu manipulieren.

9705106

5. Es muss dem Sinn der AO entsprechend egal sein, ob in der Beteiligung des Prüflings an einem realen betrieblichen Projekt erst ab Genehmigung eine Prüfungsleistung zu sehen ist oder nachträglich betrachtet seine Handlungen durch eine Genehmigung zum Bestandteil einer Prüfung werden, in der ja seine Handlungskompetenz bewertet wird.

6. Der eigentliche Zweck der Genehmigung wird durch eine vorher durchgeführte betriebliche Projektarbeit nicht unterlaufen.

Somit sind die Bestimmungen der AO §§ 9, 15, 21, 27 nicht zeitlich, sondern inhaltlich zu verstehen.

Das Ergebnis der Begutachtung 3.5.6

Das Ergebnis der Begutachtung kann nun dokumentiert werden

- auf dem Projektantrag und/oder
- auf einem Bescheid, den die IHK an den Prüfling sendet (Vordruck „Genehmigung der Projektarbeit").

Beachten Sie bitte hierzu die konkreten Ausführungsvorschriften Ihrer IHK.

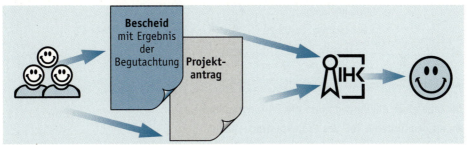

Die IHK versendet dann schnellstmöglich den Bescheid und die dem Ergebnis entsprechenden Unterlagen (Vordruck „Protokoll über die durchgeführte Projektarbeit" oder einen neuen Projektantrag) an den Prüfling.

Damit ist die erste Aktivität der Prüfungskommission im Prozessablauf der Prüfung erledigt. IHK und Prüfungskommission müssen dann erst wieder aktiv werden, wenn

- die nachgebesserten Projektanträge wieder zur Begutachtung vorliegen,
- Einsprüche zur Ablehnung eines Projektantrages zu behandeln sind,
- die Projektberichte oder die schriftliche Prüfung zu korrigieren sind.

Genehmigung des Projektantrages

Auf dem unteren Teil des Projektantrages wird von der Prüfungskommission vermerkt, dass der Projektantrag genehmigt wurde.

Beispiel

Prüfungskommission der IHK:	genehmigt [X]	abgelehnt [ ]
Bemerkungen		
	W. Wichtig	
Kirchenlamitz, 05-02-29	*K. Knischke* *H. Hurtz*	
Ort, Datum	Prüfungskommission	

Berücksichtigen Sie die konkreten Regelungen Ihrer IHK und tragen Sie dann auch dieses Ergebnis auf dem dafür vorgesehenen IHK-Bescheid ein (Vordruck „Genehmigung der Projektarbeit").

9705107

Genehmigung mit Nachbesserung

Bei Ihrer Begutachtung des Projektantrages könnten Sie feststellen, dass eine Genehmigung nicht ohne weiteres erfolgen kann. Sie haben zu prüfen, ob

- das beantragte Projekt genehmigt werden kann,
- aber eine Nachbesserung in bestimmten Punkten gewünscht wird,
- die der Prüfling dann im Laufe seiner weiteren Prüfungsaktivitäten leisten kann.

Auf dem unteren Teil des Projektantrages sowie auf dem IHK-Bescheid wird das Ergebnis der Genehmigung dann von Ihnen vermerkt:

Beispiel

Ablehnung des Projektantrages

Im Falle einer Ablehnung muss die Prüfungskommission

- auf dem unteren Teil des Projektantrages und
- an der dafür vorgesehenen Stelle des IHK-Bescheides dieses kennzeichnen und begründen.

Sie müssen mit Ihrer Ablehnung auch festlegen,

- ob das Projekt nach einer Überarbeitung noch genehmigt werden kann
  oder
- ob es grundsätzlich für die Abschlussprüfung ungeeignet ist und der Prüfling somit ein gänzlich neues Projekt beantragen muss.

Beispiel Projektantrag

9705108

Beispiel IHK-Bescheid

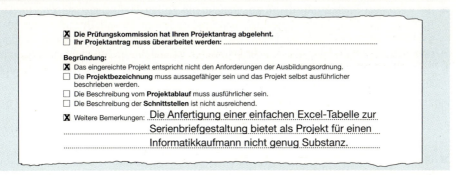

Die Prüfungskommission gibt dann die Projektanträge an die IHK zurück. Die IHK ergänzt ihren Bescheid und legt die Fristen für das erneute Einreichen der überarbeiteten Projektanträge fest.

[X] Das **neue** Projektkonzept ist spätestens zum 05-03-15 bei der IHK einzureichen.

[ ] Das **überarbeitete** Projektkonzept ist spätestens zum .... bei der IHK einzureichen.

Projektgenehmigung via Internet [IHK]   3.5.7

Voraussetzungen

☑ Mindestens der Prüfungskommissionsvorsitzende hat für Ihre Prüfungskommission die Internetadresse, die eigene ID-Nummer und das eigene Passwort per Post von der IHK erhalten (siehe Übersicht in ▶ 1.6).

☑ Sie brauchen einen PC mit Internetzugang, um die Projektanträge via Internet zu genehmigen.

☑ Sie haben sich in Ihrer Prüfungskommission zu einer gemeinsamen Genehmigungssitzung verabredet (wie in ▶ 3.5.1 beschrieben).

Zugriffe und Aktivitäten

■ Nach dem Einloggen gelangen Sie in eine Liste aller Ihrer Kommission zugeordneten Prüfungsteilnehmer mit ihren entsprechenden Bearbeitungsstadien.

■ Sie erkennen in dieser Liste, welche Prüfungsteilnehmer einen Projektantrag ins Internet gestellt haben. Achtung: Wiederholer ohne Projektbericht sind in dieser Liste nicht zu sehen!

■ Sie greifen auf jeden einzelnen Prüfungsteilnehmer zu, öffnen die Seiten mit den Antragsdaten und -beschreibungen und drucken diese Seiten aus.

Für die eigentliche Genehmigung wenden Sie auch bei dem internetgestützten Verfahren die in ▶ 3.5.4 beschriebenen Kriterien und Formulierungshilfen unseres Gutachtentuners an. ⓘ

■ Mit einer Eingabe genehmigen Sie die Projektanträge. Der Bearbeitungsstatus eines Prüfungsteilnehmers hat sich danach verändert.

Auch hier gilt: Die Kommission handelt gemeinsam. Es ist weder zulässig, dass der Vorsitzende noch irgendjemand anderes die Anträge eigenständig ohne gemeinsame Abstimmung genehmigt. (Analog § 20 Abs. 4 MPO und § 4 Abs. 2 MPO!)

Handlungshilfen und Organisationsspielraum

■ Hat nach dem Stichtag für die Antragstellung ein Prüfungsteilnehmer seinen Projektan-trag noch nicht ins Internet gestellt, dann recherchieren Sie mit Ihrer IHK, ob gemäß § 19 MPO wichtige Gründe vorliegen. Wenn nicht, beschließen Sie, dass dieser Prüfungs-teilnehmer zur Prüfung in Teil A nicht angetreten ist und diesen Teil nicht bestanden hat.

■ Zur Vorbereitung auf die Genehmigungssitzung empfehlen wir den vorherigen Ausdruck aller Projektanträge. Die Papierform erweist sich hier als vorteilhaft, weil
  – das gemeinsame Lesen am Bildschirm umständlicher und uneffizienter ist,
  – Sie nicht die ganze Zeit online sind und
  – die Entscheidungsfindung gleich an den entsprechenden Stellen dokumentiert wer-den kann und Sie für Nachfragen des Prüfungsteilnehmers besser gerüstet sind.

■ Die in der Prüfungskommission getroffene Entscheidung dokumentieren Sie dann auf der entsprechenden Internetseite. Das Ausfüllen eines gesonderten Beleges ist bei diesem Verfahren nicht mehr notwendig. Der Prüfungsteilnehmer wird dann durch die IHK infor-miert bzw. informiert sich über das Internet.

■ Haben Sie einen Antrag nicht genehmigt, dann geben Sie auch eine kurze Begründung in das dafür vorgesehene Kommentarfeld ein.

■ Geben Sie bei jedem Prüfungsteilnehmer als Kommentar ein, wie viele Projektberichte in gebundener (Papier-)Form beim Kommissionsvorsitzenden am Stichtag abzugeben sind. Wir empfehlen drei Exemplare, dann müssen nicht Sie die Berichte für die Korrek-tur durch jedes Prüfungskommissionsmitglied noch einmal ausdrucken. Damit umgehen Sie mögliche Verfälschungen beim Ausdruck (▶ 4.10.2).

3.5.8 Planung für die Zukunft

Präferenzen für die Begutachtung der Projektberichte

Während der Begutachtung der Projektanträge sollte innerhalb der Kommission eine Präfe-renzbildung bezüglich der Projekte und Projektberichte vorgenommen werden. Die Kommis-sionsmitglieder sollten an dieser Stelle schon mal die Projektanträge hinsichtlich ihrer per-sönlichen Neigungen, Interessen und Fachkompetenzen sichten und sich überlegen, wer später bei der Bewertung der entsprechenden Projektberichte ein Erstvorschlagsrecht haben möchte.

Termine

Bei der Begutachtung der Projektanträge können Sie auch schon Ihre Termine für die kom-menden Aktivitäten in Ihrer Prüfungskommission abstimmen:

☑ Termin für die Durchführung der Abstimmungssitzung,

☑ Termine für die Abnahme der Präsentationen, Fachgespräche und ggf. Mündlichen Ergän-zungsprüfungen.

☑ Stimmen Sie sich mit der IHK ab, wer die Prüflinge zu den von Ihnen festgelegten Termi-nen einlädt.

Projektbericht 4

Quickeinstieg 4.1

Was du zu erstellen hast 4.1.1

Zum Abschluss deiner Ausbildung wird erwartet, dass du nunmehr

- in deinem beruflichen Handlungsfeld
- eine echte, komplexe und dem Betrieb Nutzen bringende Aufgabe
- selbstständig planen, durchführen und kontrollieren kannst.

Projektidee/Projektantrag

Suchen einer Projektidee → Konzept für das Projekt → grober Zeitplan → Projektantrag

Projektarbeit durchführen

Planung + Vorgaben | Durchführung | Produkt

Dokumente im Zuge des Projekts erstellt bzw. beschafft

Den überprüfbaren Nachweis, dass du persönlich das kannst, erbringst du zunächst mit dem Projektbericht.

Anhand der nebenstehenden Schwerpunkte sollst du dokumentieren, dass du dir deiner Arbeit bewusst bist und deine Arbeit – gewissermaßen von außen – kritisch darstellen und begleiten kannst.

Projektbericht erstellen

Ausgewählte Dokumente, die im Zuge des Projekts erstellt bzw. beschafft werden mussten

Beschreibung Ausgangssituation ↔

Beschreibung Durchführung ↔

Darstellung Projektabschluss ↔

Reflexion + Qualitätssicherung

Dokumente, die nur dem Projektbericht dienen

Gestaltung des Projektberichts

Für dein durchgeführtes Projekt bekommst du dagegen grundsätzlich keine Punkte.

„Das habe ich verstanden", sagst du, „ich brauche aber auch konkrete Handlungsanweisungen." Dann folge unserer Empfehlung auf der nächsten Seite.

Unsere Empfehlung für den Entwurf deines Projektberichts:

ZUERST die Inhalte	Links
A Schaffe Übersicht durch	
☑ kurze Vorstellung deines Betriebes	
☑ Beschreibung deines Projektauftrags	▶ 4.4.1
☑ Erläutern der Ziele	▶ 4.4.1
☑ Darstellung der Prozessschnittstellen	▶ 4.4.2
☑ Angabe der Kundenwünsche	▶ 4.4.1
☑ eine kleine Vorschau auf dein fertiges Produkt	▶ 4.4.2
B Deine Projektstruktur	
☑ Projektumfeld	▶ 4.4.2
☑ Planungen zu Zeit und Kosten ...	▶ 4.4.3
☑ Planungen zu Maßnahmen der Qualitätssicherung	▶ 4.6.3
C Schildere und begründe dein Vorgehen im Projekt	
☑ Nimm hierzu die Hauptschritte aus deinem Projektantrag	▶ 4.5
☑ Erwähne wichtige Entscheidungssituationen	▶ 4.6.2
☑ Vergiss nicht durchgeführte Maßnahmen zur Qualitätssicherung	▶ 4.6.3
D Arbeite deinen Projektabschluss heraus und	
☑ schildere kurz und prägnant, was dein Kunde schlussendlich von dir erhält.	▶ 4.7
☑ schildere die durchgeführte Abnahme, Bereitstellung und Übergabe deines Produktes beim Auftraggeber/Kunden.	▶ 4.7.2
E Denke über dich und dein Vorgehen nach: Reflexion	
☑ Hat dein Produkt den erwarteten Nutzen gebracht?	▶ 4.8.2
☑ Nachkalkulation	▶ 4.8.2
☑ Hat sich dein Vorgehenskonzept bewährt?	▶ 4.8.3
☑ Was würdest du künftig besser machen?	▶ 4.8.3

DANN die Gestaltung	Links
Tipps zur äußeren Form deines Projektberichtes	▶ 4.3.1
Tipps zur inhaltlich angepassten Form	▶ 4.3.4
Anlagen für den Projektbericht	
– Dokumente nur für den Leser deines Projektberichtes	▶ 4.3.4
– Beispiele kundenbezogener Dokumente	▶ 4.7.1

Wo bleibt die Methodik deines Vorgehens?	Links
Du musst KEIN Kapitel „Methodik" einfügen! Wohl aber muss sich deinem Projektbericht entnehmen lassen, wie geschickt du vorgegangen bist.	▶ 4.6

9705112

Wen kannst du als Leser und Abnehmer deines Berichtes unterstellen? 4.1.2

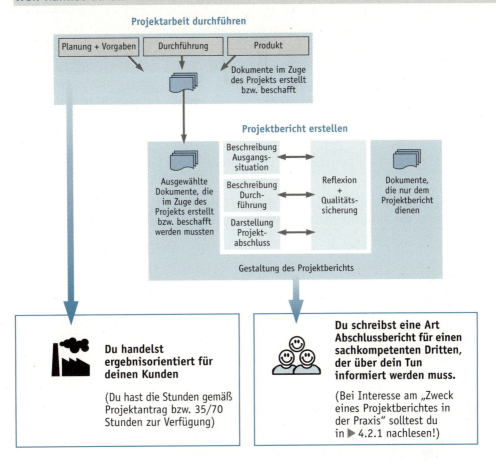

Unsere Tipps zum Projektbericht 4.1.3

Die meisten Prüfungskommissionen bewerten deinen Bericht unter Zuhilfenahme einer Bewertungsmatrix. Mit anderen Worten schauen sie nach, ob zu den Kernfragen ihrer Bewertungsmatrix in deinem Bericht Aussagen zu finden sind. Je nach Erfüllungsgrad erhältst du dann die Punkte deiner Prüfungskommission.

Damit war es nahe liegend, dir zu jedem Punkt einer solchen Matrix Erläuterungen an die Hand zu geben. Deswegen steht unser Bewertungsschema im Vordergrund und keine Handlungsanweisung von a – z.

Dafür kannst du dann deinen Bericht sowohl praxisbezogen und zugleich Noten bringend gestalten.

Dein fertiger Projektbericht wird durch deine Prüfungskommission in zweifacher Hinsicht beurteilt.

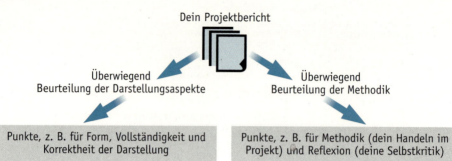

Diese Aufteilung ermöglicht es, dass z. B. deine weniger ausgeprägte Methodik im Projekt durch eine gut fundierte formale Darstellung teilweise wieder ausgeglichen werden könnte.

4.1.4 Bewertungs-Quickreferenz für deinen Projektbericht

Die Gestaltung des Projektberichtes insgesamt wird beurteilt.

Welchen Eindruck hinterlässt die äußere Form deines Berichtes? ▶ 4.3.1
Hast du eine Darstellungsweise gewählt, die dem Inhalt angepasst ist? ▶ 4.3.4

Die Darstellung der Ausgangssituation wird beurteilt.

Konntest du Auftrag, Teilaufgaben, Ziele und Kundenwünsche verdeutlichen? ▶ 4.4.1
Hast du die betrieblichen Prozessschnittstellen und dein Projektumfeld beschrieben? ▶ 4.4.2
Ist deine Ressourcen- und Zeitplanung erkennbar? ▶ 4.4.3

Die Darstellung des durchgeführten Prozesses wird beurteilt.

Konntest du die Durchführung deiner Prozessschritte umfassend darstellen? ▶ 4.5.1

Die Methodik des durchgeführten Prozesses wird beurteilt.

War dein Vorgehen angemessen und zielgerichtet? ▶ 4.6.1
Welche Entscheidungen musstest du treffen? ▶ 4.6.2
Sind deine Maßnahmen zur Qualitätssicherung für deinen Prozess angemessen? ▶ 4.6.3

9705114

Die Darstellung des Projektabschlusses mit Abnahme/Bereitstellung und Kundendokumentation wird beurteilt.

Hast du deinem Kunden eine angemessene Dokumentation geliefert?	▶ 4.7.1
Wie hast du die Abnahme/Bereitstellung deines Produktes dargestellt?	▶ 4.7.2

Die inhaltliche Rückschau (Reflexion) wird bewertet.

Deinen Prozess und dein Ergebnis musst du selbst bewerten können.	▶ 4.8.1

Welchen Einfluss hat dein Projektbericht auf das Gesamtergebnis?

Anteil des Projektberichts: 50 % der Punkte von Teil A

Der Projektbericht ist ein eigenständiger Prüfungsbereich in Teil A und muss deswegen für sich besser als mit Note 6 bewertet worden sein.

Zusammen mit den Punkten aus Präsentation und Fachgespräch entscheidet sich dann, ob du deine Prüfung insgesamt bestanden hast, denn Teil A muss für sich auch bestanden (▶ 1.3.1) sein.

Zeitaufwand für Projektarbeit und Projektbericht   4.1.5

Fachinformatiker/-in:
FR Anwendungsentwicklung:	Maximal 70 Stunden
FR Systemintegration:	Maximal 35 Stunden
IT-System-Kaufmann/-frau:	Maximal 35 Stunden
IT-Systemelektroniker/-in:	Maximal 35 Stunden
Informatikkaufmann/-frau:	Maximal 35 Stunden

Du darfst die Zeit aufwenden, die du per Vorgehenskonzept (▶ 3.2.4) ermittelt und in deinem IHK-Projektantrag (▶ 3.3.3) angegeben hast. Weichst du nach oben ab, darfst du die für deinen Beruf spezifische Stundenzahl nicht überschreiten. Natürlich stoppt niemand die Zeit, wohl aber kann man die Plausibilität der Ergebnisse mit deinem Zeitantrag abgleichen, und hier werden regelmäßig Schummler enttarnt.

Zeitaufwand für den Bericht

Für die Erstellung des reinen Projektberichtes solltest du maximal fünfzehn Prozent der Durchführungszeit deines Projektes in deine Zeitplanung einfließen lassen.

Die restliche Zeit zur Aufbereitung des Projektberichtes für deine Abschlussprüfung gehört nicht dazu.

Wer sich für Begründungen interessiert, sollte ▶ 1.4.3 lesen.

9705115

115

4.1.6 Seitenzahl für deinen Bericht

 Beachte immer die regionalen Vorgaben deiner .

Üblicherweise gibt es die folgenden Anforderungen:

> i. d. R. 10 Seiten A4 (Schriftgröße 11)

+ Deckblätter

+ Inhaltsverzeichnisse

+ Anlagen zur Aufnahme insbesondere
  - der wichtigen Teile der Kundendokumentation
  - der Vertiefungen zu bestimmten Inhalten des Berichts

+ Erklärung/Protokoll über die durchgeführte Projektarbeit

Du hast Angst, die Seiten nicht füllen zu können?

Sei beruhigt, denn die Erfahrung zeigt, dass auch bei dir mehr als die zulässigen Seiten-zahlen herauskommen werden. Du wirst dich also kürzer fassen müssen. Nun kommt der schmerzliche Prozess, dich von einigen deiner lieb gewonnenen Berichtsteile zu trennen.

Schlaumeier fummeln die Schrift mit allerlei Tricks klein. Das macht schon alleine deswegen keinen Sinn, weil dann die äußere Qualität deines Berichtes (▶ 4.3.1) leidet, was dir Minuspunkte bringt. Du zeigst, dass du dich nicht in die Lage deiner Kunden hineinverset-zen willst oder gar kannst, die so viel gar nicht lesen wollen.

Ähnlich verhält es sich bei Berichten, die mit großer Schrift o. ä. Tricks aufgeblasen wur-den. Dein Werk ist dann bildlich schon so hohl, dass es dir mehr schadet als nutzt.

Der Tipp, jeden Überschuss in den Anhang zu verlagern, geht auch ins Leere, weil eine all-wissende Müllhalde niemandem etwas bringt, schon gar nicht dir die erhofften Punkte.

4.1.7 Wann mit dem Bericht anfangen?

Sofort, d. h. nach Genehmigung des Projektes.

Es gibt keine Alternative, denn je länger du den Start zu deinem Bericht hinauszögerst, desto unangenehmer wird der Anfang. Außerdem kommst du mit Teil B der Prüfung in Kon-flikt, denn ein bisschen willst du dich auch darauf vorbereiten.

ZEITPLANUNG VERMEIDET SCHLUSSSTRESS

9705116

Teile die Berichtserstellung in zwei Phasen ein:

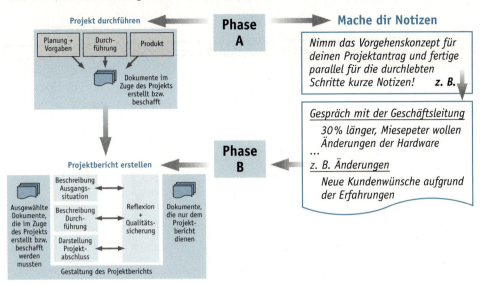

Du darfst fremdes Wissen verwenden 4.1.8

Wer Software, Wissen und gute Ideen aus Büchern, Seminarunterlagen usw. oder anderen Projektberichten verwenden will, darf das.

Das ist sinnvoll, weil niemand das Rad neu erfinden muss, um voranzukommen.

Als Preis dafür gibst du dann immer die Quelle an (▶ 3.2.5).

Lassen sich fremde Projektberichte recyclen?

Die Übertragbarkeit fremder Ideen ist immer schwierig:

- Jeder Betrieb/Kunde ist unterschiedlich.
- Jeder Auszubildende hat ein typisches Verhalten und Vorwissen und dies findet sich nur indirekt im Projektbericht wieder.
- Die verbesserungswürdigen Dinge – auch in guten Projektarbeiten – stehen nicht zwingend im Projektbericht.

Nebenwirkungen der Wiederverwendung

Wie süßes Gift könnten sich die fremden Ideen in deine Arbeit einschleichen und sogar deine vielleicht besseren Ideen verschütten oder verdrängen.

Du musst schon sehr stark sein, um dich davor zu schützen.

Nebenwirkung des Schummelns

Die Prüfungskommissionen ermitteln sehr schnell – spätestens beim Fachgespräch –, ob du mit dem ganzen betrieblichen Gebiet vertraut bist.

Wirst du erwischt, hast du grundsätzlich einen Prüfungsversuch von max. dreien komplett verbraucht (▶ 9.3.5).

Ob du im Betrieb weitermachen darfst, ist dann auch rechtlich nicht ganz einfach zu beantworten.

4.1.9 Upload von Projektberichten

Du arbeitest parallel und erfüllst alle Anforderungen

Upload ins Internet	Konventionelle Form wie in > 4.3
Im internetgestützten Prüfungsverfahren verlangt deine IHK in jedem Falle von dir per Upload einen Projektbericht in Datei-form.	Die Prüfungskommission verlangt meistens darüber hinaus von dir ein bis drei Projekt-berichte in konventioneller Form, die du an die Adresse des Prüfungskommissions-vorsitzenden liefern musst.

■ Maßgeblich ist in der Regel der gebundene Projektbericht in Papierform, weil daran die Prüfungskommission die Gestaltung und die äußeren Formvorschriften (▶ 4.3) besser bewerten kann.

■ Achte darauf, dass Dateiform und konventionelle Form keine unterschiedlichen Inhalte und Formate aufweisen.

 Du bereitest den Upload vor

 Dein Projektbericht wird von der IHK und deiner Prüfungskommission als Datei im PDF-Format erwartet.

■ Eine entsprechende Freeware findest du sicherlich im Internet.

■ Die Kosten für den Erwerb spezieller Lizenzen sowie die Anschaffungskosten für weitere Hilfsmittel – z. B. Flachbettscanner für die Dokumente, Grafikprogramme zum Zeichnen von Schaltplänen – muss dir dein Ausbildungsbetrieb/Bildungsinstitut als Arbeitsmittel zur Verfügung stellen (§ 6 Abs. 3 BBiG).

■ Achte peinlichst genau darauf, dass beim Umwandeln deines Projektberichtes in das PDF-Format die mit Textverarbeitungsprogrammen erstellten Texte, Tabellen oder Formatierungen nicht zerstört werden.

Der Upload zum Abschluss deines Projektberichtes

Du gehst auf die entsprechende Internetseite der IHK und führst den Upload durch – wie, das müssen wir dir als IT-Profi doch nicht verraten ...

Die Freigabe deines Projektberichtes durch deinen Projektverantwortlichen erfolgt wie in ▶ *4.9 beschrieben per Protokoll und nicht per Internet.*

Am Tag der Präsentation bringst du dieses Protokoll mit und legst es der Prüfungskommission vor.

Fehler vermeiden

Halte den von der IHK gesetzten Termin für den Upload ein!

Hast du den offiziellen Termin verpasst, sperrt die IHK die Möglichkeit des Uploads im Internet. Das könnte im Extremfall ein Nichtbestehen dieses Prüfungsteiles zur Folge haben! Und eine Ausnahme erwirken, ist mindestens peinlich ...

Der Projektbericht zwischen Praxisbezug und Prüfung 4.2

Zweck eines Projektberichtes in der „Praxis" 4.2.1

Die Durchführung eines Projektes ist ohnehin ein ziemlich komplexer Vorgang, wenn du es richtig machen willst. Du musst folgende Seiten in dir aktivieren:

a) kaufmännische Seite (Beachtung wirtschaftlicher Vorgaben, Prinzipien oder Ziele)

b) organisatorische und ggf. IT-spezifische Seite

c) kundenorientierte Seite

Um zu verstehen, warum gerade ein Projektbericht Auskunft über deine Qualitäten geben kann, musst du dich einmal mit der Frage auseinander setzen, wozu ein Projektbericht außer zu Prüfungszwecken sonst noch dienen könnte.

Ein Projekt ist per strenger Definition zwar ein einmaliges Vorhaben, es liefert aber neben dem eigentlichen Produkt auch Informationen über die durchschrittenen Wege und Sackgassen zum Ziel. Jeder Betrieb kann aus durchgeführten Projekten Informationen für künftige Vorgehensweisen in (ähnlich gelagerten) Projekten herleiten.

Bei der professionellen Entwicklung von Software stellt sich das z. B. so dar:

Erfahrungen aus Projekten und Prozessmodelle (also Vorstellungen, wie man Projekte abzu-wickeln hat) befruchten auf diese Weise einander und führen hoffentlich zu künftig besse-ren Produkten und günstiger gestalteten Projekten.

Ihr Leute, die ihr eigentlich immer wieder ähnliche Projekte abwickelt (wie z. B. den Ver-kauf einer kundenbezogen angebotenen Telefonanlage), solltet mal über den Begriff Nach-kalkulation in diesem Zusammenhang nachdenken. Vielleicht fällt euch jetzt auf, dass auch die Erfahrungswerte aus einem T-Punkt für künftige Vorgehensweisen eine Rolle spielen.

Neben der Nachkalkulation ist so ein Bericht u. U. auch Fakturierungsgrundlage.

Es ist also keine künstliche Situation, über das eigentliche Produkt hinaus auch über seine Arbeit zu berichten.

4.2.2 Warum die IHK-Kommission dich bewertet und nicht dein Betrieb

Der Betrieb wurde vom Gesetzgeber bewusst nicht in die Pflicht genommen, deinen Pro-jektbericht zu bewerten. Die Abnahme der Arbeit sagt noch nichts darüber aus, dass sie sich auch bewähren wird und unter fachlichen Gesichtspunkten korrekt ist. Man kann näm-lich ein Programm aufblähen, Abläufe umständlich schmieden und falsche Fachausdrücke verwenden, ohne dass das Produkt zunächst negativ auffällig wird. Denke mal an den Begriff der Bananensoftware, vom Chef abgenommen muss sie dennoch erst beim Anwen-der reifen.

- Der Betrieb hat also andere kurzfristige, insbesondere ergebnisbezogene Interessen.
- Dein Praktikumsbetrieb hat nicht immer Zeit für diese Arbeit.
- Die Erstausbildung soll mehr vermitteln als nur Kompetenzen für einen Ausbildungsbetrieb.
- I. d. R. sind nur Lehrer und Kommissionsmitglieder in der Notengebung ausgebildet.
- Die Kommission setzt gleichmäßige und objektive Maßstäbe an.

 Bewertet werden grundsätzlich Fach- und Methodenkompetenzen und weniger das Produkt bzw. der Verkaufserfolg an sich.

4.3 Die Gestaltung des Projektberichtes insgesamt wird beurteilt

4.3.1 Welchen Eindruck hinterlässt die äußere Form deines Berichtes?

Anteil des nachfolgenden Bewertungskriteriums: **ca. 5 %**

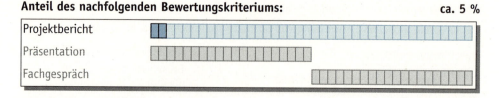

Insgesamt überzeugende Gestaltung	Im Wesent-lichen über-zeugende Gestaltung	In wesent-lichen Teilen ansprechend	Noch akzeptabel	Nicht ansprechend	Nicht annehmbar	Punkte
5	4	3	2	1	0	

9705120

Wenn du ein Buch oder eine CD das erste Mal siehst, entsteht ein erster Eindruck. Dieser kann in dir Interesse, Desinteresse oder sogar Ablehnung hervorrufen. Genauso ergeht es deinem Chef, deinem Kunden und der Kommission, wenn sie deinen Bericht ein erstes Mal in die Hand nehmen.

Die Gestaltung des ersten Eindrucks bewertet die Kommission mit ca. 5 % der erreichbaren Punkte. Wir haben ein paar Eckpfeiler zusammengetragen:

☑ ordentliches Deckblatt, das alle erforderlichen Angaben enthält

☑ angemessene Bindung/Heftung des Berichtes

☑ wenn überhaupt, dann zurückhaltende Farbnutzung

☑ ordentliche Überschriftengestaltung

☑ Gestaltung des Schriftguts

☑ Auflockerung durch Tabellen, Diagramme, Abbildungen

☑ einheitliches Styling

Es ist also möglich, dass ein inhaltlich schlechter Projektbericht durchaus in der äußeren Form glänzen kann.

Wie erlangst du Ideen für die äußere Form deines Berichts?

Schau genau hin, was dir an

■ anderen Vorträgen,

■ Präsentationen,

■ Katalogen,

■ Ausstellungen und Messen usw.

gut gefällt und was nicht. Darüber hinaus denke mal nach, warum das so für dich ist.

Wenn du mit offenen Augen durch die Welt gehst, hat das sogar noch einen Lerneffekt für dich, der weit über die Prüfung hinaus wirkt, und schließlich lernst du ja fürs Leben und nicht für die Prüfung.

Mache nicht den Fehler, deine ganze Kraft auf die Äußerlichkeiten zu verwenden. Inhalt geht vor Form.

Denke nicht, dass dein Geschmacksempfinden immer maßgeblich ist. Strebe eine Form an, die der all- gemeinen Erwartung entspricht. Wer Forellen angeln möchte, nimmt Fliegenköder und nicht die Sahnetorte, die einem so gut schmeckt.

Woher das Equipment für den Projektbericht nehmen?

Solltest du nicht genügend Geld für das Equipment von Farbdrucker, Bindesystem usw. haben, wende dich am besten an deinen Betrieb, deine Schule oder dein Ausbildungsinsti- tut, damit du zumindest dessen Equipment nutzen kannst. Vielleicht nutzt auch ein klei- ner Hinweis auf § 6 BBiG (Berufsbildungsgesetz):

§ 6 Abs. 3 BBiG

(1) Der Ausbildende hat

...

3. dem Auszubildenden kostenlos die Ausbildungsmittel, insbesondere Werkzeuge und Werkstoffe zur Verfügung zu stellen, die zur Berufsausbildung und zum Ablegen der Zwischen- und Abschlussprüfungen, auch soweit solche nach Beendigung des Berufsausbildungsverhältnisses stattfinden, erforderlich sind,

...

Das gilt übrigens auch und insbesondere für die Medien, die du in deiner Präsentation verwendest.

9705121

4.3.2 Unsere Empfehlung für die äußere Form deines Berichtes

Im Nachfolgenden empfehlen wir eine Norm, nach der sich zwar niemand richten muss, deren Umsetzung wir aber als ausgesprochen angenehm empfunden haben.

Unsere Norm fußt auf drei Säulen:

- Du fertigst nur eine sehr begrenzte Seitenzahl.
- Du fertigst keine wissenschaftliche Arbeit.
- Du folgst unseren Empfehlungen immer dann, wenn es von deiner 🏛 keine speziellen Vorgaben gibt.

Deckblatt mit Randeinstellungen für alle Seiten

Seitenrand oben: 3,3 cm

z. B. „Arial Bold, 20 Punkt"

Entwurf einer Benutzeroberfläche zur Erfassung von Kundenobjekten

z. B. „Arial Normal und Arial Bold, 13 Punkt"

Bericht zur betrieblichen Projektarbeit von

Nobody Nowhere

zur Erlangung des Abschlusses

als **Fachinformatikerin**

Fachrichtung

Anwendungsentwicklung

Textbereich

linker Seitenrand: 2,5 cm

rechter Seitenrand: 2,5 cm

z. B. „Arial Normal, 13 Punkt"

Betrieb: Mausefallen GmbH
Kirchenlamitz
Projektbetreuer: Hans Neumann
Ausführungszeit: 12. August 05 bis 28. Januar 05

Seitenrand unten: 2,5 cm

9705122

Seite mit Inhaltsverzeichnis

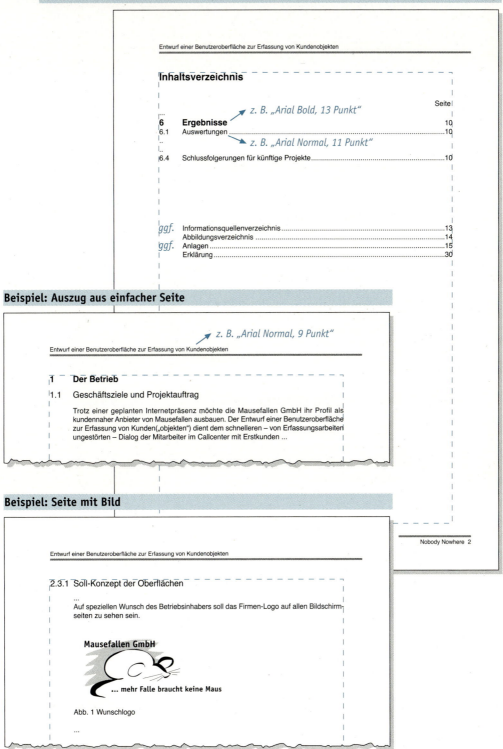

Entwurf einer Benutzeroberfläche zur Erfassung von Kundenobjekten

Inhaltsverzeichnis

z. B. „Arial Bold, 13 Punkt"

Seite

...

6 **Ergebnisse** 10
6.1 Auswertungen 10

z. B. „Arial Normal, 11 Punkt"

..
..
6.4 Schlussfolgerungen für künftige Projekte.............................10

ggf. Informationsquellenverzeichnis..13
Abbildungsverzeichnis 14
ggf. Anlagen 15
Erklärung...30

Beispiel: Auszug aus einfacher Seite

z. B. „Arial Normal, 9 Punkt"

Entwurf einer Benutzeroberfläche zur Erfassung von Kundenobjekten

1 **Der Betrieb**

1.1 Geschäftsziele und Projektauftrag

Trotz einer geplanten Internetpräsenz möchte die Mausefallen GmbH ihr Profil als kundennaher Anbieter von Mausefallen ausbauen. Der Entwurf einer Benutzeroberfläche zur Erfassung von Kunden(„objekten") dient dem schnelleren – von Erfassungsarbeiten ungestörten – Dialog der Mitarbeiter im Callcenter mit Erstkunden ...

Nobody Nowhere 2

Beispiel: Seite mit Bild

Entwurf einer Benutzeroberfläche zur Erfassung von Kundenobjekten

2.3.1 Soll-Konzept der Oberflächen

...
Auf speziellen Wunsch des Betriebsinhabers soll das Firmen-Logo auf allen Bildschirmseiten zu sehen sein.

Mausefallen GmbH

... mehr Falle braucht keine Maus

Abb. 1 Wunschlogo

...

Beispiel: Auszug Abschlussseite

Entwurf einer Benutzeroberfläche zur Erfassung von Kundenobjekten

6.4   Schlussfolgerung für künftige Projekte

Für künftige Projekte sollte der Analyseteil ausgedehnt werden. Die in Kapitel 2 beschriebenen Fehler und daraus resultierenden Akzeptanzprobleme bei den Mitarbeitern ließen sich nämlich durch frühzeitigen Kontakt mit den späteren Nutzern vermeiden. Man sollte also künftig die betroffenen Mitarbeiter rechtzeitig zu den Beteiligten machen!

Beispiel: Informationsquellenverzeichnis (optional)

Entwurf einer Benutzeroberfläche zur Erfassung von Kundenobjekten

Informationsquellenverzeichnis

max. drei Autoren aufzählen, danach „u. a."

(1)   Heinrich, A.; Hasenbein, H.: Handbuch zur Abschlussprüfung IT-Berufe. Darmstadt 2001, ISBN 3-8045-9705-X

(2. a) dBASE inc.: dBASE plus Benutzerhandbuch, Revision 2003/2.01

(2. b) dBASE inc.: dQuery Benutzerhandbuch, Revision 2003/2.01

(3)   Hurzelpurzel, N.: Schulungsunterlagen Access – Design 2003

(4)   Pflichtenheft Mausefallen GmbH, Projekt X, Rev. 2, 2003

(5)   Informationen zu dB2K, http:\\www.dBase2000.com

(6)   Download der Blue Blue Treiberinfos, http:\\www.Anywhere.com

Beispiel: Abbildungsverzeichnis (optional)

Entwurf einer Benutzeroberfläche zur Erfassung von Kundenobjekten

Abbildungsverzeichnis

passt auch gut hinter das Inhaltsverzeichnis

Seite

Beispiel: Anlagenverzeichnis

Entwurf einer Benutzeroberfläche zur Erfassung von Kundenobjekten

passt auch gut hinter das Inhaltsverzeichnis

Verzeichnis der Anlagen

Seite

9705124

Beispiel: Anlageseiten (optional)

Entwurf einer Benutzeroberfläche zur Erfassung von Kundenobjekten

Anlage 1: USE CASEs

Die Darstellung umfasst nur das Diagramm. Auf die textuelle Darstellung wurde verzichtet, weil
...

Selbsterklärung: Diese Erklärung bindet dich. Unser Vorschlag für ein eigenes Blatt (soweit nicht von deiner IHK)

Entwurf einer Benutzeroberfläche zur Erfassung von Kundenobjekten

Selbsterklärung

Ich versichere durch meine Unterschrift, dass ich das zugrunde liegende Projekt und diesen Bericht zur betrieblichen Projektarbeit (Projektbericht) selbstständig und ohne fremde Hilfe angefertigt habe.

Alle fremden Quellen wie

Softwaremodule,
Veröffentlichungen,
andere Projektberichte
und Zuarbeiten,

die ich funktionsmäßig, wörtlich oder auch nur sinngemäß übernommen habe, sind von mir als solche gekennzeichnet worden.

Die Arbeit hat in dieser Form keiner anderen Prüfungsinstitution vorgelegen!

_____   _____
Ort, Datum   Unterschrift

Das Projekt wurde

☐ abgenommen

☐ nicht abgenommen

_____   _____   _____
Ort, Datum   Projektverantwortlicher Stempel des Betriebes

Nobody Nowhere 2

9705125

125

Beispiel: zitieren

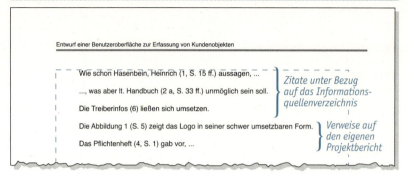

Kopf- und/oder Fußzeilen?

Nachstehend ein paar Empfehlungen zur Gestaltung von Kopf- und Fußzeilen:

Kopfzeile

■ enthält den Titel deiner Projektarbeit:
  - – Titel zentriert über dem Schriftbereich, wenn er länger als eine halbe Zeile ist.
  - – Titel linksbündig über dem Schriftbereich, wenn er kürzer als eine halbe Zeile ist.
■ enthält Trennlinie zum übrigen Textteil.
■ Schriftgröße und Schrifttyp unterscheiden sich angemessen von dem Rest deines Berichtes.
■ sollte insgesamt klein gehalten werden.

Fußzeile

■ enthält deinen Namen und eine rechtsbündige Seitennummer.
■ Die Seitennummer sollte rechts etwas über den rechten Textrand hinausragen.
■ Schrifttyp wie Kopfzeile, muss aber eine gut lesbare Schriftgröße haben.

Fehler vermeiden

Was nicht hineingehört:
• *Kapitelüberschriften, weil bei 10 Seiten die Kapitel auch innerhalb einer Seite wechseln;*
• *eigene Logos, es sei denn, der Betrieb schreibt es vor;*
• *Copyright-Vermerke;*
• *Inhaltsangaben.*

Beispiel für Seitenaufteilung mit Kopf- und Fußzeile

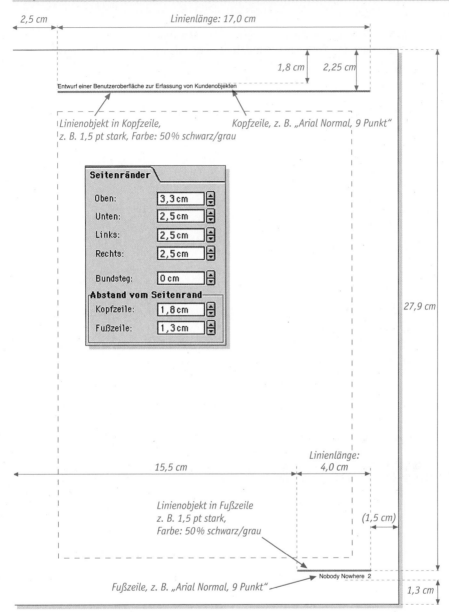

2,5 cm

Linienlänge: 17,0 cm

1,8 cm   2,25 cm

Entwurf einer Benutzeroberfläche zur Erfassung von Kundenobjekten

Linienobjekt in Kopfzeile, z. B. 1,5 pt stark, Farbe: 50% schwarz/grau

Kopfzeile, z. B. „Arial Normal, 9 Punkt"

Seitenränder

Oben:	3,3 cm
Unten:	2,5 cm
Links:	2,5 cm
Rechts:	2,5 cm
Bundsteg:	0 cm

Abstand vom Seitenrand

Kopfzeile:	1,8 cm
Fußzeile:	1,3 cm

27,9 cm

Linienlänge: 4,0 cm

15,5 cm

Linienobjekt in Fußzeile z. B. 1,5 pt stark, Farbe: 50% schwarz/grau

(1,5 cm)

Nobody Nowhere 2

Fußzeile, z. B. „Arial Normal, 9 Punkt"

1,3 cm

Rechtsbündiger Text, Seitennummer und Linienobjekt in der Fußzeile

Beginne diese Formatierung auf Seite 2 (die mit dem Inhaltsverzeichnis) in der Fußzeile. Lösche alle vorhandenen Tabulatoren und richte einen „rechtsbündigen" Tabulator an Position 19,5 cm ein (z. B. Format/Seite einrichten). Gib an, dass die Fußzeilendefinition erst ab dieser Seite beginnen soll. Dann springe mit der Tabulatortaste an diese einzige Tab-Position. Zunächst tippst du deinen Vor- und Nachnamen ein und fügst dann die automatische Seitennummernanzeige ein. Das Linien-Objekt kannst du bei der Gelegenheit auch gleich zeichnen und hier an der Position wie in unserer Skizze vorgeschlagen „festnageln"!

9705127

4.3.3 Häufige Fehler bei der äußeren Form

Wir empfehlen grundsätzlich:

- Halte die DIN-Schriftverkehrsnorm ein, soweit sie anwendbar ist.
- Erkundige dich nach den Formvorgaben deiner regionalen IHK und halte sie ein.

Fragen der Bindung

Fehler vermeiden	Pluspunkte sammeln
Knallbunte Bindungen	Eine schwarze Bindung passt am besten (zu farbigen Dokumenten)
Farbe beißt sich u. U. mit anderen Farben	
Klemmleisten	Keine Klemmleisten
Beim Nachlesen rutschen die Blätter heraus und man hantiert mehr herum, als dass man liest.	
Das Deckblatt ist aus dem gleichen Papier wie der übrige Bericht.	Wie wärs mit einem besonders stabilen Klarsichthefter?
Beim Hantieren mit deinem Bericht stellen sich schnell Eselsohren ein. Das verschlechtert den äußeren Eindruck.	
(Plastik-)Spiralbindungen aus dem Copy-Center	Wie wärs mit festem – beschrifteten – Karton als Deck- und als Schlussblatt sowie einer festen Bindung (z. B. geklammert)?
Sie quietschen unangenehm beim Um-blättern und ab einer Seitenzahl >10 wird das Hantieren wegen der Dicke unangenehm. Berichte mit Spiralbin-dung widersetzen sich beim Prüfer hartnäckig den Versuchen, einen Stapel zu bilden.	

Fragen der Farbgebung

Fehler vermeiden	Pluspunkte sammeln
Die Farbgebung ist poppig, möglichst originalgetreu …	I. d. R. ist schwarz-weiß völlig ausreichend. Authentizität mit Bildschirmfarben erhöht den Erkenntnisgewinn nicht.

9705128

Fragen der Überschriftengestaltung

Fehler vermeiden	Pluspunkte sammeln

 3.1.1.1.58.A1

 Diese Überschriftengliederung kann aufgrund ihrer Schachtelungstiefe nicht mehr der Orientierung dienen.

 4 Der Projektbericht
4.1 Gestaltung des
4.1.1 Äußere Form

 Diese Gliederung entspricht nicht der DIN-Norm, ist schwer lesbar und zeigt, dass du ein Opfer der IT bist (unreflektierte Verwendung vorgefertigter Schemata) und nicht Chef im Ring.

 Maximal 3 Ebenen: 1.n.n in der Überschriftenhierarchie.

 Gliederung nach DIN einhalten

 4   Der Projektbericht
4.1 Gestaltung des
4.1.1 Äußere Form
Anhang
A1
A2
usw.

Fragen der Schriftgestaltung

Fehler vermeiden	Pluspunkte sammeln

 Einhaltung der Norm deiner regionalen Kammer.

 KAPITÄLCHEN

 Keine Kapitälchen

 Komprimierungsversuche deiner Arbeit durch verringerte Zeilenabstände und kleine Schriften.

 Du erwirbst keine Freunde, wenn du die Schrift verkleinerst, weil du nicht zwischen wichtig und weniger wichtig unterscheiden kannst und nicht weißt, was weglassbar ist.

 Bei einer gut lesbaren Schrift bleiben.

Kürze deinen Bericht, überlege, ob wichtige Dinge nicht eher in den Anhang gehören.

 Expandierungsversuche des Projektberichtes durch größere Schriftabstände.

 Wer seine Arbeit aufbläst, schafft nur heiße Luft.

 Ein kurzer Bericht muss nicht unbedingt schlecht sein.
Aber checke zur Sicherheit anhand unserer Quickreferenz, ob du zu allen Punkten eine Aussage getroffen hast.

 Mehrere Schriftattribute auf einmal

 Mach dir vorher Gedanken über Schriftgrößen und eine, maximal zwei Arten der Hervorhebungen.
Deine eigene Norm solltest du dir ggf. aufschreiben und dann aber auch durchhalten.

Fragen der Tabellengestaltung

Fehler vermeiden	Pluspunkte sammeln
Tabellen mit fetten Linien, farbigen Zellen und unterschiedlichen Schriftarten.	Kleine übersichtliche Tabelle ggf. anderes Darstellungsmittel prüfen.
Tabellen mit mehr als 6 Spalten im Text.	Vorsichtig einsetzen, besser vielleicht das Ergebnis textlich darstellen und die Tabelle in die Anlage zum Nachschlagen.
Schwierig zu lesen, die Übersicht könnte schnell verloren gehen.	

Fragen der Grafikgestaltung und Abbildungen

Fehler vermeiden	Pluspunkte sammeln
Grafikelemente, die jeder für alles benutzt (Glückwunsch, Kita usw.).	Weglassen im Bericht In der Präsentation sind sie aber erlaubt.
Grafikelemente, die nicht aus einem Guss sind:	Weglassen
Abbildungen, die jeder kennt oder die keinen Erkenntniswert haben.	Weglassen Bilder sind nur dann sinnvoll, wenn sie Neues oder Wichtiges zum Leser transportieren können. Alles andere wirkt langweilig.

9705130

Hast du eine Darstellungsweise gewählt, die dem Inhalt angepasst ist? 4.3.4

Anteil des nachfolgenden Bewertungskriteriums: ca. 5 %

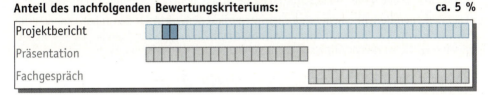

Projektbericht

Präsentation

Fachgespräch

Darstellung dem Inhalt optimal angepasst	Angepasste Darstellung	Weitgehend angepasste Darstellung	Struktur erschließbar, mit fachlichen und Darstellungsmängeln	Struktur nicht erschließbar, mit fachlichen und Darstellungsmängeln	Struktur nicht vorhanden, fachlich und darstellungsmäßig nicht haltbar	Punkte
5	4	3	2	1	0	

Wie du hier entnehmen kannst, wird erwartet, dass die Darstellung dem Inhalt optimal angepasst ist. Der Inhalt richtet sich aber nach deinem Projekt bzw. Produkt.

Also können sich unsere Tipps hier nur auf ein paar Mindeststandards beschränken.

Als Mindestausstattung für einen optimal angepassten Bericht sehen wir – neben der Befolgung der vorhergehenden Tipps zur äußeren Form – Folgendes an:

Fachgerechte Darstellung

■ Du nimmst immer das fachgerechte Diagramm (z. B. das Ereignisgesteuerte Prozessketten-Diagramm bei zu veranschaulichenden Prozessen).

■ Du verwendest die Fachwörter angemessen und richtig.

   …

Sachlicher Sprachstil und korrekte Ausdrucksformen

Da es sich um einen fachlichen Bericht handelt, ist der sachlich-fachliche Sprachstil angemessen. Dies bedeutet, dass du eine Reihe von Grundsätzen bedenken solltest:

■ Vermeide die Ichform

   🙁 *„Ich habe das und das bearbeitet" (beachte aber die Hinweise für die Präsentation)* (▶ 5.2.3)

■ Vermeide politische, weltanschauliche und religiöse Bezugnahmen

   🙁 *(„mit der Schwarz-Rot-Grün-Gelb-Partei wärs nicht passiert")*

■ Vermeide Wertäußerungen/Entscheidungen, ohne den Grund für die Wertung zu nennen

   🙁 *„Das Produkt war gut und wurde eben deswegen gekauft"* …

Korrekte Rechtschreibung und Grammatik

Dies ist zwingende Voraussetzung für einen Beruf mit hohem kommunikativen Anteil.

Also gib deinen Bericht einem Laien. Der interessiert sich nicht für den Inhalt, sondern für die Richtigkeit von Rechtschreibung und Grammatik. Du beachtest nicht nur die Rechtschreibung wie zu deiner Grundschulzeit, sondern auch die Neuerungen.

Dokumente, die sich NUR an die Leser deines Berichtes wenden

Du hast im Projektantrag (▶ 3.2.5 und 3.3.4) vermutlich auch solche Dokumente angegeben, die der Klarheit und dem Gesamtverständnis deines Projektes dienen.

Entweder fertigst du sie selbst oder es sind Fremddokumente. Beides ist zulässig.

Dokumente, die du durchführungsbezogen und/oder kundenbezogen erstellst

Üblicherweise müssen im Zuge eines Projektes auch Dokumente erstellt werden, die temporär wichtig sind (z. B. Abnahmeprotokolle, Zwischenstände usw.) und/oder sich an dem Bedarf des Kunden orientieren. Vergleiche Projektantrag ▶ 3.2.5 und 3.3.4 und ▶ 4.7.1. (Hast du dem Kunden eine angemessene Dokumentation abgeliefert?)

Gute Aufteilung zwischen Bericht und seinen Anlagen

Allen Dokumenten gemeinsam ist die Frage, wohin damit im Projektbericht? Manchmal solltest du veranschaulichende Vertiefungen zumindest anbieten. Also bist du aufgefordert, diese in die Anlage aufzunehmen.

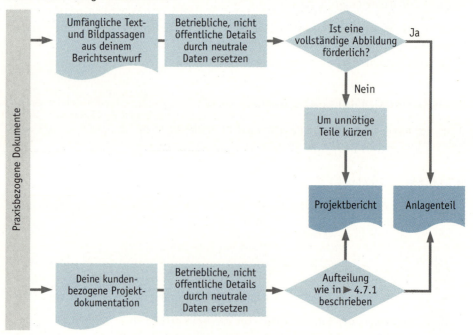

Die Aufnahme in den Anhang darf nicht kommentarlos erfolgen. Du musst im Projektbericht kurz erläutern, wozu du diese Anlage aufgenommen hast.

🙂 *Ich habe die Eingangsrechnung in den Anhang genommen, weil sie die wesentlichen Komponenten und Preise zum Nachweis enthält.*

9705132

Inhaltsschwerpunkte richtig setzen

Wenn du nur über dein Produkt schreibst, liegst du diesmal nicht im Trend, sondern daneben. Dein Produkt ist nicht Hauptgegenstand deines Berichtes, sondern dein Weg dorthin, beschrieben mit all den Punkten, die hier der Bewertung unterliegen.

> **„Das glaubt mir keiner! Mein Produkt ist abgenommen, ich hab es beschrieben und soll trotzdem durchgefallen sein?"**
>
> ... waren die Worte des Prüflings, der nur sein Produkt beschrieben hatte.

Häufige Fehler bei der angepassten Darstellungsweise 4.3.5

Detailfragen zur Aufteilung zwischen Bericht und Anlage

Fehler vermeiden	Pluspunkte sammeln
Quellcode im Projektbericht zu trivialen Problemen.	Quellcode nur auszugsweise, wenn er zur Veranschaulichung benötigt wird oder
Niemand benötigt 50 Zeilen Quellcode, nur um zu erfahren, dass man einen Datensatz mit deinem Programmchen auch löschen kann. Aber auch für den Anhang musst du dich fragen, ob es wirklich kundengerecht ist, diesen Teil aufzunehmen. Der Anhang ist kein Resteverwerter.	Quellcode (wenn ergänzend nötig, z. B. zum Nachschlagen) in der Anlage (z. B. Fachinformatiker).
Komplette Speisekarte einer Pizzeria als Anlage	Weglassen, es sei denn, Besonderheiten (Extradaten, gekonnter Ent-, wurf alle Teile unverzichtbar) sind enthalten.
vermeide *Dinge, deren Inhalt jeder kennt, z. B. Bildschirmmasken zur Stammdatenerfassung. Als Anlage zum Bestellprogramm einer Pizzeria ist die komplette Speisekarte beigelegt.*	

Fragen der korrekten Rechtschreibung

Fehler vermeiden	Pluspunkte sammeln
Deutschfehler	Gib deine Arbeit jemandem zum Korrekturlesen.
Nicht-Beachtung selbst einfachster Regeln der neuen deutschen Rechtschreibung.	Zur Not kannst du auch mal eine gute Rechtschreibprüfung als Einstieg nehmen.

9705133

Fragen zum sachlichen Schreibstil

Fehler vermeiden	Pluspunkte sammeln

 Ich habe dann den Kunden angerufen.

 Die Ichform wirkt oftmals störend und verleitet zur Kleinschrittigkeit bei der Schilderung der Abläufe. Eigentlich ist doch klar, dass du es bist, der handelt.

 Ichform vermeiden und durch Passiv-form ersetzen:

 Der Kunde musste befragt werden.

 Ich entschied mich für folgendes Vorgehen.

 Wer sonst als du? Wenn jemand anders entschieden hätte, müsstest du das sowieso kennzeichnen.

 Ichform vermeiden und durch Passiv-form ersetzen:

 Das Vorgehen im vorliegenden Fall nach Methode b erscheint angemesse-ner, weil ...

 „Herr C. Barks hat empfohlen ..."

 „Der Leiter des Störungsdienstes, Herr C. Barks, hat empfohlen ..."

 Die Funktion deines Gesprächspartners immer angeben.

Fehler vermeiden	Pluspunkte sammeln

 „typisch für Microsoft"

 Emotionale Aufwallungen bringen nichts.

 Der Schreibstil muss wertneutral sein:

 Es scheint sich hier um ein Problem zu handeln, das schon häufiger bei dem Produkt X aus dem Hause Microsoft beobachtet wurde.

 „besser wäre Greenpeace"

 Keine Äußerungen, bei denen der Ver-dacht aufkommt, sie könnten weltan-schaulicher oder religiöser Natur sein.

 Weglassen Der Schreibstil muss wertneutral sein:

 Unter ökologischen Gesichtspunkten ...

 Mir gefiel Produkt b besser.

 Wieder Ichform und der Bauch hat gesprochen.

 Unter quantitativen Aspekten musste zugunsten der kostengünstigeren Alter-native b auf die Variante c verzichtet werden.

 Stilblüten: „Beteiligte Mitarbeiter liegen bei."

 Das wollen wir nicht hoffen.

 Angaben über Mitarbeiter liegen bei ...

 Umschiffe die heimtückischen Stil-blüten, indem du dir deinen Bericht laut und mit Betonung vorliest. Z. B.: Stell dich vor einen Spiegel und lies vor: „Beteiligte Mitarbeiter liegen bei."

 1 Allgemeines 1.1 Spezielles

 Über- und Unterordnung ist widersinnig.

 Vermeide Überschriften wie „Allgemei-nes", „Spezielles", „Sonstiges"

9705134

Fehler vermeiden		Pluspunkte sammeln

 heutzutage   veraltet

gestrig   wichtig

 Unspezifische Leerfloskeln, die nichts aussagen. Alles im Bericht ist doch wichtig ...

 Unter Aktualitätsgesichtspunkten ...

 Frühere Versionen ...

 Ältere Prozesse ...

 In der Prioritätenfolge stand ...

Fragen zur fachgerechten Darstellung

Fehler vermeiden	Pluspunkte sammeln

 Hier ist nicht klar, ob ein Organigramm oder eine Prozessdarstellung gemeint war.

 Eigene Symbole ausdenken.

 ﹏﹏ Der Betrieb ... hat ... Dolmetscher, ... Sekretariatsmitarbeiter.

 Textuelle Beschreibung von Sachver- halten, die einfacher per Diagramm darstellbar sind.

 Vermenge keine Diagrammformen, liefere lieber getrennte Standard- darstellungen.

 Fachsymbole verwenden.

 z. B. Struktogramme, UML, EPK-Diagramme ...

 Die von den vorgeschlagenen Änderun- gen betroffenen Stellen werden durch das nachfolgende Organigramm ge- kennzeichnet.

Probleme der Schwerpunktsetzung

Fehler vermeiden	Pluspunkte sammeln

 Du hast dich in ellenlangen Ausfüh- rungen zu Nebensächlichkeiten (z. B. Räumlichkeiten) ausgelassen, obwohl du eine Software entwerfen solltest (vgl. Kap. 4.6.1).

 Du beschreibst nur dein Produkt.

 Dein Ziel ist die Beschreibung, warum du wie und vor allem richtig gehandelt hast.

Nimm max. drei Highlights deines „Werkes" und beziehe dich ggf. darauf.

Zum Abschluss noch eine Delikatesse aus unserer Stilblütensammlung:

> „Von einem Modem geht immer eine Gefahr aus."

9705135

135

4.4 Die Darstellung der Ausgangssituation wird beurteilt

SO HAST DU DEN KUNDEN-AUFTRAG VERSTANDEN

ERGEBNIS DEINER IST-AUFNAHME

ERSTE ABSTIMMUNG MIT DEINEM KUNDEN

ERNEUTE ABSTIMMUNG FÜHRT ZU SOLLKONZEPT

WAS MIT DEINER TATKRAFT UND KNOW-HOW BEIM KUNDEN INSTALLIERT WURDE

WAS DER KUNDE EIGENTLICH VIEL LIEBER GEHABT HÄTTE

Konntest du Auftrag, Teilaufgaben, Ziele und Kundenwünsche verdeutlichen?

4.4.1

Anteil des nachfolgenden Bewertungskriteriums: ca. 10 %

Auftrag, Ziele Kundenwün-sche und Teil-aufgaben sind umfassend dargestellt	Auftrag, we-sentliche Ziele, Kundenwün-sche und Teil-aufgaben sind dargestellt	Auftrag, Ziele, Kunden-wünsche und Teilaufgaben sind erkennbar	Auftrag, Ziele, Kunden-wünsche und Teilaufgaben sind erschließbar	Auftrag, Ziele, Kunden-wünsche und Teilaufgaben sind nicht erschließbar	Auftrag, Ziele, Kundenwün-sche und Teil-aufgaben fehlen und sind nicht erschließbar	Punkte
10	9–8	7–6	5	4–3	2–0	

Zur Einstimmung muss sich der Leser deines Projektberichtes in die Situation versetzen können, in der du gearbeitet hast. Gleichzeitig steckt für die Prüfung dahinter, dass die Prüfungskommissionen sehen wollen, wie du dich in die jeweilige Situation deines Auf-traggebers hineinversetzen konntest.

Denn nicht jeder Kundenwunsch ist sofort umsetzbar. Deswegen musst du deinem Kunden unter die Arme greifen und herausarbeiten, was für ihn am besten ist.

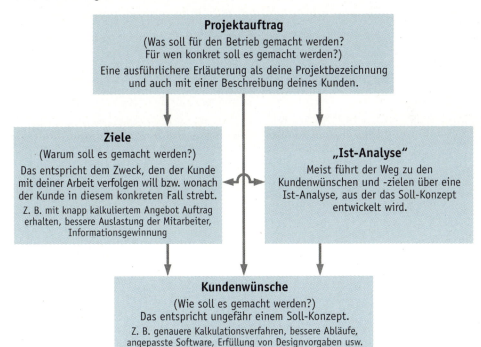

Was davon musst du in den Projektbericht aufnehmen?

Das ist insofern ein schwieriges Unterfangen, als du viele Stunden in deinem Betrieb tätig warst und dich nun auf einmal in die Situation deines Lesers versetzen musst, der deinen konkreten Erfahrungshintergrund nicht hat!

Auch wenn es wegen der vielen starken Unterschiede zwischen den einzelnen Projekten und Betrieben keine Universal-Gliederung geben kann, wollen wir dir trotzdem nachfolgende kleine Leitlinie als Ideenlieferanten vorstellen!

Kurze Vorstellung deines Betriebes	Kurze Info über deinen Betrieb mit seinen Produkten/Dienstleistungsangebot, Größe, ...
Beschreibung deines Projektauftrags	Wer war der konkrete Auftraggeber im Betrieb? Infos über denjenigen im Betrieb, der dein Produkt abnimmt/übergeben bekommt. Möglichst auch eine Beschreibung der Rolle deines betrieblichen Ansprechpartners. Welche Gründe gab es für diesen Projektwunsch (z. B. Istkritik)? Woher stammt der Bedarf für dieses Projekt im Betrieb? Was soll für den Betrieb gemacht werden? Erläuterung des Projektauftrages ähnlich der Erläuterung aus deinem Projektantrag
Erläutern der Ziele	Warum soll es gemacht werden? Welchen Zweck verfolgt dein Kunde/Auftraggeber? Gibt es Teilziele?
Darstellung der Prozess-schnittstellen	(Genaueres in ▶ 4.4.2 nachlesen, denn hier nur wegen der Vollständigkeit erwähnt!) Wie ist dein Produkt in den betrieblichen Prozess eingepasst? Wo setzt dein Produkt im betrieblichen Prozess an?
Angabe der Kundenwünsche und eine klare Vorschau auf dein fertiges Produkt	Wie soll es gemacht werden? Gibt es bedeutende Abweichungen zwischen der Wunschvorstellung deines Kunden (Sollkonzept) und deinem fertigen Produkt? Beschreibe dein Produkt mit ein paar wesentlichen Highlights!

9705138

Beispiel, z. T. stark gekürzt und vereinfacht

Erhöhung der Datenqualität bei der monatlichen Leasing-Geräte-Erfassung zur präziseren Leasingabrechnung

1 Das Projekt in der Mausefallen GmbH

1.1 Die Mausefallen GmbH

Die Mausefallen GmbH produziert und handelt mit Produkten der Schädlingsbekämpfung. Es handelt sich um einen mittelständischen Betrieb mit ca. 50 Mitarbeitern, 2 Standorten und ca. 12 Mio. EUR Jahresumsatz ...

1.2 Hintergründe des Projektauftrages

Der Auftraggeber der Projektarbeit in der Mausefallen GmbH ist die Abteilung Controlling im Rechnungswesen. Der Leiter des Controllings, Herr D. Duck, war zuständiger Mitarbeiter der Fachabteilung während der Abwicklung des Projektes.

Die Mausefallen GmbH least gegenwärtig aus Kostengründen praktisch alle IT- und Telekommunikationsgeräte. Das Rechnungswesen meldet vertragsgemäß monatlich den Bestand der Geräte dem Leasinggeber. Auf Basis dieser Daten berechnet der Leasinggeber die monatlichen Leasinggebühren. Das Controlling stellte bei Stichproben fest, dass der aktuelle Bestand an Leasinggeräten häufig geringer war als der zum Leasinggeber gemeldete.

Deswegen sollte nach einer Möglichkeit gesucht werden, die Qualität der gemeldeten Daten im Zusammenspiel mit den übrigen Abteilungen des Betriebes zu erhöhen.

1.3 Geplante Ziele des Projektes

Da das Controlling von einer Ungenauigkeit der Daten in Höhe von ca. 2,5 % des Leasingvolumens zu Ungunsten des Betriebes ausgeht, wird eine Einsparung von ca. 75,00 EUR monatlich erwartet.

Als wichtiges nicht-monetäres Ziel wird eine genauere Ermittlung des echten Geräte-Typen-Bedarfs genannt, um die Kommunikationsstruktur im Betrieb zu verbessern.

1.4 Der zu untersuchende betriebliche Ablauf

Das betriebliche Rechnungswesen erhält die Geräte-Bestandsdaten aus den übrigen Abteilungen zur Weiterverarbeitung gemeldet. Es wird nicht die Veränderung gemeldet (also nicht die Zu- und Abgänge). Das Rechnungswesen ermittelt jedes Mal den gesamten Bestand neu!

Ein neues Verfahren benötigt daher eine hohe Genauigkeit bei den Datenlieferanten, nämlich den Fachabteilungen. Die Aufmerksamkeit wird sich also eher auf den Prozess innerhalb der Fachabteilungen zu richten haben. (...)

Es wäre zudem denkbar, dass nur noch die Änderungen zur Weiterverarbeitung gemeldet werden!

1.5 Eine Neuorganisation war besser als IT-Wunsch

Ursprünglich hatte der Leiter des Controllings, Herr D. Duck, sich eine verbesserte Ausstattung des Rechnungswesens mit einem speziellen Programm und neuen Belegen für die Fachabteilungen vorgestellt.

Das am Ende des Berichtes aufgezeigte geänderte Sollkonzept benötigt keine zusätzliche Hard- und Software, sondern weist organisatorische Wege auf, um die Datenqualität wie gewünscht zu erhöhen. Denn die genaue Analyse der Prozesse zeigte, dass präzise Organisationsvorgaben für die Erfassung der Leasinggeräte völlig ausreichen! Insbesondere eine klare Zuordnung der Datenverantwortlichkeit zu den einzelnen Mitarbeitern erhöhte die Sicherheit des Verfahrens. Die Idee, nur noch die Zu- und Abgänge zu melden, reduzierte den Erfassungs- und Verarbeitungsaufwand erheblich und führte zudem zu einer höheren Motivation der Mitarbeiter ...

Nobody Nowhere 2

Musst du beschreiben, wie du zu Zielen und Kundenwünschen gelangt bist? Ja.

Der Weg zu deinen Erkenntnissen gehört am besten in die Teile der Beschreibung deines Vorgehens im Projekt (▶ 4.6).

Der Verkäufer im Telefonladen fragt nach deinen Telefonwünschen („Ziele"). Er ermittelt deine konkrete Situation („Ist-Analyse") und setzt diese im Gespräch mit dir in eine konkrete fachliche Vorgabe („Soll-Konzept") um. Schon hast du deine passende Telefonanlage.

Also würde der Azubi des Telefonladens diese Schritte kurz geschildert in seinen Projektbericht im Vorgehensteil aufnehmen.

Arbeitserleichterungen

Verweise auf betriebliche Vorgaben, wenn die Details ohnehin schon festgelegt sind.

■ Wenn die Kundenwünsche durch einen klaren Projektauftrag feststehen.
  – Entwurf eines Konzepts einer User-Tagung.
  – Auswertung von Materialverbräuchen für Kalkulationsgrundlagen.

■ Bei einem bestehenden Pflichtenheft können klassische Phasen wie Ist-Analyse und auch weitgehend das Soll-Konzept entfallen.

■ Dann hast du hoffentlich in deinem Vorgehenskonzept eine Phase für das Studium dieser Vorgaben vorgesehen.

■ Dann solltest du trotzdem überlegen, ob nicht die eine oder andere Schwachstellenbe-schreibung aus der Ist-Analyse für den Leser deines Berichtes erhellend ist.

Wie formulierst du die Ziele?

Willst du die Ziele (~ Nutzenerwartungen) deines Auftraggebers formulieren, wäre die folgende Unterteilung möglicherweise hilfreich.

■ Monetär quantifizierbarer Nutzen (in Geld bezifferbare Nutzenerwartungen): Einsparung von Wartungsaufwand, Verringerung des Anschaffungspreises, Kostenreduzie-rung.

Durch Anschaffung einer integrierten Software sollen Einsparungen in Höhe von 50 % der bisherigen Einzellizenzgebühren realisiert werden.

Um 15 % der Portokosten zu sparen, sollen künftig Teile der Kundenkorrespondenz per E-Mail abgewickelt werden.

■ Monetär nicht oder nur schwer quantifizierbarer Nutzen (schwer in Geld bezifferbare Nut-zenerwartung): z. B. weniger Fehlbedienungen, bessere Außenwirkung, Verringerung von Sicherheitsrisi-ken, keine wirtschaftliche Alternative.

Um Kapazitätsengpässe im bestehenden WAN zu beseitigen, soll ein zusätzliches Funknetzwerk errichtet werden.

Wie grenzt du dein Teilprojekt in einem größeren Projekt ab?

Du hast zwar einen etwas höheren Schreibaufwand, deinen Projektteil von den anderen deutlich abzugrenzen (▶ 4.4.2), dafür aber macht es mehr Spaß, mit anderen im Team an einer Sache zu arbeiten.

9705140

Fehler vermeiden	Pluspunkte sammeln
Auftraggeber/Kunde nicht genannt.	Auftraggeber/Kunde benennen und kurz beschreiben.
Wille des Kunden ohne IT-technische Konsequenzen angeführt, obwohl IT gewichtigen Anteil hat.	*Deine Beratung des Kunden hinsichtlich der IT-technischen Konsequenzen musst du anführen.*
1 Vorstellung des Praktikumsunternehmens 1.1 Die Aufgabe des Praktikanten 2 Sichten des Istzustandes 3 Abgrenzung des Kundenauftrages 3.1 Zeitmanagement 4 Von der Schwachstellenanalyse zum Sollzustand	Dies wäre eine mögliche Verbesserung der nicht sehr glücklichen Gliederung:
Die Überschriften geben keinen Hinweis, wo man Ziele, Auftrag u. Ä. finden kann. Erst in Kapitel 3 wird man vermutlich fündig werden.	1 Der Projektauftrag 1.1 Das Unternehmen 1.2 Auftrag und Ziele 1.3 Fachliche Betrachtung zur Realisierung der Kundenwünsche 2 Durchführung der Ist-Analyse 3 Soll-Konzeption

Fehler vermeiden

Das Internet stellt heutzutage die wichtigste Informationsquelle dar. Wer am Markt mitmachen möchte, muss sich weltweit präsentieren. Deshalb habe ich der Nürnberger Bautischlerei Schnurz empfohlen, sich im Internet zu präsentieren! Mit dieser Idee war die Geschäftsleitung einverstanden, sodass ich loslegen konnte!

Projekt-Auftrag?
Sich im Internet zu präsentieren?

Ziele?
Weltweite Expansion?

Kundenwünsche?

Das Projekt dient der Rationalisierung der Auftragsabwicklung! Durch Erstellen von Excel-Tabellen sollen die Daten leichter zugänglich und wartbarer sein als im Großrechner.

Projektauftrag?
Erstellen von Excel-Tabellen?

Ziele?
– Rationalisierung der Auftragsabwicklung
– Daten leichter zugänglich und wartbarer

Kundenwünsche?
Excel-Tabellen?

■ Welcher Betrieb möchte hier seine Auftragsabwicklung rationalisieren?
■ Ist es wirklich möglich, mit Excel-Tabellen eine Großrechneraufgabe zu ersetzen?

Tatsächlich wurde erst nach Lesen des kompletten Berichtes klar, dass lediglich eine zusätzliche Excel-Tabelle angelegt werden sollte, mit der der Sachbearbeiter parallel zu den Daten im Großrechner arbeiten wollte!

Die Folgen dieser doppelten Datenhaltung wurden übrigens überhaupt nicht beachtet!

4.4.2 Hast du die betrieblichen Prozessschnittstellen und dein Projektumfeld beschrieben?

Anteil des nachfolgenden Bewertungskriteriums: ca. 10 %

Umfeld und Schnittstellen (und ggf. Sup-portprozesse)* sind umfassend beschrieben	Das Umfeld und die wesent-lichen Schnitt-stellen (und ggf. Supportpro-zesse)* sind beschrieben	Umfeld und Schnittstellen (und ggf. Sup-portprozesse)* sind erkennbar	Umfeld und Schnittstellen (und ggf. Sup-portprozesse)* sind erschließbar	Umfeld und Schnittstellen (und ggf. Sup-portprozesse)* nicht oder nicht zutreffend beschrieben	Umfeld und Schnittstellen (und ggf. Sup-portprozesse)* fehlen	Punkte
10	9–8	7–6	5	4–3	2–0	

* Supportprozesse sollen solche Prozesse sein, die das fertige Produkt im betrieblichen Umfang aufrechterhalten.

Du kannst die Vielschichtigkeit deines Projekthandelns (deiner Methodik) leichter verdeut-lichen, wenn du die wie in der nachstehenden Grafik aufgezeigte Unterscheidung triffst.

Betriebliche Berührungspunkte im Zuge deiner Projektarbeit

Betriebliche Prozessschnittstelle(n)
Beschreibe, wie dein zu erstellendes Produkt in den betrieblichen Prozess eingepasst ist oder darauf Einfluss nehmen soll.

Dein Projektumfeld
Beschreibe die spezifischen, projekt-bezogenen Rahmenbedingungen, in denen du arbeitest, um das Produkt zu erstellen.

Betriebliche Prozessschnittstellen

Die spätere Einordnung deines Produktes in den betrieblichen Prozess spielt für seine Ver-wendbarkeit eine große Rolle. Deswegen ist es wichtig, dass auch du Prozessketten erken-nen kannst. Daher wird dein Umgang mit Prozessketten durch dieses Bewertungskriterium geprüft.

Mit der nachstehenden Grafik verdeutlichen wir dir die Prozessschnittstellen für den span-nenden Fall, dass du ein neues Produkt als Ersatz eines alten Bausteins in den betrieblichen Prozess einklinkst.

9705142

Projektarbeit durchführen

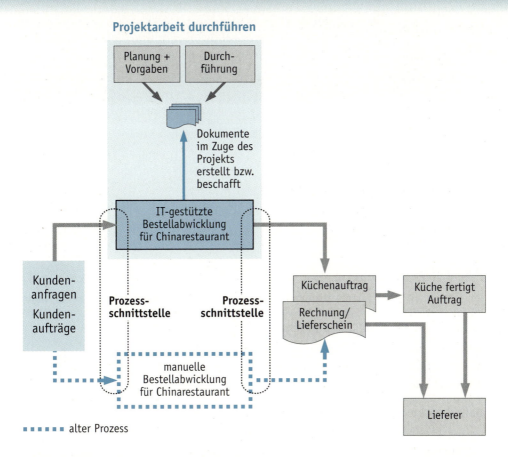

Wie beschreibst du die Prozessschnittstellen?

Ist eine Tätigkeit Teil eines betrieblichen Prozesses, so gibt es i. d. R. mindestens einen vorgelagerten und/oder einen nachgelagerten Prozess-Schritt.
Nun musst du dir überlegen, an welcher Stelle der betrieblichen Prozesse dein Produkt ein- wirkt oder gar einzelne Schritte ersetzt!

Frage Dich daher	Ausschnitt aus dem EPK für das obige Prozessschnittstellenbeispiel
▪ Welcher Prozessschritt ist betroffen?	Bestellung am Kellnerterminal erfassen
▪ Wer ist an dem/den Schritt/en beteiligt/ zuständig?	Kellner Telefonkunde
▪ Welcher Prozess-Schritt ist vorgelagert?	Anruf entgegennehmen
▪ Welcher Prozess-Schritt ist nachgelagert?	Küchenauftrag erstellen
▪ Welche Datenbestände/Dokumente spielen eine Rolle?	Speisekarte/Bestelldaten

Am leichtesten erhälst du die Übersicht, wenn du für den Projektbericht ein EPK zeichnest.

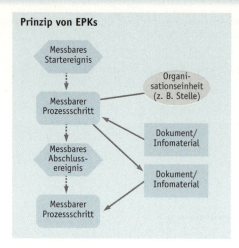

Prinzip von EPKs

Ausschnitt aus dem EPK
für das obige Prozessschnittstellenbeispiel

Wichtig: Supportprozesse

Der Puderzucker auf deiner Beschreibung betrieblicher Prozessschnittstellen wäre es, wenn du für dein Produkt auch überlegen würdest, welcher Support später dafür nötig wäre, wie es also in einen betrieblichen Supportprozess eingebunden würde.

- Wer wird dein Produkt warten?
- Wer wird dein Produkt administrieren?
- Wer wird deine Vorschläge umsetzen??

Dein Projektumfeld

Deinen Betrieb hast du ja bereits in der Einleitung deines Projektberichtes vorgestellt. Hier beschreibst du nun deine spezifischen, projektbezogenen Rahmenbedingungen, in denen du arbeitest, um das Produkt zu erstellen. Diese Angaben sind zum Verständnis deines Vorgehens wichtig und gehören deswegen in deinen Bericht.

WIE VIEL musst du beschreiben?

Genauso viel, als es dem Verständnis deiner Leser dient.

Sonst kommt deine Kommission aus dem Staunen nicht heraus, wie du z. B. per Hand so saubere Diagramme herstellst oder mit Buchhaltungskontenklassen argumentierst, deren Bedeutung erst durch Befragen eines Wirtschaftsprüferhandbuchs herauszufinden sind.

WAS musst du beschreiben?

Bestandteile deines Projektumfeldes sind immer dann erwähnenswert, wenn du darauf zurückgreifst, dich darauf beziehst oder sie zitierst.

Wenn du dich in deinem Betrieb genau umsiehst, wirst du sofort fündig:

Zunächst einmal hast du mit den Mitarbeitern zu tun. Ansprechpartner, Vorgesetzte und Organisationsstrukturen.

Selbst wenn du überwiegend in Heimarbeit arbeitest, wirst du doch wohl jemanden haben, mit dem du dich absprichst.

9705144

Dann gibt es mögliche Vorgaben für die Fertigstellung deines Produktes:

- Findest du spezielle Vorgaben durch die vorhandene IT-Struktur?
- Welche Anforderungen an die IT gibt es für den späteren Produkteinsatz?
- Hast du Vorgaben für den Kontenrahmen für dein Rechnungswesen-Projekt?
- Setzt du Wartungssoftware ein?
- Gibt es Vorgaben, wie du vorgehen musst?
- Wann hast du dein Produkt bei wem abzuliefern?

Was tun, wenn du ein Teilprojekt bearbeitest?

Prozessschnittstellen bei Teilprojekten

Die Beschreibung der betrieblichen Prozessschnittstelle dürfte nicht umfänglicher werden, obwohl u. U. ein neuer nachgelagerter Prozess realisiert wird. Die darzustellenden Inhalte und Diagrammformen bleiben die gleichen wie oben besprochen. Denn auch der neue nachgelagerte Prozess hat zu deinem Produkt wiederum nur Schnittstellen.

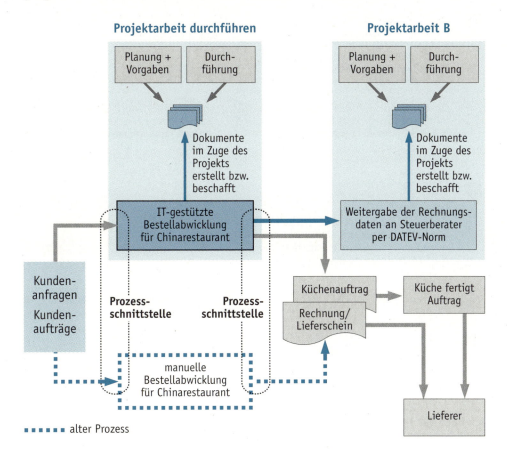

Das Projektumfeld bei Teilprojekten

Nun wird dein Bericht an dieser Stelle etwas umfänglicher. Denn du musst nun schon sehr genau berichten, wie sich dein ggf. vor- und das ggf. nachgelagerte Projekt abstimmen und vor allem abgrenzen.

9705145

Was sollst du zusätzlich beschreiben?

Dein Zusammenwirken mit anderen Projektteilnehmern bezüglich

- Ablieferungsterminen
- Datenübergabefragen
- Gemeinsamer Besprechungsergebnisse
- Aufgabenaufteilung zwischen vor- und nachgelagerten Projektteilen
  (dient auch gleichzeitig der klaren Abgrenzung deines Teilprojektes).

Fehler vermeiden	Pluspunkte sammeln
2.3 Schnittstellen Die Schnittstellen sind eng verbunden mit dem Projektumfeld. Ein gutes Zusammenspiel aller Abteilungen ermöglicht einen reibungslosen Ablauf.	Worthülsen weglassen
Da der Informationsgehalt gegen NULL tendiert, kannst du uns allen diesen Teil ersparen. Ferner ist ohne detaillierten Beweis nicht sicher, ob betriebliche und Projektschnittstelle wirklich so eng verbunden sind.	
Die Erstellung des Pflichtenheftes bringt es mit sich, dass keine betrieblichen Schnittstellen existieren. Es gibt aber nachgelagerte Schritte im Entwicklungsprozess.	In dem Pflichtenheft sind die Schnittstellen des zu erstellenden Produktes den vor- und nachgelagerten Prozessen wie folgt beschrieben: …
Schade, denn dein Pflichtenheft beschreibt ja gerade die Einbindung des fertigen Produktes in den Betrieb. Hier finden sich natürlich auch Schnittstellen, wenn auch nicht so ausführlich beschrieben, weil unterstellt wird, dass du die Ausführlichkeit bei der Erstellung einbezogen hast.	
Ich musste mich mit Herrn Müller abstimmen.	Bei Ansprechpartnern immer auch deren Funktion angeben.
Weil Herr Müller so nett oder er als Chef des TK-Installationsteams der Entscheidungsträger ist?	

Ich habe gar keine Idee, was ich schreiben soll. Mein Ansprechpartner ist der Chef, sonst habe ich gar keine Berührung mit dem Betrieb.

Du benutzt wessen Equipment?
Hast du Redeverbot gegenüber den Mitarbeitern?
Wie erlangst du Informationen über die Schnittstellen?
Es gibt keine Probeläufe im Betrieb?

9705146

Der Leasingfall

Aufgrund laufender Zu- und Abgänge wusste niemand im Betrieb so genau, für wie viel Geräte wirklich Leasinggebühren zu entrichten waren! Die Projektarbeit bestand darin, durch Einsatz von IT die nötige Klarheit zu schaffen!

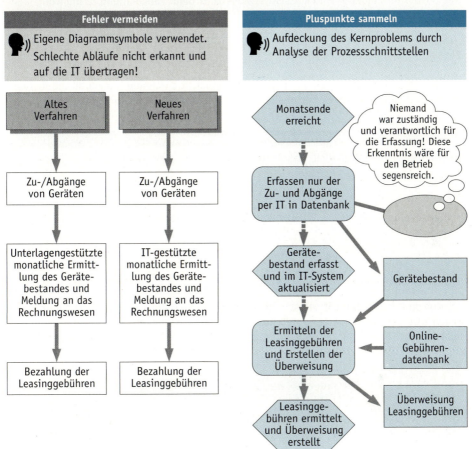

Ist deine Ressourcen- und Zeitplanung erkennbar? 4.4.3

Anteil des nachfolgenden Bewertungskriteriums: ca. 10 %

Ressourcen und Zeiten umfassend angeführt und geplant	Ressourcen und Zeiten im Wesentlichen angeführt und geplant	Ressourcen und Zeiten erkennbar und teilweise geplant	Wichtige Ressourcen und Zeiten erschließbar und teilweise geplant	Ressourcen und Zeiten bedingt erschließbar, nicht geplant	Ressourcen und Zeiten nicht erschließbar und nicht geplant	Punkte
10	9-8	7-6	5	4-3	2-0	

Auch noch Ressourcen darstellen", stöhnst du!

Aber keine Sorge, du musst jetzt nicht die weiße Fahne hissen und aufgeben.

Was sind Ressourcen?

Ressourcen in Projekten sind klassischerweise Zeit, Geld, Personal und Sachmittel! Diese setzt du ein, um

• dein Projekt in dem geplanten Umfang durchführen und

• dein Produkt erstellen zu können!

Dieser Mitteleinsatz lässt sich auch als Kostenübersicht darstellen, indem du die Ressourcen in Geld bewertest (z. B. Personalkosten = Mitarbeiterstunde·Stundenkosten).

Was sind Ressourcen eher nicht?

Dein Projektumfeld und alles, was dem späteren Produkteinsatz dient wie z. B.:

• Vorgaben aus dem IT-Umfeld

• Laufende Betriebskosten nach Projektende

• Qualitätsvorgaben für das Produkt im Sinne von Antwortzeiten

• Deadline

Was musst du nun beschreiben?

Ressourcen bringst du nicht selbst in den Betrieb mit. Er stellt sie dir zur Verfügung. Deswegen wird besonders hier erwartet, dass du dir deines Handelns in wirtschaftlicher Hinsicht bewusst bist. Zeige in deinem Projektbericht, wie du mit den betrieblichen Mitteln umgegangen bist.

Erwähnenswerte Ressourcen deines Projektes

Vorgaben, ohne Planbarkeit durch dich, erwähne nur kurz.	Vorgaben, mit Planbarkeit durch dich, erwähne ausführlich.	Eigenvorgaben mit eigener Planung erwähne mit Begründung.
– IT-Ausstattung des Testrechners – Dein betrieblicher Arbeitsplatz	– Die Stunden deines Projektes teilst du dir ein. – Fahrtkostenvorgaben für Fahrten zum Kunden musst du dir einteilen.	– maximale Wartezeiten auf Rückläufer von Angeboten – zusätzliche Tools für die Programmierung

Für deinen Bericht haben wir die nachstehende Tabelle als Ideenlieferant für Ressourcen zusammengestellt:

9705148

	Beispiel	Was könntest du z. B. in deinem Bericht aufnehmen?
Zeitliche Vorgaben	Projektzeit von 35/70 Stunden	Stelle deinen Projektablauf und deine geplanten Meilensteine als eine Tabelle bzw. als Gantt-Diagramm oder Darstellung aus MS-Projekt dar.
	Meilensteinvorgabe	Du beschreibst, wie du auf die Meilensteine gekommen bist.
	Wartezeiten auf Leistungen anderer	Du begründest, warum du x Tage Rücklaufzeiten für Fragebögen, Angebote von Herstellern vorgesehen hast.

	Beispiel (als Kosten oder als Stundenkontingent)	Was könntest du z. B. in deinem Bericht aufnehmen?
Personalvorgaben	Inanspruchnahme anderer Mitarbeiter	Vorgabezeit · Personalverrechnungspreis Für Ansprechpartner, Interviewteilnehmer, dienstleistende Mitarbeiter
	Deine Stunden in Geld bewertet	Stunden · Personalverrechnungspreis

	Beispiel	Was könntest du z. B. in deinem Bericht aufnehmen?
Sächliche Vorgaben	Messplatzkosten in EUR	Begründe die Notwendigkeit der Testzeiten und die daraus resultierenden Kosten.
	Materialien für Druckaufträge, Fotokopien, Handouts, Porto	Mache dir Gedanken über Einzel- und Gemeinkosten.
	Telekommunikation	Telefonkosten, Online-Gebühren
	Raumkosten	Mache dir Gedanken zur „Kalkulatorischen Miete".
	IT-Ausstattung	Zum Beispiel welche Rechner zur Entwicklung bereitstanden, an welchen Ticketdruckern du arbeitest
	Betriebliche Infrastruktur	Beschreibe deinen Arbeitsplatz und ggf. die kalkulatorischen Kosten.
	Fahrtkosten zu Kunden	Beschreibe die PKW-Kosten für die Fahrten, warum du eher den PKW nimmst und nicht ein Taxi.

	Beispiel	Was könntest du z. B. in deinem Bericht aufnehmen?
Einfache Geldvorgaben	Preisobergrenzen für Beschaffungen, Dienstleistungen	- Gerätepreise - Softwarepreise - Mietpreise - Ausgaben für externe Dienstleister, die dir bei der Erstellung deines Produktes helfen, z. B. Servicetechniker
	Gesamtbudget deines Projektes	Fasse hier alle mit Geld bewerteten Ressourcen zusammen und prüfe, ob die Budgetvorgabe eingehalten wird.

Immer eine Kostenplanung?

Ob nun jeder von euch Prüflingen eine Kostenplanung erstellen muss, hängt von euren Projekten ab!

Wir empfehlen dir, eine Kostenplanung bereits im Zuge der Ressourcenplanung darzustellen, spätestens aber als Nachkalkulation bei der Reflexion deines Projektes (▶ 4.8)!

Präzise Ressourcendarstellungen helfen dir zudem bei der späteren Beantwortung von Fragen nach dem Nutzen deines Produktes oder der Wirtschaftlichkeit deines Projektes.

9705149

Erstelle deine Kostenplanung z. B. per Tabellenkalkulation

Kostenplanung	Stunden	Stunden-satz	Kosten	Summe
K1 Personal				
Meine Projektzeit	70,0	45,00 €	3.150,00 €	
Dienstleistungen für internen Service im Messfeld	2,0	179,40 €	358,80 €	
Mitarbeiterzeit für Interviews und Besprechungen	10,0	120,00 €	1.200,00 €	4.708,80 €
K2 Interne Mittel				
Raumkosten Arbeitsplatz (15 m² bei 12,00 €/m²/Monat, für eine Woche)			45,00 €	
Raumkosten Messplatz mit Geräten (Interner Verrechnungssatz: 300,00 €/Std.)			300,00 €	
Pkw-Kosten für Kundenbesuche (250 km bei 0,78 € Betriebskosten/km)			195,00 €	
Geräteeinsatz (Verrechnungssatz, AfA, Strom usw.)			100,00 €	
Kommunikationskosten (Telefon, Porti usw.)			10,00 €	
Büromaterial (Kopierer, Papier usw.)			15,00 €	665,00 €
K3 Externe Mittel				
Hardware			135,00 €	
Externe Dienstleister			0,00 €	
Hotline			25,00 €	160,00 €
Gesamtkosten				**5.533,80 €**

Nicht nur als Praktikant kannst du ruhig deine Zeit lt. Projektantrag als Vorgabe für Kosten zugrunde legen! Aber was kostest du den Betrieb wirklich?

Du nimmst deine Zeit laut Projektantrag als Vorgabe für die Kostenplanung. Deinen eigenen Personalverrechnungspreis erhältst du, indem du dich bei der IHK, Innungen oder deinem Ausbildungsbetrieb erkundigst.

Du solltest auch den Nachweis erbringen, woher du deine Verrechnungspreise und übrigen Kalkulationsansätze (z. B. Betrieb, Innung, IHK) hast.

Ressourcen (-Vorgaben) scheinen dir nicht erkennbar.

Sind für dich keine speziellen Vorgaben erkennbar, weil das Projekt sich immer wieder ähnlich wiederholt (z. B. der Verkauf einer angepassten Telefonanlage bei einem Kunden)?

Dann gibt es Erfahrungswerte, die in deine Kalkulation einfließen müssen. Du sollst nun nicht unbedingt die gesamte betriebliche Kalkulation zu Markte tragen, aber aufgrund der Erfahrungswerte kannst du dir ungefähr ausrechnen, was du für diese Arbeitszeit kosten würdest und schon hast du eine ungefähre Vorgabe!

Du bist Praktikant?

Als Praktikant denkst du, dass du eigentlich keine Kosten verursachst! Das ist nicht ganz richtig! Mal abgesehen davon, dass der Betrieb eine Reihe von Aufwendungen schon alleine dadurch hatte, dass er Praktikanten aufnimmt, kostet dein Projekt bestimmt auch

- die Arbeitszeit deiner Kollegen, weil du mit ihnen schlaue Gespräche führst,
- die Leistung der aufgestellten Rechner, die du nutzt.

Für dich gelten also die obigen Betrachtungen genauso!

„Ich bin billig ..."

... war die Selbsteinschätzung eines Prüflings zur Frage der Projektkosten in seinem Bericht.

9705150

Die Darstellung des durchgeführten Prozesses wird beurteilt   4.5

Konntest du die Durchführung deiner Prozessschritte umfassend darstellen?   4.5.1

Anteil des nachfolgenden Bewertungskriteriums: **ca. 10 %**

Durchführung der Prozessschritte umfassend dargestellt	Durchführung der wesentlichen Prozessschritte dargestellt	Durchführung der Prozessschritte erkennbar	Durchführung von Prozessschritten erschließbar	Durchführung von Prozessschritten bedingt erschließbar	Durchführung nicht angesprochen, nicht erschließbar	Punkte
10	9–8	7–6	5	4–3	2–0	

Die Kommission durchstöbert deine Arbeit, ob nachvollziehbar ist, **in welchen Schritten du vorgegangen bist** und **was du in den einzelnen Schritten getan hast.**

Egal, wie du im Einzelnen vorgegangen bist, du musst den roten Faden deines Vorgehens in einem Teil deines Berichtes darstellen.

Die Beschreibung deines Vorgehens ist lediglich ein Teil deines Berichtes. Die Reihenfolge deines Vorgehens muss nicht zwingend die Reihenfolge der Darstellung in deinem Bericht sein. Weiche dann von der Vorgehensreihenfolge ab, wenn eine andere Form und Reihenfolge dem Verständnis deines Lesers dient. Die Bereitstellung des Produktes usw. erhält ein eigenes Kapitel (▶ 4.7).

Wie kannst du dein Vorgehen im Überblick darstellen?   4.5.2

Wir schlagen dir trotz gewisser Gefahren (vgl. unter „Fehler vermeiden") für diesen einen Teil deines Berichts vor, dein Vorgehen auch in der Form von Kapitelüberschriften zu dokumentieren!

Den Überblick für dich und dann auch für deine Leser erreichst du, indem du dir folgende Kette verdeutlichst:

Auch dein Projekt beginnt mit einem ersten Schritt! In diesem wirst du irgendeine Tätigkeit ausführen, um zu einem messbaren Phasenergebnis zu kommen! Das Phasenergebnis 1 verwendest du in Phase 2 als „Input" usw.

Schildere dein Vorgehen einfach nach diesem Schema!

Schnell-
übersicht | Prüfung
Teil B | Konzept
und Antrag | **Projekt-
bericht** | Präsen-
tation | Fach-
gespräch | Mündliche
Ergänzungs-
prüfung | Ergebnis | Besondere
Fälle | Anhang

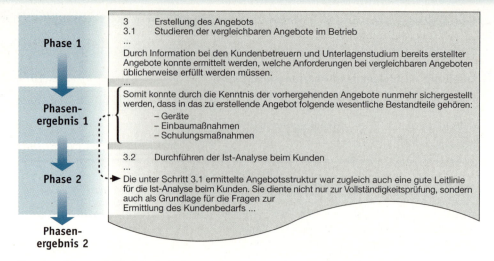

Phase 1

**Phasen-
ergebnis 1**

Phase 2

**Phasen-
ergebnis 2**

3   Erstellung des Angebots
3.1   Studieren der vergleichbaren Angebote im Betrieb
...
Durch Information bei den Kundenbetreuern und Unterlagenstudium bereits erstellter Angebote konnte ermittelt werden, welche Anforderungen bei vergleichbaren Angeboten üblicherweise erfüllt werden müssen.
...
Somit konnte durch die Kenntnis der vorhergehenden Angebote nunmehr sichergestellt werden, dass in das zu erstellende Angebot folgende wesentliche Bestandteile gehören:
– Geräte
– Einbaumaßnahmen
– Schulungsmaßnahmen

3.2   Durchführen der Ist-Analyse beim Kunden
...
Die unter Schritt 3.1 ermittelte Angebotsstruktur war zugleich auch eine gute Leitlinie für die Ist-Analyse beim Kunden. Sie diente nicht nur zur Vollständigkeitsprüfung, sondern auch als Grundlage für die Fragen zur Ermittlung des Kundenbedarfs ...

Manchmal ist es hilfreich, Zwischenschritte unter einer Gruppenüberschrift zusammenzufassen, besonders dann, wenn Schritte fortlaufend und begleitend stattfinden (Dokumentation, Qualitätssicherung usw.), z. B.

3.6 Begleitende Dokumentation und Durchführung der Qualitätssicherung

3.7 Bereitstellung des Produktes beim Kunden

Fehler vermeiden

1   Einleitung
2   Zur Person
3   Die X-GmbH
4   Ist-Analyse
5   Soll-Analyse
6   Bekanntmachen der Homepage
7   Wartung und Allgemeines

Aus der Gliederung ist nicht unbedingt zu entnehmen, welche Schritte du ausgeführt hast. So ziemlich alle Projekte haben etwas mit Ist-Analyse und Soll-Konzept zu tun. Bedeutet das „Bekanntmachen der Homepage", dass du diese in das Internet gestellt hast? (Im vorliegenden Fall war lediglich gemeint, dass die Projektarbeit dem Betriebsleiter vorgestellt wurde, sogar einschließlich einer guten Wirtschaftlichkeitsbetrachtung.)

Der Punkt „Allgemeines" lässt die Prüfungskommission erschaudern, weil niemand genau weiß, was vom Rest das Spezielle ist.

1   Einleitung
2   Beschreibung des Ist-Zustandes
3   Organisationsstruktur und Prozesse
4   Erstellung der Accessdatenbank zur Verwaltung von Kunden
5   Schlussfolgerungen

Versuche mal anhand dieser Gliederung zu erkennen, ob der Prüfling die Organisationsstruktur entworfen hat oder er sie nur beschreiben möchte (dann gehört dieser Inhalt in sein Kapitel 2).

Das Kapitel Schlussfolgerungen ist übrigens – wenn angemessen eingesetzt – sehr reizvoll. Hier kann man Schlussfolgerungen für künftige Projekte oder für sich ziehen. Du solltest es dir als Merkposten aufheben.

9705152

Pluspunkte sammeln

1	Die Auftragssituation wird analysiert
1.1	Kurzbeschreibung des Ist-Zustandes
1.2	Vorstellung des Soll-Konzeptes
1.3	Beschreibung des Auftrages
2	Das Projektportfolio
3	Beschrittene Wege
3.1	Analysieren des Ist-Zustandes und Entwurf des Soll-Konzeptes
	...
3.4	Nach geeigneter Hard- und Software recherchieren
3.5	Angebote einholen, vergleichen, verhandeln und bestellen
3.6	Serverhardware zusammenbauen und testen
3.7	Clients installieren
4	Auswerten des Projekts
4.1	Kosten-Nutzen-Analyse
	...
	Anhang

> Sachlogisch hättest du mit dem Auftrag anfangen müssen! So wurde Spannung erzeugt. Im Ist-Zustand steckte eine gute Portion Kritik! Die Spannung wurde sogar bis zum Auftrag gesteigert! Vorsicht, denn so etwas gelingt selten!

> Solltest du beschreiben, um zu zeigen, wie du dazu gelangt bist!

Fehler vermeiden

 Soll-Konzept, Geschäftsleitung, Test
...
Ist-Analyse

 Nicht nur Substantive als Überschriften.

 Soll-Zustand

 Es handelt sich bei uns i. d. R. nicht um Regelkreise mit einem Soll-Zustand, gemeint ist ein Konzept.

 1. Absprache
...
8. Abnahme durch Auftraggeber
...
10. Erstellen Programmdokumentation

 Hier liegt eine komplette Gliederung nach Projektabschnitten vor.
Erst unter 10. schlägt u. U. die Falle zu. Du solltest begleitend dokumentieren und nicht erst am Ende eines Projektes.

 5.1 Abnahme durch Auftraggeber
5.2 Anpassen und Ändern

Eine endgültige Abnahme hat wohl nicht stattgefunden, sonst hätte der Prüfling nicht noch Anpassungen/Änderungen in einer weiteren Phase durchführen müssen.

Pluspunkte sammeln

Verben sind meist aussagekräftiger und können einen Sachverhalt besser beschreiben als Substantive.
...

 Entwerfen eines Soll-Konzepts
Abstimmen mit der Geschäftsleitung
Testen der Anwendung
Schulen der Anwender
Durchführen einer Ist-Analyse

Entwerfen des Soll-Konzepts

Meide Gliederungen, die die Ablaufbeschreibung als bestimmendes Element über deinen gesamten Bericht durchziehen.

 4 Erstellen der Anwendung
4.1 Absprachen mit dem Auftraggeber
...
4.6 Erstellen Programmdokumentation
5 Abnahme durch Auftraggeber

Warum sich sklavisch an das Lehrschema halten? Ist der GAU (fehlerhaftes Produkt) eingetreten, findet die Abnahme erst nach dem Einbau der Änderungen statt.

 5.1 Anpassen des Produktes wg. Mängeln
5.1.1 Schilderung der Probleme
6 Abnahme ...

4.5.3 Wie kannst du dein Vorgehen im Detail beschreiben?

Da eine Kommission nicht jeden einzelnen Schritt beschrieben haben möchte, ist es deiner Kreativität und Fachkompetenz überlassen, welche der Schritte tiefer darzustellen sind, damit ein Verständnis für deinen Prozess vermittelt wird.

- Langweile deine Leser nicht mit Zwischenschritten deines Prozesses, wenn sie keinen Erkenntnisgewinn bringen.
- Streue ordentliche Begründungen ein, warum du etwas machst.
- „Um einen besseren und schnelleren Ablauf der Interviews zu gewährleisten, wurde den Mitarbeitern der Leitfragebogen (vgl. Anlage ...) 2 Tage vorab zugestellt."
- „Der Kunde wollte möglichst alle Winkel des Verkaufsraumes in die Videoüberwachung einbeziehen. Deswegen musste nach Kameras mit Fischoptik recherchiert werden."

Fehler vermeiden	Pluspunkte sammeln
6 Der Test Das Produkt wurde getestet und für gut befunden.	6 Der Test Das Produkt wurde mithilfe des Fachbereiches getestet. Die Testdaten stammten aus 5 repräsentativen Fällen.
Ohne Wahrsagerkugel wissen wir von deinem Vorgehen im Detail überhaupt nichts. Wir können nicht mal die Qualität deines Tuns überprüfen.	
3 Arbeitsschritte 3.1 Ermitteln Tabellenattribute T-Aufgang und T-Etage enthalten ausschließlich Angaben für die Kombinationsfelder im Formular T-Adressen. *Schnarch. Gähn. Langweil.*	3 Arbeitsschritte 3.1 Ermitteln Tabellenattribute Die benötigten Attribute wurden in den Fachabteilungen durch Interviews ermittelt.

Wieder ein Hit aus unserem Nähkästchen:

„Es wird so lange getestet, bis die Software läuft!"

9705154

Die Methodik des durchgeführten Prozesses wird beurteilt   4.6

War dein Vorgehen angemessen und zielgerichtet?   4.6.1

Anteil des nachfolgenden Bewertungskriteriums: ca. 10 %

| Projektbericht |
| Präsentation |
| Fachgespräch |

Vorgehen ist voll zielge- richtet und angemessen	Vorgehen ist zielgerichtet und angemessen	Vorgehen ist weit gehend ziel- gerichtet und angemessen	Vorgehen ist noch erkennbar zielgerichtet/ angemessen	Vorgehen ist nicht zielgerichtet/ angemessen	Vorgehen ist nicht zielgerich- tet und nicht angemessen	Punkte
10	9–8	7–6	5	4–3	2–0	

Hier kommen wir zu den eher inhaltlichen Beurteilungskriterien, denn die Kommission stellt sich beim Durcharbeiten deines Berichts folgende Fragen:

Waren die durchgeführten Prozessschritte hinsichtlich der Methodik deines Vorgehens

- zielgerichtet (auf dein Ziel hinarbeitend)

  und

- angemessen (den gegebenen Umständen entsprechend zweckmäßig)?

„Was soll ich also tun", fragst du, „damit ich angemessen und zielgerichtet vorgehe?"

Dein Ziel ist unmittelbar darauf ausgerichtet, das gewünschte Produkt zu erstellen. Du musst aktiv werden, damit der Betrieb über das Produkt seine Ziele verwirklichen kann. Dein Ziel ist es, den Projektauftrag abzuwickeln. Du musst deine in der Ausbildungszeit erworbene Handlungskompetenz geschickt einsetzen.

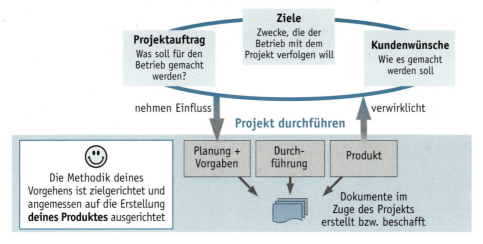

Auch wenn der Betrieb durch Unterschrift dein Produkt abgenommen oder zumindest zur Kenntnis genommen hat, so sagt das nichts darüber aus, dass dein Vorgehen angemessen war.

Natürlich zeigen wir dir eine Reihe von typischen Fehlern auf, damit du aus den Fehlern anderer deinen Nektar saugen kannst.

9705155

155

Wann könnte man dir vorwerfen, du seist nicht zielgerichtet vorgegangen?

■ Zielkonflikte hast du nicht gesehen und unnötige Nebenarbeiten zusätzlich ausgeführt.
Vor dem eigentlichen Inventarprogramm die Lieferantenstammdatenverwaltung programmiert.

■ Zielkonflikte treten fast immer auf und müssen gelöst werden (▶ 4.6.2).
Funktionsumfang gegenüber der ursprünglichen Planung nicht zugunsten der Fertigstellung des Produktes eingeschränkt.

■ Probleme in den Mittelpunkt gestellt, die sehr unwahrscheinlich sind.
Was wäre aber, wenn der Benutzer nun zuerst den Strom abschaltet?

■ Fertige Vorgaben ohne Angabe von Gründen weglassen.
Analysevorgaben gemäß Pflichtenheft aus den Augen verloren.

■ Schritte ohne Begründung in einer fachlich verdrehten Reihenfolge.

■ Schritte vergessen oder deren Beachtung unbegründet weglassen.
Kunde über mögliche Alternativen nicht beraten.

Mitbestimmungsrechte nicht angesprochen.

■ Das betriebliche Ziel wurde aus den Augen verloren.
Durchlaufzeiten sollten verkürzt werden. Es wurde ein Programm geschrieben, das die Durchlauf-zeiten nicht berücksichtigt.

Wann könnte der Vorwurf zutreffen, dein Vorgehen sei nicht angemessen?

Ohne Begründung Programmierung übermäßig ausgedehnt.

Testdaten ohne Fachabteilung langwierig selbst ermittelt.

60 % der Projektdurchführungszeit verwendet zur Erfassung von Testdaten.

Zu lange Ist-Analyse im T-Punkt für den Verkauf einer ISDN-BOX, obwohl der Kunde im Mittelpunkt stehen sollte und nicht Verbesserungen im T-Punkt.

Bei der Programmierung Erarbeitung eigener Algorithmen statt Rückgriffs auf bewährte Design-Pattern (z. B. Gruppenverarbeitung, Three-Tier-Architektur ...).

Möglichkeiten des Kaufs von fertigen Softwarebausteinen außer Acht gelassen.

Einholen von weiteren Kostenvoranschlägen, ohne dass eine Entscheidung anstand.

Unbegründet eine Eigenprogrammierung, obwohl Standardprodukt preiswerter gewesen wäre.

Keine Ermittlung von Anbietern bei der Erstellung eines Pflichtenheftes. (Was wird überhaupt auf dem Markt angeboten?)

Schaltung selbst entworfen und gebaut statt Fremdbezug.

Und nun zum Abschluss wieder eine Nachricht von den Giganten der IT:
„Vor der Installation der erstellten Software musste zuerst noch geprüft werden, ob die Hardware beim Kunden dafür überhaupt geeignet war."

9705156

Welche Entscheidungen musstest du treffen?   4.6.2

Anteil des nachfolgenden Bewertungskriteriums: ca. 5 %

Anpassungen und Folgen umfassend begründet und berücksichtigt	Wesentliche Anpassungen und Folgen begründet und berücksichtigt	Anpassungen und Folgen erkennbar	Anpassungen und Folgen erschließbar	Anpassungen und Folgen bedingt erschließbar	Anpassungen und Folgen nicht angesprochen/nicht erschließbar	Punkte
5	4	3	2	1	0	

Wie du aus unten stehendem Diagramm entnehmen kannst, erwarten wir, dass du Entscheidungen beschreibst, wenn sie wesentlichen Einfluss auf den Gang deines Projektes nehmen oder dein Produkt betreffen:

Projektarbeit durchführen

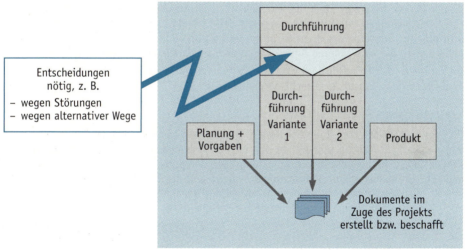

Aufgabenbedingte Entscheidungen:

z. B. Entscheidung für einen Anbieter

z. B. Entscheidung für einen Prototyp

Störungsbedingte Entscheidungen:

z. B. Technologische Probleme

z. B. Änderungen von Kundenwünschen

z. B. Analysefehler (Datenschutz nicht bedacht, war hier aber zwingend)

Wie verhalte ich mich bei Anpassungen im Projektablauf?

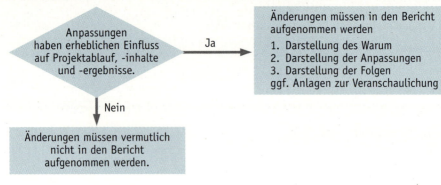

Anpassungen haben erheblichen Einfluss auf Projektablauf, -inhalte und -ergebnisse.

Ja →

Änderungen müssen in den Bericht aufgenommen werden
1. Darstellung des Warum
2. Darstellung der Anpassungen
3. Darstellung der Folgen
ggf. Anlagen zur Veranschaulichung

Nein

Änderungen müssen vermutlich nicht in den Bericht aufgenommen werden.

Beispiel für die Aufnahme in den Bericht:

Z. B. stellt sich im Zuge deines Projektes heraus, dass der von dir betreute China-Imbiss keine Datensicherung betreibt. Du musst dich also auch noch um ein kleines Sollkonzept hierfür kümmern. Da der Zeitaufwand ca. 2 Stunden beträgt, wirst du die Anpassung aufnehmen.

Plötzlich bekommt ein ursprünglich nebensächlicher Punkt ungeahntes Gewicht. Dir sind beim Bearbeiten dieser Stelle die Minuten nur so zwischen den Fingern zerronnen, dein Praktikum geht dem Ende zu und du würdest so nicht richtig fertig werden. Zum Glück gibt dir der Bericht an dieser Stelle die Möglichkeit, spätestens hier Stellung zu nehmen, welche Entscheidungen du getroffen hast, um dein Projekt, wenn auch mit einem anderen Schwerpunkt, weiterzutreiben. Sei offen und ehrlich und beschreibe die Gründe für die Änderungen, die notwendigen Anpassungen und die daraus resultierenden Folgen.

Im Kapitel ▶ 9.2.1 findest du ferner eine Reihe von Leitfragen, die du dir stellen solltest. Auch wenn dein Projekt noch nicht gescheitert ist.

Keine Aufnahme in den Bericht?

Im Zuge deines Projektes stellt sich heraus, dass in dem Lampenladen der Computer sowohl von neugierigen Kunden eingesehen als auch in unbeobachteten Momenten manipuliert werden kann. Herbeigeführte Entscheidung: Der Computer wird auf seinem Platz leicht gedreht, die Kunden sitzen nun ebenfalls anders, und der Zugriff auf das Gerät geschieht mittels Passwort. Eigentlich eine nicht unbedingt erwähnenswerte Leistung, aber immer noch interessanter als gar keine dargestellte Entscheidung.

Fehler vermeiden	Pluspunkte sammeln
Als zwingend erforderlich stellte sich die Aufnahme weiterer Datenfelder heraus. *So etwas kann vorkommen. Aber auch im Nebel der Wahrsagerkugel, mit der wir ausgestattet sind, kann die Kommission nicht erkennen, welche Felder zu ändern waren. Aber spielt das überhaupt eine Rolle? War denn die Aufnahme weiterer Felder überhaupt bedeutsam für den Fortgang des Projektes?*	*Der Wunsch nach Aufnahme neuer Datenfelder stellte sich erst bei dem Gespräch mit dem Kunden über den Prototypen heraus. Die hinzugekommenen Änderungen waren so gravierend, dass die Datenanalysegruppe ihr Datenmodell für meinen Projektteil ändern musste. Ferner griffen die Änderungen in die Listenbilder und die Bildschirmmasken ein, wodurch ein erheblicher Aufwand entstand. Zum Vergleich liegen Ausgangsprototyp und Endtyp der GUI im Anhang unter A … bei.* *Wenn man von einem Fehler hätte sprechen können, so lag er beim Kunden. Dieser hatte erst aufgrund des Prototypen seinen genauen Bedarf erkannt.*

9705158

Fehler vermeiden

 Fachklassenplanung und Datenfluss waren Änderungen unterworfen. Diese Änderungen sorgten für deutliche Verspätungen bei der Fertigstellung.

 Die Entscheidung für oder gegen eine Farbe hatte erhebliche Bedeutung. Wir entschieden uns deswegen für die Farbe ROT als Warnfarbe.

 Ob die Entscheidung für oder gegen eine Warnfarbe besonders wichtig war, mag dahingestellt bleiben. Vielleicht wolltest du auch überhaupt eine Entscheidungssituation in deinen Bericht aufnehmen. Aber deine Wahl musst du dann schon mehr begründen als nur per Münzwurf.

Pluspunkte sammeln

 Weil sich bei der Rücksprache in der Fachabteilung herausstellte, dass eine Fachklasse vergessen wurde, musste erneut in die ooA eingetreten werden, bis die neue Fachklassenstruktur ermittelt war.
Im anschließenden ooD stellte sich eine deutliche Änderung am Botschaftenaustausch heraus.
Dies führte zu den Verspätungen bei der Fertigstellung.

 Z. B., dass du in einem Lehrbuch zum Entwurf von Oberflächen nachgesehen hast, und welche Worte dort deine Entscheidungen hier in deinem Vorgehen beeinflusst haben.

Sind deine Maßnahmen zur Qualitätssicherung für deinen Prozess angemessen? 4.6.3

Anteil des nachfolgenden Bewertungskriteriums: **ca. 10 %**

Projektbericht
Präsentation
Fachgespräch

QS-Maßnahmen immer angemessen und umfassend dargestellt	QS-Maßnahmen angemessen und im Wesentlichen dargestellt	QS-Maßnahmen erkennbar und dargestellt	QS-Maßnahmen erschließbar und nicht immer einwandfrei	QS-Maßnahmen erschließbar mit deutlichen Mängeln	QS-Maßnahmen nicht angesprochen/ erschließbar, fachlich nicht haltbar	Punkte
10	9–8	7–6	5	4–3	2–0	

Der Abnahmetest ▶ 4.7.2

Damit du verstehst, warum Qualitätssicherung (QS) auch für dein kleines Projekt wichtig ist, geben wir dir zwei repräsentative Beispiele zur Motivation:

Der Konferenzfall

Die von dir organisierte Konferenz beruht auf Dozenten. Normalerweise planen diese ihre Termine sehr sorgfältig und halten alle Zusagen ein.

9705159

Schade nur, dass diesmal ein wichtiger Dozent engagiert war, der den Termin komplett verschwitzt hatte. Es tat sich eine peinliche Lücke am Konferenztag auf.

 Hier hätte eine Maßnahme der vorausschauenden QS (Konstruktive QS) Sicherheit gebracht: Eine Planung, bei der jeder Dozent ca. 5 Tage vorher kontaktiert wird und du ein oder zwei Ersatzdozenten in der Hinterhand hast.

Der Pizzeriafall

Dein Programm zur Bestellverwaltung bei der Lieferpizzeria funktionierte noch am Tag der Installation in der Pizzeria. Und nun ereilt dich der Anruf, dass das System bei Bestellungen ab 10 Positionen festhängt.

Hier hätte die messende QS (Analytische QS) vermutlich Abhilfe gebracht. Hättest du vor Übergabe an den Kunden eine Art Belastungstest durchgeführt, wäre der Fehler rechtzeitig entdeckt worden und du hättest noch vor Auslieferung den kleinen Fehler beseitigen können.

Beiden Hilfsmitteln zur Qualitätssicherung ist gemeinsam, dass sie von dir geplant und durchgeführt werden müssen.

Ziele bestimmen, die mit der Qualitätssicherung erreicht werden sollen

Z. B.
– Für jeden Termin sind Dozenten verfügbar
– Auch bekannte Maximalfälle können abgewickelt werden

Maßnahmen zur vorausschauenden QS (Konstruktive QS) bestimmen

Vorausschauend, als Maßnahmen, die schon während der laufenden Arbeit zur QS des Produktes beitragen

Typisch:
Bekannte Risiken vorher ausschalten!
Z. B.

– Dozenten vorher anrufen
– Reservedozenten
– Extremfälle erfragen

Maßnahmen zur messenden QS (Analytische QS) bestimmen

Zu festgelegten Zeitpunkten wird die Qualität deines Produktes ermittelt.

Typisch:
An bestimmten Meilensteinen wird gemessen. Bei der Abnahme wird ein Soll-Ist-Vergleich anhand der Vorgaben (z. B. Pflichtenheft) durchgeführt.

Z. B.
Nach der Soll-Konzeption:
– Fachabteilung wird befragt, ob es noch größere Pizzabestellungen gab

Bei der Abnahme:
– Abnahmetest mit bekannten Extremfällen

Also mach dir ein paar der folgenden Gedanken für deine Projektplanung zu eigen:

Welche messbaren Ziele willst du mit der QS überhaupt erreichen?

z. B. 5 Teilnehmer am Modemserver störungsfrei im Internet surfen lassen.

z. B. Rechnungen können bis zu 999 Einzelpositionen aufnehmen.

9705160

Plane zu Beginn deines Projektes:

- Wen willst du an der QS beteiligen?
- Wann ist eine Qualitätskontrolle für dich besonders effizient?

  z. B. am Ende bei der Abnahme

  z. B. fortlaufend während der Entwicklung der Datenstrukturen durch Normalisierung

- Wie stellst du sicher, dass du richtige Ergebnisse produzierst?

  z. B. durch Normalisierung

  z. B. Testdaten vorher mit Fachabteilung ermitteln

- Wie misst du, ob die Teilprodukte bzw. das Endprodukt den Qualitätsanforderungen entsprechen?

  z. B. Blick in ein existierendes Pflichtenheft, Test mit den Testdaten

Führe während des Projekts deine Qualitätssicherung durch.

Soweit erforderlich, wird zu vorher von dir festgelegten Zeitpunkten die Qualität gemessen.

  z. B. mit Benutzern/Anwendern werden Prototypen diskutiert

  z. B. Funktionsfähigkeit wird jeweils nach Installation eines Teils der beschafften Software/Hardware getestet

QS am Ende des Projektes

- Abnahme und Abnahmetest (▶ 4.7.2)

  z. B. Einsatz unter realen Bedingungen

  z. B. Vorführung im Betrieb

  z. B. Beteiligung der Fachabteilung

Welchen Umfang muss deine Qualitätssicherung einnehmen?

- Für dein Produkt den erforderlichen Umfang.
- Für den Bericht gerade so viel, dass du die QS angemessen nachweist.

Es reicht weder für deinen Kunden noch für deine Abschlussprüfung, auf eine zufällig glückliche Abnahme zu hoffen, denn hier haben bereits alle Fehler beseitigt zu sein. Zumal der Pizzeriabetrieb bestimmt nicht weiß, was bei der Abnahme alles zu bedenken ist und einfach darauf vertrauen muss, dass du deine Arbeit korrekt erledigt hast. (Mach dich übrigens mal schlau, welche rechtliche Konsequenz eine Abnahme nach neuem BGB-Recht hat.)

Zum Glück gäbe es im wirklichen Leben für die Pizzeria „trotz" der Abnahme so etwas wie eine Gewährleistungsfrist.

Dass nachträgliche Maßnahmen nicht immer pünktlich zur Stelle und auch nicht immer wirksam sind, möge dir nebenstehender Cartoon näher bringen.

Gerettet, dank BUGFIX!

Fehler vermeiden	Pluspunkte sammeln
Die Testdaten waren realitätsnah und umfassend entworfen. *Wie wurden die Daten ermittelt?*	Bei der Zusammenstellung wurde Wert darauf gelegt, einmal einen durch-schnittlichen Fall, einen kleinsten Fall (Mindermengenzuschlag) und einen Höchstfall mit 20 % Sicherheitszu-schlag zu ermitteln. Der kleinste Fall ist eine Bestellung im Wert von unter 20,00 € ... ... Die relevanten Belege hierfür sind im Anhang ...
„Beim Einbau von Steckkarten er-übrigt sich das Testen, da diese bereits qualitätsgeprüft sind." *Sicher?*	Die Steckkarten wurden vor Einbau getestet. Nach Einbau wurde das Zusammenspiel mit anderen Kompo-nenten geprüft (vgl. Messprotokoll im Anhang).
Stets wurde Wert auf Fehlerkontrolle gelegt. *Wie wurde denn kontrolliert?*	Für die Oberflächengestaltung wurde frühzeitig ein Prototyp erstellt, der mit den Anwendern abgesprochen wurde. Bei der Abnahme erhielten die Nutzer einen vorbereiteten Bewertungsbogen.
Der Test ergab, dass sich gleichzeitig 5 Netzzugriffe realisieren ließen. *Ohne Zielangabe hat diese Aussage keinen Wert. War das gut oder schlecht?*	Angestrebt war, 5 Netzzugriffe gleich-zeitig über den Modemserver laufen zu lassen. Geprüft wurde das mithilfe eines synchronen Downloads. Eine deutliche Verschlechterung wurde erst ab dem 5. zugeschalteten Teilneh-mer festgestellt. Dies war vernachläs-sigbar, da dieses Datentransportvolu-men nie erreicht würde, weil es sich lediglich um Dialoge handeln würde.
Ich habe das Tagungsprogramm beige-legt, um zu zeigen, dass alles ord-nungsgemäß geplant war.	Teile der Ausfallplanung für die Dozen-ten sind in der Anlage A3 nachzulesen. ... Ein Abnahmetest für eine Tagung erübrigt sich. Ein „Ernstfall" kann hier nicht geprobt werden.

„Ich habe Testdaten erdacht und keine Fehler festgestellt."

Und es ward alles gut.

9705162

Die Darstellung des Projektabschlusses mit Abnahme/ Bereitstellung und Kundendokumentation wird beurteilt 4.7

Hast du deinem Kunden eine angemessene Dokumentation geliefert? 4.7.1

Anteil des nachfolgenden Bewertungskriteriums: **ca. 10 %**

Auftragsgerecht, gut strukturiert und deutlich nachvollziehbar	Im Wesentlichen auftragsgerecht, strukturiert und nachvollziehbar	In wesent-lichen Teilen auftragsgerecht, im Allgemeinen strukturiert und nachvollziehbar	Noch auftrags-gerecht, wenig strukturiert, aber noch erschließbar	Teilweise nicht auftragsgerecht, strukturelle Mängel, kaum erschließbar	Nicht auftrags-gerecht, nicht erschließbar	Punkte
10	9–8	7–6	5	4–3	2–0	

Na bitte, jetzt kommts raus, dein Produkt wird doch bewertet. Nein, nur ein bestimmter Seitenzweig, dennoch nicht minder wichtig. Nämlich die Dokumentation, die du deinem Kunden zukommen lässt und der Prüfungskommission zumindest auszugsweise vorlegst. Nicht gemeint sind die Dokumente, die du zur Klarheit und dem Gesamtverständnis deines Projektes beigelegt hast (Vorgehenskonzept ▶ 3.2.5, äußere Form ▶ 4.3.4).

Stell dir vor, dein Praktikumsbetrieb, die Tischlerei Eder, beauftragt dich, den Internetauf-tritt des Betriebes zu recherchieren. Dann wirst du in deinen Bericht für den Inhaber Meis-ter Eder wohl kaum die HTML-Tags als Unterlage beilegen, sondern deinem Kunden z. B. als nachschlagbare Ergebnisse abliefern:

1. eine Übersicht über die Möglichkeiten eines Internetauftritts,
2. eine Grobdarstellung der Konkurrenzauftritte,
3. eine kurze Darstellung der organisatorischen Konsequenzen,
4. einen Homepage-Entwurf für Eder,
5. eine Kostendarstellung (vielleicht auch mit der Gegenüberstellung von Varianten),

...

Wohlgemerkt handelt es sich gegenüber Meister Eder um die Darstellung der von ihm bestellten Projektergebnisse und nicht um deinen Projektbericht.

Und welche kundenbezogenen Dokumente musst du nun bereitstellen?

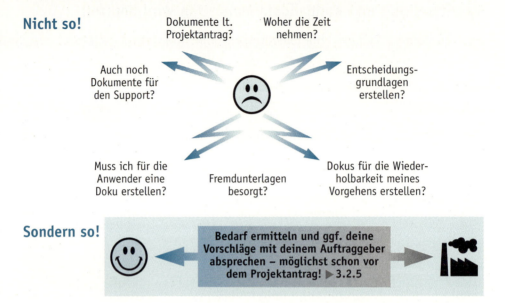

Nicht so!

Dokumente lt. Projektantrag?

Woher die Zeit nehmen?

Auch noch Dokumente für den Support?

Entscheidungs-grundlagen erstellen?

Muss ich für die Anwender eine Doku erstellen?

Fremdunterlagen besorgt?

Dokus für die Wieder-holbarkeit meines Vorgehens erstellen?

Sondern so!

Bedarf ermitteln und ggf. deine Vorschläge mit deinem Auftraggeber absprechen – möglichst schon vor dem Projektantrag! ▶ 3.2.5

Am besten wäre es also, wenn du schon bei deiner Grobkonzeption mit deinem Auftragge-ber abgesprochen hättest, für welche der üblichen Dokus du zuständig bist (Vorgehens-konzept ▶ 3.2.5 und Projektantrag ▶ 3.3.4).

 Kunde und Auftraggeber sind nicht zwangsläufig identisch, es bedarf somit deiner sorgfältigen Analyse, welche Dokus du zweckmäßigerweise erstellen und/oder besorgen willst.

VBA-Quellcode für einen Einkäufer?

Wir haben vor einiger Zeit erst bei einem Fachgespräch herausbekommen, warum ein Prüfling dem beauftragenden Einkäufer neben der kurzen Beschreibung der fertigen Excel-Auftragsverwaltung auch noch die VBA-Makros dazugepackt hatte. Der Sachbearbeiter war ein ehemaliger Informatik-student und wollte die Anwendung später auch selbst pflegen.

 Beachte also bitte, dass du erwähnst, an wen sich die Kundendokumentation richtet. Schreib ein, zwei Sätze zur Begründung, warum du für Meister Eder anfertigst und nicht für Pumuckel. Eine Hilfe zur Begründung findest du in der folgenden Darstellung.

9705164

Kundenbezogene Dokumente und ihre Abnehmer

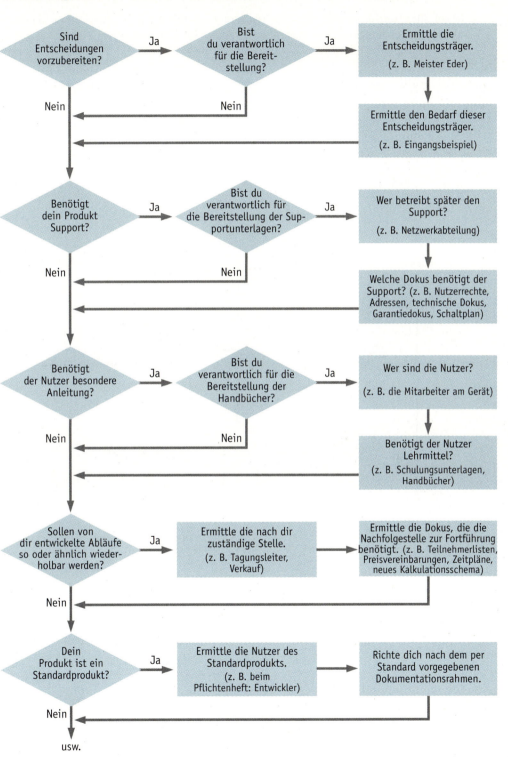

Nicht alles gehört in deinen Projektbericht.

Nicht alles, was du erstellt bzw. als Fremdunterlage besorgt hast, darfst du als Nachweis deiner kundenbezogenen Dokumentation in deinen Bericht integrieren. Also gilt es wieder auszuwählen. Hier unsere Entscheidungshilfe für dich:

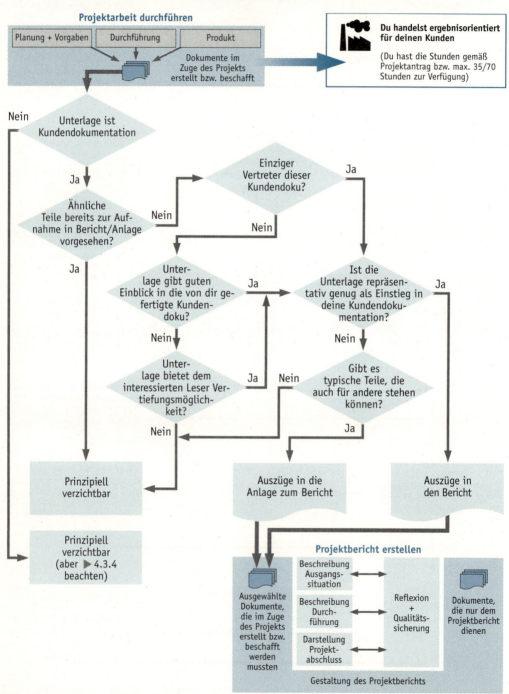

Fehler vermeiden	Pluspunkte sammeln
☹ Unklarer Abnehmer der Kundendoku.	☺☺ Abnehmer der Kundendoku (nicht immer gleich Auftraggeber) beschreiben.
☹ Anhang wird zum unstrukturierten Sammelsurium von Anlagen.	☺☺ Trennung im Anlagenteil, z. B. – Technische Dokumentation – Benutzerdokumentation – Veranschaulichungen für Projektbericht

Wie hast du die Abnahme/Bereitstellung deines Produktes dargestellt? 4.7.2

Anteil des nachfolgenden Bewertungskriteriums: ca. 5 %

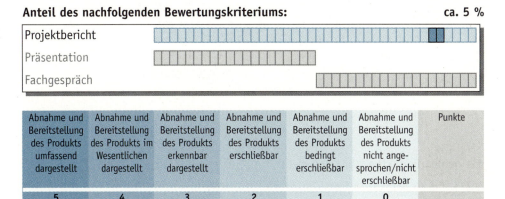

Abnahme und Bereitstellung des Produkts umfassend dargestellt	Abnahme und Bereitstellung des Produkts im Wesentlichen dargestellt	Abnahme und Bereitstellung des Produkts erkennbar dargestellt	Abnahme und Bereitstellung des Produkts erschließbar	Abnahme und Bereitstellung des Produkts bedingt erschließbar	Abnahme und Bereitstellung des Produkts nicht ange-sprochen/nicht erschließbar	Punkte
5	4	3	2	1	0	

Die Kür mit Bauchkribbeln am Ende deines Projektes ist die Abnahme/Bereitstellung deines Produktes.

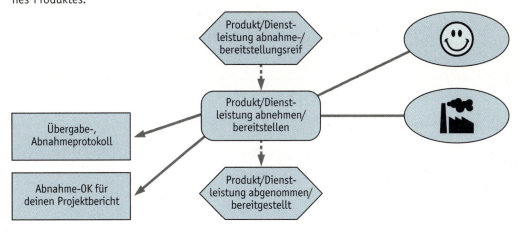

Es kann nicht immer eine förmliche Abnahme/Bereitstellung geben.

- Die von dir organisierte Konferenz beginnt unspektakulär, dafür aber reibungslos.
- Im Rechnungswesen werden deine Vorschläge für ein halbes Jahr ausprobiert.

Scheinbar einfacher haben es da Leidensgenossen, die ein Produkt erstellen und dann klassisch zur Abnahme vorlegen (möglichst mit einer Checkliste von nur ca. 350 abzuarbeitenden Prüfpunkten).

9705167

Keine Sorge.

Alle Formen der Abnahme/Bereitstellung sind zulässig, wenn sie in der von dir geplanten Form angemessen scheinen. Denn der Segen bringende Eintritt des Ereignisses „Produkt/Dienstleistung abgenommen/bereitgestellt" wird von dir hoffentlich geplant worden sein.

PROJEKTABNAHME

Für deinen Projektbericht frage dich:

Was hat der Kunde von dir bekommen?

Schildere kurz und prägnant, was dein Kunde/dein Auftraggeber schlussendlich von dir erhält: z. B. Beschreibung des fertigen Netzwerkes, ein fertig kalkuliertes Angebot, die fertige Datenstruktur für die Kundendatenbank.

Welches ist der betriebliche Schlussstrich unter mein Projekt?

Du schreibst dann z. B.:

 Mit Start der von mir vorbereiteten Konferenz ging die Verantwortung auf Herrn v. Quack als Konferenzleiter über.

 Die Abschlussbesprechung setzte den Schlussstrich unter das Projekt.

Welche Schritte waren zum Abschluss vorgesehen?

- Durchführen und Protokollieren einer Abschlussbesprechung.
- Abschluss der beauftragten Schulungsmaßnahme mit Kritikrunde.
- Nach Installation erfolgt der Test der Software auf dem Rechner des Kunden.
- Entgegennahme der ersten telefonischen Bestellungen mit der neuen Telefonanlage.
- Die entworfene Datenbankstruktur wird mit Daten gefüllt.

Gab es Überraschungen?

Hatten diese Unannehmlichkeiten Einfluss auf dein Projekt, musstest du Entscheidungen fällen? Dann wirst du noch einmal zu Entscheidungen ▶ 4.6.2 und Reflexion ▶ 4.8 etwas zu schreiben haben.

9705168

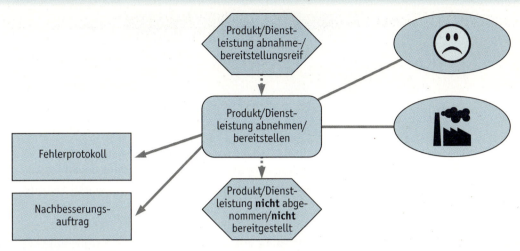

Dieses Projekt endete offensichtlich wie viele große und kleine Projekte: Es scheint kein annehmbares Produkt gefertigt worden zu sein.

Falls das auch auf dein Projekt zutreffen sollte, dann schlage unter ▶ *9.2 nach, denn hier gibts „erste Hilfe".*

Die inhaltliche Rückschau (Reflexion) wird beurteilt   4.8

Deinen Prozess und dein Ergebnis musst du selbst bewerten können   4.8.1

Anteil des nachfolgenden Bewertungskriteriums: **ca. 10 %**

Projektbericht

Präsentation

Fachgespräch

Prozess und Ergebnis umfassend bewertet	Prozess und Ergebnis im Wesentlichen bewertet	Bewertung von Prozess und Ergebnis in Teilen erkennbar	Bewertung von Prozess und Ergebnis erschließbar	Bewertung von Prozess und Ergebnis mit erheblichen fachl. Mängeln	Bewertung von Prozess und Ergebnis nicht angesprochen oder fachlich nicht haltbar	Punkte
10	9–8	7–6	5	4–3	2–0	

Im Sinne der in ▶ 4.1.2 definierten Aufgabe eines Projektberichtes müssen auch aus deinem Projekt Erkenntnisse für weitere Projekte herleitbar sein. Also musst auch du in deinem Bericht Rückschau halten

- über die Qualität der Methodik deines Prozesses,
- über das Ergebnis deines Projektes (i. d. R. über dein ganz, teilweise oder gar nicht fertiges Produkt).

Rückschau (Reflexion)

Du beurteilst   Du beurteilst

| das Ergebnis deines Projektes (dein Endprodukt). | die Methodik deines Prozesses. |

Niemand wird erwarten können, dass du neben den vielen anderen Inhalten auch noch eine umfangreiche Ergebnisanalyse auf den 10 Seiten deines Projektberichtes unterbringst.

Darum reicht es unseres Erachtens, wenn du dich auch hier wieder auf ein paar Kernaussagen beschränkst.

4.8.2 Wie findest du die richtigen Worte zur Beurteilung deines Endproduktes?

Was auch immer du zu sagen hast, vermeide möglichst die Ichform. Schreibe gutachterlich und neutral über die eigene Sache und nicht über dich.

Erinnere dich an ▶ 4.4.1. Hier war nach Zielen und Kundenwünschen gefragt. Also arbeitest du die einzelnen Bereiche ab, die für dein Handeln Vorgaben gesetzt haben:

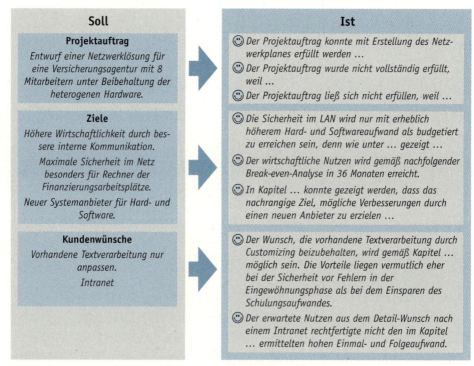

Soll	Ist
Projektauftrag *Entwurf einer Netzwerklösung für eine Versicherungsagentur mit 8 Mitarbeitern unter Beibehaltung der heterogenen Hardware.*	☺ *Der Projektauftrag konnte mit Erstellung des Netzwerkplanes erfüllt werden …* ☺ *Der Projektauftrag wurde nicht vollständig erfüllt, weil …* ☺ *Der Projektauftrag ließ sich nicht erfüllen, weil …*
Ziele *Höhere Wirtschaftlichkeit durch bessere interne Kommunikation.* *Maximale Sicherheit im Netz besonders für Rechner der Finanzierungsarbeitsplätze.* *Neuer Systembieter für Hard- und Software.*	☺ *Die Sicherheit im LAN wird nur mit erheblich höherem Hard- und Softwareaufwand als budgetiert zu erreichen sein, denn wie unter … gezeigt …* ☺ *Der wirtschaftliche Nutzen wird gemäß nachfolgender Break-even-Analyse in 36 Monaten erreicht.* ☺ *In Kapitel … konnte gezeigt werden, dass das nachrangige Ziel, mögliche Verbesserungen durch einen neuen Anbieter zu erzielen …*
Kundenwünsche *Vorhandene Textverarbeitung nur anpassen.* *Intranet*	☺ *Der Wunsch, die vorhandene Textverarbeitung durch Customizing beizubehalten, wird gemäß Kapitel … möglich sein. Die Vorteile liegen vermutlich eher bei der Sicherheit vor Fehlern in der Eingewöhnungsphase als bei dem Einsparen des Schulungsaufwandes.* ☺ *Der erwartete Nutzen aus dem Detail-Wunsch nach einem Intranet rechtfertigte nicht den im Kapitel … ermittelten hohen Einmal- und Folgeaufwand.*

Stelle den erwarteten Nutzen dem eingetretenen Nutzen gegenüber.

Du warst schlau und hast unsere Tipps unter ▶ 4.4.1 zu den Zielen befolgt.

Du nimmst jetzt wieder den dort gelegten Faden auf und arbeitest die dort aufgeführten Nutzenerwartungen (nicht-monetär und/oder monetär …) einfach textlich ab.

9705170

Immer eine Nachkalkulation?

Wir empfehlen dir, spätestens jetzt die Kosten deines Projektes in Form einer Nachkalkulation zu ermitteln. Nutze hierzu unsere Tipps aus ▶ 4.4.3!
Hast du die Kosten bereits zu Projektbeginn geplant, bist du jetzt in der Lage, mit einem geschickten Soll-Ist-Vergleich deine wirtschaftliche Kompetenz nachzuweisen.

Immer eine Kosten-Nutzen-Analyse?

Obwohl das Salz in der Suppe eine (ganz kleine) Kosten-Nutzen-Analyse wäre, kannst du das nicht immer leisten, z. B. wenn du in einem Gesamtprojekt steckst. Dann wirst du deinen erbrachten Nutzen kaum den Kosten gegenüberstellen können.
Wohl aber kannst du deinen monetär bewertbaren Nutzen den Kosten deines Projektes gegenüberstellen. Weitere Pluspunkte könntest du sammeln, wenn du einige Ausführungen zum Thema Amortisation machen würdest.

Beweise gefordert?

Und welche Beweise musst du aufführen, dass dein Produkt die jeweiligen Ergebnisse bereitstellt? Berufe dich auf „Abnahme/Bereitstellung" (▶ 4.7.2) und die dortigen Ergebnisse, die du hoffentlich gut beschrieben hast.

Dein Produkt ist nicht fertig geworden?

Selbst bei gescheiterten Projekten kannst du beschreiben, welcher Nutzen für künftige Projekte in diesem Bereich aus den Erfahrungen deines Scheiterns erzielbar ist. So kannst du hier Punkte gutmachen (▶ 9.2.1).

Wie findest du die richtigen Worte zur Beurteilung deines Prozesses?   4.8.3

In den Köpfen deiner Leser hast du ein hoffentlich plastisches Bild deiner Tätigkeiten erzeugen können. Sie glauben zu wissen, was wann wie passiert ist.

Nun will das Gehirn deiner Leser mit konkreten Aussagen deinerseits gefüttert werden, zu welchem Ergebnis dich deine Reflexion geführt hat.

Stelle dir die folgenden drei Schlüsselfragen:

Was war an meinem Vorgehen gut?
Was war an meinem Vorgehen verbesserungswürdig?
Wie würde ich künftig vorgehen?

Antworten auf Schlüsselfragen musst du begründen.

Warum war mein Kunde zufrieden/unzufrieden?
Was würde ich künftig noch ergänzend machen?
Was hat mir warum Spaß gemacht?
Wie kann ich künftig Fehler vermeiden?
Warum war ich zu vorsichtig bei der QS?
Wie kann ich künftig Kosten sparen?
...

9705171

Wie viel musst du schreiben?

Damit du nicht ins Fabulieren kommst, beschränke dich möglichst auf je eine (also die wichtigste) Stellungnahme zu jeder der drei Schlüsselfragen.

Was soll dir die Uhr signalisieren?

 Nein, nicht dass du jetzt fertig bist. Hast du die Gegenüberstellung der verbrauchten Zeiten und Zeiten lt. Projektantrag schon vorgenommen? Das ist manchmal sehr hilfreich und bringt hoffentlich ein paar Ideen für deine Reflexion.

Gehört der Soll- und Ist-Zeitvergleich immer in die Reflexion?

Bitte langweile deine Leser nicht mit einer Gegenüberstellung von Soll-Zeit und Ist-Zeit, wenn hier keine wesentlichen Erkenntnisse zu gewinnen sind.

Dann reicht der Hinweis, dass alles glatt gelaufen ist (mit einem Beweis natürlich, aber das weißt du inzwischen von alleine.)

... ergaben sich trotz der in Kapitel 3 dargestellten, nicht unerheblichen Änderungen im Ablauf keine signifikanten Verschiebungen gegenüber den ursprünglich geplanten Sollzeiten gemäß Projektantrag. Der höhere Zeitaufwand in der Montage führte nämlich zu einer Einsparung bei der Inbetriebnahme.

Fehler vermeiden

 „Bei einer Zeitvorgabe von 35 Stunden für das Projekt muss man bei der Umsetzung der Kundenwünsche nicht so sehr auf das Design, sondern eher auf die inhaltliche Richtigkeit der Datenbank achten."

 Das ist eine gefährliche Aussage, denn gutes Design der Datenstruktur erleichtert auch die Richtigkeit.

 Die meisten Probleme traten beim Entwurf der Lieferscheine auf, da der Kunde höchsten Wert auf Weiterverwendung der Lieferscheine legte. Deswegen verzögerte sich das Projektende um 10 Stunden.

 Leider gab es keine Schilderung, welche Probleme auftraten und in wessen Einflussbereich sie lagen.

 Warum wollte dein Kunde die alten Formulare weiterverwenden?
– War der alte Nadeldrucker wegen der Durchschläge nötig?
– Konnte der Formulargenerator die Formate nicht einstellen?
– Gab es Probleme mit dem Druckertreiber?
Und künftig?

Pluspunkte sammeln

 Bei einer Besprechung über den Prototypen stellte der Kunde fest, dass der Bruttobetrag nicht ausgewiesen wurde. Diese Probleme tauchten später immer wieder auf, weil in dem vorliegenden Pflichtenheft nur sehr allgemein die Bildschirmmaske beschrieben wurde. Hier hätte man besser mit dem Kunden zusammenarbeiten müssen.

 Die Reflexion wurde an einem Beispiel betrieben.
Es wurde mitgeteilt, wer beteiligt war, wo die kritikwürdige Stelle lag und welche Konsequenzen für künftige Projekte zu ziehen sind.

 Ein rundum zufriedener Prüfling:

„Ich konnte meine Fähigkeiten verbessern und auch meine Kenntnisse vertiefen."

9705172

Du bist fertig   4.9

Dann schnürst du – hoffentlich fristgemäß fertig geworden – dein Bündel mit drei Projektberichten. Hoffentlich hast du deinem Bericht beigefügt, was auf dem nachstehenden Musterformular steht.

IT-Berufe – Protokoll über die durchgeführte Projektarbeit

IHK INDUSTRIE- UND HANDELSKAMMER ZU KIRCHENLAMITZ

Prüfungstermin: **Sommer 05**

IHK zu Kirchenlamitz
Frau R. Rapidi
Schnurzelgasse

95158 Kirchenlamitz

Prüfungsbewerber Nobody Nowhere
Winkelweg 11

95158 Kirchenlamitz

Telefon 0248 168890

Ausbildungsberuf: **Fachinformatiker/-in – Anwendungsentwicklung**
Sachbearbeiterin: **Frau R. Rapidi**   **Prüfungsausschuss: FIAN 1**

❶

1.0 Arbeitszeit

1.1 Das Projekt wurde von mir in der kalkulierten Zeit komplett fertig gestellt, einschließlich erforderlicher Nacharbeit:

Nein, die Zeit wurde um .... Stunden ☐ unterschritten ☐ überschritten.

Begründung: ....

2.0 Ausführung

2.1 Das Projekt habe ich nach dem eingereichten Projektantrag ausgeführt: ☐ ja ☐ nein
2.2 Hilfestellung war erforderlich: ☐ ja ☐ nein
Begründung und Umfang bei Hilfestellung: ....

....

2.3 Das Projekt habe ich **ohne Nacharbeit** in einem kundengerechten Zustand übergeben: ☐ ja ☐ nein

Begründung bei Nacharbeit: ....

Umfang der Nacharbeit: ....

2.4 Das Projekt war ein Einzelprojekt: ☐ ja ☐ nein

3.0 Dokumentation

3.1 Die Dokumentation habe ich selbst **– ohne jede fremde Hilfe –** erstellt. ☐ ja ☐ nein

Hilfestellung: ....

3.2 Die Dokumentation entspricht den betrieblichen Anforderungen: ☐ ja ☐ nein

Abweichungen: ....

❷

Persönliche Erklärung

Ich versichere durch meine Unterschrift, dass ich das zugrunde liegende Projekt und diesen Bericht zur betrieblichen Projektarbeit (Projektbericht) selbstständig und ohne fremde Hilfe angefertigt habe. Alle fremden Quellen wie Softwaremodule, Veröffentlichungen, andere Projektberichte und Zuarbeiten, die ich funktionsmäßig, wörtlich oder auch nur sinngemäß übernommen habe, sind von mir als solche gekennzeichnet worden.
Die Arbeit hat in dieser Form keiner anderen Prüfungsinstitution vorgelegen!

....
Ort   **Datum**   **Projektarbeit abgenommen**

....
Unterschrift Prüfungsteilnehmer/-in   **Unterschrift Projektverantwortliche/-r**

9705173

1 Diese Kammer will es ganz genau wissen. Eigentlich steht bereits alles in deinem Projekt-antrag und in deinem Bericht.

Fülle trotzdem alle Angaben ehrlich aus.

Lege die Kopie deines Antrages daneben und vergleiche, ob die Angaben stimmig sind.

2 Diese beiden Angaben sind eigentlich in allen IHKs nötig:

Das Okay deines Betriebes, dass deine Arbeit gelaufen und abgenommen wurde.

Deine Ehrenerklärung, die dich bindet. Du musst hier bezeugen, dass du keine ungekennzeichneten Hilfen in Anspruch genommen hast.

Hier gibt es Abweichungen zwischen den IHKs.
Z. B. wollen manche Kammern deine Ehrenbezeugung auf dem Deckblatt.
Achte daher besonders auf die Anforderungen deiner IHK-IHK.

Das Operative Geschäft der Kommission zur Beurteilung der Berichte 4.10

Welche Schritte bisher erfolgt sein sollten   4.10.1

☑ Alle Termine sind festgelegt, z. B. am Tag der Genehmigung der Projektanträge.

☑ Die Einigung auf eine einheitliche Bewertungsmatrix innerhalb der Kommission ist erfolgt.

☑ Das Erstvorschlagsrecht ist zugeordnet.

☑ Die eingegangenen Projektberichte sind aufgeteilt.

☑ Der Upload aller Projektberichte ist erfolgt. IHK

Download der Projektberichte   4.10.2

☑ Sie haben bei der Projektgenehmigung vom Prüfling 3 Projektberichte in Papierform angefordert.

☑ Die Prüfungsteilnehmer haben fristgerecht die Projektberichte an Sie geliefert.

Dieser gebundene, auf dem Papier befindliche Projektbericht ist die Grundlage Ihrer Bewertung. Die äußere Form eines Projektberichtes kann nur in der Papierform (▶ 4.3.1) bewertet werden. Da beim späteren Download eines Dokumentes Formatveränderungen eintreten könnten, muss Ihnen ein Projektbericht in Papierform abgegeben werden, mit dem die Prüfungsleistung eindeutig und dauerhaft dokumentiert ist. Der Prüfungsteilnehmer muss dafür die Verantwortung tragen und nicht irgendeine Software oder ein Internetbrowser ...

Sofern die Lieferung durch den Prüfungsteilnehmer nicht erfolgen konnte, führen Sie den Download des Projektberichts durch.

Zum Download gelangen Sie wie bei der Projektgenehmigung mit Ihrer ID-Nr. und Passwort auf die entsprechenden Internetseiten des Prüfungsteilnehmers. Speichern Sie unter Anwendung von Virenschutzprogrammen die im PDF-Format vorliegenden Dateien, aber lieber nicht auf Ihrer Festplatte, wer weiß, wozu Handlungsorientierung führen kann ...

Der durch den Ausdruck der Berichte entstehende Verbrauch an Druckerpatronen kann bei der Aufwandsentschädigung mit der IHK abgerechnet werden (Beleg erforderlich!).

PS: Abweichungen in Inhalten und Formaten zwischen Papierform und Dateiform könnten eine schöne Frage für das Fachgespräch ergeben ...

4.10.3 Die Rolle des einzelnen Prüfers

☑ Nicht Haupt-Gegenstand der Beurteilung ist das fertige Produkt der betrieblichen Projektarbeit, da es vom Betrieb abgenommen wurde.

☑ Sie schlüpfen in die Rolle eines sachkompetenten Dritten, der vom Prüfling per Abschlussbericht über dessen Tun informiert werden muss. (Zweck solcher Berichte in der Praxis siehe ▶ 4.2.1)

☑ Wir empfehlen nach den Kriterien unserer Bewertungsmatrix zu korrigieren.

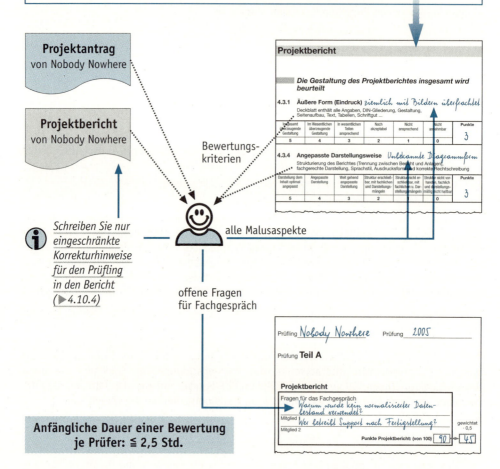

Projektantrag
von Nobody Nowhere

Projektbericht
von Nobody Nowhere

Bewertungs-kriterien

Projektbericht

Die Gestaltung des Projektberichtes insgesamt wird beurteilt

4.3.1 **Äußere Form (Eindruck)** *ziemlich mit Bildern überfrachtet*
Deckblatt enthält alle Angaben, DIN-Gliederung, Gestaltung, Seitenaufbau, Text, Tabellen, Schriftgut …

Insgesamt überzeugende Gestaltung	Im Wesentlichen überzeugende Gestaltung	In wesentlichen Teilen ansprechend	Noch akzeptabel	Nicht ansprechend	Nicht annehmbar	Punkte
5	4	3	2	1	0	3

4.3.4 **Angepasste Darstellungsweise** *Unbekannte Diagrammform*
Strukturierung des Berichtes (Trennung zwischen Bericht und Anlagen), fachgerechte Darstellung, Sprachstil, Ausdrucksform und korrekte Rechtschreibung

Darstellung dem Inhalt optimal angepasst	Angepasste Darstellung	Weit gehend angepasste Darstellung	Struktur erschließ-bar, mit fachlichen und Darstellungs-mängeln	Struktur nicht er-schließbar, mit fachlichen u. Dar-stellungsmängeln	Struktur nicht vor-handen, fachlich und darstellungs-mäßig nicht haltbar	Punkte
5	4	3	2		0	3

(i) *Schreiben Sie nur eingeschränkte Korrekturhinweise für den Prüfling in den Bericht (▶ 4.10.4)*

alle Malusaspekte

offene Fragen für Fachgespräch

Prüfling *Nobody Nowhere*   Prüfung *2005*

Prüfung **Teil A**

Projektbericht

Fragen für das Fachgespräch
Warum wurde kein normalisierter Daten-bestand verwendet?
Mitglied 1
Wer betreibt Support nach Fertigstellung?
Mitglied 2

gewichtet · 0,5

Punkte Projektbericht: (von 100) 90 → 45

Anfängliche Dauer einer Bewertung je Prüfer: ≦ 2,5 Std.

9705176

Tipps für Ihr Vorgehen bei der Korrektur 4.10.4

Schritt 1:

Überfliegen Sie den Projektbericht einmal ohne Bewertungsschema und lassen Sie ihn auf sich wirken.

Schritt 2:

Gibt es Abweichungen zwischen Projektantrag und Projektbericht?

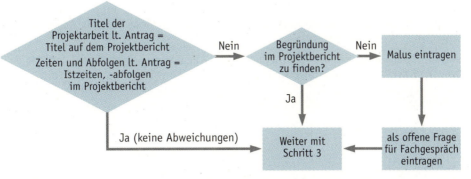

Schritt 3:

Jetzt setzen Sie unser Schema ein und gehen anhand der dortigen Fragen den Projektbericht erneut durch.

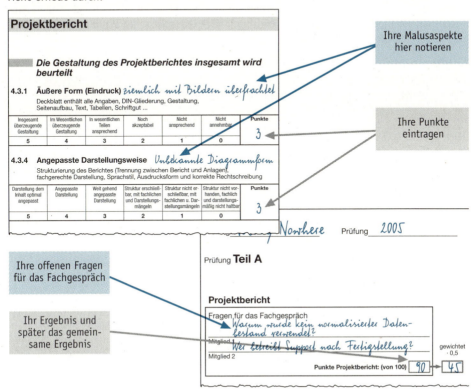

Wie viel Korrekturvermerke gehören in den Projektbericht des Prüflings?

Es sind u. E. nur Hauptgründe der Bewertung anzuführen, damit der Prüfling den Bewertungsprozess im Wesentlichen nachvollziehen kann.

Es sollten also wichtigste Stärken und Schwächen ersichtlich sein.

Trotzdem nur sparsame Korrekturvermerke im Projektbericht.

Ein detailliert korrigierter Projektbericht – wie z. B. bei Klausuren zum Abitur – wäre u. E. nicht zulässig.

Der Prüfling bräuchte sonst im Falle seines Nichtbestehens diese Korrektur lediglich abzuschreiben.

Unter Zuhilfenahme Ihrer detailliert aufgeführten Vorgaben ließe sich für den Prüfling eine neue verbesserte Version leicht erstellen.

§ *Dies wäre dann eine fremde, unzulässig eingeflossene Leistung.*

Stellen Sie sich vor, der so korrigierte Bericht würde Ihnen erneut zur Beurteilung vorgelegt.

§ *Warum überhaupt in der Arbeit eines Prüflings Hauptgründe eintragen?*

Ihr Handeln als Prüfungskommissionsmitglied greift sehr tief in die Rechte des Prüflings ein.

Grundgesetzlich: In das verbriefte Recht auf Freiheit der Berufswahl des Prüflings.

Wirtschaftlich: In die tatsächliche wirtschaftliche Entwicklung des Prüflings.

Ihrem Prüferhandeln steht eine ausgewogene Reihe von Rechten des Prüflings gegenüber. Wesentlich ist hierbei das Recht des Prüflings, nach Abschluss der Prüfung in seine Prüfungsunterlagen Einsicht zu nehmen.

§ *26 MPO*
Auf Antrag ist dem Prüfungsteilnehmer Einsicht in seine Prüfungsunterlagen zu gewähren. Die schriftlichen Prüfungsarbeiten sind zwei Jahre, die Anmeldungen und Niederschriften gem. § 21 Abs. 4 MPO sind 10 Jahre aufzubewahren.

Denn erst dieses Recht ermöglicht es ihm, seine Rechte, z. B. das auf Widerspruch (▶ 9.5.1), zu wahren, indem er seine Bedenken ggf. auch substanziierter vortragen kann.

§ *25 MPO*
Maßnahmen und Entscheidungen der Prüfungskommissionen sowie der Industrie- und Handelskammer sind bei ihrer schriftlichen Bekanntgabe an den Prüfungsbewerber bzw. -teilnehmer mit einer Rechtsmittelbelehrung zu versehen. Diese richtet sich im Einzelnen nach der Verwaltungsgerichtsordnung und den Ausführungsbestimmungen des Landes ...

§ *29 VwVfG (Verwaltungsverfahrensgesetz)*
(1) Die Behörde hat den Beteiligten Einsicht in die das Verfahren betreffenden Akten zu gestatten, soweit deren Kenntnis zur Geltendmachung oder Verteidigung ihrer rechtlichen Interessen erforderlich ist.

Satz 1 gilt bis zum Abschluss des Verwaltungsverfahrens nicht für Entwürfe zu Entscheidungen sowie zu Arbeiten zu ihrer unmittelbaren Vorbereitung ...

9705178

Darf der Prüfling auch Ihre persönlichen Notizen einsehen?

U. E. sind Ihre persönlichen Notizen, Skizzen oder Aufzeichnungen von Vorüberlegungen zur Bewertung lediglich Bestandteil einer sich entwickelnden gemeinsamen Meinungsbildung. Einsicht kann der Prüfling daher in seine Projektarbeit haben, in die das gemeinsame Meinungsbild per Korrektur eingeflossen ist.

Zum Aufheben Ihrer Notizen usw. wird Sie niemand zwingen können. Zumal niemand weiß, welche Notizen Sie sich machen und eine Einsicht grundsätzlich erst NACH Abschluss des Verwaltungsaktes gewährt werden kann.

Warum muss jeder Prüfer die Arbeit lesen?

Nach Niehues kann man seine Verantwortung als Prüfer nur dann wahrnehmen, wenn man zuvor die von dem Prüfling erbrachte Leistung selbst, unmittelbar und vollständig zur Kenntnis genommen hat und aus eigener Sicht selbstständig beurteilt. [3] Randnote 179

Sie dürfen (und können) Ihren Bewertungsspielraum nur dann wahrnehmen, wenn Sie die vom Prüfling erbrachten Leistungen tatsächlich erfasst haben (§ 20 Abs. 4 MPO in Verbindung mit § 4 Abs. 2 MPO).

Wir schlagen daher auch eine Begrenzung der Anzahl der Prüflinge je Kommission auf 12 bis max. 14 Prüflinge vor, weil mehr, im Rahmen des Ehrenamtes, nicht in einer für alle Beteiligten angemessenen Weise zu leisten ist (▶ 1.5.4).

Sie sind der Erstvorschlagende?

Als Erstvorschlagender ertragen Sie es dank Ihrer Kompetenz/Interessenlage in diesem Sachgebiet leichter, von den übrigen Kommissionsmitgliedern wegen des Vorschlags hinterfragt zu werden. Nur Mut.

4.10.5 Die Sitzung mit der Beurteilung

Gemeinsame Notenfindung

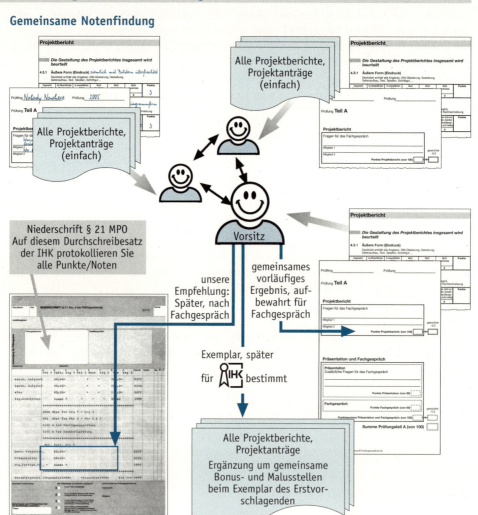

Der Erstvorschlagende

 Er referiert in der Sitzung jeweils kurz über „seine" Projektarbeiten und schlägt eine **vorläufige Punktzahl** vor.

Bei abweichenden Beurteilungen innerhalb Ihrer Kommission sollten Sie versuchen, Schritt für Schritt den „Ort" und damit die Ursache der Abweichungen anhand des gemeinsamen Bewertungsschemas zu ermitteln. So lassen sich die entsprechenden Stellen des Berichts ggf. gemeinsam nachlesen. Das führt i. d. R. sehr schnell zur gemeinsamen und angestrebten gerechten Bewertung.

Dieses Verfahren scheint uns sehr effizient und steigert die Qualität der Beurteilung. Dann geht es an das Ausfüllen der Formulare.

9705180

Gemeinsame Ergebnisse auf einem Belegexemplar zur Entscheidung

Dem Vorsitzenden sollte die Aufgabe zukommen, die Belegexemplare zu verwalten. D. h., dass seine Unterlagen immer den aktuellen Stand der (vorläufigen) Meinungsbildung repräsentieren sollten.

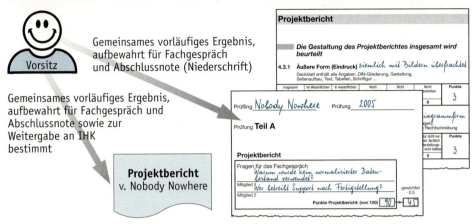

Gemeinsames vorläufiges Ergebnis, aufbewahrt für Fachgespräch und Abschlussnote (Niederschrift)

Gemeinsames vorläufiges Ergebnis, aufbewahrt für Fachgespräch und Abschlussnote sowie zur Weitergabe an IHK bestimmt

Die endgültige Note des Projektberichts erst am Tag der Abschlussarbeiten eintragen?   4.10.6

Da es aus verschiedenen Gründen ohnehin günstig ist, alle Punkte jeweils erst am Tag der letzten Prüfungsleistung in die Niederschrift gem. § 21, Abs. 4 MPO einzutragen, sollten Sie genauso mit den Berichten verfahren.

Also sollten Sie zum Tag des Fachgespäches wieder alle Unterlagen mitbringen. Besonders, wenn sich die Meinungsbildung noch einmal als nötig herausgestellt haben sollte. (▶ 6.7 Fachgespräch)

Eingang des Projektberichtes verspätet oder gar nicht   4.10.7

Zu diesem wichtigen Thema verweisen wir auf Kapitel ▶ 8.4.6, da dort auch z. B. das Nichterscheinen zur Präsentation usw. behandelt wird.

Täuschungshandlungen im Zusammenhang mit der betrieblichen Projektarbeit   4.10.8

Hierzu empfehlen wir grundsätzlich folgende Paragrafen:

§ 9 AO IT-System-Elektroniker/-in
§ 15 AO Fachinformatiker/-in
§ 21 AO IT-System-Kaufmann/-frau
§ 27 AO Informatikkaufmann/-frau

(2) Der Prüfling soll in Teil A der Prüfung in insgesamt höchstens 35/70 Stunden eine betriebliche Projektarbeit durchführen und dokumentieren sowie ...

Die [1] **Ausführung der Projektarbeit** wird mit praxisbezogenen Unterlagen dokumentiert.*

[2] **Durch die Projektarbeit und deren Dokumentation soll der Prüfling belegen, dass er***

[3] **Arbeitsabläufe ...***

Die Projektarbeit ist künstlich, weil das Projekt gar nicht durchgeführt wurde.

Die betriebliche Projektarbeit muss ausgeführt worden sein: s.o. [1]*
Eine rein theoretische Arbeit („Was wäre, wenn ...") ist nicht zulässig.

Die betriebliche Projektarbeit und/oder die Präsentation scheinen ein Plagiat zu sein.

Die AO setzt ausdrücklich die eigene Leistung voraus (s. o. [2]*, [3]*).
Der Prüfling hat erklärt, dass er seine Arbeit selbstständig gefertigt hat (▶ 4.9).

Die betriebliche Projektarbeit und/oder die Präsentation scheinen auf nicht dokumentierten Zuarbeiten aufzubauen.

Die AO setzt ausdrücklich die eigene Leistung voraus (s. o. [2]*, [3]*).
Der Prüfling hat erklärt, dass er fremde Zuarbeiten gekennzeichnet hat. (▶ 4.9)

Rechtliche Konsequenzen

Hierzu empfehlen wir grundsätzlich folgende Paragrafen:

18 MPO

(1) Teilnehmer, die sich einer Täuschungshandlung oder einer erheblichen Störung des Prüfungsablaufs schuldig machen, kann der Aufsichtsführende von der Prüfung vorläufig ausschließen.
*(2) Über den endgültigen Ausschluss und die Folgen entscheidet die Prüfungskommission nach Anhören des Prüfungsteilnehmers. **In schwer wiegenden Fällen, insbesondere bei vorbereiteten Täuschungshandlungen, kann die Prüfung für nicht bestanden erklärt werden.** Das Gleiche gilt bei innerhalb eines Jahres nachträglich festgestellten Täuschungen.*

Diese obigen Fälle gestalten sich schwierig, weil u. U. nicht sicher abgrenzbar ist, inwieweit Vorsatz oder nur Fahrlässigkeit vorgelegen hat. Trotzdem haben Sie als Prüfungskommission die Möglichkeit und die Pflicht, genauestens diesen Sachverhalt aufzuklären.

Wir empfehlen die Aufnahme von tiefer gehenden Fragen für das Fachgespräch.

Seien Sie schon beim geringsten Verdacht vorbereitet:

- Suchen Sie z. B. im Internet mithilfe von Suchmaschinen zu dem Thema Veröffentlichungen.
- Sprechen Sie mit anderen Kommissionen und holen Sie deren Fachrat zu den Inhalten der Arbeit und zu der Plagiatsfrage.
- Sprechen Sie eine Strategie innerhalb Ihrer Kommission ab, insbesondere genaue Protokollierung durch einen Prüfer beim Fachgespräch.
- Suchen Sie eine Absprache mit Ihrer IHK wegen der tief greifenden Konsequenzen für den Ihnen anvertrauten Prüfling. Lassen Sie sich von den Juristen dort beraten, da noch eine Reihe von – insbesondere verwaltungsrechtlichen – Bestimmungen mit hereinspielen.

Berechtigte Sanktionen sollten nicht an Verfahrensfehlern scheitern.

Ob beim Fachgespräch die schlechte Beantwortung Ihrer Nachfragen zum Nichtbestehen führt oder Sie lieber das Nicht-Bestehen aufgrund von Täuschungshandlungen erklären, werden wir hier nicht kommentieren.

Nachsicht scheint uns aber nicht unbedingt angebracht, sonst geistern Stereotypen von Gliederungen, Bildern, Sätzen usw. oder gar ganze Module von Projektberichten durch das Internet, aus denen man dann künstliche Projektarbeiten zusammenschrauben kann.

„Unser Auszubildender hatte uns davon überzeugt, dass die Projektarbeit nicht wirklich durchgeführt werden muss. Deswegen haben wir unterschrieben."

... waren die Worte des Ausbildungsverantwortlichen auf die Vorhaltungen der Kommission, dass sie den Eindruck habe, das Projekt sei gar nicht durchgeführt – aber dennoch abgenommen worden.

9705182

Die Präsentation des Projektes 5

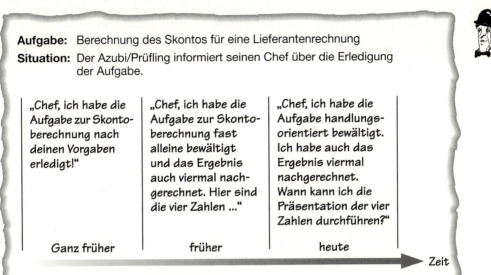

Aufgabe: Berechnung des Skontos für eine Lieferantenrechnung

Situation: Der Azubi/Prüfling informiert seinen Chef über die Erledigung der Aufgabe.

„Chef, ich habe die Aufgabe zur Skonto-berechnung nach deinen Vorgaben erledigt!"

„Chef, ich habe die Aufgabe zur Skonto-berechnung fast alleine bewältigt und das Ergebnis auch viermal nach-gerechnet. Hier sind die vier Zahlen ..."

„Chef, ich habe die Aufgabe handlungs-orientiert bewältigt. Ich habe auch das Ergebnis viermal nachgerechnet. Wann kann ich die Präsentation der vier Zahlen durchführen?"

Ganz früher — *früher* — *heute* → *Zeit*

Die Präsentation zwischen Praxisbezug und Prüfung 5.1

Was du zu präsentieren hast 5.1.1

Präsentation abhalten

Ausgewählte Doku-mente, die im Zuge des Projekts erstellt bzw. beschafft werden mussten

Aufzeigen fachlicher Hintergründe ↔ Reflexion + Qualitätssicherung

Darstellung und Begründung der Vorgehensweise ↔

Beleg für eigene Leistung an sich

Ausgewählte Doku-mente, die nur dem Projektbericht dienen

Darstellung sach-bezogener Probleme und Lösungs-konzepte ↔

Dokumente, die nur der Präsentation dienen

Gestaltung der Präsentation

Bisher waren deine Leistungen im Prüfungsteil A dadurch geprägt, dass du in deinem dir bekannten Umfeld ohne die Präsenz von Prüfern und damit relativ stressfrei eine Prü-fungsleistung erbracht hast. Auch die schriftliche Prüfung (Teil B) dürfte jetzt absolviert sein.

Nun tritt deine Abschlussprüfung in eine neue Phase: Du wirst mit der Prüfungskommission konfrontiert. Zur Vorbereitung auf die von dir zu erbringenden Leistungen solltest du dir anfangs überlegen, was du zu leisten hast. Welchem Prüfungszweck dient eigentlich die Präsentation?

Wir zitieren wieder die Ausbildungsordnung:

§ 9 AO IT-System-Elektroniker/-in § 15 AO Fachinformatiker/-in § 21 AO IT-System-Kaufmann/-frau § 27 AO Informatikkaufmann/-frau	*„Durch die Präsentation ... soll der Prüfling zeigen, dass er* – *fachbezogene Probleme und Lösungskonzepte zielgruppen-gerecht darstellen,* – *den für die Projektarbeit relevanten fachlichen Hintergrund aufzeigen sowie* – *die Vorgehensweise im Projekt begründen kann.*

Mit deiner Präsentation sollst du also primär die Aspekte darstellen, die du in deinem Projektbericht bereits behandelt hast, aber auch die Aspekte, die

☑ noch mehr zum Verständnis der Kommission beitragen;

☑ dir im Projektbericht nicht so gelungen sind (wie du nach der Abgabe festgestellt hast);

☑ dein eigenes Vorgehen kritisch reflektieren (z. B. was lief gut/schlecht);

☑ belegen, dass du dieses Projekt auch wirklich selbst durchgeführt und nicht per Download erledigt hast.

Fehler vermeiden

- Es wäre ein fataler Irrtum, wenn du mit deiner Präsentation einfach nur deinen Projektbericht wiederholst.

- Es wäre nicht ausreichend, wenn du in der Präsentation einfach nur dein Produkt vorstellst.

 Du solltest diese Prüfungsleistung trotz der mit ihr verbundenen Belastungen nicht als zusätzliche Quälerei ansehen. Die Präsentation ist eine Chance für dich, die du Gewinn bringend nutzen kannst, wenn du es richtig anstellst.

Dazu dient dir die Lektüre der folgenden Kapitel.

Bedenke auch, dass deine Präsentation eine Leistung ist, die du für den Moment erbringst. Deine Leistung wird nicht konserviert, d. h. festgehalten, um sie später auswerten zu können. Es gibt nicht wie im Sport eine Zeitlupe, in der die Prüfungskommission oder auch du nach der Situation alles im Detail erkennen und bewerten kannst. Mit der Leistung eines Sportlers hast du aber trotzdem etwas gemeinsam: Wie z. B. im Fußball gilt in der konkreten Situation die Tatsachenentscheidung des Schiedsrichters.

Du kannst also deine Prüfungsleistung nicht nachbessern, du musst alles, was du hast und kannst und bist, in die Präsentation einbringen.

„Zum Erfolg gehören   ein bisschen Sein,
                        ein bisschen Schein,
                        ein bisschen Schwein!"

5.1.2 Wann erarbeitest du deine Präsentationsunterlagen?

Sofort.

Mit der Abgabe deines Projektberichtes hast du eine wertvolle Prüfungsleistung erbracht. Nach dem Feiern solltest du gleich den Endspurt deiner Prüfung beginnen. Verzögere und unterschätze dies nicht, dann kannst du dir eine Menge Stress ersparen.

Am Termin deiner Präsentation/Fachgespräch könnte auch noch eine Mündliche Ergänzungsprüfung auf dich warten getreu dem Motto „Das dicke Ende kommt zuletzt!".

9705184

Beginne mit der Erstellung deiner Präsentationsunterlagen, solange die Eindrücke aus deinem Projektbericht noch frisch sind. Was du in deinem Bericht geschrieben hast, kannst du auch in drei Jahren oder viel später noch nachlesen – aber deine Stimmung und den Zeitgeist beim Ausarbeiten der Projektphasen solltest du für deine Präsentation sofort konservieren, damit diese am Ende nicht farblos werden.

Der Zeitaufwand für die Erstellung deiner Präsentationsunterlagen (Folien, Handouts) und deiner sonstigen Vorbereitungen ist nirgendwo festgelegt.

Diese Leistungen haben prüfungsdidaktischen Charakter und gehören damit nicht zur Projektdurchführungszeit von 35/70 Stunden, die ja von der Ausbildungsordnung vorgeschrieben wird. Du kannst also mit Muße, aber vor allem mit Augenmaß, deine Unterlagen für die Präsentation vorbereiten. Aber beachte: Weniger kann manchmal mehr sein, die Prüfungskommission möchte sich durch Inhalte, weniger durch ein Feuerwerk von Spezialeffekten überzeugen lassen.

Zweck deiner Präsentation in der Praxis   5.1.3

Die Anforderungen an die Ausbildung und damit an die Abschlussprüfung haben sich in den letzten Jahr(zehnt)en sehr gewandelt: Unser kleines Beispiel unter der Kapitelüberschrift soll dies etwas überspitzt verdeutlichen.

Heutzutage reicht es also nicht mehr aus, wenn du deine Aufgabe oder einen Kundenauftrag gut, d. h. den Erwartungen entsprechend ausführst. Du musst auch die erzielten Ergebnisse richtig präsentieren können. Bei Projekten – insbesondere in der IT-Branche, und darum geht es ja hier – gehören Präsentationen selbstverständlich dazu.

Zweck von Präsentationen ist grundsätzlich:

- Wissen in einer geschickten Form zu vermitteln.
- In effektiver Weise Leute auf den gleichen Informationsstand zu bringen.

Projektstart	Abnahme Grobkonzept	Abnahme Sollkonzept	Vorstellung der realisierten Lösung	Abschluss des Projektes
Präsentation des Vorhabens und der Ziele	Präsentation des Grobkonzeptes	Präsentation des Sollkonzeptes	Präsentation der Lösung	Präsentation des Projektverlaufes und -erfolges
z. B. zur Freigabe des Projektes	*z. B. zur Freigabe der Vorgehensweise*	*z. B. zur Freigabe der Realisierung*	*z. B. zur Freigabe des Einsatzes*	*z. B. zur Entlastung der Projektmitarbeiter*

Deine Präsentation ist kein Verkaufsgespräch. Dies kann die Prüfungskommission auch nicht von dir verlangen. In diesem Falle solltest du dagegen intervenieren oder im Nachhinein einen Widerspruch einlegen.

In deiner Präsentation sollst du keine „künstlich" erzeugten Inhalte präsentieren, sondern die im Laufe der Projektbearbeitung bis zu seinem Abschluss entstandenen Dokumente.

Deine Präsentation im Rahmen der Abschlussprüfung würden wir nach obigem Beispiel mit der Präsentation zum Abschluss eines Projektes vergleichen, in der einem kompetenten Gremium (so etwas gibt es bei Projekten und heißt oftmals Lenkungsausschuss) noch einmal alle erfolgsrelevanten Aspekte dargestellt werden, um das Projektteam und sich selbst als Projektleiter zu entlasten.

5.1.4 Wer ist Konsument deiner Präsentation?

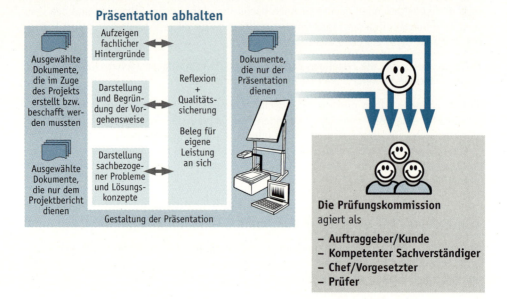

Präsentation abhalten

Aus dieser Form deiner praxisorientierten Präsentation kann die Prüfungskommission

Wenn du im Sinne des Kapitels ▶ 5.1.3 deine Abschlusspräsentation durchführst, dann wird diese Präsentation vor einem Gremium durchgeführt, das sich aus verschiedenen Leuten mit verschiedenen Interessen zusammensetzt.

■ **Dein(e) Auftraggeber(in):**

Sie/er möchte sein Produkt verstehen und will wissen, ob das Projekt die Ziele und die Nutzenerwartung erreicht hat.

■ **Sachverständige aus beteiligten Fachabteilungen:**

Diese möchten feststellen, ob du die fachlichen Hintergründe richtig beherrschst und wiedergibst.

■ **Dein(e) Vorgesetzte(r):**

Sie/er möchte als dein fachlicher Betreuer feststellen, ob du über die erforderliche Fach- und Methodenkompetenz verfügst, um als zukünftiger Mitarbeiter Projekte für den Kunden durchzuführen, und in der Lage bist, selbstständig und zielorientiert zu agieren.

■ **Den Prüfern/-innen:**

Er/sie möchte dich verstehen und dein Projekt begreifen, um feststellen zu können, dass du das auch alles selbst gemacht hast. Er/sie möchte auch feststellen, dass dir in deiner Ausbildung das notwendige Handwerkszeug vermittelt wurde.

 Obwohl in deiner Präsentation betriebliche Aspekte eine Rolle spielen, kann und darf dein Betrieb/ dein Ausbildender nicht deine Präsentation bewerten.

Aus dieser Form deiner praxisorientierten Präsentation kann die Prüfungskommission anhand ihres Kriterienrasters, das die verschiedenen Sichtweisen beinhaltet, deine Leistungsfähigkeit bewerten.

Die formalen und inhaltlichen Ansprüche an deine Präsentation und die damit korrespondierenden Bewertungsraster findest du ab Kapitel ▶ 5.4 erläutert.

9705186

Du musst dich auf folgendes Verhalten der Prüfungskommission einstellen:

■ Die Prüfungskommission wird grundsätzlich zu Form und Inhalt keine Fragen stellen, denn dafür dient das Fachgespräch.

■ Die Prüfungskommission wird keine Regung zeigen, sondern dir aufmerksam zuhören und sich dabei Notizen machen.

■ Die Prüfungskommission wird in der Regel Blickkontakt zu dir halten. Sollten die Kommissionsmitglieder gelangweilt oder aus dem Fenster schauen, solltest du Maßnahmen zur Rückgewinnung ihrer Aufmerksamkeit einleiten.

Deine Präsentation ist also eine Einbahnstraße, die Kommission ist ein reiner Konsument deiner Präsentation, nicht Partner.

Beginn und Dauer deiner Präsentation 5.1.5

Deine Präsentation soll 15 Minuten dauern.

15 Min.

Die exakte Zeit für die Durchführung deiner Präsentation ist nicht gesetzlich verankert.

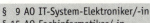

§ 9 AO IT-System-Elektroniker/-in
§ 15 AO Fachinformatiker/-in
§ 21 AO IT-System-Kaufmann/-frau
§ 27 AO Informatikkaufmann/-frau

Die Ausbildungsordnung besagt, dass „… in höchstens 30 Minuten diese Projektarbeit zu präsentieren und darüber ein Fachgespräch zu führen" ist.

Aus der Logik „zwei Teile in 30 Minuten – ein Teil in 15 Minuten" kann man nun die Zeit für die Präsentation herleiten. Dies ist auch durch verbindliche Empfehlungen in den Handreichungen der zuständigen Leitkammer Essen geschehen.

Eine Überschreitung dieser Zeit wird von den Prüfungskommissionen grundsätzlich nicht akzeptiert.

■ Du solltest daher die 15 Minuten für dich als „Gesetz" ansehen und deine Aktivitäten an dieser Zeit ausrichten.

■ Achte vor Beginn deiner Präsentation genau auf die Ansagen deiner Prüfungskommission, wie sie mit der Zeit verfahren.

■ Du wirst bei einer netten Kommission rechtzeitig, d. h. ca. 2 Minuten vor dem Ablauf der vorgesehenen Zeit, darauf hingewiesen, langsam zum Schluss zu kommen.

■ Es kann aber auch Kommissionen geben, die nach exakt 15 Minuten gnadenlos abbrechen.

■ Solltest du die 15 Minuten nicht ausschöpfen, macht dies nichts, wenn du alles Wesentliche platzieren konntest. Dazu aber ab Kapitel ▶ 5.4 mehr …

Wie lange die Präsentation gehen soll, ist jetzt klar, aber: **Wann** beginnt eigentlich die Prüfung in diesem Teil?

Hier!

Eintreffen am Prüfungsort, warten → Abholung durch Kommissionsmitglied → Betreten des Prüfungsraums, Legitimation → „Beginnen Sie mit Ihren Vorbereitungen" → Technisch-organisatorische Vorbereitung → „Sie dürfen mit der Präsentation beginnen"

Prüfungsverlauf

9705187

Folgender Ablauf wird zum Beginn der Prüfung zu erwarten sein:

1. Ein Mitglied der Prüfungskommission wird dich von deinem Warteplatz abholen, dich begrüßen und in den Prüfungsraum führen.

2. Du wirst dich legitimieren müssen, d. h. Personalausweis (o. Ä.) und Einladung vorzeigen müssen.

3. Die Prüfungskommission wird dich dann bitten, dich auf die Präsentation vorzubereiten.

4. Die Prüfungskommission wird dich auf die im Projektantrag angegebene Vorbereitungszeit hinweisen.

 Formaler Hinweis: Beim Legitimieren oder spätestens beim Vorstellen der Kommissionsmitglieder wird dich die Kommission auch fragen: „Gibt es aus Ihrer Sicht Gründe, die gegen die Durchführung der Prüfung sprechen?"

Wenn du warum auch immer unter Krankheitssymptomen leidest, die deine Prüfungsfähigkeit beeinflussen, dann solltest du das hier kundtun. Die Prüfung könnte dann für dich verschoben werden, wenn du viel Pech hast, auch sehr lange ... Halte lieber noch die zweimal 15 Minuten Präsentation und Fachgespräch durch.

 Der Hinweis auf die eigene Aufgeregtheit geht nicht als Krankheitssymptom durch, schafft aber vielleicht noch Sympathien.

 „Na klar gibt es Gründe, die gegen die Durchführung sprechen: Ich bin nicht vorbereitet."

5.2 Plane deine Präsentation

5.2.1 Durchdenke deine Schritte

Im Kapitel ▶ 5.1.1 haben wir dir ja schon die Elemente gezeigt, die in deiner Präsentation berücksichtigt werden müssen.

Damit ist für das Bestehen deiner Prüfung klar, dass diese Elemente von dir für die Präsentation in eine entsprechende Struktur bzw. Systematik gebracht und die mit ihnen verbundenen Ziele erreicht werden müssen.

Du musst dich gezielt und exakt vorbereiten. Du brauchst einen Plan.

Wann solltest du mit den Vorbereitungen auf deine Präsentation beginnen?

Sofort nach Fertigstellung und Abgabe deines Projektberichtes.

Es gilt hier, keine Zeit zu vergeuden oder die Abgabe des Projektberichtes ausgiebig zu feiern. Selbst wenn du rechtzeitig von deiner IHK oder deiner Prüfungskommission den Präsentationstermin mitgeteilt bekommst, vermeide Zeitverluste, denn erfahrungsgemäß wird es am Ende ja immer knapp mit der Zeit (siehe auch „Minus-1-Syndrom" ▶ 5.2.4).

Zum Bestehen dieses Prüfungsteiles reicht es nicht aus, mit deinem fotokopierten Projektbericht vor die Prüfungskommission zu treten.

 Es ist von dir noch eine weitere Prüfungsleistung zu erbringen: Du musst Präsentationsunterlagen erarbeiten, mit denen du dein Projekt vorstellst.

9705188

Dokumente, die nur für die Präsentation erstellt werden.

Du kannst Elemente deines Projektberichtes durchaus verwenden (z. B. ERD, Tabellenstrukturen, Schaltpläne, kundenbezogene Dokumentationen), aber diese Unterlagen sollten sich in Form und Inhalt deutlich von deinem Projektbericht unterscheiden.

Was gehört nun zu deinem Plan und zu deiner Vorbereitung?

- Lege die Form deiner Präsentation fest (▶ 5.2.2)
- Erarbeite deine Präsentationsunterlagen (▶ 5.7)
- Trainiere den Umgang mit deinen Medien (▶ 5.6.2)
- Führe eine Generalprobe durch (▶ 5.2.4)
- Nutze unsere Checkliste zur Vorbereitung auf den Prüfungstag und plane auch den Notfall (▶ 5.2.5)

Fehler vermeiden

Gehe von nichts anderem aus, als dass du deine Präsentation innerhalb von 15 Minuten durchführen musst.

Mache dir einen Plan, gehe nicht unstrukturiert in deine Präsentation.

Betrachte die Erstellung deiner Präsentationsunterlagen als eine Prüfungsleistung.

Welche Form bekommt deine Präsentation?   5.2.2

Du musst in deiner Vorbereitung auf deine Präsentation eine Entscheidung treffen, die den Erfolg deiner Prüfung beeinflussen wird: Wähle dir eine geeignete Präsentationsform.

Du solltest natürlich eine Form wählen,

- die dir den größtmöglichen Erfolg beschert,
- die mit den dir zur Verfügung stehenden technischen, wirtschaftlichen, organisatorischen und zeitlichen Mitteln (diese Kriterien kennst du doch?) realisiert werden kann,
- die du sicher beherrschst und mit der du dich wohl fühlst,
- die dir von deinem Ausbildungs- oder Praktikumsbetrieb bekannt ist.

Du musst hierfür wissen, dass deine Präsentation unter dem Aspekt „Fachgerechter Medieneinsatz" von der Prüfungskommission bewertet wird (▶ 5.6.2).

Entscheidende Bedeutung kommt daher dem Begriff „fachgerecht" zu: Was gilt in der IT-Branche als fachgerecht? Nur das, was „in" und „teuer" ist? Wir können dir nur aus unserer Sicht und Erfahrung die gängigsten Präsentationsformen nennen und ihre Wertigkeit zum Aspekt „Fachgerechter Medieneinsatz" aufzeigen.

Präsentations-form	Flipchart	Metaplan	OH-Folien	Folien über Laptop und Beamer
Wertigkeit in Bezug auf den „Fachgerechten Medieneinsatz"	😐	🙂	🙂🙂	🙂🙂
Empfehlung zur Anwendung	nicht alleine verwenden, eher zur Ergänzung anderer Formen	Handouts von Dokumenten wären eine zweckmäßige Ergänzung	Handouts oder Flipchart könnten sinnvoll ergänzen (z. B. zur Gliederung)	Andere Formen könnten sinnvoll ergänzen (z. B. zur Gliederung)

Es werden nun nicht alle Prüfungsteilnehmer die Möglichkeit haben, sich mit einem Laptop und Beamer auszurüsten, einer sicherlich fachgerechten und Erfolg versprechenden Präsentationsform. Selbst wenn dies umfassend gelänge, so können dabei auch schwere Fehler gemacht werden, die die Bewertung wieder mindern. Du musst diese Technik auch einwandfrei beherrschen.

Es gilt das Motto „Weniger ist manchmal mehr." – es wird uns auch in den folgenden Kapiteln begegnen. Aber zu wenig ist auch schlecht: Eine Präsentation ohne Medien ist keine Präsentation.

Aus unserer Sicht dürfte die Folienpräsentation bei den meisten Prüflingen in die engere Wahl kommen – ob nun mit Beamer oder nicht.

Wir wollen dir auf den folgenden Seiten mit einigen Übersichten und Checklisten die o. g. Präsentationsformen und die dabei zu verwendenden Gestaltungselemente etwas näher vorstellen.

Kurzer Ausflug in die Farbenlehre

Keine Präsentationsform kommt ohne Farben aus. Farben regen die menschliche Fantasie an. Jeder Mensch wird z. B. mit der Alarmfarbe „rot" eher etwas Gefährliches und weniger etwas Neutrales verbinden.

Die folgenden Ausführungen werden eher die Präsentation mit Metaplan-Elementen berühren, sie geben aber auch Anregungen für die anderen Präsentationsformen.

Farbe	Verwenden	Nicht verwenden
Weiß und Blau	■ bei neutralen Aspekten, Fakten und Informationen ■ zur Gestaltung von Überschriften ■ zur Darstellung von Prozessabläufen und Strukturen	wenn du Emotionen darstellen oder Bewertungen vornehmen willst
Gelb und Orange	■ zur Strukturierung ■ zum Betonen von Überschriften, Gliederungen, Prozessabläufen, betrieblichen Strukturen ■ zum Hervorheben von vorhandenem Wissen	wenn du etwas Neutrales darstellen willst
Grün	■ zur Darstellung von Vorteilen und positiven Argumenten ■ zur Beschreibung von Konsens oder Kompromissen ■ zur Darstellung von Feedback oder Reflexion ■ zum Zusammenfassen von Elementen	wenn du etwas Neutrales oder etwas Nachteiliges darstellen willst
Rot	■ zur Darstellung von Nachteilen und negativen Argumenten ■ zur Definition von Maßnahmen ■ zum Aufstellen von Regeln ■ zur Emotionalisierung von Themen	wenn du etwas Neutrales oder etwas Positives darstellen willst

9705190

Für alle anderen Farben empfehlen wir eher eine zurückhaltende Verwendung. Eine allzu bunte Darstellung bringt auch eher Nachteile: Sie könnte unruhig oder gar kitschig wirken, das Auge des Betrachters findet keinen Ruhepol.

Du weißt ja, weniger ist mehr ... und mit diesen sechs Farben müsstest du eigentlich gut zurechtkommen.

Die Wirkung von Farben bei Präsentation und Visualisierung

Weiß:
- klar und einfach
- neu
- leer, Hintergrund
- leicht

Grün:
- stellt Gleichgewicht her
- passiv, neutral
- beruhigend
- stellt Sicherheit her

Blau:
- kalt, passiv
- fördert Konzentration
- wahr, seriös
- leidenschaftslos

Gelb:
- sanft reizend
- kommunikativ
- kreativ, aktiv
- leicht
- intellektuelle Kraft

Orange:
- gesellig
- vertraut
- reizend, aktiv
- leuchtend

Rot:
- stark aktivierend
- dynamisch, kraftvoll
- leidenschaftlich
- geistig, belebend
- erzeugt Spannung

Eine Farbe fehlt dennoch und muss erwähnt werden:

Schwarz ist die Farbe der Schrift.

Dies gilt insbesondere für das Beschriften der Metaplankarten. Die Karten bringen die Farbe in die Präsentation, nicht die Schrift.

Die Haupttexte auf Folien und auf dem Flipchart sollten ebenfalls in Schwarz geschrieben werden.

Bei Überschriften oder anderen Strukturelementen kannst du durchaus auch in **einer** anderen Farbe schreiben.

Präsentation unter Einsatz der Metaplantechnik

Wenn du deine Präsentation unter Einsatz der Metaplantechnik durchführen möchtest, musst du 5 Elemente anwenden und zu einem Gesamtbild anordnen:

Es gibt eine Vielzahl von Meinungen und Philosophien über die Anwendung der Metaplantechnik. Wir können und wollen hier nur einige Hilfen und das notwendige Handwerkszeug vermitteln. Weitere Kompetenzen kannst du dir aus anderer Literatur oder in einem geeigneten Seminar aneignen.

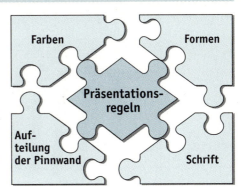

Die Wirkung und Anwendung von **Farben** wurde ja soeben (s. o.) beschrieben.

Empfehlung zur Verwendung von Formen in der Metaplantechnik

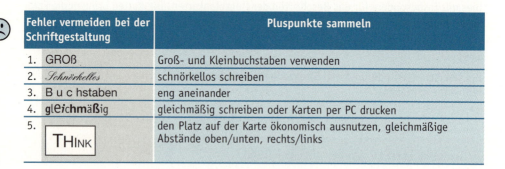

	Überschriften ... ... sollten sich in Größe und Form von den anderen Elementen absetzen, sei kreativ. Verwende diese Formen sparsam oder nur einmal.
	Überschriften, Fragen, Themen ... ... sind ein wichtiges Strukturelement. Verwende dies ebenfalls sparsam.
	Anmerkungen, Details, Informationen, Wissen ... ... dein Hauptelement für die Vermittlung der Inhalte.
	Ergänzungen, offene Fragen ... ... bringen Abwechslung und Variationen für die Vermittlung deiner Inhalte.
	Strukturierung, Nummerierung ... ... verwende größere Kreise zum Darstellen von Unterpunkten, kleinere Kreise zur Nummerierung z. B. von Argumenten.
	Ergänzungen ... ... bringen ebenfalls Abwechslung und Variationen für die Vermittlung deiner Inhalte. Auch zur Strukturierung (Unterpunkte) verwendbar.
	Wichtungen, Wertungen.

Fehler vermeiden bei der Schriftgestaltung	Pluspunkte sammeln
1. GROß	Groß- und Kleinbuchstaben verwenden
2. *Schnörkellos*	schnörkellos schreiben
3. B u c hstaben	eng aneinander
4. gl*ei*chmäßig	gleichmäßig schreiben oder Karten per PC drucken
5. THINK	den Platz auf der Karte ökonomisch ausnutzen, gleichmäßige Abstände oben/unten, rechts/links

9705192

Einteilung der Pinnwand

😊 Verwende ein auffallendes Element zur Gestaltung deiner Überschrift.

😊 Nutze die Elemente zur Strukturierung und teile damit den Platz auf deiner Pinnwand ein.

😊 **Vermeide eine Vielfalt von Formen!** Elemente in derselben Form (z. B. rechteckig, rund) ergeben grundsätzlich ein harmonisches Gesamtbild.

😊 Verwende nicht nur Karten, sondern auch Elemente zur Visualisierung. **Tipps zur Platzierung von Bildern und Grafiken auf einer Pinnwand findest du in ▶ 5.6.3.**

😊 Finde ein geeignetes Fazit.

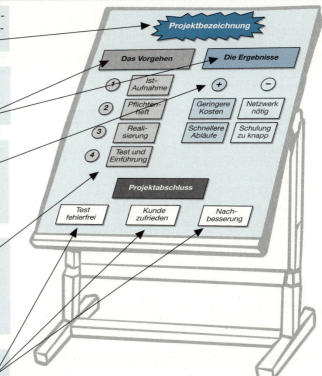

Projektbezeichnung

Das Vorgehen — Die Ergebnisse

1 Ist-Aufnahme | + | −
2 Pflichtenheft | Geringere Kosten | Netzwerk nötig
3 Realisierung | Schnellere Abläufe | Schulung zu knapp
4 Test und Einführung

Projektabschluss

Test fehlerfrei | Kunde zufrieden | Nachbesserung

Fehler vermeiden

- *Beschreibe die Karten nicht mehr als dreizeilig.*
- *Schreibe nicht mehr als 7 Wörter auf eine Karte.*
- *Vermeide inhaltsleere Aussagen auf Karten, z. B.*
  „Kosten" – was ist mit den Kosten? Steigen sie, sinken sie, wer gibt sie aus? ☹
  „Materialkosten sinken" – das ist eine Aussage, die eher für sich spricht. 😊
- *Schreibe alles auf Karten. Schreibe grundsätzlich nichts auf das Deckpapier der Pinnwand, es sieht unsauber aus und wirkt unscheinbarer als eine Karte.*

Präsentationsregeln

- Blickkontakt halten
- Freundlich bleiben
- Fester Standpunkt
- Freie Gestik
- Auf Karten zeigen
- Luft holen, Sprechpausen
- Dicht an der Pinnwand stehen
- Nicht an der Pinnwand festhalten
- Nicht gegen die Pinnwand sprechen
- Schlusswort finden

Die Bedeutung des Flipcharts

Zum Thema „Flipchart" führen wir hier nichts weiter aus. Als alleiniges Medium einer Präsentation ist das Flipchart nicht fachgerecht/zeitgemäß und damit für uns ungeeignet.

 Das Flipchart hat seine Vorteile in anderen Tätigkeitsbereichen und kann für eine Präsentation von uns nur im Rahmen eines sinnvoll abgestimmten Methoden-Mix und damit nur als ergänzendes Medium empfohlen werden.

Pluspunkte sammeln mit dem Einsatz eines Flipcharts

1. *Nutze das Flipchart zur Darstellung deines Präsentationsverlaufs bzw. deiner Gliederung.*
2. *Schreibe in einer großen Schrift, die später von einer Prüfungskommission aus der Entfernung noch gelesen werden kann.*
3. *Schreibe gleichmäßig, sauber und fehlerfrei.*
4. *Verwende Farbstifte, die einwandfrei schreiben.*
5. *Verwende als Grundfarbe deiner Schrift „Schwarz".*
6. *Zur Hervorhebung von Texten können andere Farben genutzt werden (siehe unsere Tipps zur Farbenwahl).*
7. *Solltest du mehrere Blätter auf dem Flipchart verwenden, dann bitte in chronologischer Reihenfolge. Das Hin- und Herblättern solltest du vermeiden.*
8. *Solltest du auf eine Gliederung immer wieder zurückkommen, dann hänge das entsprechende Blatt separat, z. B. an der Wand, auf.*
9. *Für Visualisierungen nutze unseren Tipp aus ▶ 5.6.3.*

Gemeinsamer Nachteil von Metaplan-Wand und Flipchart

 Alle Elemente – Blätter, Bögen, Karten, Zeichnungen usw. – müssen zum Prüfungsort transportiert werden, was eine entsprechende Logistik erfordert. Bei Zeichnungen auf dem Deckpapier der Pinnwand muss dieses großformatige Papier möglichst knitterfrei transportiert werden. Es ist auch zu bedenken, dass deine Rüstzeit ausreichend bemessen sein muss, um die am Prüfungsort zur Verfügung gestellten Pinnwände herzurichten.

Fehler vermeiden

- *Beschrifte alle Metaplan-Elemente oder die Blätter des Flipcharts nicht erst im Prüfungsraum, sondern vorher zu Hause. Das spart Zeit und Hektik.*
- *Lege dir die benötigten Karten und Pinn-Nadeln gut zurecht, damit du nicht während deiner Präsentation danach suchen musst und deinen gedanklichen Faden verlierst.*

Folienpräsentation

Was ist eigentlich mit „Folie" gemeint?

 Unter einer Folie verstehen wir im Allgemeinen eine Seite deiner Präsentation,
- *die für die Auflage auf dem OH-Projektor auf Transparentfolie gedruckt oder kopiert wurde,*
- *die für die Projektion per Beamer erstellt wurde.*

Präsentationsfolien lassen sich heute mit verschiedenen Tools am PC erstellen. Ohne Werbung machen zu wollen, erscheint uns immer noch MS PowerPoint oder Corel-Presentations am geeignetsten. Wenn du dies nicht auf deinem Rechner hast, kennst du sicherlich andere Produkte, die Ähnliches leisten. Auch mit Textverarbeitungsprogrammen kann man unter Einbindung von Zeichnungselementen ansehnliche Folien zaubern.

9705194

Du darfst nur nicht ohne passende Strategie deine Texte auf die Folie brennen. Gib deinen Folien eine einheitliche, gut aussehende Struktur.

Ein Beispiel zur Layout-Gestaltung von Folien auf der Basis eigener Erfahrungswerte haben wir dir im Folgenden anzubieten. Du musst dich nicht danach richten, aber wir haben ein solches Layout als angenehm empfunden.

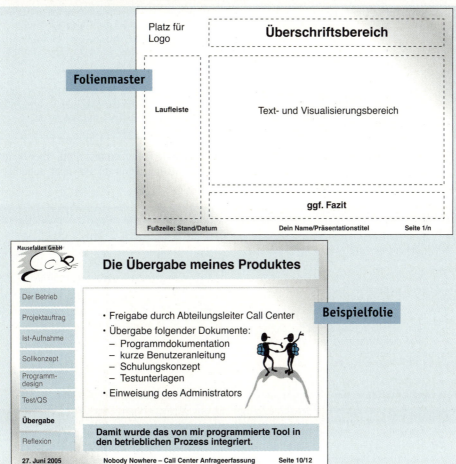

Strukturelemente einer Folie

Strukturelement	Schriftstil	Gestaltungshinweise	Verwendung
Platz für Logo	Schriftgröße: ca. 30, fett oder farbig; Alternativ auch dargestellt als Bitmap/Grafik	Verwendung des Firmenlogos deines Ausbildungs- oder Praktikumsbetriebes	Verleiht deinen Folien eine besondere Note; du kannst auch Produkte symbolisieren
Überschriftsbereich	Schriftgröße: ca. 30, fett; Rahmen oder Hintergrund verwendbar	Absetzung vom Text- u. Visualisierungsbereich durch eine Linie	(An-)sprechende Überschrift deiner Folie; kurz und knapp
Laufleiste	Schriftgröße 16–20	Abgrenzung durch Linien od. andere Gestaltungsmerkmale; Hervorhebung (Farbe, Schriftgröße) des jeweils aktuellen Gliederungspunkts	Hilfestellung für den Kunden, der „Rote Faden" deiner Präsentation

Strukturelement	Schriftstil	Gestaltungshinweise	Verwendung
Text- und Visualisierungs-bereich	Schriftgröße und Stil variierend: zwischen 20 und 24	Weitere Überschriften, Kernaussagen, Stichworte durch Schriftgröße/-stil absetzen; Visualisierung durch Grafiken, Clip-Arts	Hier findet deine eigentliche Präsentation statt. **Verweildauer je Folie ≤ 2 Minuten!**
Fazit (optional)	Schriftgröße: zwischen 24 und 28, fett	Hervorhebung durch einen angemessenen Rahmen/Schattierung	Verstärkung deiner wichtigsten Aussagen, Ergebnisse; Zusam-menfassung, Schlussfolgerungen, Fazit, Überleitung zur nächsten Folie
Fußzeile	Schriftgröße: 14–16	Absetzung durch eine vorangestellte Linie	Unentbehrlich auf allen Erzeug-nissen, zur Identifizierung, zum Zurechtfinden und damit letztlich zur Unterstützung für deinen Kunden

Jetzt müsstest du in der Lage sein, dir Erfolg versprechende Folien zu erstellen. Aber damit ist es nicht getan, auch die besten Folien nutzen dir nichts, wenn du sie nicht angemessen einsetzt oder anwendest. Dazu noch einige Tipps ...

Fehler vermeiden

 Jede Folie bzw. Seite deiner Präsentation sieht anders aus.

 Du wechselst ständig zwischen Hoch- und Querformat.

 Deine Kernaussagen finden sich auf jeder Folie an einer anderen Stelle, die vom Auge des Betrachters gesucht werden muss.

Pluspunkte sammeln

 Deine Folien haben ein einheitliches Layout.

 Du nutzt lieber eine Folie mehr, als die Folien textlich zu überfrachten.

Folienpräsentationen am OH-Projektor

Fehler vermeiden

• Du veranstaltest eine „Folienschlacht": Alle Folien sind zugetextet, du liest nur ab und hetzt von Folie 1 bis Folie 47.

• Die farblichen Teile deiner Folie sind im Ausdruck etwas schwächlich und für den Betrachter nicht ideal wahrnehmbar.

• Du hast beim Ausdrucken/Kopieren nicht die richtige Foliensorte benutzt, die Tinte verwischt oder ist nicht lesbar.

Folienpräsentation über Beamer

Fehler vermeiden

• Du projizierst ein Formular deiner Datenbank-anwendung und hetzt mit Animationseffekten von Feld zu Feld – weniger ist mehr.

• Du hast wenig Kontraste und/oder halbtrans-parente Farben benutzt.
• Die Projektion der Folie weist in einem hellen Raum erhebliche Defizite auf.
• Die Folien passen nicht zur Farbauflösung deines Beamers.

• Du hast die Technik vorher nicht ausprobiert.

9705196

Folienpräsentationen am OH-Projektor

Pluspunkte sammeln

- Eine Dramaturgie/Animation in deiner Präsentation ist möglich, wenn du Teile deiner Folie (z. B. mit einem Fazit, einer positiven Erkenntnis) mit einem Blatt Papier abdeckst. Mache dies aber bitte nicht zeilenweise.

Folienpräsentation über Beamer

Pluspunkte sammeln

Du nutzt die Möglichkeiten der Animation dezent, sparsam, aber wirkungsvoll:
- Kernaussagen werden eingeblendet,
- Prozessstrukturen bauen sich schrittweise auf,
- die Übergänge zwischen den Folien sind abwechslungsreich gestaltet,
- Soundeffekte werden gar nicht oder nur sehr zurückhaltend eingesetzt.

Wähle die Präsentationsform, die du sicher beherrschst und mit der du dich wohl fühlst.

Es gibt keine „richtige" oder „falsche" Präsentationsform, richtig oder falsch wird sie erst durch deine Fähigkeiten.

Du bereitest keine Rede vor   5.2.3

Wenn dir die Prüfungskommission die Starterlaubnis gegeben hat, beginnt dein aktiver Teil in dieser Prüfung, d. h., du musst in „Wort und Bild" dein Projekt darstellen und präsentieren.

Du musst dabei viele Dinge gleichzeitig tun und dich darauf konzentrieren:

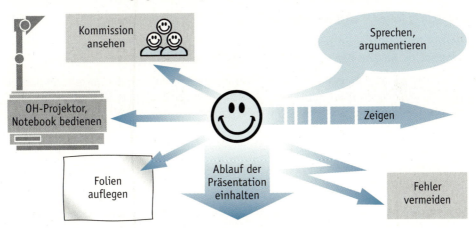

Die Erfahrung lehrt uns, dass dabei oft als Erstes die Konzentration auf die Sprache verloren geht. Du musst unbedingt vermeiden, während deiner Präsentation nach Worten zu suchen oder dich in eine Situation zu bringen, aus der du nicht mehr weiter weißt. Du darfst auch nicht einfach „daherschwätzen" oder in deinen Dialekt verfallen.

Du musst dir im Rahmen deiner Vorbereitung geeignete Worte suchen und für die Präsentation aufbereiten.

Es ist so wie mit allen anderen Aspekten deiner Präsentation: Du musst deine Worte und Aussagen exakt planen. Im Folgenden wollen wir dir hierzu einige Hilfestellungen geben.

Einführungsworte wählen

Deine ersten Worte, mit denen du die Präsentation eröffnest, haben eine spezielle Wirkung:

- Du lenkst die volle Aufmerksamkeit der Prüfungskommission auf dich.
- Du stimmst die Prüfungskommission positiv.
- Du gewinnst selbst die notwendige Sicherheit.

Formuliere eine geeignete Eröffnung und lerne diese Worte auswendig. Wenn die ersten Worte über deine Lippen gekommen und gut gewählt sind, läuft der Rest der Präsentation wie von selbst. Dies wirst du sicherlich schon bei vielen Referaten oder Vorträgen in der Schule bemerkt haben. Diese auswendig gelernte Eröffnung darf nicht zu lang sein und muss auch wirklich sitzen. „Ich-Botschaften" sind dabei durchaus erwünscht.

Hier negative Beispiele für eine Eröffnung:

„Ähh, naja, dann werde ich mal loslegen ...",
„Ich bin ja so nervös."
„Ich muss Ihnen ja nun mein Projekt vorzeigen ..."
„Es war also so ..."

Nun das positive Beispiel:

Wenn dir das Wort erteilt wurde, bedankst du dich und beginnst:

„Ich freue mich, Ihnen nun mein Projekt präsentieren zu dürfen und Ihnen zu zeigen, welche positiven Effekte dieses Projekt für mich und meinen Betrieb gehabt hat."

Na, neugierig geworden?

Auswendig lernen – bitte nur begrenzt

So wichtig die Präzision und sprachliche Korrektheit deiner Einführungsworte auch sind, vermeide es, längere Passagen deiner Präsentation auswendig gelernt darzubieten.

Formuliere nur an den wichtigsten Positionen deiner Präsentation die Worte exakt aus und lerne sie auswendig. Diese Positionen könnten neben der Eröffnung folgende sein:

- ☑ Dein Schlusswort
- ☑ Kernaussagen zu inhaltlichen Aspekten
- ☑ Begründungen für deine Vorgehensweise
- ☑ Erläuterung oder Begründung von Entscheidungen, die du im Laufe des Projektes zu treffen hattest.

Fehler vermeiden – Nachteile des Auswendig-Lernens

- *Du musst eine Menge an Konzentration aufbieten, um das Gelernte abzurufen.*
- *Beim Vortragen des auswendig Gelernten könnte es so aussehen, als ob du gerade „Schillers Glocke" oder ein Weihnachtsgedicht aufsagst.*
- *Die Prüfungskommission ist wohl in der Lage, frei gesprochene von auswendig gelernten Texten zu unterscheiden. Das auswendig Gelernte wirkt meist nicht so natürlich, sondern aufgesetzt oder stereotyp, wodurch deine Präsentation insgesamt etwas leiden könnte.*
- *Die Gefahr, in deinen Ausführungen stecken zu bleiben, ist beim Auswendiglernen größer.*

9705198

Stichpunkte notieren

Da du nicht alles auswendig lernen kannst und auch sollst, musst du dir geeignete Hilfsmittel schaffen, um die von dir zu sprechenden Worte richtig zu platzieren und abzurufen. Im Theater steht den Schauspielern eine Souffleuse zur Verfügung, dir aber leider nicht (du bist ja – hoffentlich – auch kein Schauspieler).

Wenn du also vermeiden willst, im Text stecken zu bleiben, Worte zu suchen, die falschen Worte zu finden, dann musst du dir diese Worte irgendwo notieren. Denke daran: weniger ist mehr: Schreibe dir nur die wesentlichen Stichworte, Sätze und Zusammenhänge auf. Für die Bewertung deiner Präsentation ist es wichtig, dass du im Wesentlichen frei redest. Hierzu bieten sich folgende Techniken an:

- Schreibe dir deine Stichworte auf, benutze dazu am besten Karteikarten im Postkartenformat oder entsprechende Metaplan-Kärtchen. Vermeide es, auf A4-Papier zu schreiben, dann wirst du zum einen gezwungen weniger zu schreiben und zum anderen „verzettelst" du dich nicht.
- Drucke dir deine Präsentationsfolien aus (die brauchst du sowieso für den Notfall). Schreibe dir die Stichworte auf die ausgedruckten Seiten an die entsprechenden Stellen, wo du zusätzlich zu den dargestellten Texten Erläuterungen machen musst. Bei einer Folienpräsentation sortierst du dann in der Präsentationsreihenfolge jeweils die eigentliche Folie und den Papierausdruck, wodurch du den besten Überblick für dich und das beste Handling erreichst.

Dein Präsentations-Test 5.2.4

Bei jeder Vorbereitung auf eine Prüfung oder auch später im „echten" Berufsleben bei der Bearbeitung eines Kundenauftrages kann es dir passieren, dass du trotz aller guten Arbeit und Vorbereitung plötzlich anfängst, an dir oder deinem Ergebnis zu zweifeln. Und der Prüfungstermin rückt immer näher ...

Ein bei dir entstehender Zweifel könnte die dir noch bis zum Prüfungstermin zur Verfügung stehende Zeit betreffen. So wirst du dir möglicherweise am Tage vor der Prüfung wünschen, noch einen Tag mehr Zeit zu haben, um dein Ergebnis noch besser zu machen.

Das Minus-1-Syndrom

So geht es vielen, die Terminarbeiten zu erledigen haben, nicht nur Prüflingen:
- *In einer Klausur wünscht man sich, noch eine Minute mehr Zeit zu haben, um die letzte Frage auch noch beantworten zu können ...*
- *In einer mündlichen Prüfung wünscht man sich noch eine Minute, um den entscheidenden Satz formulieren zu können ...*
- *Bei der Angebotserstellung für einen Kunden wünscht man sich eine Stunde mehr, um vielleicht noch eine weitere Informationsquelle zu prüfen ...*

Man wünscht sich immer eine Zeiteinheit mehr: eine Woche, einen Tag, eine Stunde oder z. B. in der Präsentation eine Minute. Das bedeutet im Umkehrschluss: Man hat das Gefühl, dass immer noch eine Zeiteinheit fehlt, um das Ergebnis richtig perfekt zu machen. Man leidet am „Minus-1-Syndrom".

Dabei ist Perfektionismus nicht unbedingt erstrebenswert, denn oftmals ist eine 80%-Lösung besser, weil natürlicher, lebendiger, ehrlicher, als eine perfekte 100%-Lösung, die ohnehin nur mit immensem Aufwand zu realisieren ist.

Der Verschlimmbesserer

Weiterhin könntest du beginnen, an einigen Teilen deiner Präsentation inhaltlich zu zweifeln. Ursprüngliche Ideen oder Ansätze werden verworfen und durch vermeintlich noch bessere Formulierungen ersetzt. Durch ständiges „Feilen" an deinen Erläuterungen, Aussagen oder Darstellungen bemerkst du es vielleicht gar nicht, dass du das Ergebnis nicht besser, sonder eher schlimmer machst.

Diese Effekte oder andere Zweifel kannst du vermeiden, wenn du rechtzeitig vor deinem Präsentationstermin

- die für deinen Erfolg relevanten Teile deiner Präsentation mit der höchsten Priorität abarbeitest,
- für die weniger wichtigen Teile „Mut zur Lücke" zeigst.

Der Präsentationsworkshop

Sicherheit bezüglich der in einer Präsentation zu zeigenden Kompetenzen bekommst du am ehesten, wenn dir von anderen, fachkompetenten Leuten eine positive Rückmeldung zu diesen Kompetenzen gegeben wird. Sei ggf. wieder Pionier auf diesem Gebiet:

Organisiere in deinem Ausbildungsbetrieb oder in deiner Berufsschule einen Workshop, in dem jeder Prüfling eine Präsentation durchführt und sich von anderen Prüflingen/Azubis/Schülern ein Feedback dazu einholt.

Ein fürsorglicher Ausbildungsbetrieb wird vor einem Prüfungstermin seinen anvertrauten Prüflingen eine Gelegenheit zu einem Präsentations-Test geben. Dies ist auch schon in vielen Betrieben so, vielleicht bist du ja der Erste, der in deinem Betrieb auf eine solche Idee kommt.

1. Ein Ausbilder ist Organisator und Moderator, alle Prüflinge sind Teilnehmer des Workshops.
2. Gemeinsam erarbeiten und visualisieren alle Teilnehmer die Rahmenbedingungen und Regeln für die Durchführung einer Präsentation.
3. Die Teilnehmer suchen sich ein aktuelles, betriebliches Thema oder ein Thema aus dem Privatbereich. (Immer sehr beliebt: „Mein Hobby"; dir werden sicherlich noch bessere Themen für einen solchen Workshop einfallen, oder?)
4. Die Teilnehmer haben die Präsentationsunterlagen und die Medien vorbereitet sowie den Umgang mit den Medien geübt.
5. Jeder Teilnehmer führt seine Präsentation den anderen Teilnehmern vor – simuliert unter realen Bedingungen und Anforderungen.
6. Der Ausbilder und alle anderen Teilnehmer nehmen die Rolle eines Prüfers ein.
7. Gemeinsam analysieren die Teilnehmer und der Ausbilder die Präsentation und geben anhand der vorher erarbeiteten Rahmenbedingungen und Regeln ein Feedback für den Teilnehmer. Die Teilnehmer sollten auch ganz bewusst Meinungen und Empfindungen äußern – sprich Geschmacksfragen diskutieren („Mir gefällt die Farbenwahl nicht ...").
8. Die Teilnehmer können aufgrund des Feedbacks ihre Präsentationskompetenzen verbessern.

Die Generalprobe

Nach allen Maßnahmen, Empfehlungen und Erkenntnissen führst du vor deinem Prüfungstermin noch eine Generalprobe durch

- vor deinen Freunden,
- vor deinen Eltern,
- vor deinem Spiegel.

Mit dieser Generalprobe sollst du dir die erforderliche Sicherheit abholen, indem du alles das, was du in deiner Präsentation sagen oder tun willst, vor einem neutralen Publikum ausprobierst. Spannend ist dabei,

- wie du mit deiner Zeit auskommen wirst,
- wie die Bedienung deiner Medien klappt,
- wie deine Eröffnungsworte gelingen,
- wie du die für dich schwierigen Stellen deiner Präsentation meisterst,
- wie du dich dabei „anstellst"

usw.

Checkliste zur Vorbereitung auf die Präsentation   5.2.5

- ☑ *Personalausweis oder ähnliche Dokumente einstecken (damit die Prüfungskommission auch sehen kann, dass du du bist bzw. dass du nicht eine/n Freund/-in deine Präsentation durchführen lässt)*
- ☑ *Die Einladung der IHK oder der Prüfungskommission einstecken*
- ☑ *Die Fahrtzeit mit eigenem PKW oder öffentlichen Verkehrsmitteln großzügig planen, eine Verspätung muss unbedingt vermieden werden.*
- ☑ *Die Präsentationsunterlagen zurechtlegen und sortieren*
- ☑ *Die mitzubringende Technik (Beamer, Notebook) auf Funktionsfähigkeit prüfen*
- ☑ *Alle sonst zur Präsentation benötigten Unterlagen bereitlegen*
- ☑ *Ein Exemplar des Projektberichtes einstecken*
- ☑ *Auswahl der Kleidungsgegenstände*
- ☑ *Eine Armbanduhr oder einen Reisewecker mitnehmen*
- ☑ *Zur Bekämpfung eines ausgetrockneten Mundes ein Glas und eine kleine Flasche Mineralwasser einpacken*
- ☑ *Persönliche Glücksbringer nicht vergessen*
- ☑ *Überlege dir einen guten Übergang zum Fachgespräch*

Ein Punkt wird hier von uns besonders hervorgehoben, damit er bei deinen Vorbereitungen berücksichtigt werden kann:

Deine „Notfalltreppe"

Du wirst bei deiner Präsentation Technik einsetzen. Es gibt keine Garantie, dass diese Technik im Ernstfall auch wirklich funktioniert.

Kein Unternehmensberater auf der Welt wird bei seiner Präsentation vor seinem Auftraggeber seine Sachen wieder einpacken, nur weil der OH-Projektor nicht funktioniert. Dies sollte auch für dich gelten. Der Unternehmensberater verliert im Zweifel seinen Auftrag, aber du kannst im Zweifel deine Prüfungsleistung nicht erbringen.

Plane den technischen Notfall!

Präsentation über Notebook und Beamer	Präsentationsfolien erstellen, um alternativ über den OH-Projektor zu präsentieren	
	Präsentation über OH-Projektor	Ausdruck der Präsentations-folien in Papierform („Handout" bzw. „Tischvorlage" für jedes Kommissionsmitglied), um alternativ mit den „Papieren" zu präsentieren
		Präsentation ohne Technik nur mit Flipchart oder in Papierform

Um ganz sicher vorbereitet zu sein, solltest du daher immer einen Ausdruck deiner Präsentationsunterlagen in Papierform für jedes Prüfungskommissionsmitglied (also dreimal) dabei haben.

Zwinge aber niemals der Kommission einen Handout auf, denn diese sind lt. Ausbildungs-ordnung nicht vorgeschrieben. Dieses Aufzwingen könnte eher negativ als positiv ausge-legt werden. („Warum will er uns denn dies unbedingt geben? Die vorbereiteten Folien sind wohl nicht so gut? Na, dann wollen wir mal sehen ...")

5.3 Form- und Inhaltshilfen für deine Präsentation

5.3.1 Bewertungsschema statt Handlungsanleitung

Dieser Punkt zieht sich wie ein roter Faden durch unser Werk. Für alle Prüfungsteile gilt:

- Wir wollen dir und den Prüfungskommissionen eine Handlungshilfe geben. Wir haben daher auch für die Präsentation unsere Vorstellungen und Erwartungen in Form eines Bewer-tungsschemas zusammengetragen. Dieses Bewertungsschema basiert auf den Empfehlun-gen der Leitkammer zu Essen und dem Abschlussbericht des Forschungsprojektes beim bmb+f (siehe auch ▶ 1.3.2).

- Wir werden dir in den folgenden Kapiteln keine Musterpräsentationen vorstellen und dir dazu ein Kochrezept liefern, wie du eine solche Präsentation vorbereitest und durchführst.

- Wir wollen dich mit dem notwendigen Handwerkszeug ausrüsten, damit du diesen Prü-fungsteil erfolgreich bewältigen kannst.

 Lese unsere Quickreferenz und verschaffe dir einen Überblick über die Inhalte und Kriterien, die du in deiner Präsentation berücksichtigen solltest. Die Details musst du dann in den einzelnen Kapiteln weiterlesen.

Wenn du weißt, wie du bei deiner Präsentation bewertet wirst, kannst du dir die einzelnen Handwerkszeuge und Kompetenzen auch gezielt aneignen oder diese Elemente einfach nur anwenden. Ob dies gelingt und im Ergebnis erfolgreich ist, hängt von dir ab.

Du musst bei deiner Präsentation deine Kreativität und deine Persönlichkeit einbringen.

Dies kann kein Kochrezept leisten, es würde dich vielmehr einengen.

Das Bewertungsschema soll auch für die Kommission dienlich sein. Während du präsen-tierst, sammelt die Prüfungskommission eine Vielzahl von Informationen und versucht diese in die Kriterien des Bewertungsschemas einzuordnen. Da wir diese Situation nach-vollziehen können, haben wir das Schema dreigeteilt:

9705202

Im ersten Teil werden die kommunikativen Kompetenzen (u. a. sprachliche Gestaltung und Gestik) betrachtet. Im zweiten Teil wird die Form der Präsentation (Aufbau und inhaltliche Struktur), im dritten Teil dann die Gestaltung und zielgruppengerechte Darstellung bewertet.

Das sind die Aspekte, die „in der Praxis der Unternehmen in verschiedenen Instrumenten für die Beurteilung von Präsentationen bzw. von Vorträgen genutzt werden". [1]

Die Bewertungskriterien lassen sich nicht in jeder Situation exakt voneinander trennen; viele Aspekte und Elemente einer Präsentation berühren mehrere Bewertungskriterien. Dies muss der Leser aus den einzelnen Kapiteln selbst für sich ableiten können.

Bewertungs-Quickreferenz für die Präsentation 5.3.2

Die Prüfungskommission wird sich vor der Präsentation unser Kriterienraster zur Hand nehmen. Jedes Mitglied der Kommission wird dann versuchen, dieses Raster nach deiner Präsentation anhand deiner Präsentationsleistung zu füllen.

30 Punkte

- Technische/organisatorische Vorbereitung
- der Präsentierende
- Eindruck: kundenorientiert
- Einsatz der Medien
- Visualisierung

20 Punkte

- Auswahl der Themen und Schwerpunkte
- „Roter Faden"

Schwerpunkte der Bewertung liegen in den „äußeren" und formalen Aspekten der Präsentation, wo du mehr als die Hälfte der erreichbaren Punkte erringen kannst.

Aber nur mit den „Äußerlichkeiten" wirst du deine Präsentation nicht bestehen können, das Bewertungsschema sieht auch einen entsprechenden Anteil für die inhaltlichen Aspekte deiner Präsentation vor:

Die technische/organisatorische Vorbereitung im Prüfungsraum wird beurteilt	▶ *5.4*
Der/die Präsentierende wird beurteilt	▶ *5.5*

Die Form deiner Präsentation wird beurteilt

Deine Präsentation muss Eindruck machen	▶ *5.6.1*
So setzt du die Medien fachgerecht ein	▶ *5.6.2*
Tipps zur Visualisierung in deiner Präsentation	▶ *5.6.3*

Die Qualität deiner Präsentation wird beurteilt

Deine Auswahl von Themen und Schwerpunkten	▶ *5.7.2*
Hast du einen „roten Faden" gelegt?	▶ *5.7.3*

Wie viel Gewicht hat deine Präsentation im Teil A?

Anteil der Präsentation: **25 % im Teil A**

| Präsentation |
| Fachgespräch |
| Projektbericht |

Für deine Präsentation alleine gibt es keine eigenständige Note. Präsentation und Fachgespräch bilden eine Einheit, einen Prüfungsbereich im Teil A, der nicht mit ungenügend bewertet werden darf, wenn du die Prüfung insgesamt bestehen willst ▶ 1.3.1 (Schaubild).

Das heißt, dass eine vielleicht aus deiner Sicht unglücklich verlaufene Präsentation noch nicht dein Aus bedeuten muss. In diesem Fall solltest du nicht resignieren, sondern deine Chance im anschließenden Fachgespräch suchen.

5.4 Deine technische/organisatorische Vorbereitung im Prüfungsraum wird beurteilt

Anteil des nachfolgenden Bewertungskriteriums: **ca. 10 %**

| Präsentation |
| Fachgespräch |
| Projektbericht |

Details dieses Bewertungskriteriums:

Kannst du deine im Projektantrag angegebene Rüstzeit einhalten?
Kannst du dich mit den von dir zu nutzenden Medien zielorientiert auf eine Präsentation vorbereiten?
Hast du Maßnahmen für den Ausfall von Geräten getroffen?
Hast du deine Sachen bereitgelegt?

Insgesamt sehr gut vorbereitet	Insgesamt gut vorbereitet	In wesent-lichen Teilen angemessen vorbereitet	Vorbereitung noch akzeptabel	Vorbereitung mit deutlichen Defiziten	Vorbereitung nicht erkenn-bar, basiert auf Zufallsprinzip	Punkte
5	4	3	2	1	0	

Du solltest sofort beim Eintreten in den Prüfungsraum einen wachsamen Blick schweifen lassen und prüfen, ob die von dir im Projektantrag angegebenen Standard-Präsentationsmedien (OH-Projektor, Flipchart) im Raum vorhanden sind.

Falls nicht, solltest du sofort darauf hinweisen und dies nicht erst nach Ablauf deiner Vorbereitungszeit bemängeln. Nutzt du Präsentationsmedien, die über diesen Standard hinausgehen (also Notebook/Beamer) und einen Stromanschluss benötigen, so frage nach der Steckdose. Verschwende nicht wertvolle Vorbereitungszeit mit der Suche nach einem Stromanschluss. Denke auch an Verlängerungskabel und Mehrfachsteckdosen.

9705204

Variante 1: Die Kommission verbleibt im Raum

Es kann sein, dass die Kommission schon während deiner Vorbereitung im Raum verweilt und dir dabei zusieht.

Es ist nicht sehr beruhigend, wenn du weißt und merkst, dass jemand zusieht. Den Effekt kennst du vielleicht schon, wenn dir beim Schreiben – egal was – jemand über die Schulter schaut. Die Wahrscheinlichkeit, genau dann Fehler zu machen, nimmt signifikant zu. Und deine Prüfung läuft schon ...

Diese Situation bedeutet für dich: Ruhe bewahren, nicht hetzen lassen:

■ Verzichte auf keinen deiner geplanten Schritte.

■ Geschwindigkeit ist kein Bewertungskriterium, wohl aber die Sortierung deiner Unterlagen.

■ Halte deine Rüstzeit trotzdem ein.

Die Kommission hat bei dieser Variante natürlich den Vorteil, den zu bewertenden Vorbereitungsprozess „live" mitzuerleben.

Wenn du zu früh fertig bist, kannst du vielleicht diese Gelegenheit nutzen, um eine Unterhaltung mit der Kommission zu beginnen, die deine Nervosität abbaut und dir vielleicht Sympathien bringt.

Fehler vermeiden

 „Ich fand das ja nun gar nicht nett, dass Sie schon hier im Raum rumgesessen sind. Ich hätte mich gerne noch länger vorbereitet. Naja, dann werde ich mal ..."

 „Wir können gleich loslegen, ich brauche die Rüstzeit nicht."

Pluspunkte sammeln

 „Ich hätte ja noch zwei Minuten Zeit, die ich gerne noch zur Konzentration genutzt hätte. Aber ich bin jetzt doch schon so weit. Darf ich jetzt schon beginnen?"

 „Ich habe die Rüstzeit etwas höher angesetzt, da ich nicht annahm, dass Sie gleich hier im Raum verweilen. Ich hätte Ihnen gerne noch Zeit für einen Kaffee und mir noch zwei Minuten zur inneren Vorbereitung gegönnt, aber ich würde schon gerne beginnen, wenn Sie einverstanden sind."

Variante 2: Die Kommission bleibt nicht im Raum

Das Kommissionsmitglied, das dich begrüßt hat, verlässt wieder den Raum. Du hast Zeit und Muße, dich in Ruhe in der von dir beantragten Zeit vorzubereiten. Nach Ablauf deiner Rüstzeit (sehr wahrscheinlich auf die Minute genau) betritt die Prüfungskommission den Raum und stellt sich dir vor.

Die Wahrscheinlichkeit einer direkten Beobachtung bei deiner Vorbereitung steigt, je kleiner du deine Rüstzeit angegeben hast. Bei einer Rüstzeit von mehr als 10 Minuten geht die Kommission lieber noch einen Kaffee trinken ...

Wie kann dich dann die Kommission in diesem Kriterium bewerten? Ganz einfach, auch das geht. Die Kommission bewertet hier nicht den Prozess, sondern das Ergebnis der Vorbereitung: Funktioniert der Beamer, ist der OH-Projektor richtig eingestellt, bist du fertig?

Die Kommission hat dann natürlich den Anspruch, dass mit ihrem Betreten des Prüfungsraumes alles perfekt hergerichtet ist und die Präsentation sofort beginnen kann.

Folgende Aktivitäten sollten in der Rüstzeit ausgeführt werden:

Eintreten in den Prüfungsraum	• Prüfen, ob alle Standard-Präsentationsmittel vorhanden sind sowie ein Stromanschluss in Reichweite ist.
Umbauen	• Möbelrücken ist erlaubt. Richte dir deinen Platz so ein, wie du es dir vorgestellt hast. Schaffe dir eigene Rahmenbedingungen. • Überlege dir auch, wo und wie du zum Fachgespräch sitzen wirst und welche Unterlagen du dort benötigst. • Richte die Projektionsfläche des OH-Projektors ein, sorge dafür, dass die Prüfungskommission einen freien Blick hat. Auf der Projektionsfläche müssen deine Inhalte klar und deutlich zu erkennen sein.
Aufbauen	• Baue deine mitgebrachten Präsentationsmedien auf.
Checken	• Prüfe die Funktionsfähigkeit aller Geräte. • Mache dich mit der Funktion dir unbekannter Geräte vertraut. • Nimm bei eingeschaltetem Beamer/OH-Projektor kurz die Position der Prüfungskommission ein. • Suche dir nun einen optimalen Standort, damit du nicht der Kommission den Blick verstellst.
Übersicht bewahren	• Schaffe dir Übersicht auf den dir zur Verfügung gestellten Tischen und im Raum. • Lege nur die Dinge auf den Tisch, die du für deine Präsentation benötigst. • Lege dir deine Präsentationsunterlagen zurecht. • Du musst alles Notwendige in der richtigen Reihenfolge stets in Reichweite haben. Hierzu gehört auch ein Exemplar deines Projektberichtes, falls du – insbesondere im Fachgespräch – hier nochmals nachschauen musst.
Hilfsmittel	• Lege oder stelle dir eine Uhr auf den Tisch, die du ständig im Blick hast, um die verbleibende Zeit für die Präsentation stets beobachten zu können. • Lege dir einen Zeigestock, einen Stift, Kugelschreiber, Laser-Pointer oder ein anderes geeignetes Zeige-Instrument zurecht, mit dem du auf dem OH-Projektor oder auf der Projektionsfläche die jeweils von dir vorgetragenen Punkte anzeigst.
Konzentrieren	• Bereite dich auch nochmals mental auf die Prüfung vor. Nach all diesem Aktionismus ist es wichtig, sich nochmals zu sammeln und zu konzentrieren, bevor es richtig losgeht.

Sei dir bewusst, dass diese Aktivitäten bereits zu deiner Prüfungsleistung gehören. Auch dies kannst du im Vorfeld planen, auch hier solltest du eine gewisse Perfektion anstreben. Das Gegenteil wäre fatal: Pannen gleich zu Beginn deiner Präsentation könnten die Prüfungskommission schon sensibilisieren und auf weitere (dann inhaltliche) Fehler deiner Präsentation neugierig machen.

Zeige der Prüfungskommission, dass du auch in diesen Dingen gut und systematisch gehandelt hast. Zeige, dass du aktiv deine Situation gestaltet hast, zeige deine erlernte Methoden- und Handlungskompetenz.

9705206

Fehler vermeiden

Zu knappe Rüstzeiten	😞	*Du hast keine oder eine zu knappe Rüstzeit (im Projektantrag) angesetzt. Gib auch bei einer Präsentation über OH-Projektor mindestens 5 Minuten Rüstzeit an. Es wäre fatal, wenn du ohne Rüstzeit auf das Kommando der Kommission mit deiner Präsentation beginnen sollst und du findest den Einschaltknopf für den OH-Projektor nicht ...*
Fehlender Überblick	😞	*Vermeide Chaos in deinen Unterlagen. Wenn du während der Präsentation Unterlagen suchst oder die Reihenfolge sortieren musst, bringt das Minuspunkte.*
	😞	*Lege keine unnützen Dinge auf den Tisch. Was soll Prospektmaterial deines Betriebes auf dem Tisch, ohne dieses in der Präsentation zu benutzen? Die Kommission fragt sich – und vielleicht auch dich – dann berechtigt, was damit bezweckt werden sollte. Dies könnte ein Indiz für einen fehlenden „roten Faden" sein.*
Kritik an Geräten	😞	*Kritisiere nicht die vorgefundenen Präsentationsmedien oder Örtlichkeiten, z. B. mit Aussagen wie „Der OH-Projektor ist aber veraltet.", „Hier hätte ich aber mehr Platz erwartet." oder „Diesen Typ OH-Projektor kenne ich nicht so gut."*
Handys weg und aus	😞	*Peinlich, peinlich: Mitten in der Präsentation ruft deine Mutter an und fragt, ob du schon bestanden hast ...* **Handys haben in der Prüfung nichts zu suchen.** *Auch nicht als Uhr-Ersatz neben dem OH-Projektor. Da könnte jemand denken, deine Telefonitis wäre dir wichtiger als eine bestandene Prüfung!*

Pluspunkte sammeln

Schärfen	😊	*Stelle den OH-Projektor scharf ein. Begebe dich dazu in die Nähe der Sitz-plätze der Kommission, um die Projektion zu prüfen, auch wenn die Kom-mission im Raum verweilt.*
Zeit-management	😊	*Wenn dich die Prüfungskommission auf die für die Präsentation zur Verfügung stehende Zeit hinweist, lege oder stelle demonstrativ deine Uhr auf den Tisch. Damit zeigst du, dass du deine Zeit aktiv und in eigener Verantwortung steuerst.*
Notfall	😊	*Zeige der Prüfungskommission, dass du dich auch auf den Notfall vorbe-reitet hast. Lege demonstrativ deine als Tischvorlage ausgedruckten Präsentationsfolien auf den Tisch, weise darauf hin oder biete sogar der Prüfungskommission an, die Unterlagen auszuteilen, wenn sie es wünscht. Erzwinge dies aber nicht.*

Wir haben dieses Bewertungskriterium trotz seines geringen Gewichtes in der Bewertung der Präsentation so ausführlich dargestellt, damit du diese eigentlich trivialen Dinge nicht unterschätzt. Du kannst hier relativ einfach Punkte sammeln.

5.5 Der Präsentierende wird beurteilt

Anteil des nachfolgenden Bewertungskriteriums: ca. 20 %

Details dieses Bewertungskriteriums:

Wie ist deine Wirkung als Präsentierender auf potenzielle Kunden?
Kannst du kommunikative Kompetenz beweisen?
Wie setzt du Körpersprache und Gestik ein?
Wie ist deine sprachliche Wirkung?

Bei diesem Bewertungskriterium spielen deine Präsentationsinhalte auch noch keine Rolle, es geht um deine kommunikativen Kompetenzen und auch um Äußerlichkeiten.

kommunikative Kompetenz und Auftreten sehr gut	gute kommunikative Kompetenz, angemessenes Auftreten	kommunikative Kompetenz und Auftreten weitgehend angemessen	kommunikative Kompetenz und Auftreten mit Defiziten	kommunikative Kompetenz und Auftreten mit deutlichen Mängeln	kein dem Anlass ent-sprechendes Auftreten und Kommunizieren	Punkte
10	9–8	7–6	5	4–3	2–0	

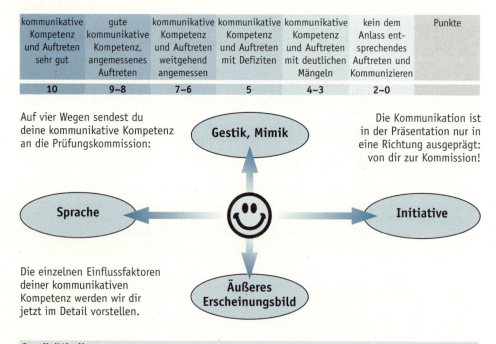

Auf vier Wegen sendest du deine kommunikative Kompetenz an die Prüfungskommission:

Die Kommunikation ist in der Präsentation nur in eine Richtung ausgeprägt: von dir zur Kommission!

Die einzelnen Einflussfaktoren deiner kommunikativen Kompetenz werden wir dir jetzt im Detail vorstellen.

Gestik/Mimik

Zur Gestik und Mimik gibt es eine Fülle von theoretisch-wissenschaftlichen Erörterungen, und viele Seminarveranstalter haben damit bisher schon viel Geld verdient. Wir möchten dir hier ein paar wenige Tipps geben, die du relativ einfach anwenden kannst und die dir die theoretische Ebene ersparen.

 Du musst glaubwürdig und natürlich wirken, Schauspielerei zahlt sich nicht aus.

Nutze hier die Erfahrungen und Ratschläge, die du im Laufe deiner betrieblichen Ausbildung gewonnen hast, du darfst so bleiben, wie du bist.

9705208

Fehler vermeiden	Pluspunkte sammeln
Im Sitzen bist du nicht so flexibel und beweglich. Mache dich nicht kleiner als du bist. Stehe oder sitze nicht vor der Projektionsfläche.	*Führe die Präsentation grundsätzlich im Stehen durch.*
Bleibe dort aber nicht wie angewurzelt stehen. Wende beim Reden der Kommission nicht den Rücken zu.	*Suche dir einen Standort, wo du der Kommission nicht den Blick verstellst und wo du auch alles im Blick hast.*
Schaue nicht während deiner Präsentation aus dem Fenster oder auf die Projektionsfläche des OH-Projektors und erzähle dabei. Blicke aber auch keinem Kommissionsmitglied zu aufdringlich oder zu lange in die Pupille.	*Halte Blickkontakt zu allen Kommissionsmitgliedern.*
Kein „Herumfuchteln", halte die Hände nicht in oder vor dein Gesicht, kratze dich beim Nachdenken nicht am Kopf ...	*Achte auf die Bewegung deiner Hände und setze sie nicht unkoordiniert ein.*
Quäle nicht die Gegenstände in deinen Händen: z. B. kein Knüllen oder Knuddeln der Zettel. Hast du einen Kugelschreiber in den Händen, dann drücke nicht ständig auf den Druckknopf. Das Klick-Klack übertönt deine Rede oder stört die Kommission.	*Nimm bewusst etwas in die Hände (z. B. die Funk-maus deines Notebooks, einen Zeigestock, einen Kugelschreiber), um deine Nervosität besser verarbeiten zu können.*
Stecke deine Hände aber auch nicht in die Hosen-taschen. Dies wirkt verschlossen und unhöflich.	*Halte deine Arme und Hände möglichst locker vor deinem Körper.*
Den roten „Aufregungskopf" wirst du unter Umständen nicht vermeiden können, das ist auch o.k. Aber bitte keinen Gesichtsausdruck, der auf deine Unlust oder Belastung schließen lässt.	*Lächeln. Auch wenn du dich in deiner Situation unwohl fühlst, versuche locker und freundlich zu bleiben.*
Male mit deinem Laser-Pointer keine nervösen Zick-Zack-Muster auf die Projektionsfläche.	*Nutze den Laser-Pointer professionell – Kreise die wichtigsten Stellen ein, um die Aufmerksamkeit zu steigern.*

9705209

Sprache

Unser Buch soll und kann hier ebenfalls nicht die gesamte Theorie ersetzen, die in vielen Präsentations- und Rhetorikseminaren vermittelt wird. Falls du in deinem Ausbildungsbetrieb oder auch privat die Gelegenheit hast, an einem solchen Seminar teilzunehmen, nutze sie. Wir wollen dir hier wieder Tipps geben, die dir helfen, dein Ziel zu erreichen.

Halte dich beim Vortrag an folgenden Sinnspruch:
„Sage nicht alles, was du weißt, aber wisse immer, was du sagst." (Novalis)

Die Sprache ist das Medium, das deine Botschaft in die Ohren der Prüfungskommission transportiert: Argumente, Überzeugungen, Fachbegriffe und Fremdwörter.

 Als erste Grundregel soll gelten: Rede nicht über deine Unsicherheiten.

Fehler vermeiden

 „Ich bin so nervös." oder „Ich bin so aufgeregt."
Die Prüfungskommission weiß das. Wenn du dies aber auch noch ständig betonst, wird eher noch die Aufmerksamkeit gesteigert, Gründe für deine Nervosität zu entdecken – nämlich Fehler.

 „Ich weiß gar nicht, wie ich jetzt anfangen soll."
Dann kannst du auch gleich der Kommission sagen, dass du unvorbereitet bist ...

 „Ich wusste ja gleich, dass das hier nicht funktioniert."
Nochmal: dann musst du dich besser vorbereiten ...

 „Ich habe es geahnt, dass ich diesen Punkt nicht besser vorstellen kann."
Nicht zugeben. Du kannst es doch, und die Kommission wird nie erfahren, ob du es hättest besser machen können ...

 Leises Sprechen
könnte ebenfalls als Zeichen von Unsicherheit interpretiert werden. Außerdem ist es unhöflich und die Prüfungskommission versteht dich schlecht.

 Nicht beendete Sätze
„Beim Testen meiner Anwendung habe ich mich eigentlich nur auf meine eigenen Testdaten ääh verlassen ääh die Fachabteilung hat ... na ja ..."

„Ich muss Ihnen ja nun auch noch mein Projekt präsentieren ..."

 Als zweite Grundregel soll gelten:
Einige Formulierungen deiner Präsentation müssen exakt geplant werden. Formuliere in deiner Vorbereitung auf deine Präsentation deine ersten und abschließenden Sätze schriftlich und lerne sie auswendig.

Die ersten Minuten sind entscheidend für deine eigene Sicherheit. Wenn die ersten Worte stimmen, funktioniert der Rest meistens wie von selbst, und schließlich öffnen wohl formulierte Bemerkungen die Ohren der Kommission.

Mache mit deinen ersten Formulierungen deutlich, dass diese Präsentation nicht nur eine Pflichtveranstaltung für dich ist, sondern dass du hier auch Kundenorientierung praktizierst.

9705210

Pluspunkte sammeln

 Verwende anfangs öffnende Worte.
*„Ich freue mich, Ihnen nun mein betriebliches Projekt präsentieren
zu dürfen."*

 Am Ende der Präsentation
bedankst du dich für die Aufmerksamkeit der Kommission:
*„Ich hoffe, dass ich Ihnen mein Projekt und meine Arbeitsmethodik in allen Punkten
gut erläutern konnte und stehe Ihnen nun gerne für das Fachgespräch zur Verfügung."*

 Lerne nicht die gesamte Präsentation auswendig.
*Mache dir Stichpunkte, die dich neben deinen Präsentationsmedien (wie z. B. Folien)
durch die Präsentation führen (siehe auch ▶ 5.2.3).*

 Zitiere zur Ergänzung oder Verstärkung aus deinem Projektbericht.
*Lies aber nicht nur aus deinem Projektbericht vor. Der ist der Prüfungskommission ja
bereits bekannt …*

Tipps für den Einsatz deiner Sprache
- *Verwende möglichst ganze Sätze, verschlucke keine Wörter.*
- *Übe die Aussprache von Fremdwörtern und Fachbegriffen.*
- *Rede nicht mit der Hand vor dem Mund.*
- *Vermeide sprachliche Ungenauigkeiten bei wesentlichen Präsentationsteilen.*
- *Rede langsam, klar und deutlich. Mache auch bewusst Pausen und atme einfach einmal durch. Du
hast zwar nur 15 Minuten Zeit, aber deswegen darfst du nicht zum Schnellsprecher werden.*

Fehler vermeiden

 *Schreibe deine Stichpunkte nicht auf eine unübersichtliche Zettelsammlung, damit du dich
nicht verzettelst …*

 *Vermeide Hektik, wenn sich die verfügbare Zeit langsam dem Ende nähert oder dich die
Kommission auf den Ablauf der Zeit hinweist. Beobachte deine Uhr und versuche langsam
zu deinen Schlussworten zu kommen.*

 *Du redest aus Unsicherheit sehr leise, sodass die Prüfungskommission dich auffordern
muss, lauter zu werden.*

 *Du redest monoton und wirst auch bei Schwerpunkten deiner Präsentation nicht lauter.
Variiere deine Stimme.*

 Du hast Fachbegriffe verwendet, ohne vorher nachzusehen, was sie eigentlich bedeuten …

 *Du hast dich versprochen oder bist im Satz stecken geblieben – und brichst in Panik aus.
Du versuchst den Satz noch zu retten, es wird aber immer schlimmer.
Bleibe locker und gib es doch zu: „Entschuldigen Sie bitte, aber ich bin jetzt leider hier im
Satz stecken geblieben. Ich möchte es nochmals von vorn versuchen …"*

Initiative

Bei der Präsentation geht die Initiative nicht von einer Prüfungskommission aus, die Fragen stellt, sondern einzig und allein von dir. Gib nie das Heft des Handelns aus der Hand.

Pluspunkte sammeln

 Zeige des Öfteren auf die Projektionsfläche hinter dir, um die von dir vorgetragenen Punkte zu unterstützen.

 Wenn du während deiner Präsentation einen Fehler feststellst, dann schlage nicht die Hände über dem Kopf zusammen, gehe in die Offensive.
Gib den Fehler doch einfach zu und erläutere, wie du ihn jetzt bemerkt hast.
„Wie wir sehen, meine Damen und Herren, in meinem Projekt gibt es immer noch etwas Neues zu entdecken ..."

 Hebe Abweichungen zu deinem Projektbericht hervor, z. B.:
„Diesen Aspekt kann ich Ihnen jetzt viel besser als im Projektbericht zeigen ..."

 Falle bei deiner Präsentation im Gegensatz zum Projektbericht nicht in einen unpersönlichen Stil:

     Wir haben getestet ..." oder „man hat entschieden ...". Erwecke nicht den Eindruck, dass andere an deiner Stelle gehandelt haben ...

     „Ich habe mich entschieden ...", „Ich habe das deswegen gemacht, weil ..."

Dein Erscheinungsbild

Genauso, wie die äußere Form deines Projektberichtes bewertet wird, wirst du jetzt als „Präsentator" bewertet. Damit kein Missverständnis aufkommt: Es geht hier nicht um Geschmacksfragen oder um subjektive Kriterien, du wirst auch nicht wie bei einer Modenschau angesehen. Aber in einem Punkt sind wir uns einig: Es geht schon um dein Aussehen und deine Kleidung. Bei wichtigen Anlässen sollte man sich immer der Situation angemessen kleiden. Deine Abschlussprüfung ist sicherlich ein wichtiger Anlass, aber was ist die angemessene Kleidung bei einer Präsentation?

Um dies zu erfahren, haben wir Gespräche mit den absoluten Profis in Sachen Präsentationstechnik geführt: mit Unternehmensberatern. Wir wollen schließlich von den Besten lernen.

„Die Beratersocke"

Ein Ansprechpartner einer namhaften amerikanischen Unternehmensberatergruppe erzählte uns:

„Ein Unternehmensberater muss eine Kleidung tragen, die schlicht, aber elegant ist. Hier kommen in erster Linie dunkle Anzüge infrage. Sollte ein Berater vor seinem Auftraggeber oder dem Vorstand eines Unternehmens eine Präsentation durchführen, so darf nichts, aber auch gar nichts an seiner Person von den Inhalten der Präsentation ablenken. Für die Kleidung gilt hier: nichts Auffälliges, nichts Farbiges. Keine bunten Krawatten oder bemerkbare Accessoires. Außerdem muss der Berater Kniestrümpfe tragen, unsere so genannten „Beratersocken", denn nichts ist schlimmer, als wenn bei einer Präsentation vor einem Vorstand unter dem Tisch ein behaartes Männerbein hervorragt ..."

Wir erwarten nun nicht von dir, dass du mit einer „Beratersocke" zu deiner Präsentation erscheinst. Ob du nun einen „Berateranzug" tragen möchtest oder welche Farben deine Kleidung hat, überlassen wir dir. Wir möchten hier auf keinen Fall eine Botschaft verbreiten, dass alle Prüflinge von nun an dunkle Anzüge, Blazer, Kostüme oder Hosenanzüge tragen müssen. Vergiss doch auch bitte nicht, deine Schuhe zu putzen.

9705212

Pluspunkte sammeln für dein Erscheinungsbild

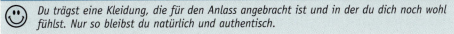 *Du trägst eine Kleidung, die für den Anlass angebracht ist und in der du dich noch wohl fühlst. Nur so bleibst du natürlich und authentisch.*

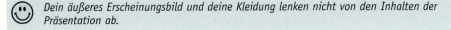 *Dein äußeres Erscheinungsbild und deine Kleidung lenken nicht von den Inhalten der Präsentation ab.*

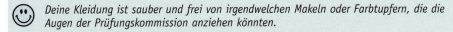 *Deine Kleidung ist sauber und frei von irgendwelchen Makeln oder Farbtupfern, die die Augen der Prüfungskommission anziehen könnten.*

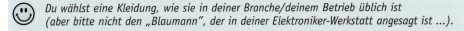 *Du wählst eine Kleidung, wie sie in deiner Branche/deinem Betrieb üblich ist (aber bitte nicht den „Blaumann", der in deiner Elektroniker-Werkstatt angesagt ist ...).*

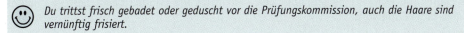 *Du trittst frisch gebadet oder geduscht vor die Prüfungskommission, auch die Haare sind vernünftig frisiert.*

Die Prüfungskommission möchte letztlich nur feststellen, ob du bereit bist, dich dem Anlass entsprechend auch äußerlich vorzubereiten und in dieser Situation auch den nötigen Ernst der Lage erkennst. Weiterhin ist zu beachten:

Du musst glaubwürdig und natürlich wirken.
Schauspielerei hat keinen Sinn und wird von der Prüfungskommission dann evtl. auch auf andere Aspekte deiner Präsentation bezogen. ⓘ

Fehler vermeiden

☹ *Du führst die Präsentation im Trikot von Bayern München durch (von den Besten lernen, s. o. – Irrtum. Lass dein Lieblingsshirt im Schrank.).*

☹ *Schlabberhosen und Turnschuhe sind auch noch nicht die erhoffte Steigerung ...*

☹ *Abendanzug/-kleid wären schon zu viel gesteigert ...*

☹ *Du holst das „kleine Schwarze" aus dem Schrank oder lässt sonstwie „tiefe Einblicke" zu ...*

☹ *Deine Kleidung ist nicht gewaschen, ungebügelt oder anderweitig beschädigt.*

☹ *Deine Aura ist geprägt von Düften, die die Riechnerven der Prüfungskommission so sehr beeinträchtigen, dass die anderen Sinne für die Aufnahme deiner Präsentation beeinträchtigt werden ... Verwende Duftstoffe nicht zu knapp, aber auch nicht zu üppig.*

Wir wollen hier nun wirklich nicht den Eindruck erwecken, dass alle Prüfungskommissionen erzkonservativ sind und du dich nun dem Geschmack der „alten Knacker und alten Schachteln" beugen und deine Persönlichkeit aufgeben musst. Es gibt viele Berufe, wo eine Berufskleidung erforderlich ist, da fallen dir sicherlich genug Beispiele ein. Betrachte doch die Hinweise zur „Kleiderordnung" genauso – es ist eine Kleidung zum Ausüben einer Profession – dem Bestehen der Prüfung. Und für diese eine Stunde kannst du auch mal Berufskleidung anlegen. Im Übrigen sind in den Prüfungskommissionen Leute, die wissen, was heute „in" ist und auch nichts gegen ein Piercing haben ...

5.6 Die Form der Präsentation wird beurteilt

5.6.1 Deine Präsentation muss Eindruck machen

Anteil des nachfolgenden Bewertungskriteriums: **ca. 10 %**

Welchen Eindruck muss denn eine Präsentation machen? „Einen guten", sagst du. Klare Antwort. Und wann ist ein Eindruck gut? „Wenn ich die Prüfung damit bestehe", lautet deine falsche Antwort.

So falsch ist die Antwort eigentlich nicht, denn sie drückt ja völlig korrekt deine Erwartungshaltung aus. Das Problem ist nur, dass die Prüfungskommission eine ganz andere Erwartung an dich hat. Und damit lautet die Antwort zur letzten Frage:

„Eine Präsentation macht dann Eindruck, wenn sie die Erwartungshaltung der Beteiligten erfüllt."

Du willst ...	**Die Kommission will ...**
• *die Prüfung bestehen*	• *unterhalten werden*
• *die Kommission dazu bewegen, dir eine gute Note zu geben*	• *in Wort und Bild überzeugt werden*
• *die Kommission von deiner Leistung und deinem Produkt überzeugen*	• *dass du deine Fachkompetenzen nachweist*
• *dass dir die Kommission das „abnimmt", was du gemacht hast*	• *dein Produkt und seine Vorteile verstehen*
	• *sicherstellen, dass du das gemacht hast*

Damit haben wir folgende Situation: Du willst durch dein Handeln, dein Präsentieren die Kommission zu einer bestimmten Handlung bewegen; die Kommission will dafür etwas von dir sehen. Du bist Anbieter einer Präsentation – die Prüfungskommission ist Kunde deiner Leistung – das ist die typische Situation eines Verkaufsgespräches.

Du sollst/darfst/musst in deiner Präsentation keine Verkaufsveranstaltung für dein Produkt durchführen. Du sollst dich und deine Handlungen im Projekt gut verkaufen, nicht dein Produkt.

Du wandelst jetzt auf dem schmalen Grat der Kundenorientierung, denn einen kundenorientierten Eindruck muss deine Präsentation machen.

Details dieses Bewertungskriteriums:

- ▪ *Handelt es sich um eine kundenorientierte Präsentation?*
- ▪ *Wird die Prüfungskommission als Kunde angesprochen?*
- ▪ *Wie ist die Gestaltung der Präsentation?*

9705214

Du kannst also eine Präsentation, deren Inhalte nicht so überzeugen, noch durch Punkte für eine kundenorientierte äußere Form aufwerten.

Insgesamt überzeugende Gestaltung	Im Wesentlichen überzeugende Darstellung	In wesentlichen Teilen ansprechend	Noch akzeptabel	Nicht ansprechend	Nicht annehmbar	Punkte
5	4	3	2	1	0	

Also befindet sich hier deine Kundenorientierung auf dem Prüfstand. Es ist sicherlich schwierig, sich entsprechende Kompetenzen anzueignen – wie kannst du Kundenorientierung erlernen?

Dies wird dir am ehesten in der betrieblichen Praxis gelingen, diese Kompetenzen können kaum per Lehrbuch vermittelt werden. Kundenorientierung musst du selbst ausprobieren können, sie leben bzw. erleben. Genauso wenig, wie man einem Betrieb per Richtlinie mehr Kundenorientierung „verordnen" kann, kann man von dir erwarten, dass du durch das Studium entsprechender Literatur kundenorientierter als vorher bist. Jetzt musst du auf deine betrieblichen Erfahrungen zurückgreifen, die du im Rahmen deiner Ausbildung oder deines Praktikums gesammelt hast.

Pluspunkte sammeln

 Versetze dich in die Lage deines realen Auftraggebers.
– Welche Erwartungen hatte er?
– Welches Ziel wollte er mit deinem Projekt erreichen?

 Welche Informationen über deinen Betrieb bzw. das betriebliche Umfeld benötigt die Kommission, um sich in die Rolle des Auftraggebers/Kunden hineinversetzen zu können?

 Überlege dir, wozu du deinen Auftraggeber/Kunden bewegen willst und welche Informationen er hierzu benötigt.
– Der Auftraggeber soll dein Projekt abnehmen.
– Der Kunde soll dein Produkt kaufen.

 Mache dir ruhig das Motto zu eigen:
„Der Kunde ist König."
Agiere daher höflich und zuvorkommend, gleichzeitig auch selbstbewusst und kompetent. Sei jedoch keineswegs devot oder eingeschüchtert.

Versuche diese Fragen vor und während der Durchführung deines Projektes eindeutig zu klären und dies dann für die Präsentation zu verinnerlichen.

Beziehe dich in deiner Präsentation darauf – in Wort und Bild.

9705215

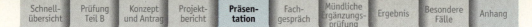

Fehler vermeiden

☹ *Du verstehst deine Fachkompetenz falsch und wirfst mit Fachbegriffen oder Fremdwörtern nur so um dich.*

☹ *Anstatt eine sachlich-fachliche Präsentation durchzuführen, veranstaltest du eine „Verkaufsveranstaltung", bei der den Auftraggeber/Kunden das Gefühl beschleicht, etwas „aufgeschwatzt" zu bekommen.*

☹ *Du überzeugst nicht durch Seriosität, sondern durch Tricks, die dem Werbefernsehen entnommen sein könnten.*

☹ *Du hetzt durch deine Präsentation. Bei umfangreichen Darstellungen/Folien (z. B. mit einer Darstellung deines Produktes oder eines Prozessablaufes) gibst du der Prüfungskommission kaum Gelegenheit, die Inhalte aufzunehmen und zu verstehen.*

☹ *Du vergewisserst dich nicht, ob die Kommission alles gesehen hat. „Wie mein Produkt aussieht, sehen Sie hier" – und zack die nächste Folie.*

5.6.2 So setzt du die Medien fachgerecht ein

Anteil des nachfolgenden Bewertungskriteriums: ca. 10 %

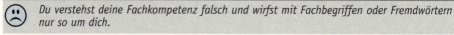

Präsentation

Fachgespräch

Projektbericht

Details dieses Bewertungskriteriums:

– *Ist der Einsatz der Medien fachgerecht, d. h. zeitgemäß und branchenbezogen?*
– *Beherrschst du die eingesetzten Medien?*
– *Wurde die Rüstzeit gut investiert?*

Im Kapitel ▶ 5.2.2 haben wir im Rahmen deiner Vorbereitung auf die Präsentation verschiedene Präsentationsformen mit ihren Möglichkeiten und Grenzen beschrieben und auch eine Gewichtung in Bezug auf dieses Bewertungskriterium vorgenommen. Zur Erinnerung:

☺☺ *Präsentation mit Folien über Laptop und Beamer*
☺☺ *Präsentation mit OH-Folien*
☺ *Präsentation unter Einsatz der Metaplan-Technik*
☺ *Präsentation mit Flipchart*

Mit deiner Entscheidung für eine Präsentationsform hast du noch keine Garantie für den Erhalt entsprechender Punkte durch die Prüfungskommission. Du kannst auch mit deiner Präsentation noch viele Fehler begehen, die dann nicht auf einen „fachgerechten" und „angemessenen" Einsatz deiner Medien schließen lassen.

Einsatz ist voll angemessen und zeitgemäß	Einsatz ist angemessen und zeitgemäß	Einsatz ist weitgehend angemessen und zeitgemäß	Einsatz ist in Ansätzen angemessen und zeitgemäß	Einsatz weist deutliche Defizite auf	Einsatz ist nicht hinnehmbar	Punkte
5	4	3	2	1	0	

9705216

Nochmals zur Erinnerung: Den größten Erfolg – auch gemessen in Punkten – verspricht dir eine Präsentationsform, die du in deinem Ausbildungs- oder Praktikumsbetrieb kennen gelernt hast, die dir eine entsprechende Sicherheit dadurch verschafft, dass du dich während deiner Präsentation weniger auf die Technik, sondern eher auf deine Inhalte konzentrieren kannst.

Die Technik darf nicht die Inhalte dominieren.

Nutzung der Rüstzeiten

Ein weiterer Aspekt für die Bewertung ist die fachgerechte Nutzung deiner Rüstzeit. Die Prüfungskommission möchte sich davon überzeugen, ob du deine Rüstzeit richtig – und vor allem aufrichtig – kalkuliert und investiert hast.

Bei einer knappen Kalkulation werden eventuelle technische/formale Mängel im Präsentationsverlauf möglicherweise darauf zurückgeführt.

Bei einer großzügig kalkulierten Rüstzeit erwartet die Kommission natürlich auch entsprechende Maßnahmen. Wenn du dann nichts zu bieten hast, könnte dies als Nachteil angesehen werden.

Aus dem Bericht eines Operettenkritikers: „Der Sänger stand 15 Minuten auf der Bühne und sammelte sich. Unruhe im Publikum machte sich breit ... Er präparierte sich immer noch ... Buhrufe ..."

In deiner Prüfungskommission könnten sich auch Unruhe und Unverständnis breit machen. Lasse es nicht zu „Buhrufen" in Form von Punktabzügen kommen.

Medium: Folien über Laptop und Beamer

Fehler vermeiden	Pluspunkte sammeln
• Du führst eine Präsentation mit Laptop und Beamer durch, weil du dir damit die größten Vorteile versprichst, aber den Einsatz dieser Technik beherrschst du nicht. • Du animierst deine Folien in einem so hohen Maße (auch mit Geräuschen), dass die Prüfungskommission von den Inhalten und deinen Kernaussagen abgelenkt wird. • Die in deinen Folien verwendeten Farben können vom Beamer nicht adäquat wiedergegeben werden, die Lesbarkeit wird beeinträchtigt.	• Setze Animationen in deiner Folienpräsentation bewusst und zielgerichtet ein. Dort, wo du eine besondere Aufmerksamkeit verlangst, sollte eine Animation erfolgen. • Beim Wechsel von einer Folie zur anderen ist eine Animation sinnvoll. • Weniger ist mehr.

Medium: Gestaltung von Folien (für OH-Projektor und Laptop/Beamer)

Fehler vermeiden	Pluspunkte sammeln
• Frage die Kommission nicht: „Können Sie das lesen?" – Das hast du gefälligst vorher zu prüfen. • Du zeigst auf einer Overhead-Folie deine vorbereiteten Testdaten in Form einer Tabelle mit 17 Spalten und 23 Zeilen in Schriftgröße 11 ... und liest die Zelleninhalte vor ...	• Erstelle dir einen eigenen Folienmaster. ▶ 5.2.2 • Du verwendest die einfacheren Schriftarten, die aber gut zu lesen sind (z. B. Arial). • Du verwendest helle, transparente Farbhintergründe.

Medium: Folien über OH-Projektor

Fehler vermeiden	Pluspunkte sammeln
• Du wechselst in deinen Folien ständig zwischen Hoch- und Querformat und hast damit das Problem der Feineinstellung bei jeder Folie.	• Gib deinen Folien eine einheitliche Struktur.
• Deine Folien sind zwar gut, passen aber nicht auf die Projektionsfläche des OH-Projektors.	• Lege die Reihenfolge deiner Folien exakt fest, damit du beim Auflegen der Folien nicht suchen oder sortieren musst.
• Durch die Hitze des OH-Projektors (oder durch andere physikalische Einflüsse) wölben sich die Ränder deiner Folien nach oben, wodurch die Lesbarkeit eingeschränkt wird. Hilfe bietet hier ein Arsenal von Gegenständen, welche die Folien wieder nach unten drücken (z. B. Kugelschreiber).	• Lege dir für weniger wichtige oder ergänzende Folien, die du nur bei entsprechender Zeit oder bei besonderem Erläuterungsbedarf zeigen willst, einen zweiten Folien-Stapel („Back-Up-Folien") an, wo du danach zielorientiert suchen kannst.
• Überblättere keine Folie, auch wenn die Zeit knapp zu werden droht. Die Prüfungskommission fragt sich dann, was du ihr vorenthalten hast.	

Medium: Pinnwand und Metaplantechnik

Fehler vermeiden	Pluspunkte sammeln
• *Du stehst ständig vor der Pinnwand.*	• Deine Präsentation erreicht eine höhere Wirkung, wenn du deine Karten während deines Vortrages begleitend an die Wand pinnst. Damit du dabei nicht den Überblick verlierst, markiere dir die Stellen, wo du eine Karte anbringst, z. B. mit der benötigten Pinn-Nadel.
• Du sagst eine Menge, ohne auf die entsprechenden Karten deiner Pinnwand zu zeigen. Die Kommission wird dir bzw. deiner Pinnwand bald nicht mehr folgen können.	
• Du verwendest zu viele Karten-Formen (Rechtecke, große und kleine Kreise, Rauten ...), sodass das Bild deiner Pinnwand zu unruhig und chaotisch wirkt.	• Plane eine entsprechende Dramaturgie ein und erhöhe die Spannung und damit die Aufmerksamkeit: Pinne dein Fazit oder eine deiner Kernaussagen verdeckt oder mit der Rückseite an. Wenn du dann zu dieser Aussage kommst, drehst du die Karte um.
• Du hast dich nicht an unsere Vorschläge zur Gestaltung deiner Überschriften und Kernaussagen gehalten.	

9705218

Tipps zur Visualisierung deiner Präsentation

5.6.3

macht DEIN ausDRucK KEiNEN GROSSEN EiNDRucK ?

Anteil des nachfolgenden Bewertungskriteriums: ca. 10 %

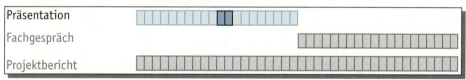

Präsentation

Fachgespräch

Projektbericht

Details dieses Bewertungskriteriums:

– *Sind die wesentlichen Inhalte visualisiert worden?*
– *Wie wurde visualisiert?*
– *Wurden Grafiken zur Veranschaulichung z. B. von Prozessen eingesetzt?*

Darstellung dem Inhalt optimal angepasst	Angepasste Darstellung	Weit gehend angepasste Darstellung	Visualisierung noch erschließ-bar, Darstellungsmängel	Visualisierung nicht erschließbar	Keine Visualisierung	Punkte
5	4	3	2	1	0	

„Visualisieren" heißt: „etwas optisch so betonen und herausstellen, dass es Aufmerksamkeit erregt" (lt. Fremdwörterduden).

Es dürften keine Zweifel daran bestehen, dass zu einer professionellen und kunden-orientierten Präsentation auch eine ansprechende Visualisierung gehört. Du möchtest deine Prüfungskommission zu einer bestimmten Handlung bewegen. Aus dem umfangreichen Bereich der Werbung und des Marketing ist hinreichend bekannt, dass du dabei nicht ohne entsprechende Bilder und Symbole auskommst.

9705219

Die Visualisierung muss sinnvoll, bewusst und zielgerichtet dort erfolgen, wo sie dir einen Vorteil in deiner Präsentation erbringt.

Vorteile der Visualisierung wären:
- *Deine sprachlichen Aussagen werden anschaulicher und verständlicher.*
- *Die Zusammenhänge deiner Präsentation werden deutlicher.*
- *Deine Kernaussagen treten deutlicher hervor.*
- *Dein Redeanteil ließe sich verkürzen.*
- *Deine Präsentationsstruktur wird deutlicher.*
- *Bilder können komplexe Zusammenhänge auf „einen Blick" verdeutlichen.* [18]

Es reicht also nicht aus, deine Folien- oder Metaplan-Präsentation farbig zu gestalten oder „lustige" Cliparts hinzuzufügen, um die Präsentation entsprechend aufzulockern. Die von dir gesetzten Schwerpunkte sollst du visualisieren.

Du kannst dabei gerne Darstellungen aus deinem Projektbericht benutzen, du musst nicht alles neu erfinden. Es bringt jedoch Pluspunkte, wenn die Prüfungskommission erkennt, dass du für die Präsentation geeignete, neue Darstellungen gewählt hast.

Wir schlagen vor, zu folgenden Zwecken in deiner Präsentation Visualisierungselemente einzusetzen:

Visualisierungszweck	Möglichkeiten mit Metaplantechnik	Möglichkeiten mit Folienpräsentationen (über OH-Projektor oder Laptop/Beamer)
Darstellung deines Produktes	Die Metaplantechnik hat hier klare Grenzen: Die Menümaske einer von dir entwickelten Datenbankanwendung oder die Darstellung von dir ausgeführter Installationsarbeiten lässt sich kaum mit Metaplan-Elementen darstellen. Hier empfiehlt sich ein Methoden-Mix (Tischvorlage oder OH-Folie).	Du kannst dein Produkt auf einer Folie platzieren und damit perfekt in deine Präsentation einbinden. Dies kann sowohl per Fotokopie (anhand der Originalunterlagen) oder mithilfe der PC-Technik (z. B. eine Hardcopy deiner Menümaske) oder mit PC-Anwendungen erfolgen. Mit Laptop/Beamer hast du sogar die Möglichkeit, dein Produkt vorzuführen.
Darstellung von Prozess- und Strukturdiagrammen Hier sollten in erster Linie die Geschäftsprozesse und die IT-Strukturen (z. B. Netzwerke) dargestellt werden, die für dein Projekt eine wichtige Rolle spielen.	Prozesskettendiagramme oder auch Netzwerkstrukturen lassen sich mit viel Mühe und Aufwand darstellen. Die Diagrammelemente können mit unterschiedlichen Kartenformaten dargestellt werden, die Verbindung erfolgt durch Linien, die per Hand gezogen werden.	Mit entsprechenden Anwendungen können diese Diagramme am PC dargestellt und in deine Folien eingebunden werden. Notfalls hilft auch hier der Fotokopierer.
Unterstützung und Aufwertung von Texten Wichtige Aspekte und Kernaussagen können durch entsprechende Grafiken oder Cliparts unterstützt werden.	Einbindung der Grafiken oder Cliparts mit unterschiedlichen Techniken möglich (s. u.).	Alle Office-Anwendungen bieten viele Möglichkeiten, um Grafiken und Cliparts in Folien einzubinden.

9705220

Beispiele für den Text- und Visualisierungsbereich

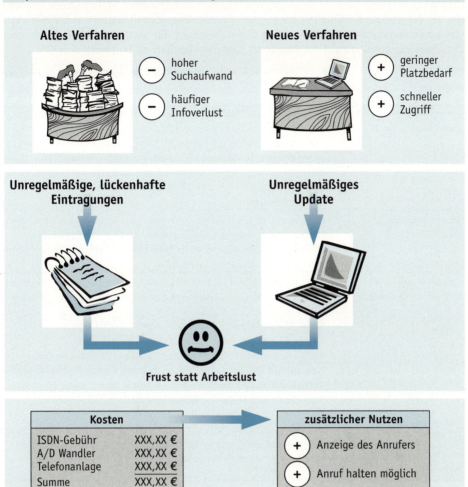

Altes Verfahren

− hoher Suchaufwand

− häufiger Infoverlust

Neues Verfahren

+ geringer Platzbedarf

+ schneller Zugriff

Unregelmäßige, lückenhafte Eintragungen

Unregelmäßiges Update

Frust statt Arbeitslust

Kosten	
ISDN-Gebühr	XXX,XX €
A/D Wandler	XXX,XX €
Telefonanlage	XXX,XX €
Summe	XXX,XX €

zusätzlicher Nutzen

+ Anzeige des Anrufers

+ Anruf halten möglich

Auch hier fehlen Ausführungen zum Flipchart, da dieses Medium nur eingeschränkte Gestaltungsmöglichkeiten für eine Visualisierung bietet. Kernaussagen und Ergebnisse könnten wie bei der Metaplantechnik mit besonderen Formaten dargestellt werden. Visualisierungselemente unterstützen hier die Wirkung deiner Aussagen. Du hast folgende Möglichkeiten, Visualisierungselemente auf die Pinnwand oder den Flipchart zu bringen:

Unterstützung und Aufwertung von Texten beim Einsatz von Metaplantechnik und/oder Flipchart

Ausdruck der gewünschten Bilder/Cliparts per PC	• Die ausgedruckten Bilder/Cliparts sind ggf. noch zurechtzuschneiden. • Solltest du keinen Farbdrucker benutzen, so überlege dir, ob sie nachträglich noch effektvoll zu colorieren sind. Dann können sie an der Pinnwand neben den zu unterstützenden Aussagen angebracht werden. • Dieses Verfahren ist schnell und einfach und sieht eben manchmal auch so aus. Die absoluten Perfektionisten würden vielleicht eher gut gezeichnete Grafiken bevorzugen.
Handzeichnungen ohne Hilfe	Empfehlung nur für Zeichenkünstler. Wer hier keine Begabung mitbringt, muss viel Aufwand investieren, um eine ansehnliche Grafik zeichnen zu können. Da dies direkt auf dem Deckpapier der Pinnwand geschieht, könnte der Materialverbrauch recht schnell steigen ...
Handzeichnungen mithilfe des OH-Projektors	Für die weniger begabten Zeichner bieten wir hier eine Möglichkeit, wie trotzdem mit relativ geringem Aufwand eine gute Visualisierung auf der Pinnwand gelingt: – Suche dir ein geeignetes Motiv oder Clipart. – Kopiere oder drucke dieses Motiv auf eine Overhead-Folie. – Nutze den Overhead-Projektor wie einen Diaprojektor, indem du die Folie auflegst und auf die gewünschte Stelle der Pinnwand (Position vorher genau überlegen) projizierst. – Stelle die richtige Größe des Motives sicher. – Zeichne die Umrisse dann per Hand auf dem Deckpapier der Pinnwand nach und male die Umrisse anschließend farbig aus. Der Aufwand und Nutzen stehen bei dieser Methode in einem angemessenen Verhältnis, nicht nur die Prüfungskommission wird dich für einen begnadeten Zeichner halten ...

Möglichkeiten zur Unterstützung und Aufwertung von Texten beim Einsatz von Folien

Die Erschließung dieser Möglichkeiten sollte einem Prüfungskandidaten in den IT-Berufen nicht schwer fallen, zumal alle Office-Anwendungen dies sehr benutzerfreundlich unterstützen. Wir wollen keine „Eulen nach Athen tragen" und belassen es bei einer Nennung der einfachsten, aber effektivsten Möglichkeiten.

1. **Benutzung von Rahmen und Schattierungen**
2. **Einbindung von Cliparts oder anderen Objekten**

   Du solltest dich hier nicht scheuen, auch die schon weit verbreiteten Clips aus den bekannten Galerien zu verwenden. Das mag nicht immer Pluspunkte bringen, ist aber besser als nichts.
3. **Nutzung von Anwendungen zur Textaufbereitung, z. B. Word-Art**

Pluspunkte sammeln

 Visualisiere dein Produkt, z. B.:
- *Ziehe dein Marketingkonzept auf eine Folie und vergrößere daraus 3 Schwerpunkte.*
- *Zeige eine Hardcopy deiner Benutzeroberfläche zur Übersicht.*
- *Führe einen repräsentativen Arbeitsschritt deiner Anwendung per Notebook und Beamer vor (aber langsam).*
- *Bringe ein Fotot deines Arbeitsplatzes ein.*

 Stelle deine Vorgehensweise im Projekt als Phasenschema dar.

 Solltest du eine Wirtschaftlichkeitsbetrachtung oder Kosten-Nutzen-Analyse durchgeführt haben, stelle dies mit entsprechenden Grafiken (z. B. mithilfe von Excel) dar.

 Binde bei einer Beschreibung deines Ausbildungs- oder Praktikumsbetriebes dessen Logo ein.

Fehler vermeiden

 Es wurden nur Textauszüge deines Projektberichtes dargestellt.

 Du verwendest Folien mit sehr viel Text, ohne Kernaussagen, Ergebnisse usw. besonders hervorzuheben.

 Du beschreibst einen kaufmännischen oder technischen Prozess nur durch Aufzählung seiner wesentlichen Elemente auf einer Folie und ergänzt dies durch ausführliche Monologe.

Die Beschreibung deines Ausbildungs- oder Praktikumsbetriebes wurde ausführlich visualisiert. Deine Projektschwerpunkte wurden dagegen nicht mit geeigneten Visualisierungselementen unterstützt. Die Visualisierung hat damit ihren Zweck nicht erfüllt, denn du bist ja nicht der Marketingbeauftragte dieses Unternehmens.

Die Qualität der Präsentation wird beurteilt   5.7

Die inhaltliche Struktur deiner Präsentation   5.7.1

Die bisher in den Kapiteln ▶ 5.4 bis 5.6 aufgezeigten Bewertungskriterien beziehen sich auf die Rahmenbedingungen und die Form der Präsentation. Schwerpunkte der Bewertung liegen in den „äußeren" und formalen Aspekten der Präsentation, wo du mehr als die Hälfte der erreichbaren Punkte erringen kannst.

Dies deckt sich soweit mit der Ausbildungsordnung, die hierzu formuliert (für dich zum wiederholten Male wiedergegeben):

„Durch die Präsentation ... soll der Prüfling zeigen, dass er fachbezogene Probleme und Lösungskonzepte zielgruppengerecht darstellen ... kann ..."

Aber nur mit den „Äußerlichkeiten" wirst du deine Präsentation nicht bestehen können, das Bewertungsschema sieht auch einen entsprechenden Anteil für die inhaltlichen Aspekte deiner Präsentation vor:

 Durch die Präsentation ... soll der Prüfling zeigen, dass er ... den für die Projektarbeit relevanten fachlichen Hintergrund aufzeigen sowie die Vorgehensweise im Projekt begründen kann."

Das Forschungsprojekt beim bmb+f hat hierzu Folgendes trefflich festgestellt:

„Der Prüfungsausschuss kann von den Teilnehmern erwarten, dass die Präsentation eine klar erkennbare, inhaltliche Struktur aufweist. Außerdem wird vorausgesetzt, dass die Technik situationsgerecht eingesetzt wird. Der Auszubildende hat insbesondere seine kommunikative Kompetenz im Rahmen der Präsentation zu beweisen. Darüber hinaus soll die Fach- und Prozesskompetenz im Rahmen der Präsentation und insbesondere beim anschließenden Fachgespräch festgestellt werden." [1]

In der Nennung der Anforderungen an die Präsentation liefern sowohl die Ausbildungsordnung als auch deren Interpretation Argumente für ein hohes Gewicht der „Äußerlichkeiten".

Fazit bis hierhin:

Die „äußeren" und formalen Aspekte sind viel, aber ohne die entsprechenden Inhalte der Präsentation gar nichts.

Mit der Erfüllung oder Berücksichtigung nur eines Teilbereiches der Bewertungskriterien wirst du daher dein Ziel nicht erreichen.

Was du jetzt noch benötigst, sind Handlungshilfen für die geeignete Darstellung der inhaltlichen Aspekte deines Projektes bzw. deiner Präsentation.

Wir machen eine klar erkennbare inhaltliche Struktur an zwei Bewertungskriterien fest:

1. Deine Auswahl von Themen und Schwerpunkten.

2. Hast du einen „roten Faden" gelegt?

Damit schwirren nun endgültig eine Vielzahl von Begriffen und Anforderungen an deine Präsentation durch deinen Kopf, die wir sammeln und anschließend sortieren sollten:

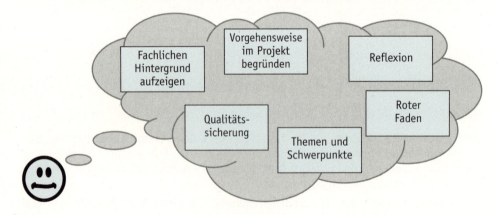

9705224

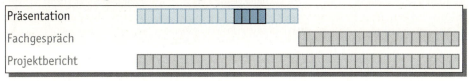

| Anhang | Besondere Fälle | Ergebnis | Mündliche Ergänzungs-prüfung | Fach-gespräch | **Präsen-tation** | Projekt-bericht | Konzept und Antrag | Prüfung Teil B | Schnell-übersicht |

Deine Auswahl von Themen und Schwerpunkten   5.7.2

Anteil des nachfolgenden Bewertungskriteriums: ca. 20 %

Präsentation	▯▯▯▯▯▯▯▯▯▯▯▮▮▮▯▯▯▯
Fachgespräch	▯▯▯▯▯▯▯▯▯▯▯▯▯▯▯
Projektbericht	▯▯▯▯▯▯▯▯▯▯▯▯▯▯▯▯▯▯▯▯▯▯▯▯▯▯▯▯▯▯▯▯▯▯

Ziele dieses Bewertungskriteriums:

– *Wurden dem Kunden die wesentlichen Themen und Schwerpunkte gemäß AO nahe gebracht?*
– *Wurden die Ziele des Projektes verdeutlicht?*

Schwerpunkte und Themen richtig gefunden	Die wesent-lichen Schwer-punkte und Themen wurden gefunden	Einige Schwer-punkte und Themen wurden gesetzt	Deutliche Lücken bei der Wahl von Themen und Schwerpunkten	Keine Schwerpunkte erkennbar	Bericht wurde lediglich wiederholt	Punkte
10	9–8	7–6	5	4–3	2–0	

> Da war nun die Geschichte von dem (virtuellen) Prüfling, der eindeutig einen Schwerpunkt in seiner Präsentation gesetzt hatte: Dieser Prüfling hatte Makros für eine Tabellen-kalkulation programmiert und hat in seiner Präsentation nun die Tabellen auf den OH-Projektor gelegt und die Inhalte vorgelesen ...
>
> Damit hat er eindeutig einen Schwerpunkt gesetzt, da kann auch die Prüfungskom-mission nicht widersprechen. Trotzdem war die Kommission nicht zufrieden und wertete mit der Punktzahl „1".

Es geht in diesem Bewertungskriterium nicht darum, dass du überhaupt Schwerpunkte set-zen und Themen auswählen kannst. Es geht vielmehr darum, dies „richtig" zu tun. Was hier „richtig" ist, das hat dir ja die Ausbildungsordnung schon definiert und das schwebt auch in der grauen Wolke über deinem Kopf.

Du solltest deine Themen und Schwerpunkte auf 3 Ebenen verteilen, um die Prioritäten setzen zu können.

1. Schwerpunkt-Ebene	2. Schwerpunkt-Ebene	3. Schwerpunkt-Ebene
■ Deine Vorgehensweise im Projekt aufzeigen ■ und begründen	■ Fachliche Hintergründe aufzeigen ■ Fachbezogene Probleme darstellen ■ Lösungskonzepte zielgruppengerecht darstellen	■ wirtschaftliche ■ organisatorische ■ technische ■ zeitliche Vorgaben und Kriterien beachten und berücksichtigen ■ Qualitätssicherung

Die von dir gefundenen Themen und Schwerpunkte aus deinem Projekt musst du in einem nächsten Schritt zu einem „roten Faden" anordnen.

Vorgehensweise:

1. *In der 1. Ebene setzt du deine Schwerpunkte nach deinem Phasenschema, begründe dabei zu jeder Phase deine Vorgehensweise („Ich habe das gemacht, weil …").*
   Eine wohl dosierte Vorstellung deines Ausbildungs- oder Praktikumsbetriebes gehört hier dazu.

2. *Den einzelnen Phasen sind dann die Schwerpunkte der 2. Ebene zuzuordnen.*

   Das Aufzeigen der fachlichen Hintergründe und das Darstellen der fachbezogenen Probleme dürfte in jeder Phase anzutreffen sein.

   Denke auch daran, dass zu den fachlichen Hintergründen auch rein theoretische Aspekte gehören können (die dir z. B. in der Berufsschule vermittelt wurden).

   Das zielgruppengerechte Darstellen der Lösungskonzepte gehört z. B. zur Soll-Konzeption und Realisierung.

3. *Ordne letztlich die Schwerpunkte der 3. Ebene zu, wobei du entweder zu jeder Phase oder insgesamt zu deinem Projekt die genannten Aspekte präsentierst.*

4. *Bestimme repräsentative Bestandteile deines Produktes als Beleg für das Reifen deines Produktes.*

Eine Berücksichtigung dieses Schwerpunkt-Schemas bringt dich sicherlich auf den Erfolgsweg, denn wenn du dich auf das beziehst, was in der Ausbildungsordnung steht, kann es nicht heißen: „Tolle Präsentation – aber Thema verfehlt – Note 6."

Die Berücksichtigung dieser Themen und Schwerpunkte bringt dir aber noch keine Garantie auf eine volle Punktzahl, auch kann die Gefahr, das Thema letztlich doch noch zu verfehlen, nicht ganz ausgeschlossen werden. Du musst nämlich noch eine wesentliche Transferleistung erbringen:

Die genannten theoretischen Aspekte müssen auf dein konkretes Projekt, deinen Projektgegenstand und auch auf deinen konkreten Auftrag bezogen werden.

Du musst prüfen – dies können wir nicht für dich übernehmen –, welche konkreten Inhalte deines Projektes als Schwerpunkte dargestellt werden müssen.

Denke dabei auch stets daran, dass von dir die technischen, organisatorischen und wirtschaftlichen Aspekte gleichmäßig berücksichtigt werden.

 Jedes Mal, wenn du Beispiele verwendest, setzt du damit einen Schwerpunkt. Wähle deine Beispiele gut und vermeide es, unwichtige Dinge zu sehr zu betonen. Bringe die wirklich wichtigen Beispiele, die du dann natürlich auch gut erläutern musst.

9705226

Pluspunkte sammeln

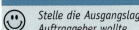 *Stelle die Ausgangslage und das Ziel deines Projektes deutlich vor, zeige, was dein Auftraggeber wollte.*

Zu den fachlichen Hintergründen gehören in erster Linie die kaufmännischen und technischen Prozesse, in die dein Produkt/dein Projekt integriert wird. Das IT-Umfeld deines Betriebes ist ebenfalls darzustellen.

Erläutere, ob und wie dein Projekt abgenommen wurde bzw. ob dein Produkt zum Einsatz kam. Hier wäre dann ggf. eine plausible, aber vor allem ehrliche Begründung erforderlich.

Reflektiere dein Tun: Erläutere, was dir in deiner Zeit- und Aktivitätenplanung gemäß Projektantrag gut oder nicht so gut gelungen ist.

Falls du deine zeitlichen Vorgaben, d. h. deine Zeitplanung, nicht einhalten konntest, dann begründe dies. Bleibe dabei ehrlich und selbstkritisch.

Setze bewusst neue Schwerpunkte gegenüber deinem Projektbericht.
Dies bedeutet nicht, für die Präsentation neue Aspekte oder Inhalte zu erfinden, die du in deinem Projektbericht bewusst dafür ausgelassen hast. Du solltest eher neue Darstellungsformen gegenüber deinem Bericht entwickeln und einige Punkte besonders herausstellen.

Fehler vermeiden

Du versäumst es, wichtige Entscheidungen darzustellen und zu begründen, die du in den Phasen deines Projektes zu treffen hattest.

Du stellst dein Produkt vor (z. B. eine Datenbankanwendung, eine Excel-Anwendung) und zählst nur die Datenfelder auf (dies kann die Kommission auch selbst ablesen), ohne sie zu erläutern (warum, wieso, woher ...).

Du verlierst dich in Details.

Du wiederholst lediglich deinen Projektbericht, spezifische Schwerpunkte deiner Präsentation sind nicht erkennbar.

Du konntest das Ziel deines Projektes und deinen Auftrag nicht gut erklären. Damit besteht die Gefahr, dass der Gesamtzusammenhang deiner Handlungen von der Prüfungskommission nur schwer nachvollzogen werden kann.

Führe keine Marketing- oder PR-Veranstaltung für deinen Ausbildungs- oder Praktikumsbetrieb durch. Es wäre ein falscher Schwerpunkt, wenn die fachlichen Hintergründe deines Betriebes zu großen Raum einnehmen würden.

Du zeigst ein Beispiel, brichst dann aber beim Versuch, es zu erläutern, kläglich ein.

5.7.3 Hast du einen „roten Faden" gelegt?

Anteil des nachfolgenden Bewertungskriteriums: ca. 20 %

Präsentation		
Fachgespräch		
Projektbericht		

Ziele dieses Bewertungskriteriums:

– *Wie wurde der Kunde durch die Präsentation geführt?*
– *Wurde eine Gliederung vorgestellt und eingehalten?*

Ablauf klar und übersichtlich	Ablauf übersichtlich	Ablauf erkennbar	Ablauf erschließbar	Ablauf bedingt erschließbar	Ablauf nicht erschließ-bar oder nicht dargestellt	Punkte
10	9–8	7–6	5	4–3	2–0	

Im vorherigen Kapitel haben wir Begriffe und Anforderungen an deine Präsentation gesammelt und mit Prioritäten versehen. Die Wolke über deinem Kopf ist vielleicht nun an einigen Stellen etwas heller geworden und besser strukturiert, dafür sind mit den Schwerpunktebenen noch neue Begriffe hinzugekommen.

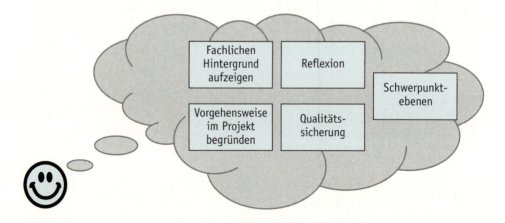

Jetzt musst du die Bestandteile deiner Wolke sortieren und in eine für die Präsentation und die Erwartung der Prüfungskommission geeignete Reihenfolge bringen.

Der „rote Faden" wird von dir gelegt, um deiner Präsentation eine erkennbare Struktur zu geben.

Eine Struktur für Ausarbeitungen dieser Art dürfte dir eigentlich aus der Schule noch bekannt sein: Einleitung, Hauptteil, Schluss. Wie kannst du dieses Schema zu deinem Vorteil anwenden und mit den anderen Anforderungen in Einklang bringen?

9705228

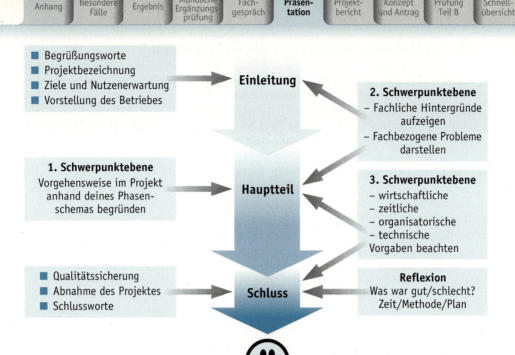

- Begrüßungsworte
- Projektbezeichnung
- Ziele und Nutzenerwartung
- Vorstellung des Betriebes

Einleitung

2. Schwerpunktebene
– Fachliche Hintergründe aufzeigen
– Fachbezogene Probleme darstellen

1. Schwerpunktebene
Vorgehensweise im Projekt anhand deines Phasenschemas begründen

Hauptteil

3. Schwerpunktebene
– wirtschaftliche
– zeitliche
– organisatorische
– technische
Vorgaben beachten

- Qualitätssicherung
- Abnahme des Projektes
- Schlussworte

Schluss

Reflexion
Was war gut/schlecht?
Zeit/Methode/Plan

Das ist dein „roter Faden"!

Es ist im Sinne dieses Bewertungskriteriums, diesen „Faden" zu legen und ihn einzuhalten. Es kommt darauf an, den Auftraggeber/Kunden – d. h. die Prüfungskommission – durch die Präsentation zu führen.

Dies ist ein Prozess, der von dir aktiv gesteuert werden muss. Du musst deine Prüfungskommission wie ein Lotse durch die kundenorientierten Höhen und Tiefen deiner Präsentation führen.

1. Zeige dem „Kunden", wohin es gehen soll.
Zeige dem Kunden das Ziel und den Ablauf der Präsentation.
Erarbeite hierzu eine Gliederung deiner Präsentation und visualisiere sie. Dies kann z. B. mit dem Flipchart („Methoden-Mix", s. o.) oder mit einer Folie geschehen.

2. Zeige dem „Kunden" stets, wo er sich befindet.
Beziehe dich während deiner Präsentation immer auf deine Gliederung und zeige, welchen Punkt du jetzt oder als nächstes behandelst.
Dies gelingt, indem du z. B.
– gezielt auf deine Gliederung am Flipchart zeigst,
– deine Folie mit der Gliederung wieder auflegst und auf den entsprechenden Punkt hinweist,
– im Rahmen deiner Folienpräsentation für jeden Gliederungspunkt eine eigene Folie entwickelst, auf der dieser Punkt entsprechend hervorgehoben wurde.
– auf deinen Folien eine Laufleiste verwendest, in der du den Zusammenhang zwischen der aktuellen Folie und deiner Gliederung durch Hervorheben des Gliederungspunktes herstellst. ▶ 5.2.2

9705229

3. Weise auf besondere Höhepunkte/Sehenswürdigkeiten hin.

Weise die Prüfungskommission verbal und visuell auf deine Schwerpunkte hin. Diese Hinweise erhöhen die Aufmerksamkeit der Kommission und heben besondere Leistungen hervor, die du im Rahmen deines Projektes erbracht hast.

„Ich komme jetzt zum schwierigsten Teil in meinem Projekt."

„Hier war folgende Richtungsentscheidung für das Projekt von mir zu treffen."

„Darf ich Sie auf den folgenden Punkt besonders hinweisen, da er das zentrale Element meiner Anwendung beschreibt …"

4. Helfe dem „Kunden" über schwierige Passagen hinweg.

Erinnere dich an die Stellen deines Projektes, wo dir fach- oder betriebsspezifische Sachverhalte Schwierigkeiten bereitet haben. Weise auf deine Schwierigkeiten hin und nimm dir Zeit, diese Sachverhalte der Prüfungskommission zu erläutern.

5. Stelle sicher, dass alle „Kunden" mitkommen bzw. dir folgen.

Versuche dich zu vergewissern, ob deine Kunden die gerade von dir präsentierten Inhalte verstanden haben. Dazu genügt oftmals ein Blick in die Gesichter der Kunden. Du kannst dich auch und gerade bei komplexeren Darstellungen durch eine sensibel formulierte Frage vergewissern, z. B. „Soll ich diese Folie noch einen Moment liegen lassen oder kann ich fortfahren?" Zweifle niemals die Aufnahmefähigkeit oder Intelligenz deiner Kunden an, die Fragestellung „Haben Sie das verstanden?" sollte hier vermieden werden.

Bereite auch in diesem Sinne das Ende deiner Präsentation vor, indem du nochmals auf das Ziel und die Gliederung deiner Präsentation zurückkommst und damit dem Kunden zeigst, dass du alle Punkte wie vorgesehen behandelt hast. Formuliere auch ein geeignetes Fazit bzw. ein Schlusswort deiner Präsentation.

Pluspunkte sammeln

 Visualisiere deine Gliederung/deinen Präsentationsablauf mithilfe einer Laufleiste.

 Binde bei einer Präsentation über Laptop/Beamer Folien ein, die mit einer ansprechenden Visualisierung auf deinen nächsten Gliederungspunkt hinweisen.

 Halte dich bei der Erarbeitung deiner Gliederung an die o. g. Schwerpunktebenen und das Phasenschema (von der Vorstellung des Betriebes bis zur Abnahme des Produktes).

 Weise bewusst und deutlich auf deinen größten und schwierigsten Tätigkeitskomplex in deinem Projekt hin, z. B.: „Ich komme jetzt zu der eigentlichen Hauptaufgabe in meinem Projekt, der Entwicklung einer geeigneten Datenbankstruktur …"

 Schließe deine Präsentation mit einer Reflexion und zeige, dass du deine Ziele eingehalten hast.

Fehler vermeiden

 Du zeigst und erwähnst während deiner Präsentation nicht, welchen Gliederungspunkt du gerade behandelst.

 Du kannst dein eigenes Vorgehen im Projekt nicht von den benötigten Fakten und Hintergrundinformationen trennen.
Beispiel: Du erläuterst die Inhalte deines Sollkonzeptes und vermischst dies mit Informationen, die zur Vorstellung deines Betriebes gehören.

 Du stellst ständig Fragen zum Verständnis der Prüfungskommission.
Du bist noch nicht im Fachgespräch, die Präsentation ist ein Monolog deinerseits.
Setze Fragen nur selten ein, um das Verständnis der Kommission abzuklären.

9705230

Das Operative Geschäft der Kommission   5.8

Die Vorbereitung auf die Präsentationen   5.8.1

Unsere Betrachtung, welche Aufgaben von der Prüfungskommission im Vorfeld oder während der Präsentation zu leisten sind, setzt an folgenden Punkten an:

☑ Jedes Prüfungskommissionsmitglied hat die Projektberichte für sich korrigiert.
▶ Anhang § 20 Abs. 4 MPO

☑ Die Prüfungskommisssion hat sich in einer Abstimmungssitzung ▶ 4.10.4 über die vorläufigen Ergebnisse verständigt.

☑ Ein Terminplan für die Durchführung der Präsentationen und Fachgespräche wurde mit der IHK abgestimmt. ▶ 2.8.4

☑ Die Fragen und die Vorgehensweise für das Fachgespräch wurden gemeinsam definiert.

Die Korrektur der schriftlichen Prüfung ist für die folgenden Aktivitäten der Kommission unerheblich.

Terminplan der Präsentationen

Gemessen an der Anzahl der Prüflinge muss die Kommission eine Anzahl von Tagen für die Abnahme der Präsentationen und Fachgespräche einplanen.

Pro Prüfling sollte eine Zeit von 90 Minuten für alle Prüfungsaktivitäten angesetzt werden. Sofern für einen Prüfling eine Mündliche Ergänzungsprüfung durchzuführen ist, sollte die Zeit auf 120 Minuten erhöht werden. ▶ 1.5.4

90 Minuten Durchlaufzeit basieren auf unseren Erfahrungswerten und sind eine Mindestzeit, die eine gute Qualität in der Prüfungsabnahme sicherstellt. Wir empfehlen daher maximal 7 Prüfungen pro Tag abzunehmen (unter Berücksichtigung angemessener Pausenzeiten).

Bei der Terminplanung kann die Kommission die Reihenfolge der Prüflinge frei bestimmen. Dabei können auch subjektive Ansichten der Kommission berücksichtigt werden, z. B.:

- Zu Beginn des Tages gleich die schwierigsten Projekte/Kandidaten.
- Immer abwechselnd: ein guter Kandidat, ein schlechter.
- Den Tag mit einem erfreulichen Ergebnis abschließen.

Festlegung des Prüfungsortes

Wählen Sie einen Ort, der alle logistischen Erfordernisse erfüllt: Vorhandensein der Präsentationsmedien, Räume zur Abnahme der Prüfung, Wartepositionen für die Prüflinge, Beratungszimmer, Möglichkeit der Essensaufnahme für die Kommission.

Wir empfehlen folgende Raum-Logistik:

1. *Pausenraum, Foyer:*   *Warteposition des Prüflings vor Beginn der Prüfung*
2. *Prüfungsraum:*   *Raum mit allen Standard-Medien zur Durchführung der Prüfung*
3. *Beratungsraum:*   *Separater Raum zur Vor- und Nachbereitung*

Wenn Sie für die Warteposition des Prüflings keinen separaten Raum zur Verfügung haben, dann stellen Sie wenigstens drei Stühle vor den Prüfungsraum, damit der Kandidat sich setzen kann und die Nachfolgenden mit ihrem Material Platz nehmen können.

Abstimmung des Terminplanes mit der IHK zur Einladung

Nach Aufstellung Ihres Terminplanes in der Kommission und der Festlegung des Prüfungs-ortes sollten Sie Ihre Planung mit der IHK abstimmen.

 Die Einladung des Prüflings wird i. d. R. durch die IHK erfolgen.

Die IHK könnte dabei auch an alle Kommissionsmitglieder eine Einladung für diese Prü-fungstage versenden, um die Freistellung beim Arbeitgeber zu erleichtern. Außerdem wird so besser dokumentiert, dass die Prüfungskommissionsmitglieder im Auftrag der IHK tätig sind, was im Falle von Unfällen (wollen wir nicht hoffen) versicherungstechnische Vortei-le mit sich bringt.

In Abstimmung mit Ihrer IHK, die dies in Ihrem Bezirk und auch je Kommission individuell vereinbaren kann, könnte auch ein Mitglied der Kommission die Einladungen an die Prüf-linge versenden. Die IHK müsste in diesem Falle dem Kommissionsmitglied entsprechendes Briefpapier zur Verfügung stellen, da sonst die Einladung nicht die erforderliche Rechts-verbindlichkeit erhält. Die Portokosten können über den Antrag zur Aufwandsentschädi-gung abgerechnet werden.

Vorbereitung der Prüfungsräumlichkeiten

Alle Prüfungsaktivitäten sollten mit dem jeweiligen Hausherren kommuniziert werden. Eine Vorbereitung der Räume am Tage der Prüfung reicht aus, ein Tag vorher wäre natürlich stressfreier.

 Kümmern Sie sich um das Wohl Ihrer Prüflinge.

Sorgen Sie für ausreichenden Platz: Der Prüfling muss sich während seiner Präsentation uneinge-schränkt bewegen können. Außerdem benötigt er Platz auf Tischen für seine Unterlagen, die er stö-rungsfrei einsehen und sortieren können muss. Auch für die geordnete Ablage seiner anderen per-sönlichen Sachen sollten Sie Möglichkeiten schaffen.

Schalten Sie alle Störquellen aus: Ihre Handys, andere Telefone im Raum, Lärm von außen.

Schaffen Sie am Präsentationsplatz für den Prüfling eine angenehme Atmosphäre. Er soll sich schließ-lich nicht wie bei einem Verhör vorkommen:
- *keine Blendung durch Lichtreflektionen, Sonneneinstrahlung,*
- *keine fremden Sachen oder gar verbrauchte Präsentationsmittel auf dem Tisch.*

Probieren Sie doch zum Wohle des Prüflings mal etwas Unkonventionelles aus:

- Stellen Sie auf den Platz des Prüflings einen dezenten Blumentopf oder -strauß mit Unter-satz (z. B. entsprechend farbige Serviette).
- Stellen Sie dem Prüfling ein Glas Wasser oder andere Getränke zur Verfügung.

Sie werden es erleben: Kleine Dinge bewirken manchmal Wunder im Sinne einer angemes-senen Prüfungsatmosphäre.

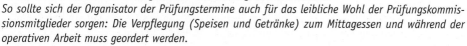

| Anhang | Besondere Fälle | Ergebnis | Mündliche Ergänzungs- prüfung | Fach- gespräch | **Präsen- tation** | Projekt- bericht | Konzept und Antrag | Prüfung Teil B | Schnell- übersicht |

Für das Wohl der Kommission sollte ebenfalls gesorgt werden.

Auch ein Auto muss nach einer gewissen Fahrleistung nun mal tanken.
So sollte sich der Organisator der Prüfungstermine auch für das leibliche Wohl der Prüfungskommissionsmitglieder sorgen: Die Verpflegung (Speisen und Getränke) zum Mittagessen und während der operativen Arbeit muss geordert werden.

Bei allen Argumenten für das Wohl der Beteiligten vergessen Sie bitte nicht: Die Prüfung ist kein Vergnügen, wo es nur um die „Kekse" geht. Für die Prüflinge geht es dabei nicht nur um die „Wurst", sondern noch um viel mehr.

Zur Vorbereitung auf die Prüfung und zur Profession Ihrer eigenen Logistik bieten wir Ihnen Folgendes an:

Checkliste zur Vorbereitung auf Präsentation/Fachgespräch

Räumlichkeiten reservieren	☐ Tische und Stühle an der Warteposition des Prüflings vor und nach der Prüfung und für den nächsten Kandidaten ☐ Separater Raum zur Vor- und Nachbereitung für die Kommission ☐ Prüfungsraum
Prüfungsraum herrichten	Medien: ☐ Stehen die Standard-Präsentationsmedien (Flipchart, Pinnwand, OH-Projektor) sowie Stromanschlüsse bereit und funktionieren sie? Möbel: ☐ Stuhl als Sitzgelegenheit für den Prüfling ☐ Tische zur Ablage der Präsentationsunterlagen ☐ Ablage der nicht benötigten Utensilien (Tasche, Bekleidung usw.): Garderobenständer, Tisch ...
Atmosphäre im Prüfungsraum	☐ Prüfling hat ausreichend Platz Der Sitz-/Stehplatz des Prüflings ist frei von Störquellen und im Sinne ☐ einer angenehmen Atmosphäre hergerichtet Sitzplätze und Tische für die Prüfungskommission sind in angemessenem ☐ Abstand zum Sitzplatz/Standplatz des Prüflings angeordnet ☐ Schild „Bitte nicht stören – Prüfung" hängt außen an der Tür des Prüfungsraumes ☐ Handys der Kommissionsmitglieder sind ausgeschaltet
Logistik der Kommission	☐ Namensschilder für jeden ☐ Bewertungsbögen (Checklisten) für die Bewertung von Präsentation/ Fachgespräch und ggf. Mündlicher Ergänzungsprüfung müssen bereitliegen ☐ Blöcke und Stifte für Kommission ☐ Checkliste/Terminplan liegt bereit ☐ Verpflegung der Kommission (bleibt im Hintergrund) ☐ Mittagessen ist organisiert
Sonstiges	☐ ☐ ☐

5.8.2 Beginn der Prüfung

Zu Beginn der Prüfung ergibt sich folgender Prozessablauf:

1. Vorbereitung und Einstimmung auf den Prüfling und sein Projekt innerhalb der Kommission, Abstimmung der Fragen und Vorgehensweisen im Fachgespräch.

2. Abholen des Prüflings zur eingeladenen Zeit aus seiner Warteposition durch ein Mitglied der Kommission.

3. Der Prüfling wird in den Prüfungsraum geführt.

4. Die Identität des Prüflings ist durch Vorlage eines Ausweisdokumentes und des Einladungsschreibens sicherzustellen.

5. Aus juristischen Gründen ist der Prüfling zu fragen: „Gibt es aus Ihrer Sicht Gründe, die gegen die Durchführung der Prüfung sprechen?"

   Sollte der Prüfling diese Frage bejahen und z. B. mit einer Erkrankung begründen, so kann die Prüfung nicht durchgeführt werden. Sie sollten sofort Kontakt zu Ihrer IHK aufnehmen und die weitere Verfahrensweise festlegen.

   Verneint der Prüfling diese Frage (das dürfte der Regelfall sein), dann kann die Prüfung beginnen.

6. **Bitten Sie, den Prüfling ausdrücklich, Handys auszuschalten und einzupacken.** Wir vermuten, dass auch Sie nicht wollen, dass Ihr Prüfungsgespräch optisch und akustisch verbreitet werden kann.

Das ist der Beginn dieses Prüfungsteiles.

Es ergeben sich jetzt folgende Varianten:

1. Die gesamte Prüfungskommission stellt sich dem Prüfling vor und verbleibt während der Vorbereitung des Prüflings im Prüfungsraum. Nach Ablauf der Rüstzeit wird das Signal zum Starten der Präsentation gegeben.

	Positive Effekte	Negative Effekte
Für den Prüfling	Er kann mit dem Aufbau seiner Präsentationsmedien seine Handlungskompetenz direkt der Kommission zeigen.	Der Prüfling sieht sich einem großen Druck ausgesetzt, die Wahrscheinlichkeit für Fehler dürfte steigen. Der Prüfling nimmt unter Umständen nicht die Gelegenheit wahr, sich vor Beginn seiner Präsentation zu sammeln und sich auch noch mental vorzubereiten.
Für die Kommission	Das Kriterium „technisch-organisatorische Vorbereitung" kann direkt beobachtet werden.	Die hierfür investierte Zeit könnte sinnvoller für die Vorbereitung auf den Prüfling und sein Projekt genutzt werden. Die Kommission verschenkt Zeit, um zwischen den Prüfungen auch mal Gelegenheit zur Besinnung zu haben.

2. Der Prüfling bereitet sich alleine im Prüfungsraum vor. Nach Ablauf der Rüstzeit betritt die Prüfungskommission den Raum, stellt sich vor und bittet, sofort mit der Präsentation zu beginnen.

	Positive Effekte	Negative Effekte
Für den Prüfling	Der Prüfling empfindet weniger Druck und Stress und kann ganz in Ruhe vorgehen. Er kann sich nach Erledigung des Aufbaus auch unbeobachtet mental vorbereiten.	Er kann seine Handlungskompetenz zum Einsatz der Präsentationsmedien erst mit dem Ergebnis, d. h. den aufgebauten und funktionsfähigen Geräten, der Kommission belegen.
Für die Kommission	Die Prüfungskommission nutzt die Rüstzeit auch für sich und bereitet sich in Ruhe auf die Präsentation und den Prüfling vor oder macht einfach noch Pause.	Das Kriterium „technisch-organisatorische Vorbereitung" kann nicht direkt beobachtet werden.

9705234

Für welche Variante Sie sich in Ihrer Prüfungskommission entscheiden, hängt letztlich von Ihren Neigungen und vielleicht von diesen Argumenten ab. Unter Tipp: Trinken Sie lieber einen Kaffee ...

Der Aufforderung, mit der Prüfung zu beginnen, folgt noch der Hinweis an den Prüfling, „dass für die Präsentation 15 Minuten vorgesehen sind". Jede Prüfungskommission kann für sich regeln und dem Prüfling verkünden, dass

☑ rechtzeitig (i. d. R. 2 Minuten) vor Ablauf der 15 Minuten ein Hinweis gegeben wird.

☑ unbarmherzig nach 15 Minuten die Präsentation abgebrochen und mit dem Fachgespräch begonnen wird.

Die Rolle des einzelnen Prüfers   5.8.3

Welche Rolle übernimmt ein Prüfer bei der Präsentation?

☑ Der Prüfer bewertet nicht aufgrund eigener Fragen.

☑ Bewertet wird nicht das fertige Endprodukt der betrieblichen Projektarbeit, das durch den Betrieb abgenommen wurde.

☑ Wir empfehlen nach den Kriterien unserer Bewertungsmatrix zu beurteilen. ▶ Anhang

☑ Die Prüfungskommission ist Zielgruppe der Präsentation. Der einzelne Prüfer agiert in einer Mehrfachrolle als Auftraggeber/Kunde, kompetenter Sachverständiger, Chef/Vorgesetzter, Prüfer. ▶ 1.5.5   ▶ 5.1.4

Wer ist Zielgruppe der (Prüfungs-)Präsentation?

Die AO definiert verschiedene Anforderungen an die Präsentation:

Anforderungen der AO	Interessenten
• fachbezogene Probleme zielgruppengerecht darstellen	• Auftraggeber/Kunde • Prüfer
• Lösungskonzepte zielgruppengerecht darstellen	• Auftraggeber/Kunde • Sachverständiger Dritter • Prüfer
• fachlichen Hintergrund aufzeigen	• Sachverständiger Dritter • Prüfer
• Vorgehensweise im Projekt begründen	• Chef/Vorgesetzter • Sachverständiger Dritter • Prüfer
• **Abgeleitet aus der AO** Nachweis für die eigene Leistung des Prüflings	• Prüfer

Nur die Prüfungskommissionen kann die Erfüllung der Anforderungen in der Prüfung feststellen und bewerten. Damit ist sie alleinige Zielgruppe der Präsentation.

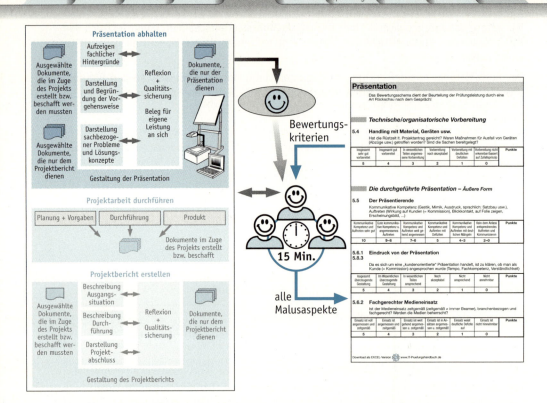

5.8.4 Verhalten in der Präsentation

Während der Präsentation sollte jedes Kommissionsmitglied Aufzeichnungen zur Bewertung der Prüfungsleistung anfertigen. Hierzu dient unsere vorgefertigte Bewertungsmatrix (▶ Anhang). Hier kann zu jedem Bewertungskriterium eine entsprechende Beobachtung, die auf einer Handlung des Prüflings beruht, festgehalten werden.

 Diese Dokumente sind für die Niederschrift der Prüfungsergebnisse zu verwenden.
Darüber hinaus können noch Fragen für das Fachgespräch festgehalten werden.

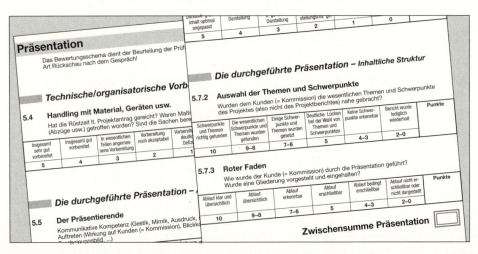

Allgemeine Verhaltensregeln

- Während der Präsentation keinen Kaffee trinken oder essen oder rauchen (Missachtung des Prüflings).
- Die Kommissionsmitglieder unterhalten sich während der Präsentation nicht untereinander (führt zur Verunsicherung des Prüflings).
- Schauen Sie dem Prüfling zu und nicht gelangweilt aus dem Fenster.
- Halten Sie so gut es geht Blickkontakt, auch beim Mitschreiben.

Wenn Sie den Eindruck haben, es mit einem besonders nervösen Kandidaten zu tun zu haben, dann machen Sie doch, bevor es losgeht, eine nette Bemerkung:

 „Wir hoffen, Sie hatten eine gute Anfahrt bei diesem schlechten Wetter. Wie lange waren Sie denn unterwegs?"

 „Och, danke. Es ging ganz gut bei dem Regen. So ungefähr eine Stunde."

 „Ja ja, wenn der Tag so schlecht beginnt, dann kann es jetzt ja nur besser werden."

 „Was ist das denn für eine niedliche Figur auf Ihrem Tisch?"

 „Das ist mein Talisman. Den habe ich von meiner Freundin, der soll mir Glück bringen."

NIE!!!

 „Na, das werden Sie aber auch brauchen ..." →

Reaktionen auf bestimmte Äußerungen oder Darstellungen des Prüflings

Die Präsentation ist ein Prozess, der nur vom Prüfling aktiv gesteuert wird. Die Prüfungskommission ist nur Konsument.

Auf Äußerungen oder Darstellungen des Prüflings sollte daher keine Reaktion erfolgen.

- Nicht den Kopf schütteln oder nicken.
- Nicht indirekt zustimmen oder ablehnen.
- Keine Zwischenfragen (die gehören in das Fachgespräch).

Verhalten in besonderen Fällen

Beispiel	Reaktion
Der OH-Projektor funktioniert nicht/fällt aus.	Prüfung unterbrechen und den gewünschten Zustand herstellen. Der Prüfling kann für diesen Fall nicht verantwortlich gemacht werden. Fragen Sie den Prüfling nach seinen Notfall-Maßnahmen.
Der Prüfling findet den Einschalt- knopf für den OH-Projektor nicht, die Rüstzeit ist abgelaufen.	Das gibt dann wohl Minus-Punkte für die „technische/organisatorische Vorbereitung": Entweder war die Rüstzeit zu knapp bemessen oder der Prüfling nicht kompetent. Aber nun helfen Sie ihm und verraten ihm die Technik. Finden Sie ein beruhigendes Wort für den Prüfling, damit die anderen Anforderungen frei von diesem Effekt geleistet werden können.

Beispiel	Reaktion
Der Beamer funktioniert nicht, der Prüfling beteuert aber, dass er eben noch funktioniert hat.	Der Beamer gehört weder zu den Standardmedien noch Ihnen. Also sollten Sie keinen Reparaturversuch starten. Fordern Sie den Prüfling auf, mit seinen Notfall-Maßnahmen zu beginnen. Wenn dies nicht gelingt, muss der Prüfling für die Präsentation einen entsprechenden Punktabzug erhalten, denn Sie haben ja nicht den ganzen Tag Zeit.
Der Prüfling ist nach 15 Minuten in seiner Präsentation nicht zu bremsen.	Handeln Sie im Interesse einer Chancengleichheit für alle Prüflinge. Brechen Sie die Präsentation ab oder geben Sie noch eine Verlänge-rung, nach der dann gnadenlos beendet wird.
Die Folien sind – egal warum – nicht lesbar; sagen Sie etwas?	Bitte tun Sie es. Entweder der Prüfling kann die Lesbarkeit verbessern oder Sie verzichten auf diese Folien. Geben Sie Ihren Hinweis aber in einer moderaten Tonlage: „Entschuldigen Sie bitte, dass ich hier unterbreche, aber die Folie ist nun wirklich nicht zu lesen. Können Sie die Projektion etwas besser einstellen?"
Der Prüfling ist sprachlich/akustisch nicht zu verstehen.	Auch hier sollten Sie sich bemerkbar machen: „Entschuldigung, aber könnten Sie bitte etwas lauter sprechen?" Der Prüfling wird natürlich zusammenzucken, aber für sein „Kommunikationsverhalten" sollten Sie (und hoffentlich auch der Prüfling) dies als neue Chance verstehen.
Der Prüfling erscheint nicht zum vereinbarten Termin.	▶ 8.4.6.

Vermeiden Sie es, während der Präsentation in Ihren Checklisten zu blättern. Sie müssen auch für Ihre Bewertungsgrundlagen jede Störquelle ausschalten. Erstens beeinträchtigt Sie dies in Ihrer Aufmerksamkeit, und zweitens trägt dies sicherlich nicht zum Behagen des Prüflings bei.

Versuchen Sie bitte nicht, wie ein Stenograf alles Auffällige wortwörtlich mitzuschreiben. Schreiben Sie nur Stichwörter und versuchen Sie weiterhin den Prüfling anzusehen.

Jedes Mal, wenn einer der Prüfer seinen Kugelschreiber zückt und lange Verse schreibt, denkt der Prüfling, dass jetzt etwas Negatives über ihn notiert wird. Schreiben Sie daher sehr dezent.

5.8.5 Übergang zum Fachgespräch

Wenn der Prüfling seine Schlussworte gesprochen hat, sollten Sie auch einige Worte für den Prüfling finden, schließlich haben Sie ca. 15 Minuten geschwiegen.

 Verwenden Sie nach der Präsentation im Übergang auf das Fachgespräch nur neutrale und keine werten-den Formulierungen (wie z. B. gut, das war prima, na schön gelaufen...).

Positives Beispiel:

 „Vielen Dank für Ihre Präsentation, Sie können jetzt erst mal durchatmen und sich setzen. Wir begin-nen gleich mit dem Fachgespräch ..."
„So, danke schön, das haben Sie jetzt erst mal hinter sich."

Negatives Beispiel:

 „Vielen Dank für diese – ääh – Vorführung ..."
„Vielen Dank, Ihre Präsentation hat uns gut gefallen. Gleich geht es weiter ..." – und was ist, wenn sich bei der Bewertung etwas anderes herausstellt ...?

Zu Beginn des Fachgespräches gestatten Sie auch dem Prüfling, sich zu setzen.
▶ 6.1, 6.2

9705238

Fachgespräch 6

Quickeinstieg 6.1

Was du zu leisten hast 6.1.1

☑ Du hast deine 15-minütige Präsentation hinter dich gebracht.

☑ Die Prüfer haben dich hoffentlich gebeten, Platz zu nehmen und leiten mit ein paar freundlichen Worten zum Fachgespräch über.

Das nun folgende Gespräch ist ein Fachgespräch, weil es zwischen der Kommission und dir über deinen Fachbericht, deine Projektarbeit und ggf. deine Präsentation geführt wird.

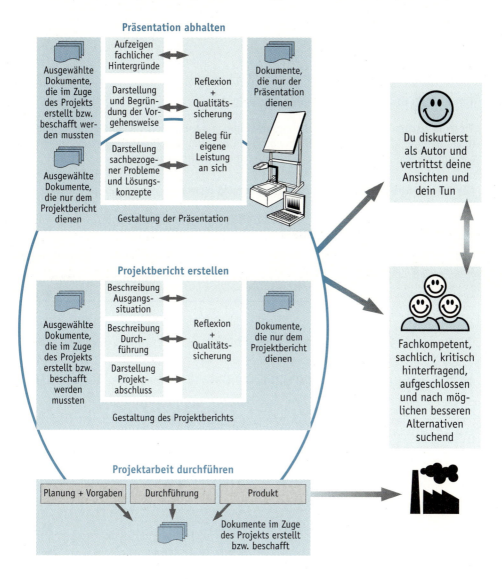

Warum werden zusätzlich Fragen zu deiner Arbeit und Präsentation gestellt?

Weil in der „Praxis" Fachgespräche etwas ganz normales sind.

Im Fachgespräch in der „Praxis" muss man sich nämlich **alleine** und über **längere Zeit behaupten** und **konzentrieren** können.

■ Nach einer Präsentation kommen die Kunden und wollen es ganz genau wissen. Wer mal auf Tagungen war, schätzt die sich anschließenden Gespräche mit Dozenten, weil hierdurch viele Fragen auch beantwortet werden, die einen in diesem Zusammenhang schon immer beschäftigt haben, oder die gerade durch den Vortrag aufgeworfen wurden.

■ Wer gerade eine Idee vorgetragen hat – auch im kleinsten Kreis seiner Kollegen –, wird Fragen zu beantworten und fachliche Diskussionen durchzustehen haben.

Im Fachgespräch mit der Kommission musst du zeigen, ob du in der Lage bist, dich über eine längere Zeit angemessen auszudrücken und im Gespräch mit Fachleuten zu behaupten. (Dies ist sinngemäß ungefähr das, was die Ausbildungsordnung mit ihren spröden Worten zum Ausdruck bringen möchte.)

6.1.2   Bewertungsquickreferenz-Fachgespräch

Die Kommission wird nach dem Fachgespräch mit dir z. B. unser Raster zur Hand nehmen. Dann geht sie in einer Rückschau die einzelnen Kriterien durch und vergibt die Punkte. So gelangt sie zu – stark vereinfacht – einem gemeinschaftlichen Ergebnis.

Die thematische Durchdringung und Reflexion wird beurteilt

Konntest du auf Nachfragen dein Projekt in den betrieblichen Zusammenhang mit vor- und nachgelagerten Prozessen einordnen? ▶ *6.4.1*

Hast du Fremdleistungen (Vorlagen, Zuarbeiten, Partner) genutzt und konntest du diese deutlich kennzeichnen und ausgrenzen? ▶ *6.4.2*

Konntest du dein Tun reflektieren? ▶ *6.4.3*

KO-Kriterium: ▶ *6.4.4*
Wurde klar, dass es sich um die eigene (vgl. ▶ 9.3.6) Arbeit handelt?

Die Beherrschung des für die Projektarbeit relevanten Fachhintergrundes wird beurteilt

Konntest du Fachkompetenz nachweisen? ▶ *6.5.1*

Hast du zusätzliche Fachkompetenz zur Aufgabenbewältigung erworben? ▶ *6.5.2*

Die Interaktion mit der Prüfungskommission (als Zielgruppe) wird beurteilt

Deine sprachliche Kompetenz steht auf dem Prüfstand. ▶ *6.6.1*

Deine kommunikative Kompetenz steht auf dem Prüfstand. ▶ *6.6.2*

Bist du bereit, dich mit inhaltlichen Problemen auseinander zu setzen? ▶ *6.6.3*

9705240

Welchen Einfluss hat das Fachgespräch auf das Gesamtergebnis?

Gewicht des Fachgespräches im Teil A: **25 %**

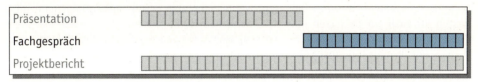

Fachgespräch und Präsentation sind gemeinsam ein selbstständiger Prüfungsbereich in Teil A. Die Punktesumme dieser Disziplinen muss dann besser als 6 bewertet worden sein. Zusammen mit den Punkten vom Projektbericht entscheidet sich dann, ob du deine Prüfung in Teil A bestanden hast (▶ 1.3.1).

Wenn du (leider) z. B. im Prüfungsteil A durchgefallen sein solltest, informiere dich im Kapitel ▶ 8.3 über deine weiteren Schritte.

Überschneidung mit Projektbericht und Präsentation?

Auf den ersten Blick glaubst du, hier überwiegend Beurteilungskriterien zur Projektarbeit und der Präsentation wieder zu finden. Diese scheinbaren Überschneidungen lassen sich aber nicht vermeiden, weil gerade im Fachgespräch nochmal die Tiefe gefunden werden kann, um die nötigen Beurteilungsgrundlagen zu finden. Mit Tiefe ist nicht gemeint, das Haar in der Suppe zu finden, damit die Kommission dich in die Pfanne hauen kann, sondern dich als Prüfling in deiner Gesamtheit beurteilen zu können.

Mache übrigens nie, nie, nie den Fehler, zu hoffen bzw. auch nur zu vermuten, dass eine Kommission deine Arbeit nicht richtig gelesen hat und du mit deinem Vortrag blenden konntest. Denn schlaue Kommissionen (und alle Kommissionen sind schlau) haben immer die neueste Ausgabe dieses Buches gelesen und sind das letzte Bollwerk gegen Pfuscher in der Praxis. Außerdem siehst du dich einer geballten Portion Know-how gegenüber:

- Fachlehrer mit Fachstudium (und i. d. R. mit Praxiserfahrung)
- Arbeitnehmervertreter aus der Praxis
- Arbeitgebervertreter aus der Praxis

Dauer eines Fachgespräches 6.1.3

Für das Fachgespräch sind ca. 15 Minuten vorgesehen.

15 Minuten reichen auch geradeso aus, um dir mal so richtig auf den Zahn zu fühlen.

Wenn das Fachgespräch länger dauert

Sollte es mal länger dauern, so wollen die Prüfer dir eher eine Chance geben, dich noch zu verbessern, oder sie haben tatsächlich Freude an der fachlichen Diskussion mit dir gefunden, was nun erst recht nicht schädlich ist, sondern deine Note in höhere Regionen führen könnte.

Wenn das Fachgespräch kürzer wird

Wird das Fachgespräch kürzer, lässt sich die Ursache nicht so genau vermuten. Kürze bedeutet i. d. R., dass alles Wesentliche gesagt wurde, kann aber sowohl auf Zufriedenheit hindeuten als auch auf Entsetzen über den fachlichen Murks, der aus dem Munde manchen Prüflings entströmt. (Sorry, aber wir wissen, wovon wir reden.) Gegen diesen fachlichen Murks – vor dem auch du nicht sicher bist – gibt es zum Glück unsere Tipps.

Die genaue Zeit ist nirgends in der Ausbildungsordnung festgehalten. Die ca. 15 Minuten sind ein Umkehrschluss aus dem Gesetz, weil man vermutet, dass sowohl dein Nachweis kommunikativer Kompetenz in der Präsentation als auch die Fachlichkeit im Gespräch gleichgewichtig sind (also verteilt man die 30 Minuten aus der Ausbildungsordnung gleichmäßig auf 2 x 15 Minuten).

6.1.4 Atmosphäre eines Fachgespräches

Nicht immer gibt es gute und ansprechende Orte für deine wichtige und entscheidende Prüfung. Oft tost vor der Tür das Leben, während du im Prüfungsstress steckst. Trotzdem wird sich die Kommission bemühen, eine fachlich-sachliche, aber nicht ungemütliche Arbeitsatmosphäre herzustellen.

War deine Präsentation schlecht, so wird sich die schlechte Stimmung nicht auf das Fachgespräch auswirken.

War eine Frage falsch beantwortet, muss nicht unbedingt sofort darauf hingewiesen werden. Vermutlich wird sich die Kommission nicht in eine Frage verbeißen und die knappe Zeit so ungenutzt verstreichen lassen. Das Ergebnis ist immer das Gleiche: Du weißt es nicht.
Außerdem gibt dir die Kommission keine Nachhilfestunde, wenngleich manchmal Denkhilfen gegeben werden.

Die Kommission unterbricht dich in deiner Antwort. Entweder hast du gerade begonnen, in der Steinzeit nach den Gründen für dein Handeln zu suchen, oder du erzählst Dinge, die die Kommission für nicht so prüfungsentscheidend hält. Daraus kannst du keine Schlüsse ziehen. Vielmehr bekommst du auf diese Weise eine Hilfe, weitere gute Sachen vorzutragen.

Nachfragen, wie bohrend oder nervend du sie auch empfinden magst, sind das Recht der Kommission, pardon, deiner Kunden. Also sei nett zu deinen Kunden, gib dir Mühe und gehe auf die Fragen ein.

Das Fachgespräch ist auch eine Chance für dich, um dir auf die Sprünge zu helfen, weil du nun mal nicht der strahlende Schriftsteller bist und erst auf Nachfragen zur Höchstform aufläufst.

9705242

Plane dein Fachgespräch 6.2

Durchdenke deine Schritte und beeinflusse das Fachgespräch 6.2.1

Ja, du kannst und du musst den Verlauf des Fachgesprächs kennen und beeinflussen. Wer sich treiben lässt, verliert die ihm an die Hand gegebene Kontrolle. Der Ablauf vor und nach dem Fachgespräch ist immer gleich. Da dir die Erfahrung fehlt und damit du dich spätestens jetzt vorbereiten kannst, haben wir dieses Buch geschrieben.

Kannst du dich zu Hause inhaltlich auf dein Fachgespräch vorbereiten? 6.2.2

Wir meinen, du kannst.

Wir geben dir Tipps

- wider den Erinnerungsverlust, für deinen Überblick (30 Min. Aufwand),
- für deine gesteigerte Fachlichkeit (2 x 60 Min. Aufwand).

Das „Wie" zeigen wir dir gleich im nächsten Kapitel ▶ 6.3 („Was man zu Hause lernen kann").

Hier sollst du erst einmal eine Übersicht über den Rahmen und den Ablauf des Fachgesprächs erhalten.

Nach der Präsentation ist sofort vor dem Fachgespräch 6.2.3

Du hast nun deine Präsentation beendet, deine Materialien in gebotener Geschwindigkeit so zusammengelegt und platziert, dass du ggf. wieder darauf zurückgreifen kannst, und bist nun an deinem von dir vorbereiteten Arbeitsplatz für das Fachgespräch.

Plane den Übergang von der Präsentation zum Fachgespräch.

Die Zeit für die praktischen Vorarbeiten – auch für das Fachgespräch – gehört übrigens zur Rüstzeit vor Beginn der Präsentation. Sei also nicht dumm und fang nicht an, dich unnötig in Zeitdruck zu bringen, weil du vorher deine Sachen nicht zurechtgelegt hast.

Für das Fachgespräch hast du bereits den dir zugedachten Sitzplatz angepeilt und dort folgende Unterlagen platziert.
- *Eine ordentliche Kopie deiner Projektarbeit.*
  Da es vorkommen kann, dass ein Prüfer dir Fragen zu deiner Arbeit stellt und ihr gemeinsam in deiner Arbeit blättern müsst.
- *Eine ordentliche Kopie der von dir ggf. verteilten Materialien für die Präsentation.*
- *Ein Stift mit einem Blatt Papier.*

Übe den Übergang von der Präsentation zum Fachgespräch.

6.2.4 Zwischenpause

Manche Kommissionen wollen sich gleich nach deiner Präsentation beraten und bitten dich den Raum noch einmal kurz zu verlassen.

Dies ist in Bezug auf deine Präsentation weder positiv noch negativ zu werten.

Solltest du aber noch aufräumen wollen, erbitte dir die Minute Zeit, mit der Begründung, dass du deine soeben verwendeten Materialien für das Fachgespräch bereitstellen möchtest.

Du wirst dann wieder in den Raum gerufen und das Fachgespräch beginnt.

6.2.5 Die Musterdialoge

Aus Vereinfachungsgründen verwenden wir statt vieler Redefloskeln kleine Piktogramme, die eine bessere Übersicht schaffen sollen.

 Die Gruppe von Dreiermännchen stellt die fragende Kommission dar. Achte auf die Gesichter, dann erkennst du auch die Stimmung der Kommission.

 Das Smiley bist du. Allerdings zeigt es tendenziell auch die Qualität deiner Antworten aus Sicht der Kommission an.

 Der Piratenkopf steht für eine sehr schlechte Antwort/Reaktion deinerseits.

 Das ist der Schlaumeier, der deine spezielle Antwort aus Sicht der Kommission kommentiert.

 Das Info-Symbol leitet immer einen fachlichen Kommentar über die fachliche Seite deiner Antworten ein.

Damit du dir vorstellen kannst, wie ein Fachgespräch abläuft, haben wir viele praktische Beispiele aufgenommen. Zur Erleichterung deiner Orientierung gehen wir immer gleich vor.

Immer erst das schlechte Beispiel (Fehler vermeiden)

Hier stehen Dialoge aus ähnlich erlebten Fachgesprächen, die mustergültig schlecht sind und daher als nachdenkenswertes und abschreckendes Beispiel doch noch einen Zweck erfüllen können.

Immer danach das gute Beispiel (Pluspunkte sammeln)

Diese Dialoge sind ebenfalls mustergültig, nur in diesem Fall auch im positiven Sinn. Du wirst allerdings nicht erleben, dass diese Dialoge ohne Ecken und Kanten sind, weil sie sonst unglaubwürdig wären. Sie können auch keine wissenschaftlich fundierten Antworten darstellen, weil so etwas in der Kürze deiner Prüfungszeit nicht zu leisten wäre.

9705244

Jetzt führen wir einmal vor, wie die Gespräche ablaufen könnten.

Erst das schlechte Beispiel – Fehler vermeiden

 Auf der Folie mit Ihrem Zeiterfassungsprogramm beginnt Ihre Woche am Sonntag. Warum eigentlich?

 Das stammt nicht von mir, das ist in dem Active-X-Modul so.

 Und wie wird das bei Ihnen im Betrieb gehandhabt?

 Das hat mir keiner gesagt.

 Du hast also etwas verwendet, weil es eben vorhanden war. Leider hast du aber nicht die Übertragbar-keit auf den konkreten Fall bedacht. Das ist sogar fahrlässig, da sich dein Betrieb darauf verlassen können muss, dass du erst einmal die Einsatzmöglichkeiten überprüfst.

 Eigentlich trägt jedes Softwareprodukt auch die länderspezifischen gesetzlichen und wirtschaftlichen Verkehrssitten in sich. Ein Betrieb muss aber darauf vertrauen, dass du die Übertragbarkeit selbst prüfst, zumal meistens die Anpassung auch auf eine deutsche/europäische Norm mit nur wenigen Schritten möglich ist.
Du möchtest sicherlich nicht nach den ortsüblichen gesetzlichen Regelungen von Timbuktu oder Tana-narivo dein Krankengeld ausgezahlt bekommen.

Nun das gute Beispiel – Pluspunkte sammeln

 Sie haben in Ihrer Arbeit keinen Test geschildert. Wie haben Sie denn überprüft, ob Ihr Algorithmus zur Prämienberechnung richtig war?

 Ich habe mit dem zuständigen Projektbetreuer einen Termin vereinbart und habe ihn dann eintippen lassen.

 Und der Projektbetreuer hatte alles aus dem Kopf heraus gewusst?

 Nein, natürlich nicht, ich habe ihm vier alte Abrechnungen hingelegt, damit er vergleichen kann, ob die Ergebnisse mit meinem Produkt richtig sind. Deswegen habe ich doch die manuelle und die neue Abrechnung in meine Projektarbeit reingelegt.

 Du bist zum Glück von der rosa Wolke, dass alles gut war, rechtzeitig heruntergekommen und konntest – leider allerdings erst auf Nachfragen – schildern, wie du zu deinen Ergebnissen gekommen bist.

 In der Kürze deines Projektes ist es wirklich schwer, alle Teststrategien durchzuarbeiten und die Rich-tigkeit der erstellten Software zu beweisen. Zwar gilt der alte Grundsatz, dass man eher die Anwesen-heit eines Fehlers als die Abwesenheit von Fehlern beweisen kann, aber dennoch sollte man schon fundiert begründen können, wie man zu den Testdaten und -ergebnissen gekommen ist.

Na also. War doch nicht so schlimm, ein Fachgespräch durchzustehen. Wir sagen dir hier allerdings nicht, wie wir die Antwort bewertet hätten.

Bereite dich gründlich wie in ▶ 6.3 (Inhaltshilfen für das Fachgespräch) geschildert vor. Dann bist du fachkompetent und hast im Kopf einen guten Überblick über dein Projekt und dich als Handelnden.

Schließlich ist es doch genau das, was du auch vom Fernsehklempner erwartest, wenn er in deinem Wohnzimmer das TV-Möbel für dein sauer verdientes Geld zerlegt und (hoffent-lich) wieder richtig zusammenbaut.

6.2.6 Das Fachgespräch ist beendet und du räumst deine Sachen ein

Auch diese Phase will geplant und gelernt sein. Sie ist gewissermaßen dein Abgang von der Bühne.

Manchmal wirst du alleine gelassen oder manchmal musst du den Raum verlassen, weil nur ein Raum zur Verfügung steht und die Kommission sich beraten muss. Solltest du – auch nur zeitweise – Zuschauer haben, schadet es nichts, wenn du dich auf dieses Abbauen gut vorbereitet hast.

6.3 Inhaltshilfen für das Fachgespräch

6.3.1 Schnelle Vorbereitung zu Hause

Wider den Erinnerungsverlust, für den Überblick (30 Min.)

Je länger dein Projekt zurückliegt, desto größer wird dein Verlust an Erinnerung. Hiergegen hilft zunächst das gezielte Zeichnen einer Mindmap, bezogen auf die Bewertungskriterien deiner Prüfer. Diese Kreativitätstechnik soll dir helfen, wichtige Sachverhalte, Abläufe usw. bildlich zuzuordnen. Auf diese Weise hast du dein Wissen über dein Projekt schnell am Tag der Prüfung parat.

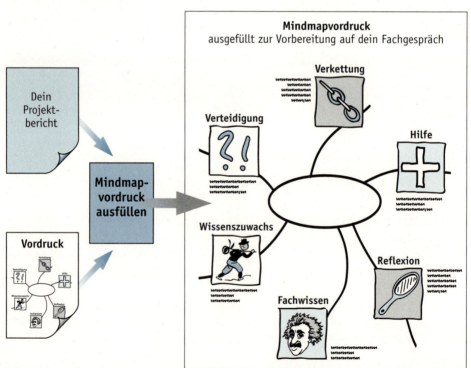

9705246

Wir geben dir hier nur eine Mindmap mit ein paar Basismerkbildern vor. Die Zweige musst du schon selbst ausfüllen.

Die Nummern zu den Bildern beziehen sich auf die Erläuterungen in den angegebenen Abschnitten.

Die Symbole begleiten dich hier ein Stück für deine Vorbereitung.

Verkettung:
Notizen zur Kette erinnern dich an die Prozesskette, in der dein Produkt einge-setzt wird. ▶ *6.4.1*

Fachwissen:
Notizen zum Einstein erinnern dich an die dir fachlich wichtigen Dinge deines Projektes. ▶ *6.5.1*

Hilfe:
Erste Hilfe erinnert dich an die Hilfen und Zuarbeiten von Dritten. ▶ *6.4.2*

Wissenszuwachs:
Der Wandergeselle erinnert dich, dass du für dein Projekt zusätzliches Wissen erwerben musstest. ▶ *6.5.2*

Reflexion:
Notizen zum Spiegel machst du, wenn du über dein Projekthandeln nachdenkst. ▶ *6.4.3*

Verteidigung:
Lege dir saubere Antworten zurecht. ▶ *6.6.1*

Sicherstellen der verwendeten Fachbegriffe (2 x 60 Min.)

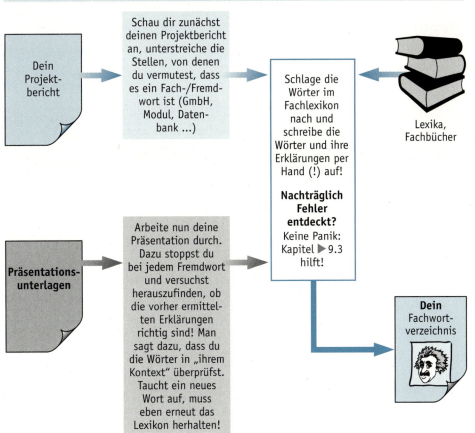

Dein Projektbericht

Schau dir zunächst deinen Projektbericht an, unterstreiche die Stellen, von denen du vermutest, dass es ein Fach-/Fremdwort ist (GmbH, Modul, Datenbank ...)

Schlage die Wörter im Fachlexikon nach und schreibe die Wörter und ihre Erklärungen per Hand (!) auf!

Nachträglich Fehler entdeckt?
Keine Panik: Kapitel ▶ 9.3 hilft!

Lexika, Fachbücher

Präsentationsunterlagen

Arbeite nun deine Präsentation durch. Dazu stoppst du bei jedem Fremdwort und versuchst herauszufinden, ob die vorher ermittelten Erklärungen richtig sind! Man sagt dazu, dass du die Wörter in „ihrem Kontext" überprüfst. Taucht ein neues Wort auf, muss eben erneut das Lexikon herhalten!

Dein Fachwortverzeichnis

Warum nicht im Internet nachschlagen?

Die Quellen hier sind nicht sicher.
D. h., du weißt nicht, ob sie richtig und aktuell und vollständig sind.

Bei einem Buch gibt es i. d. R. eine gewisse Sicherung der Qualität.

Und dein Nutzen, fragst du?

Falls du es noch nicht selbst bemerkt haben solltest, du wirst spätestens jetzt langsam fachkompetent. In dieser Art von Arbeit steckt eigentlich schon ein gutes Stück Prüfungs-vorbereitung. Selbst wenn du erst mit Teilen deiner Arbeit fertig bist.

Du hast kein Lexikon, das alte DV-Lexikon – Ausgabe 1962 – deines Onkels ist schon leer-geguckt? Da musst du halt in den sauren Apfel beißen und selbst etwas in deine Ausbil-dung investieren und die entsprechenden Bücher kaufen. Wer nicht über die nötige Bar-schaft verfügt und keinen Sponsor in der Familie hat, sollte unsere guten staatlichen Büchereien nutzen. Das ist nämlich kein Nachteil, wie wir dir als ehemalige Studenten ver-sichern können. Wir hatten damals natürlich auch kein Geld.

Und ein Tapetenwechsel in eine Bücherei tat uns und würde dir, wie wir vermuten, auch mal ganz gut tun.

In der Bibliothek hast du sogar noch eine größere Anzahl von Lexika, falls ein einziges Lexikon – wie leider allzu oft nötig – nicht ausreichen sollte.

Dein Dream-Team für deine gesteigerte Fachlichkeit im Fachgespräch

Am Tag X überfliegst du nur noch diese bei-den Unterlagen und hast sofort die volle Kontrolle und Übersicht über dein Projekt zurück.

Der Mindmapvordruck für dich zum Vervollständigen 6.3.2

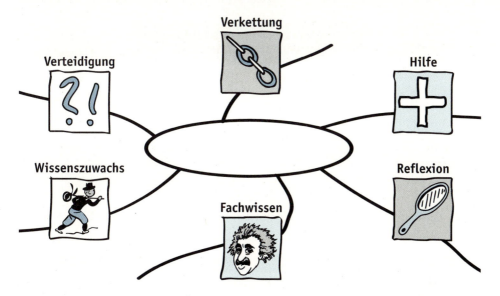

Die thematische Durchdringung und Reflexion wird beurteilt 6.4

Konntest du auf Nachfragen dein Projekt in den betrieblichen Zusammenhang mit vor- und nachgelagerten Prozessen einordnen? 6.4.1

Anteil des nachfolgenden Bewertungskriteriums: ca. 20 %

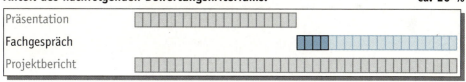

Zusammenhang immer selbst-ständig herge-stellt, ggf. Support-prozesse* immer selbstständig bedacht	Zusammenhang sicher herge-stellt ggf. Supportpro-zesse* sicher bedacht	Auf Nachfragen – Zusammen-hang hergestellt – ggf. Support-prozesse* bedacht	Auf Nachfragen meist fehlerfrei – Zusammen-hang hergestellt – ggf. Support-prozesse* bedacht	Trotz Einhilfen – Zusammen-hang fehlerhaft hergestellt – ggf. Support-prozesse* mangelhaft bedacht	Zusammenhänge nicht herge-stellt, ggf. Supportpro-zesse* unbe-achtet und fehlerhaft	Punkte
10	9–8	7–6	5	4–3	2–0	

* Supportprozesse sollen solche Prozesse sein, die das fertige Produkt im betrieblichen Funktionsumfang aufrechter-halten.

Selbst der kleinste Betrieb arbeitet arbeitsteilig und in Prozessen.

Dein Produkt muss schließlich reibungslos in den Ablauf passen. Stimmt bei deinem Pro-dukt auch nur ein „Schräubchen" nicht, funktioniert die Gesamtheit ebenfalls nicht so gut wie bisher.

Also solltest du auf Nachfragen Bescheid wissen, für welche Teile der betrieblichen Prozesse du gearbeitet und in welchem Projektumfeld du dich bewegt hast.

> ## Betriebliche Berührungspunkte im Zuge deiner Projektarbeit

Betriebliche Prozessschnittstelle(n)
Beschreibe, wie dein zu erstellendes Produkt in den betrieblichen Prozess eingepasst ist oder darauf Einfluss nehmen soll.

Dein Projektumfeld
Beschreibe die spezifischen, projekt-bezogenen Rahmenbedingungen, in denen du arbeitest, um das Produkt zu erstellen.

Einige Ergebnisse betrieblicher Projektarbeiten benötigen nach Fertigstellung Support. Hast du auch diese Supportprozesse im Blick?

Erst das schlechte Beispiel – Fehler vermeiden

 In Ihrer Projektarbeit haben Sie versucht, die Debitoren mithilfe einer ABC-Analyse zu unterteilen. Warum?

 Auf diese Art und Weise kann ich mich den wichtigsten Kunden widmen, nämlich den wenigen Kunden mit dem höchsten Kreditvolumen.

 Wer ist ich?

 Die Leute im Verkauf, wenn sie mit den Kunden verhandeln.

 Das verstehe ich nicht. Was hat denn der Verkauf mit Krediten zu tun?

 Nun, wenn Kunden viel einkaufen, erhalten sie Rabatte.

 Ich dachte, Kredite spiegeln nur einen Teil der Umsätze mit unseren Debitoren wider.

 Sicher, aber die Qualität, ob guter oder schlechter Kunde, lässt sich doch auch daraus ermitteln.

 Du hast zwar eine tolle Projektidee gehabt, durch eine ABC-Analyse mehr Informationen für den Betrieb über seine Kunden zu beschaffen.
Leider hast du völlig aus den Augen verloren, wo und wie die gewonnenen Erkenntnisse im betrieblichen Prozess Verwendung finden könnten.

 Der Erkenntnisgewinn durch eine ABC-Analyse ist nicht nur in der Lagerwirtschaft beachtlich. Auch für die Kundenpflege eines Betriebes und die Kreditüberwachung ist so eine Dreiteilung sehr hilfreich. Man könnte sich das automatische Mahnverfahren für C-Kunden vorstellen usw.

9705250

Nun das gute Beispiel – Pluspunkte sammeln

 Ihre HTML-Seiten sind auf dem Server im Intranet-Einsatz. Wie erhalten Sie denn Rückkopplung, ob das Produkt unter Einsatzbedingungen auch funktioniert?

 Ich bin ja leider nicht mehr im Praktikumsbetrieb. Aber es gibt eine Gruppe von Programmierern, die sich mit den Updates befasst.

 Wir meinen nicht Updates, sondern Fehlermeldungen usw.

 In diesem Betrieb muss die entsprechende Abteilung der Systemgruppe auf dem Formular mitteilen, dass sie ab dem Tag X ihr Produkt Y ins Intranet stellt. Fehler werden von der Systemgruppe nicht betreut, wohl aber sammelt die Systemgruppe Fehlermeldungen und Anregungen.

 Wer ist dann zuständig?

 Die jeweilige Abteilung muss – aus Kostengründen – selbst für die Wartung sorgen. Meistens haben die einen Werkstudenten und einen fest angestellten Wirtschaftsinformatiker wegen der Fachlichkeit.

 Du hast gezeigt, dass du auch über die Zeit nach dem Projektende informiert warst (mithin, welche Supportprozesse sich auch um dein Produkt ranken). Du hast dir auch überzeugend einen Überblick verschafft, warum in deinem Praktikumsbetrieb bestimmte Regelungen getroffen wurden.

Meistens wird der Fehler begangen, eine Arbeit zu erstellen, bei der von Anfang an nicht feststeht, wer sie fortführt. Obwohl vermutlich nicht jede Projektarbeit über eine Probephase hinauskommt, musst du aufzeigen, dass du vor- und nachgelagerte Prozesse (ggf. auch Supportprozesse) bedenken kannst.

Hast du Fremdleistungen (Vorlagen, Zuarbeiten, Partner) genutzt und konntest du diese deutlich kennzeichnen und ausgrenzen? 6.4.2

Anteil des nachfolgenden Bewertungskriteriums: **ca. 10 %**

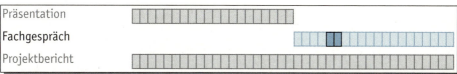

Fremdleistungen immer erkannt, richtig dargestellt und ausgegrenzt	Fremdleistungen im Wesentlichen dargestellt und ausgegrenzt	Fremdleistungen erkennbar und ausgegrenzt	Fremdleistungen erschließbar, noch dargestellt und ausgegrenzt	Fremdleistungen selten erkannt, selten richtig dargestellt und ausgegrenzt	Fremdleistungen selten/nie erkannt, selten/nie richtig dargestellt und ausgegrenzt	Punkte
5	4	3	2	1	0	

Fremdleistungen sind nichts Schlechtes und vor allem etwas ganz Normales.

Dann musst du diese Bestandteile auch schildern und ausgrenzen können. Wenn du jetzt sagst, das klingt ja wie bei der Einordnung in betriebliche Prozesse, so hast du Recht. Nur mit dem Unterschied, dass jetzt der Fokus bei dir liegt und gefragt wird, welchen zusätzlichen Input du für deine Arbeit gehabt hast.

■ Du hattest eine gute Vorlage für dein Problem, deine Arbeit besteht nun nur noch aus der Übertragung der Vorlage auf den konkreten Fall (z. B. für Installationen von Netzkabeln in Schulungsräumen).

■ Du verwendest bereits vorhandene oder dazugekaufte Software und deine Aufgabe besteht aus Anpassungsarbeiten.

■ Du benutzt als Fachinformatiker ein bekanntes Design-Pattern. Dann solltest du angeben, wieso, woher, von wem und wie du die Verwendbarkeit geprüft hast.

■ Du musst betriebliche Vorgaben nutzen.

■ Dein Chef gibt dir einen Coach zur Seite.

■ Der Betrieb gibt dir beim Programmieren ein Regelwerk an die Hand. Das gehört schon, zumindest auszugsweise, in die Projektdokumentation, weil dies ja dein Vorgehen beeinflusst hat. Natürlich solltest du darüber Bescheid wissen.

■ Du arbeitest in einem Team.

Dann solltest du das auf jeden Fall erläutern und deine Leistungen deutlich von denen der übrigen Projektteilnehmer abgrenzen können. Soweit du dies nicht schon deutlich in dem Projektbericht getan hast oder in der Präsentation, wirst du hier mit entsprechenden Fragen rechnen können.

Erst das schlechte Beispiel – Fehler vermeiden

 Sie haben im Projektantrag 4 Stunden für den Entwurf und das Erfassen der Tabellen angegeben. Auf der Folie zeigten Sie uns 15 Tabellen mit ihren Verknüpfungen. Das haben Sie in vier Stunden erfasst und ausgedacht?

 Natürlich, ist doch immer das Gleiche bei Inventardatenbanken.

 Das hatten Sie alles im Kopf, auch die Verteilung der ca. 120 Datenfelder auf Tabellen und die Benennung?

 Es gab da eine Vorlage, die hatte ich verwenden können. Die haben wir im Unterricht besprochen.

 Was bedeutet eigentlich td_Bch_SerNr in Ihrer Tabelle?

 Das kann ich jetzt gar nicht sagen.

 Du hast eine an sich zulässige Fremdleistung nicht ausgewiesen. Das ist eigentlich eine Täuschungshandlung, die zum endgültigen Ausschluss von der Prüfung führen kann (vgl. § 18 MPO). Erinnere dich daran, dass du bei der Abgabe deiner Arbeit versichert hattest, dass du keine Hilfe in Anspruch genommen hast. Übrigens weißt du nicht einmal darüber Bescheid, was die einzelnen Datenfelder bedeuten.

ⓘ *Der Entwurf einer Datenstruktur ist ein sehr aufwändiger und verantwortungsvoller Prozess. Daten sind trotz zunehmender objektorientierter Methoden immer noch ein eigenständiges organisatorisches Element.*

Von der Erhebung der benötigten Daten bis hin zu normalisierten Tabellen vergehen aber i. d. R. mehr als 4 Stunden, schon bei 4 miteinander verbundenen Tabellen. (Wäre das nicht ein schönes Projektthema, nur eine solide Datenbasis zu ermitteln und zu dokumentieren?)

Nun das gute Beispiel – Pluspunkte sammeln

Sie haben die Barcode-Software in Ihr Programm eingebaut. Warum gerade diese und nicht eine andere?

Der Betrieb setzt das Programmchen seit einigen Jahren erfolgreich ein.
Die Schnittstellen sind einfach aus dem Programm mit Visual dBASE anzusprechen.

Welchen Barcode verwenden Sie?

Den EAN-Code, weil wir die Produkte auch nur an Endverbraucher weiterverkaufen.

Du hast gezeigt, dass du mit der Fremdleistung kompetent umgehen kannst. Der EAN-Strichcode lohnt sich auch nur unter bestimmten Bedingungen und die hast du gleich mitgenannt, was der Kommission die nächste Frage sogar erspart hat.

Wer aus einem Buch Vorlagen übernimmt, Fremdsoftware einsetzt usw., darf das, weil er damit wirtschaftlich handelt. Niemand muss das Rad neu erfinden. Aber auch hier erwartet die Kommission, dass du dir bewusst bist, warum du bestimmte Produkte einsetzt.

Konntest du dein Tun reflektieren?   6.4.3

Anteil des nachfolgenden Bewertungskriteriums: **ca. 10 %**

Präsentation

Fachgespräch

Projektbericht

Immer sicher reflektiert	Im Wesentlichen reflektiert	Reflexion erkennbar	Reflexion bedingt erschließbar	Reflexion mit Fehlern behaftet	Keine Reflexion	Punkte
5	4	3	2	1	0	

Hier dreht es sich nur um dich. Du solltest nämlich zeigen können, dass du über dich und dein Tun nachdenken kannst. Man nennt das Reflexion.

■ Ist deine Arbeit z. B. nicht fertig geworden und du hast das nicht so richtig in deinem Projektbericht oder deiner Präsentation herausgearbeitet (vgl. ▶ 9.2.1), so musst du eben im Fachgespräch ein paar fundierte Antworten geben können, warum du nicht fertig geworden bist.

■ Du hast fleißig gearbeitet, bist fertig geworden, hast deine Arbeit präsentiert und trotzdem wirst du dich fragen müssen, was du künftig besser machen könntest.

Also solltest du auch jetzt noch Antworten zu folgenden Fragen parat haben:

Warum wollte der Betrieb mein Projekt (vgl. ▶ 4.4.1: Auftrag, Ziele usw.)?

Warum bin ich so vorgegangen?

War mein Handeln sinnvoll (vgl. ▶ 4.6.1: Methodik deines Prozesses)?

Wurde der erwartete Nutzen erbracht (vgl. ▶ 4.8.1: Reflexion über Endprodukt)?

Wohlgemerkt, es wird keine Leitfragen geben, du wirst also nicht nochmal aufgefordert, auswendig Teile deines Berichtes daherzusagen. Es werden sicher Fragen zu deinem Projekt mit dir besprochen, die unklar waren oder sogar interessant genug für ein Gespräch.

Erst das schlechte Beispiel – Fehler vermeiden

 Sie haben die jährliche Nutzerkonferenz Ihres Betriebes vorbereitet. Warum veranstaltet Ihr Betrieb regelmäßig solche Tagungen für die User seiner Software?

 Na ja, um die Probleme der User zur Sprache zu bringen.

 Reicht hierfür nicht die entgeltpflichtige Beratung durch die Hotline?

 Eigentlich schon.

 Also ist es eine unwirtschaftliche Veranstaltung, obwohl Sie dort neuere Produkte aus Ihrem Betrieb verkaufen sollten?

 Dort werden keine Produkte verkauft, höchstens Gesprächstermine vereinbart.

 Dein dich finanzierender Betrieb lebt vom dem Verkauf seiner Produkte. Also muss es doch irgendeinen Nutzen geben, weswegen diese teure Veranstaltung durchgeführt wird. Würde der Rest deiner Antworten in der Prüfung die gleiche Qualität aufweisen, so hättest du übrigens wahrscheinlich ein zusätzliches halbes Jahr, um darüber nachzudenken und in der nächsten Prüfung deine Erkenntnisse mitzuteilen.

 Es gibt zwei grundlegende Sorten von Nutzen.

Der **monetär leicht zu ermittelnde Nutzen** (vgl. ▶ 4.4.1) ergibt sich meist als eine in Geld ausdrückbare Größe. Z. B. Überschüsse aus dem zusätzlichen(!) Verkauf von Produkten als Folge der Veranstaltung abzüglich der Kosten für diese Veranstaltung.

Beispiele für den **monetär nicht so leicht zu ermittelnden Nutzen** (vgl. ▶ 4.4.1) gibt es mehr als genug. Ein Unternehmen, das regelmäßig den Kontakt zu seinen Kunden sucht, erwirbt sicherlich ein gutes Image. Aber wie kann man ein gutes Image monetär bewerten?

Ein weiteres Beispiel wäre die erhöhte Auskunftsbereitschaft durch verbesserte Arbeitsabläufe (also nicht neue Software), die den Mitarbeitern sogar eine höhere Arbeitszufriedenheit beschert.

Nun das gute Beispiel – Pluspunkte sammeln

 Ihr Controllingprogramm besteht im Wesentlichen aus einer Excel-Arbeitsmappe, in der Sie drei Tabellen pro Monat ausfüllen lassen. Ferner kommen noch diverse unsichtbare Hilfstabellen hinzu. Wer beherrscht denn so viele Tabellen überhaupt?

 Die Anzahl der Tabellen wurde größer, weil der Chef immer wieder gekommen ist und zusätzliche Wünsche eingebaut haben wollte. Ich habe ihn darauf hingewiesen, dass die Bedienung dann umständlicher wird.

 Haben Sie vielleicht eine Idee, wie man die Sache hätte verbessern können?

 Die sich ständig wiederholende Erfassung Monat für Monat hätte man besser mit einem Datenbanksystem zum Speichern der Basisdaten vermeiden können. Der Chef wollte aber lieber mit Excel weiterarbeiten. Ich hatte den Eindruck, dass er sich auch nicht so gerne in die Karten schauen lassen wollte.

9705254

Also haben Sie einen Fehler bei der Ist-Analyse begangen.

 Nein, denn die Vorgabe war ganz klar mit Excel zu arbeiten. Und gemäß Projektantrag sollte anfänglich nur der kleine Auswertungsumfang gefahren werden, bei dem man mit einer S-Verweis-Tabelle hätte arbeiten können.

 Warum sagen Sie eigentlich Controllingprogramm?

 Betrachtet man ein Programm als eine Menge von Hilfsmitteln zur Lösung eines Problems, so lässt sich die Aussage, dass ich ein Programm zum betrieblichen Controlling erstellen wollte, rechtfertigen. Allerdings weicht diese Definition von der klassischen Programmdefinition ab.

 Du hast gezeigt, dass du weißt, was du tust. Denn du hast immerhin plausibel gezeigt, wie du von deinem Chef dazu gebracht wurdest, weitere Inhalte in deine Arbeit aufzunehmen. Ferner wusstest du, wann du eine von der gängigen Meinung abweichende Aussage verwendest und du hattest auch die Alternative zu deinem Tun parat.

Versuche möglichst nie von der Lehrmeinung abweichende Begriffe zu verwenden. Nicht immer gelingt dir die plausible Abgrenzung wie im obigen Fall. Denk an den Prozess von der Antragstellung bei der IHK bis zum Fachgespräch. Vielleicht wurde der Projektantrag nur deswegen genehmigt, weil deine Kommission nicht ahnen konnte, welchen Begriff du meintest.

Du findest, dass das der Kommission zuzumuten ist? Na dann verbringe deinen nächsten Urlaub in Bulgarien und erlebe die Situation, bei der das Kopfschütteln ein JA bedeutet und das NEIN mit einer nickenden Geste untermalt wird!

Wurde klar, dass es sich um deine eigene Arbeit handelt?   6.4.4

Diese Frage ist ausschließlich ein Merkposten für die Kommission und für dich eine deutliche Warnung (▶ 9.3.5 rechtliche Konsequenzen).

Hierzu brauchen wir keine Dialoge aufzuschreiben. Denn alleine als Ergebnis aus Fragen der obigen Kapitel bildet sich das Urteil heraus, ob du geschummelt hast.

Die Kommission wird dir i. d. R. einen Download nicht direkt nachweisen können. Wohl aber kann sie dir so gründlich auf den Zahn fühlen, dass du selbst merkst, dass du eigentlich über „deine Klau-Arbeit" nicht Bescheid weißt. Die Kommission hat hier somit noch einen Merkposten, um regulierend das Notenbild nach UNTEN abzuwerten.

Also lass das Schummeln (▶ 4.1.8, ▶ 9.3.5).

Rechtliche Konsequenzen:

Du wirst von der Prüfung ausgeschlossen und hast einen Versuch komplett verbraucht, OHNE dass du bestandene Teile anrechnen kannst.

6.5 Die Beherrschung des für die Projektarbeit relevanten Fachhintergrundes wird beurteilt

6.5.1 Konntest du Fachkompetenz nachweisen?

Anteil des nachfolgenden Bewertungskriteriums: ca. 10 %

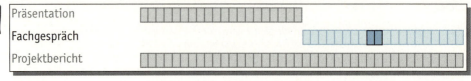

Präsentation
Fachgespräch
Projektbericht

Theoretische Kompetenz immer nach-gewiesen	Theoretische Kompetenz vorhanden	Theoretische Kompetenz im Allgemeinen vorhanden	Theoretische Kompetenz weist einige Lücken auf	Theoretische Kompetenz weist deutliche Fehler auf	Theoretische Kompetenz kaum oder gar nicht erkennbar	Punkte
5	4	3	2	1	0	

Wir splitten die Beherrschung von Fachhintergründen aus Vereinfachungsgründen für die Kommission und dich in zwei Bereiche auf.

Fachkompetenz aus der Theorie (wird in diesem Kapitel besprochen).

Z. B. Wissen, das du aus der Schule mitbringst oder Büchern entnehmen kannst (Datenbank: Definition, Zweck usw).

Fachkompetenz durch Einarbeitung in deine Aufgabe (vgl. ▶ 6.5.2).

Wissen, das du im Zusammenhang mit deinem Projekt erwerben musstest (z. B. aufgrund von Angeboten, Begrifflichkeiten über Dinge und Sachverhalte im Betrieb).

Spielt denn die Theorie-Fachkompetenz im praktischen Handeln wirklich eine so gewichtige Rolle? Stelle dir vor, du willst ein Grafikprogramm kaufen und der Verkäufer versteht nicht das, was du unter einem Grafikprogramm verstehst. Du willst von ihm ein professionelles Geschäftsgrafik-Tool (z. B. zur Erstellung von Tortendiagrammen). Er verkauft dir ein schönes Malprogramm, um z. B. Bitmap-Grafiken zu erstellen. Da habt ihr zwei Experten wunderbar fachlich aneinander vorbeigeredet. Ihr beide hattet nicht den leisesten fachlichen Schimmer von der möglichen Mehrdeutigkeit des Begriffes „Grafikprogramm".

„Aber eigentlich ist die schriftliche Prüfung schon längst vorbei", erwiderst du. Doch schon in der schriftlichen Prüfung wurden die Fragen nach deiner Fachkompetenz nicht isoliert gestellt, sondern im betrieblichen Zusammenhang (z. B. in der G1 und G2). Deswegen sollte es dich nicht überraschen, wenn deine Fachkompetenz während des Fachgesprächs einer Kontrolle unterzogen wird.

Da das Fachgespräch keine Wissens-Abfrage-Prüfung darstellt, wird die Kommission sich mit dir fachlich und beispielhaft im unmittelbaren Dunstkreis deiner Projektarbeit bewegen.

Aber das kann dir nichts ausmachen, denn du hast dein Theorie-Wissen in der Schule erworben und dich mit unseren Tipps aus ▶ 6.3 auf das Theorie-Wissen vorbereitet.

9705256

Erst das schlechte Beispiel – Fehler vermeiden

 Warum haben Sie bei Ihren Kundennummern keine Prüfziffern vorgesehen?

 Na, das sind doch keine geheimen Daten, die Kundennummern.

 Nein, nicht Geheimnisprobleme, sondern Fragen der Datensicherheit.

 Na, das BDSG habe ich nun nicht extra studiert.

 Zweimal hast du fachlich danebengegriffen. Die Existenz von Kundennummern kennt jeder, auch aus Zeiten VOR der IT. Du weißt aber weder die Bedeutung einer Prüfziffer für die Sicherheit der Datenerfassung, noch erkennst du, dass eine Prüfziffer mit Datenschutz im Sinne des BDSG u. Ä. wenig zu tun hat.

 Die Entscheidung für ein Organisationselement, in diesem Fall für eine Kundennummer als Primär-schlüssel, musst du fachlich fundieren können. Der Entscheidungsprozess geht dann so, dass du dir erst einmal fachlich klarmachst, welche Funktion die Kundennummer hat (nämlich die eines Primär-Schlüssels). Dann liest du in einem wirklich guten Lehrbuch der Wirtschaftsinformatik unter „Schlüssel" nach. Dadurch wirst du erst in die Lage versetzt, fachkompetent zu überprüfen, ob eine Prüfziffer im jeweils vorliegenden Fall verwendet werden sollte.

Nebenbei gesagt kannst du feststellen, dass schlechte Antworten meistens einhergehen mit kürzesten Sätze wie „Gute Frage", „warum denn nicht" ...

Wer nicht viel Hintergrund hat, dem fallen eben nur ein paar oberflächliche Worte ein. Der Spruch „in der Kürze liegt die Würze" stimmt hier leider nicht und scheint eher auf Politiker zuzutreffen. Die müssen nämlich zu allem ihren weitschweifigen Senf dazugeben, nicht unbedingt weil sie es können, sondern weil sie immer wieder zu allem interviewt werden.

Nun das gute Beispiel – Pluspunkte sammeln

 Stellen Sie sich einmal vor, in Ihren Betrieb kommt der Vertreter eines Datenbankherstellers und versucht Ihrem Chef eine Datenbank aufzuschwatzen. Was raten Sie Ihrem Chef?

 Ich würde erst einmal schauen, ob wir die Datenbank brauchen. Also ob wir Daten außerhalb unserer Standardsoftware speichern müssen.

 Warum erwähnen Sie die Standardsoftware?

 Nun, wenn ich meine Daten mithilfe einer Standardsoftware gespeichert habe, benötige ich kein zusätzliches Tool, um meine Daten zu organisieren.

 Wer organisiert Ihre Daten dann?

 Das macht die Standardsoftware für sich selbst. Vielleicht haben die ihre eigene Datenbank druntergelegt.

 Dein Chef kann sich glücklich schätzen, dass er dich beschäftigt. Denn du hast die Fachkompetenz nachgewiesen, dass du Sinn und ökonomischen Einsatzzweck unterscheiden kannst.

 Der Einsatz von Datenbanksystemen lohnt vermutlich besonders dann, wenn die betrieblichen Daten als eigenständiges Organisationselement aufgefasst werden müssen.

9705257

6.5.2 Hast du zusätzliche Fachkompetenz zur Aufgabenbewältigung erworben?

Anteil des nachfolgenden Bewertungskriteriums: ca. 20 %

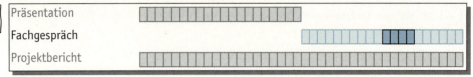

Immer über-zeugende Einarbeitung (fachlich und betrieblich) in Aufgabengebiet nachgewiesen	Überzeugende Einarbeitung (fachlich und betrieblich) in Aufgabengebiet nachgewiesen	Die Einarbeitung (fachlich und betrieblich) im Aufgabengebiet im Allgemeinen nachgewiesen	Die Einarbeitung (fachlich und betrieblich) im Aufgabengebiet weist Lücken auf	Die Einarbeitung (fachlich und betrieblich) im Aufgabengebiet weist Lücken und Fehler auf	Die Einarbeitung (fachlich und betrieblich) im Aufgabengebiet ist nicht erkennbar und fehlerbehaftet	Punkte
10	9–8	7–6	5	4–3	2–0	

Fachkompetenz durch Einarbeitung in deine Aufgabe

Zwar wirst du in der Berufsschule/im Bildungsinstitut deine Theorie-Fachkompetenz erworben haben, aber selbst die Handwerker gingen früher auf Wanderschaft, um möglichst von überall Wissen neu dazuzulernen. Auf diese Weise konnten die Wandergesellen einfach Wissen erwerben und durch die Wanderschaft andererseits auch weitergeben.

Also hast du hoffentlich gelernt zu lernen. Das heißt eben nicht, dass du nur Bücher lesen sollst, sondern auch deinen Horizont um das erforderliche Wissen zur Aufgabenlösung selbstständig erweitern sollst.

Hier ein paar Leitfragen:

Warum muss das im Betrieb so gehandhabt werden?
Wie wird im Betrieb ein säumiger Kunde bezeichnet?
Sind Mitbestimmungsrechte des Betriebsrates zu beachten!

Was ist an Software vorhanden?
Gibt es bessere Einstellungen am HUB?

Welche Kabel kannst du zu welchen Kosten beschaffen?
Was sagt das Bundesdatenschutzgesetz zur Speicherung meiner Personaldaten?
Wie hoch dürfen bei diesem Hersteller die zulässigen Stromschwankungen sein?

Warst du neugierig genug, dann hast du wahrscheinlich alles erforderliche Wissen für deine Aufgabe zusammengetragen. Diesen Wissenszuwachs wird die Kommission in dem Fachgespräch mit dir erkennen wollen.

9705258

Schau dir die nachfolgenden Dialoge an, dann erkennst du, wo deine Prüflingskollegen die häufigsten Fehler in ihrem Projekthandeln begangen haben.

Erst das schlechte Beispiel – Fehler vermeiden

 Gab es denn nicht schon ein Inventarprogramm im Materiallager?

 Ja, aber der Chef hat gesagt, das sei schlecht.

 Können Sie uns erklären, was daran schlecht war?

 Das brauchte mich doch nicht zu interessieren, weils der Chef gesagt hat.

 Du hast gezeigt, dass du ein gehorsamer Befehlsempfänger bist. Prima. Du hast aber die Chance nicht genutzt, zu ermitteln, was du hättest BESSER machen können. Im schlimmsten Fall programmierst du alle Fehler erneut, die dazu führten, dass das andere Programm nicht verwendet wird.
Du hast leider keine zusätzliche (betriebliche) Fachkompetenz erworben, um deine Aufgabe zu bewältigen.

Jedermann möchte brauchbare Software; dazu gehört, dass der Entwickler u. a. in der Lage ist, sich über Fehler anderer Software zu informieren; oder – sogar noch besser – sich über die bestehende Software auf dem Markt informiert und entweder eine Standardsoftware vorschlägt oder sich anhand der dort angebotenen Merkmale bei seiner Entwicklung ausrichtet.

Übrigens wäre das schon eine eigene Projektarbeit wert.

Begehe aber nie den Fehler, in 35 Stunden Projektarbeit eine Standardsoftware entwickeln zu wollen. Selbst du als FIAN mit deinen 70 Stunden.

Nun das gute Beispiel – Pluspunkte sammeln

 Warum haben Sie für die Modernisierungsanschreiben an die Wohnungsmieter in Ihrem Projekt nicht die vorhandene Hausverwaltungssoftware genutzt?

 Die besitzt keine gute Serienbrieffunktion. Vor allem können wir unsere Logos nicht einbinden. Das ist eine rein zeichenorientierte Editorsoftware.

 Das rechtfertigt den Aufwand?

 Man hätte sich schließlich auch das Geschäftspapier drucken lassen können. Dann würde die Zeichenpositionierung schwierig werden.
Hauptgrund war, dass sich die Brieftexte nicht mit den Daten aus der Software mischen ließen.

 Warum muss eigentlich jeder Mieter seinen individuellen Serienbrief bekommen? Das ist doch ein Widerspruch.

 Weil im Rahmen der Modernisierungsankündigung eine Reihe von Aussagen über den Umfang und die künftige Miete zu machen sind. Da aber in den zwei Häusern die Wohnungen in unterschiedlichem Umfang modernisiert werden, ist die angepasste Behandlung notwendig. Zum einen schafft das Klarheit bei den Mietern und zum andern Rechtssicherheit für den Verwalter und Eigentümer.

 Wieso Rechtssicherheit?

Man muss als Vermieter eine Modernisierung i. d. R. nicht nur ankündigen, sondern es bedarf – wie in dem vorliegenden Fall – auch der Zustimmung durch die Mieter.

 Du hast ein Fachgespräch geführt, bei dem du der Kommission gezeigt hast, dass du sowohl über Fragen der Computerdruckprobleme als auch über die rechtlichen Hintergründe deiner Arbeit Bescheid weißt.

 Probleme z. B. in der IT sind nie isoliert zu betrachten, sondern eingebettet in betriebliche Abläufe. Deswegen ist es wichtig, alle Seiten zu betrachten und bei seinem Tun fachlich zu beherrschen. Wer dies nicht berücksichtigt, kann eben nicht IT-Fachmann werden.

6.6 Die Interaktion mit der Prüfungskommission wird beurteilt

6.6.1 Deine sprachliche Kompetenz steht auf dem Prüfstand

Anteil des nachfolgenden Bewertungskriteriums: **ca. 10 %**

Präsentation

Fachgespräch

Projektbericht

Sauberer, ge-hobener Sprach-stil, ordent-liche Sätze und höfliche Ausdrucksweise	Sauberer Sprachstil, ordentliche Sätze und höfliche Ausdrucksweise	Im Allgemeinen sauberer Sprachstil, Sätze und Ausdrucksweise angemessen	Sprachstil, Sätze und Ausdrucksweise noch mängelfrei	Sprachstil, Sätze und Ausdrucksweise mängelbehaftet	Sprachstil, Sätze und Ausdrucksweise nicht akzeptabel	Punkte
5	4	3	2	1	0	

Bei sprachlicher Kompetenz werden von dir eigentlich nur Selbstverständlichkeiten erwartet, die man z. B. mit sprachlicher Gestaltung im Gespräch beschreiben kann:

kurze, vollständige Sätze
möglichst nur Hauptsätze
Vermeiden von Füllwörtern
gehobener Sprachstil (kein Jargon)
höfliche Ausdrucksweise

Auch im Kapitel Präsentation
▶ 5.5 beschrieben

Solltest du damit Schwierigkeiten haben (das weißt du inzwischen dank deines reiferen Alters oder aufgrund der Kommentare deiner Lehrer), musst du dich in der Prüfung sehr konzentrieren.

Tatsächlich ist eine spezielle Vorbereitung für das Fachgespräch sehr schwierig. Hast du keinen Kurs zur Verbesserung deiner sprachlichen Kompetenz in Aussicht, so zwing dich mindestens zu Folgendem:

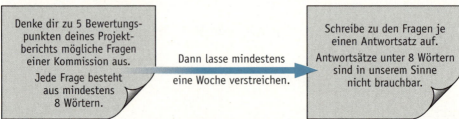

Denke dir zu 5 Bewertungs-punkte deines Projekt-berichts mögliche Fragen einer Kommission aus.
Jede Frage besteht aus mindestens 8 Wörtern.

Dann lasse mindestens eine Woche verstreichen.

Schreibe zu den Fragen je einen Antwortsatz auf.
Antwortsätze unter 8 Wörtern sind in unserem Sinne nicht brauchbar.

9705260

Deine kommunikative Kompetenz steht auf dem Prüfstand 6.6.2

Anteil des nachfolgenden Bewertungskriteriums: **ca. 10 %**

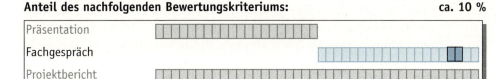

Präsentation

Fachgespräch

Projektbericht

Immer beherrscht, auf den Kunden eingegangen und Dinge verständlich gemacht	Auf den Kunden eingegangen und versucht, Dinge verständlich „rüberzubringen"	Meist auf den Kunden eingegangen und versucht, Dinge verständlich „rüberzubringen"	Selten auf den Kunden eingegangen, kaum Erklärungswille	Selten/nie auf den Kunden eingegangen, kein Erklärungswille	Unflexibel, unwillig, maulfaul	Punkte
5	4	3	2	1	0	

Neben der rein sprachlichen Kompetenz musst du auch die Kompetenz besitzen, eine ordentliche Arbeitsatmosphäre herzustellen.

Da es sich beim Fachgespräch nicht um eine Wissens-Abfrage-Prüfung handelt, sondern um ein Gespräch, erlebst du deine Gegenüber in einer bestimmten Rolle (▶ 6.1.1).

Betrachte die Kommission der Einfachheit halber als deinen Kunden.

Beherrsche dich und versuche freundlich zu bleiben.

Nun musst du dich nur noch psychisch rüsten, dass deine Kunden zu deinen Meisterwerken (Produkt, Bericht und Präsentation) fachliche und kritische Nachfragen haben und sogar Wünsche für Verbesserungen äußern. Kunden (pardon: Kommissionen) sind nunmal so. Also gib dich flexibel wie bei einem ersten Rendezvous und versuche zumindest 15 Minuten lang auf deinen Rendezvouspartner einzugehen.

Versuche auch auf bohrende Nachfragen einzugehen.

Kommission sagt	Du denkst …	Du denkst …
Warum haben Sie das gemacht?	die machen mein Produkt runter und reagierst sauer und ablehnend.	die interessieren sich für mein Projekthandeln und gibst deine Tricks im Projekthandeln zum Besten.
Durchdenken Sie mal folgenden Ablauf	ich habe wohl etwas falsch gemacht, reagierst verängstigt und versuchst dich zu rechtfertigen.	dein „König Kunde" hat noch eine zündende Idee, auf die du dich lächelnd und bereitwillig einlässt.

Erkläre eine Sache geduldig und immer wieder neu.

■ Versuche ggf. durch Rückfragen sicherzustellen, dass du die Kommission verstanden hast.
■ Versuche auf die Fragen der Kommission offen einzugehen und vor allem bringe dein Tun verständlich rüber.

Nichts anderes macht übrigens der Versicherungsvertreter auch. Er stellt sich auf deine Wünsche ein, lobt dich von deiner Aldi-Küchenlampe über deine wunderschönen Schuhe bis hin zu deiner Fachkompetenz. Bist du richtig stolzgeschwellt und eingelullt, kann er dir seine Produkte andrehen.

Wir hoffen, du verstehst jetzt das Prinzip.

Zwar sind Kommissionen auf Vertretertypen gefasst, aber sie wollen eben sehen, wie du auf ihre (fachlichen) Wünsche und Kritiken eingehst. Also versuchst du von deiner Seite aus eine ordentliche Atmosphäre herzustellen und die Prüfungszeit verrinnt zu deinem Vorteil.

Aber trotzdem nicht vergessen: **Du führst hier kein Verkaufsgespräch.**

Weitere Tipps:

Fehler vermeiden

 „Rumhänger"
Wir staunen immer wieder, wie so mancher Prüfling nach ca. 5 Minuten Fachgespräch auf seinem Stuhl rumhängt oder seine Schreibgeräte nervös quält und sich zwar heimisch fühlt (vielleicht wegen unseres empfohlenen Blumentopfs), aber doch eben keine ziel-gruppengerechte Atmosphäre ausstrahlt.

 „Krampfer"
Das Gegenteil dazu sind die zu bedauernden Angstmenschen. Käsebleich, gefaltete Hände, krampfende Finger, bei denen die Knöchel schon weiß werden. Wie wäre es mit dem Glücksbringer, deinem Kuscheltier usw? Ja, wir wissen um die schlimme Situation, nunmehr vor einer Kommission zu sitzen und nicht vor echten Kunden.

 Vermeide alle Floskeln: Stark, gute Frage, weia usw.
Pfeifen als Reaktion u. Ä. wirkt merkwürdig.

Pluspunkte sammeln

Übe Vorträge in der Schule oder im Bildungsinstitut, vor Kollegen, im Verein (zur Not auch am Stammtisch), Vorträge vor Freunden ...

Da du dieses Buch rechtzeitig vor der Prüfung liest, bist du hoffentlich ab jetzt ganz wild darauf, bei Vorträgen o. Ä. selbst einmal zu glänzen bzw. gute Kritik zu erleben.

Was dein Outfit betrifft, brauchen wir an dieser Stelle nicht noch einmal die Kernpunkte aus ▶ *5.5 zu wiederholen.*

9705262

Erst das schlechte Beispiel – Fehler vermeiden

 Sie haben als Muster für die von Ihnen zu entwerfende Homepage eine fremde Homepage vorgestellt. Warum?

 Ich bin kein Grafiker, ich kann das nicht so gut.

 Welche Seiten hatten Sie denn zur Auswahl, dass Sie gerade diese Seite als Einstiegsseite für Ihren Betrieb gewählt haben?

 Die ähneln sich alle irgendwie und die gefiel mir halt besonders.

 Wir unterstellen mal, dass dir die Seite aus einem bestimmten Grunde gefallen hat und du nicht die erstbeste Seite genommen hast. Du musst damit rechnen, dass du nach den Gründen für dein Handeln gefragt wirst. Erzähle deinem „Kunden", warum es für ihn gut ist, sich an dieser Seite zu orientieren.

Du willst deinen Kunden von deiner Arbeit überzeugen. Ein Angler gibt sich bei der Auswahl seiner Köder Mühe. Du musst dir für die Kunden auch überlegen, warum deine potenziellen Abnehmer aus- gerechnet für dein Meisterwerk das Notenfüllhorn öffnen sollten.

Nun das gute Beispiel – Pluspunkte sammeln

 Wie kommt der Betrieb dazu, gerade Ihnen den Auftrag zur Erstellung der „Web Query and Response"-Anwendung mit einem „db2K-Web Wizard" genannten Tool zu geben?

 Meinen Sie mir als einer AZUBI so eine verantwortungsvolle Aufgabe anzuvertrauen?

 Pardon, ich meinte, warum „db2K-Web Wizard" als unbekanntem Tool.

 In meinem Betrieb wird traditionell mit dBASE bzw. mit Visual dBASE gearbeitet. Ferner habe ich dB2K als Nachfolgeprodukt in der aktuellen Version getestet und mir schien diese Entwicklungsumgebung am produktivsten, um schnell objektorientierte und qualitativ hochwertige Software zu erstellen.

 Kommt es nicht auf den Verbreitungsgrad einer Software an?

 Nicht unbedingt. Die Frage ist, was zuerst da war. Die verbreitete Software oder die Kunden, die eine unbekannte Software kauften?

 Tja.

 Aber Spaß beseite. Wir suchten eine zuverlässige Umgebung und von dem Konkurrenz- produkt waren einige spezielle Probleme nicht zu lösen. Ich habe außerdem schon gute Erfahrung in der Schule mit Visual dBASE und dB2K gemacht. Es gibt außerdem eine große Gewissheit, dass das Produkt weiterentwickelt wird.

 Wir wollen aber, dass die Lieferscheine parallel ausgedruckt werden und per Strichcode die Bestell-Nr., Kunden-Nr. und Auftragsdatum lesbar sind.

 Dann sollte man einen True-Type-Font nehmen, der der gewünschten Strichcode-Norm entspricht. Prüfziffern usw. müsste man dann vorher errechnen. Zumindest wurde das im Forum der kommerziellen dB2K-Anwender angesprochen.

9705263

– Du hast sehr gut mit der Kommission kommuniziert, wodurch die Atmosphäre sicherlich angenehm war.

– Dein Spaß mit der Software hat auch uns verblüfft.

– Du bist auf die Wünsche der Kommission eingegangen, hast jeden nachgefragten Schritt begründen und auch schmackhaft machen können. Allerdings hätte die Kommission vermutlich darüber gerne etwas mehr über die möglichen Probleme wegen des geringen Verbreitungsgrades hören wollen, aber das wollen wir hier nicht auch noch ausweiten.

6.6.3 Bist du bereit, dich mit inhaltlichen Problemen auseinander zu setzen?

Anteil des nachfolgenden Bewertungskriteriums: **ca. 10 %**

| Präsentation |
| Fachgespräch |
| Projektbericht |

Probleme und Lösungen werden selbst-ständig und sicher erkannt	Probleme und Lösungen werden sicher erkannt	Probleme und Lösungen werden teilweise ohne und teil-weise mit Ein-hilfen erkannt	Probleme und Lösungen werden trotz Einhilfen nicht vollständig erkannt	Probleme und Lösungen wer-den trotz Ein-hilfen nicht voll-ständig erkannt und sind mit Fehlern behaftet	Probleme und Lösungen werden trotz Einhilfen weder erkannt noch sind sie fehlerfrei	Punkte
5	4	3	2	1	0	

Hier steht dir der Kunde mal so richtig im Weg, denn Kunden haben die unangenehme Eigenschaft, dass sie sich manchmal das wünschen, was du gerade nicht im Angebot hast. Trotzdem wirst du deine Kunden doch nicht wegschicken wollen?

Mach also jetzt nicht den Fehler und biege die Nachfragen deiner Kommission ab. Sondern fühle dich als Fachmann gefordert, mit dem Kunden zusammen ein alternatives Konzept zumindest zu durchdenken. Zur Not mal auch ohne dein Super-Produkt. Dermaßen beratene Kunden kehren i. d. R. bei der nächsten Gelegenheit aufgrund der ehrlichen Beratung wieder zurück.

Lassen wir einmal das Hilfsbild (man nennt so etwas Metapher) vom Kunden beiseite, so sehen wir als Kommission nach, ob du die Probleme, die dir die Kommission auftischt oder die sich aus deinen Äußerungen ergeben, erfassen und auch lösen kannst.

Diese Probleme sind sicherlich eher im fachlichen Bereich deiner Projektarbeit angesiedelt. Du bist also nicht dazu verurteilt, in gänzlich neue Sphären vorzudringen. Aber du musst deine grauen Zellen ziemlich anstrengen, denn die aufgetischten Nachfragen haben es manchmal ganz schön in sich und du musst eben schnell erkennen, worauf die Frage hinausläuft und mindestens genauso schnell eine Antwort zu finden versuchen.

■ **So möchte die Kommission vielleicht mit dir mal einen anderen Weg gemeinsam durchdenken und du musst den Faden weiterspinnen.**

■ **Die Kommission führt dich gedanklich an eine schwache Stelle deiner Arbeit und du tust gut daran, dich darauf einzulassen.**

9705264

Erst das schlechte Beispiel – Fehler vermeiden

☹ *Oh, gute Frage. Hm, es gibt doch bestimmt noch eine nächste Frage.*

☹☹☹ *Es macht nicht viel Sinn, die 10 Mitarbeiter mit nur einer Arbeitsgruppe einzurichten.*

☹ *Der Aufwand schien mir geringer.*

☹☹☹ *Wäre nicht die Unterteilung in mehrere Benutzergruppen trotz des erhöhten Verwaltungsaufwandes günstiger?*

☠ *Die Zeit war zu kurz, wenn Sie sich die Arbeit machen wollen.*

🗣 *Vielleicht hast du dich gerade von der Kommission angemeiert gefühlt, weil sie schon wieder an deinem Vorgehen „miesepetert". Das ist aber noch lange kein Grund, so barsch zu reagieren und dich mit inhaltlichen Fragen nicht auseinander zu setzen.*

Angesichts dieser wirklich erlebten Antworten fehlte auch uns in der Kommission die Sprache. Zum Glück sind diese extremen Fälle sehr selten. Meistens sind die „Dünnbrettbohrer" unter den Prüflingen geschickter.

Nun das gute Beispiel – Pluspunkte sammeln

☺☺☺ *Sie haben geschrieben, dass die objektorientierte Programmierung für diese Anwendung geradezu ideal sei und Sie deswegen JAVA empfehlen würden. Warum kann man die Fakturierung nicht auch prozedural entwickeln?*

☺ *Es gibt ein durchgängiges Konzept von der oo-Analyse bis zur ooP.*

☺☺☺ *Ähnliche Konzepte gibt es aber auch für die prozedurale Programmierung. Was hat der Kunde davon?*

☹ *Die ooP ist moderner.*

☹☹☹ *Davon merkt der Benutzer aber nichts.*

☺ *Ach so. Dem Benutzer kann es weitgehend egal sein. Der Benutzer merkt nichts davon, dass erst die objektorientierten Oberflächenobjekte die Windowsoberflächen ermöglichen. Bei der ooP vermutet man eine qualitativ bessere Entwicklung, wenn man konsequent objektorientiert entwickelt.*

☺☺☺ *Es gibt keine Kritik an der ooP?*

☺ *Ja, statt Spagetti-Programmierung haben wir jetzt Ravioli-Computing. Es ist nämlich ziemlich schwierig, die eingesetzten Fachklassen, Prozessklassen, Interfaces usw. zu verwalten. Die Anzahl der Objekte wird immer größer. Das könnte eigentlich ein Nachteil sein.*

🗣 *Du hast gezeigt, dass du dich zumindest durch Nachfragen auch in neue Gebiete begeben kannst. Zwar konntest du den Beweis nicht antreten, dass eine prozedurale Entwicklung schlechter ist, hast aber doch recht gut einige Nachteile der ooP aufzeigen können. Da wir hier nicht in der Uni sind, sondern in der beruflichen Ausbildung, mag das als Antwort prima sein.*

Die ooP tritt zwar den Siegeszug an, doch gibt es eine Reihe von Problemen im wirtschaftlichen Bereich, die derzeit noch nicht zufrieden stellend gelöst zu sein scheinen.

9705265

6.7 Operatives Geschäft der Kommission zur Bewältigung des Fachgesprächs

6.7.1 Welche Schritte bisher erfolgt sein sollten

- Teilnehmer Mündlicher Ergänzungsprüfungen wurden ermittelt (▶ 2.8.4),
- alle Prüflinge in Reihenfolge bestimmt und eingeladen (▶ 5.8.1),
- der Prüfungsraum wurde vorbereitet (▶ 5.8.1),
- der Prüfling wurde begrüßt (▶ 5.8.2),
- die Präsentation des Prüflings ist beendet (▶ 5.8.5).
- **Noch eine Pause nach der Präsentation?**
  Einige Kommissionen erbitten sich gleich nach der Präsentation noch eine Pause, in der sie
  - die Bewertung der Präsentation sofort durchführen und
  - evtl. weitere gemeinsame Fragen erarbeiten wollen.

  Die Pause bedingt einige organisatorische Vorüberlegungen:
  - ☑ Haben Sie die Pause vor der Präsentation angekündigt?
  - ☑ Hat der Prüfling noch genug Zeit zum Abbauen und Umsortieren für das Fachgespräch?
  - ☑ Hat der Prüfling einen Sitzplatz zum Warten außerhalb des Raumes?

    ...

6.7.2 Die Rolle des einzelnen Prüfers

- ☑ Bewertet wird nicht das fertige Endprodukt der betrieblichen Projektarbeit, da es vom Betrieb abgenommen wurde.
- ☑ Wir empfehlen die Rolle eines Vorgesetzten/Kunden, der sachlich, kritisch hinterfragend, aufgeschlossen und nach möglichen besseren Alternativen suchend über die Inhalte in nachstehender Abbildung diskutiert (Zweck solcher Gespräche in der Praxis siehe ▶ 6.1.1).
- ☑ Wir empfehlen nach dem Fachgespräch die Kriterien unserer Bewertungsmatrix zur Bewertung zu nutzen.
- ☑ Sie dürfen keine Wissens-Abfrage-Prüfung durchführen.

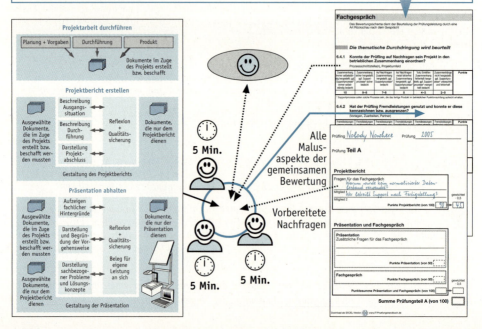

9705266

Welche Fragen sollten Sie stellen?

a) Die vorbereiteten Fragen:
Wie Sie bereits zum Projektbericht (▶ 4.10) erfahren konnten, lassen sich eine Reihe von Fragen beim Treffen der Kommission in der Abstimmungssitzung (▶ 2.8.4) vorbereiten und verteilen. Die werden nun gestellt.

b) Die Präsentation wirft neue Fragen auf.
Nach unseren Erfahrungen lässt sich eine aufgeworfene Frage immer der Fach- oder Interessenkompetenz eines Prüfers zuordnen.

Die Klärung dieser Zuständigkeit lässt sich innerhalb von Sekunden vornehmen, nämlich in der Zeit, in der der Prüfling gebeten wird, zum Fachgespräch überzugehen und sich je nach Bedarf zu setzen.

Zur Not planen Sie eine Pause ein und bitten den Prüfling, einen Moment den Raum zu verlassen, nachdem er seine Präsentationsunterlagen sortiert hat. Die Zeit zum Aufräumen für das Fachgespräch muss ihm gewährt werden.

c) Im Fachgespräch werden Nachfragen nötig.
Dann beachten Sie die Aussagen zum Zeitmanagement weiter unten.

Strategien für die Durchführung eines Fachgesprächs 6.7.3

Überleitung von der Präsentation zum Fachgespräch.

Sobald die Präsentation beendet ist, schließt sich das Fachgespräch i. d. R. an.

☑ Geben Sie dem Prüfling ausreichend Zeit, seine Präsentationsunterlagen für das Fachgespräch zu sortieren. Aber auch nicht mehr. Der Rest hätte vorher erledigt werden können.

☑ Hat der Prüfling die Möglichkeit, sich für das Fachgespräch zu setzen?

☑ Vorhersehbare Abläufe vorher auch ankündigen.
Weisen Sie den Prüfling auf alle elementaren Schritte Ihrerseits hin.

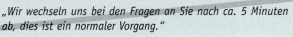

„Das Fachgespräch wird ca. 15 Minuten dauern."

„Wir wechseln uns bei den Fragen an Sie nach ca. 5 Minuten ab, dies ist ein normaler Vorgang."

Eigentlich haben alle Prüflinge Angst vor der Prüfung.

Trotz mentaler Vorbereitung hat grundsätzlich jeder Mensch eine gewisse Angst vor Prüfungen. Hier kommt es darauf an, eine zweckbezogene, aber dennoch offene Atmosphäre zu schaffen (▶ 5.8.1 und 5.8.4).

Sie sind zwar nicht Psychologe und die Prüfung ist keine Therapiesitzung, trotzdem sollten Sie alles vermeiden, was über die natürliche Aufgeregtheit hinaus Ängste beim Prüfling aufbaut.

- Vermeiden Sie Missachtung gegenüber dem Prüfling.
  Prüfer trinken und essen nicht während der Prüfung.
  Prüfer sprechen nach Möglichkeit nicht untereinander.

- Prüfer sprechen eine deutlich sichtbare Angst des Prüflings nur an, wenn sich der Prüfling zunehmend verkrampft. Fragen Sie zuerst den Prüfling nach Lösungsmöglichkeiten.
  Achtung: Es gibt auch Menschen, die die Mitleidswelle gut trainiert haben. Die erkennt man i. d. R. an einer fachsprachlich hohen Kompetenz, ihre Angst zu beschreiben.

- Je älter ein Prüfling, desto unerträglicher erscheint diesem die Prüfungssituation, da er eigentlich schon eine gewisse Lebensleistung erbracht hat und vermutlich hier seine allerletzte Chance sieht.

- Angst in gewisser Dosis kann auch höhere Leistungsbereitschaft bewirken.

Nicht-Lehrer in den Einsatz.

Manchmal trauen sich die Nicht-Lehrer in den Kommissionen nicht, Fragen zu stellen. Dies dürfte nunmehr vorbei sein, denn hier haben wir eher ein Fachgespräch und keine reine Wissens-Abfrage-Prüfung.

Hinweis: Selbstverständlich dürfen Sie als Kommission von allen unseren obigen Ideen abweichen. Das ist sogar im Sinne einer höheren Gerechtigkeit manchmal erforderlich, wenn z. B. ein Spezialgebiet nur von einem Prüfer abgedeckt wird.

Strenges Zeitmanagement der einzelnen Prüfer.

Wir sehen es als wichtig an, dass alle Prüfer gleichgewichtig agieren.

Damit nicht ein Thema bzw. ein Prüfer dominiert (was rechtlich auch zulässig wäre), sollten Sie sich selbst einem strengen Zeitmanagement unterwerfen.

- Z. B. jeder erhält max. 5 Minuten; Ausnahmen bedürfen vorheriger Absprache.
- Kontrollieren Sie sich gegenseitig; ein leichtes Tippen auf das Uhrenglas oder das Abbinden der Armbanduhr bewirkt Wunder bei Ihren Prüferkollegen.
- Der Wechsel von einem Prüfer zum anderen sollte dem Prüfling kundgetan werden.

„Ich danke Ihnen und würde jetzt gerne verabredungsgemäß an Herrn Knadolf Knitsche weitergeben.
Aber vielleicht hat noch jemand von der übrigen Kommission zum bisherigen Verlauf eine Frage?"

Damit stellen Sie sicher, dass der Prüfling nicht vermutet, die Weitergabe würde aufgrund einer schlechten Antwort erfolgen.

Nie eine Abfrageprüfung statt eines Fachgesprächs veranstalten.

Aus den vorhergehenden Musterdialogen konnten Sie entnehmen, wie wir uns ein Fachgespräch vorstellen. Dieses Vorgehen weicht deutlich von früheren mündlichen Prüfungen ab, in denen im schlimmsten Fall einfach eine alte Klausur zur Hand genommen und das Wissen danach abgefragt wurde.

9705268

Da Sie hier gehalten sind, eine fachliche, handlungsorientierte und ggf. projektbezogene Prüfung abzuhalten, müssen Sie Ihre Fragen anders gestalten, wenn Sie mal nötigerweise auf Fachwissen abzielen.

Unangemessene Fragestellung	Angemessene Fragestellung	Hilfen für den Prüfling per Wissenssequenz
„Buchungssatz Wareneinkauf."	„Sie klammern gerade die Buchung des Wareneinkaufs aus, wird bei Ihnen kein Wareneinkauf gebucht?"	Führt ein Wareneinkauf zu einer Mehrung oder Minderung der Aktiva? Wo werden Aktiva gebucht?
„4 Funktionen eines Lagers."	„Ihr Betrieb nutzt offensichtlich die übrigen Lagerfunktionen nicht aus. Kennen Sie die Gründe hierfür?"	Ihr Betrieb kauft nicht vor Weihnachten Artikel ein? (Ausgleichsfunktion) Ihr Betrieb hat sich nicht sofort mit Chips eingedeckt, als die Preise in die Höhe gingen? (Spekulationsfunktion)
„Zählen Sie die drei ersten Normalisierungsstufen auf!"	„Warum haben Sie den Datenbestand nur bis zur zweiten Stufe normalisiert?"	Wann liegt eine Tabelle in der ersten Normalform vor?

Es ist leicht zu sehen, dass derartige Fragen auch anspruchsvoller sein können und es nicht zutrifft, dass hier nur „Wischiwaschi" gefragt wird.

Hilft das alles nichts und die Bearbeitung eines Fragenkomplexes erscheint elementar wichtig, hilft vielleicht (wie oben schon geschildert) folgender Text:

 „Nehmen wir mal aus Vereinfachungsgründen an, der Sachverhalt x würde hier zutreffen ..."

Nun weiß der Prüfling nicht, ob sein bisheriges Tun richtig oder falsch war. Er kann eher unbelastet versuchen, das neu gestellte Problem zu erfassen, vielleicht auch seine Sicht eher erleichtert darstellen und ggf. sogar nach Lösungen suchen und diese anbieten.

Nähere Ausführungen zur Frage der Betreuungspflicht in der Prüfung finden Sie in diesem Kapitel unter: **Soll man Prüflinge auf Fehler hinweisen?**

Der Ausbildungsrahmenplan ist maßgeblich:

Auch wenn ein Fachgespräch Spaß macht, sollte man sich doch insoweit zügeln können, dass man die Prüflinge nicht überfordert.

Es darf höchstens (!) das Wissen unterstellt werden, das in dem verbindlichen Ausbildungsrahmenplan des jeweiligen Berufes festgelegt ist (► 1.4.1).

Schneller Abschied von bohrenden Fragen:

Denken Sie einmal an die Stunden zurück, in denen Sie während Ihrer Schulzeit von einem Lehrer genussvoll vor der ganzen Klasse vorgeführt wurden:

„Dich prüf ich auf fünfkommaneunundneunzig."

Jede Frage des Lehrers glich einem Paukenschlag und stürzte Sie immer tiefer ins Nichts. Das Ergebnis wäre aber schon nach der ersten Frage immer das Gleiche gewesen: Sie hatten keine Ahnung.

Also ersparen Sie dem Prüfling solche bohrenden Nachfragen, das Ergebnis wird i. d. R. nicht besser, und nehmen Sie die nächsten Problemkreise in Angriff, wenn Sie merken sollten, dass nichts zu holen ist.

Wer schreibt eine Art Protokoll mit?

Nichts ist so flüchtig wie eine mündliche Leistung, zumal es beim Fachgespräch keine einfachen Richtig-Falsch-Fragen mehr gibt.

Geben Sie sich bitte keiner Illusion hin, dass Sie mit einem persönlichen Protokoll das ganze Spektrum der Prüflingsleistung noch während des Gesprächs erfassen können. Viele Elemente entziehen sich zunächst einer Protokollierung während des Gesprächs (z. B. die kommunikative Kompetenz ▶ 6.6.1 ff.).

Das gemeinsame (!) Gespräch in Ihrer Prüfungskommission am Ende des Fachgesprächs ist daher unabdingbar (▶ 6.7.4).

Jedes Kommissionsmitglied sollte seine vorbereiteten Fragen (z. B. auf unserem Bewertungsbogen notiert) vor sich hinlegen. Verwenden Sie einfach Kurzzeichen (+ o –), um die Qualität der Antworten auf Ihre Fragen festzuhalten. Mehr ist während eines intensiven Fachgesprächs ohnehin nicht drin.

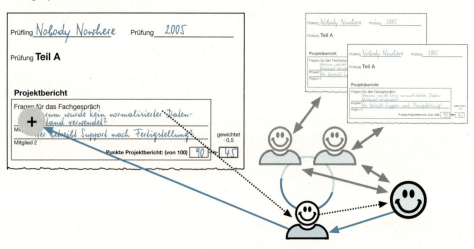

Soll man Prüflinge auf Fehler hinweisen? [3] vgl. Randnoten 184 ff.

Wir empfehlen, dies möglichst nicht zu tun. Zum einen wird der Prüfling möglicherweise durch Fehlerhinweise oder Korrekturen nur noch zusätzlich verunsichert, und zum anderen verbeißt man sich dann noch in ein Gebiet, von dem man schon gemerkt hat, dass der Prüfling nicht gut drauf ist.

9705270

Das darf aber nicht heißen, dass Sie den Prüfling nun einfach seine Irrwege laufen lassen. Sie haben schließlich auch eine Art Betreuungspflicht. Wir schlagen deswegen eine gestufte Strategie vor:

Zu Anfang weitgehend neutrale Formulierungen:

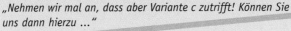
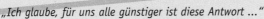

> *„Nehmen wir mal an, dass aber Variante c zutrifft! Können Sie uns dann hierzu ...“*
>
> *„Ich glaube, für uns alle günstiger ist diese Antwort ...“*

Nimmt das Fachgespräch eine deutlich negative Wendung, driftet der Prüfling in den roten Bereich, dann sollten Sie überlegen, inwieweit man die Qualität der Leistungen dem Prüfling gegenüber deutlich macht.

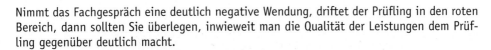

> *„Sie geraten gerade in ein falsches Fahrwasser.“*
>
> *„Ich glaube, für uns alle günstiger ist diese Antwort ...“*
>
> *„Ihre letzten Ideen hatten eine Reihe von Fehlern.“*
>
> *„Lassen Sie uns deswegen lieber mal wechseln. Wir haben hier ein ... das könnte für uns gemeinsam interessant sein.“*

Wenn es gar nicht anders geht, sind Sie gehalten, den fachlichen Fehler deutlich zu beschreiben und die mögliche Ursache hierfür gegenüber dem Prüfling kurz anzugeben.

Das gilt besonders dann, wenn das Erkennen des Fehlers für den Prüfling eine Voraussetzung für weitere Teile des Fachgesprächs sein sollte.

Sollten Sie Prüflinge immer ausreden lassen?

Manchmal erhalten Prüflinge den Tipp, möglichst weitschweifig zu antworten oder gar in der Kreidezeit wichtige Basisinformationen zu vermuten. Manchmal muss der Prüfling sehr lange nachdenken.

Da aber gilt: Leistung = Arbeit pro Zeiteinheit, nimmt die Leistung ab, je länger der Prüfling „schwafelt“ oder lange nachdenkt.

Dann sollten Sie dem Prüfling helfen:

> *„Die Vertiefung scheint uns momentan nicht so nützlich.“*
> *„Teilen Sie mit uns Ihr gedankliches Problem.“*
> *„Bitte kommen Sie zum Kern der Sache zurück.“*

Ein Prüfling wird ausfallend:

Natürlich gibt es Brauseköpfe auf beiden Seiten der Prüfung. Als Prüfer sollten Sie die Emotionalität des Prüflings leicht ertragen können.

> *„Sie haben doch keine Ahnung von meinem Spezialgebiet.“*
>
> *„Ihre merkwürdigen Fragen unterfordern mich!“*

Lassen Sie ihn das ruhig sagen, das hilft ihm, seine aufgestaute Frustration loszuwerden.

Da Sie in der Kommission zu dritt sind, wird der Prüfling von dem betroffenen Prüfer belehrt, „dass es Recht, Pflicht und Aufgabe ist, die Fragen so zu stellen, dass schon aus Gründen der Gleichbehandlung ein gewisses Niveau eingehalten werde und die anderen Prüfer einschreiten würden, wenn das Prinzip gefährdet würde."

Wir empfehlen ferner, diesen Vorfall in das Protokoll aufzunehmen.

Ein Prüfer wird nie ausfallend.

Der vor Ihnen sitzende Mensch befindet sich in einer Ausnahmesituation. Er ist Ihnen gewissermaßen ausgeliefert. Können Sie zur Not auch mal in den schriftlichen Arbeiten eine deftige Anmerkung machen, um Ihrem Unmut Luft zu verschaffen, so ist das jetzt völlig fehl am Platze und verstößt gegen das Fairnessgebot einer mündlichen Prüfung.

Steigt die Anzahl der nicht zufrieden stellenden Antworten an, sollten Sie sich aber auch zumindest überlegen, dass diese dann auch gegenüber dem Prüfling als solche zu kennzeichnen sind (vgl. die Ausführungen weiter oben „Soll man Prüflinge auf Fehler hinweisen? *([3], RdnNote 184 ff.)*

Vielleicht verhelfen Sie dem Prüfling auf freundliche Art dazu, wieder auf das richtige Gleis zurückzukommen.

Der Kandidat hat Schwierigkeiten mit der deutschen Sprache.

Bürger nicht deutscher Muttersprache verstehen leider nicht so zuverlässig die deutsche Sprache. Obwohl wir erwarten können, dass jemand, der in einem derart kommunikativen Beruf arbeitet, ein hohes Maß an Kommunikationsfähigkeiten besitzen muss, sollten Sie Nachsicht üben. Gewähren Sie dem Kandidaten zur Not etwas mehr Zeit zum Verstehen oder für Nachfragen. Allerdings aber nicht über das Maß hinaus, in dem ein Kunde/Chef bereit wäre, auf Antworten zu warten.

Prüflinge schätzen den Prüfermonolog.

Der typische Prüfermonolog beginnt meist mit zustimmungsheischenden Floskeln:

  „Lieber Kandidat, sind Sie nicht auch der Meinung, dass ..."

Dieser beliebig lange Monolog ist bei Prüflingen sehr beliebt, denn der Prüfling muss nur noch nickend zustimmen, weil der Prüfer alle Antworten in seinen Monolog eingebaut hat.

 Merken Sie sich einfach, dass besser der Prüfling reden soll.

6.7.4 Die Noten für Präsentation und Fachgespräch in einem Zuge

Subjektivität ist beherrschbar.

Nach Präsentation und Fachgespräch könnten Sie zunächst subjektiv beeindruckt sein. Sympathien, Antipathien u. Ä. sind menschliche Gefühle, die wir alle kennen. Seien Sie sich dieser Gefühle bewusst. Dann werden Sympathie und Antipathie beherrschbar, sodass sie bei einer objektiven Bewertung nicht mehr hinderlich sind. Reden Sie doch in Ihrer Kommission als Erstes darüber.

9705272

Präsentation und Fachgespräch gedanklich Revue passieren lassen.

Geben Sie sich individuell ca. 2–3 Minuten, in denen jeder mit sich zu Rate geht und z. B. anhand unserer Bewertungsmatrix seine Punkte vergibt und noch Randbemerkungen ergänzt.

Sie benötigen diese Minuten der Stille und Sammlung.

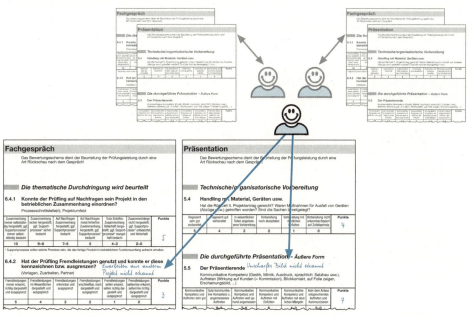

Gemeinsam zu einem Ergebnis gelangen.

- Nehmen Sie Ihre Notizen, gehen Sie sie gemeinsam durch, diskutieren Sie die Punktevergabe anhand der gemeinsamen Matrix und klären Sie die Differenzen. So gelangen Sie schnell zu einem gemeinsamen Ergebnis.

- Bei Schwierigkeiten streichen Sie im Zuge der Diskussion zunächst die jeweils beste und schlechteste Leistung des Kandidaten. Dann ergibt sich vielleicht ein leichteres Vorankommen. Steht das Ergebnis kurz bevor, übernehmen Sie nun zur Kontrolle wieder die beste und die schlechteste Leistung in die Diskussion und überprüfen mal, ob Ihr Ergebnis stimmig ist.

9705273

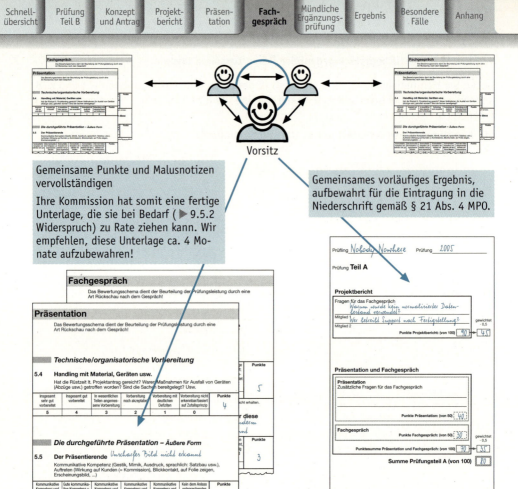

Vorsitz

Gemeinsame Punkte und Malusnotizen vervollständigen

Ihre Kommission hat somit eine fertige Unterlage, die sie bei Bedarf (▶ 9.5.2 Widerspruch) zu Rate ziehen kann. Wir empfehlen, diese Unterlage ca. 4 Monate aufzubewahren!

Gemeinsames vorläufiges Ergebnis, aufbewahrt für die Eintragung in die Niederschrift gemäß § 21 Abs. 4 MPO.

Weiter geht's mit ▶ 8.4 wenn keine MEPr abzunehmen ist.

9705274

Mündliche Ergänzungsprüfung 7

Du kennst ja den Spruch: **„Was willst du zuerst hören? Die gute oder die schlechte Nachricht?"**

Weil die meisten Menschen die schlechte Nachricht zuerst hören wollen, kommt diese auch zuerst:

Du wirst von der IHK Nachricht erhalten, dass deine Leistungen in der „Schriftlichen Prüfung" nicht zum Bestehen des Prüfungsteiles B (Kenntnisprüfung) ausgereicht haben.

Nun kommt die gute Nachricht:

Deine Leistungen waren nicht so schlecht, dass du sofort durchgefallen bist. Die Prüfungskommission hat festgestellt, dass du eine mündliche Zusatzleistung erbringen musst, damit du u. U. doch noch im Prüfungsteil B bestehen kannst.

Die Mündliche Ergänzungsprüfung (MEPr) im Prüfungsgeschehen 7.1

Du wirst zur MEPr eingeladen 7.1.1

Die Mündliche Ergänzungsprüfung bezieht sich ausschließlich auf den Prüfungsteil B.

Diese mündliche Zusatzprüfung heißt deswegen Ergänzungsprüfung, weil sie das Bild deiner schriftlichen Leistungen im Prüfungsteil B in gewisser Weise ergänzt – und hoffentlich deinen Erfolg noch herbeiführt.

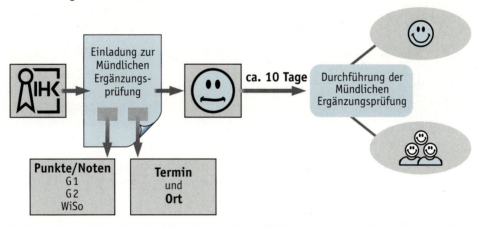

In dieser Nachricht wirst du deine Noten mitgeteilt bekommen, aus denen du zumindest punktemäßig nachvollziehen kannst, in welchem Prüfungsfach es gemangelt hat.

Es gibt keine Vorschrift mit genauen Zeitangaben, wann deine Einladung dir vorliegen muss. Gehe davon aus, dass du ca. 10 Tage vor dem Termin informiert bist.

In Bezug auf die Einladung zur Präsentation und Fachgespräch gibt es folgende Varianten der Benachrichtigung:

1 a Zeitgleich oder
1 b Zu verschiedenen Zeitpunkten
2 a Mit demselben Formschreiben oder
2 b Mit einem separaten Schreiben

7.1.2 Notenakrobatik und Strategie

Ausgangspunkt ist die maßgebliche Bestimmung in der Ausbildungsordnung deines Berufes:

§ 9 AO IT-System-Elektroniker/-in
§ 15 AO Fachinformatiker/-in
§ 21 AO IT-System-Kaufmann/-frau
§ 27 AO Informatikkaufmann/-frau

Sind im Prüfungsteil B die Prüfungsleistungen in bis zu zwei Prüfungsbereichen mit „mangelhaft" und in einem weiteren Prüfungsbereich mit mindestens „ausreichend" bewertet worden, so ist auf Antrag des Prüflings oder nach Ermessen des Prüfungsausschusses in einem der mit mangelhaft bewerteten Prüfungsbereiche die Prüfung durch eine mündliche Prüfung von etwa 15 Minuten zu ergänzen, wenn diese für das Bestehen der Prüfung den Ausschlag geben kann.

Der Prüfungsbereich ist von dem Prüfling zu bestimmen. Bei der Ermittlung des Ergebnisses für diesen Prüfungsbereich ist das bisherige Ergebnis und das Ergebnis der Mündlichen Ergänzungsprüfung im Verhältnis 2:1 zu gewichten.

Als Prüfungsbereich gelten die dir bekannten „Prüfungsfächer" des Prüfungsteils B:

G1, G2, WiSo.

Die Mündliche Ergänzungsprüfung richtet sich inhaltlich nach dem Prüfungsfach, in dem du ergänzend geprüft werden möchtest bzw. sollst.

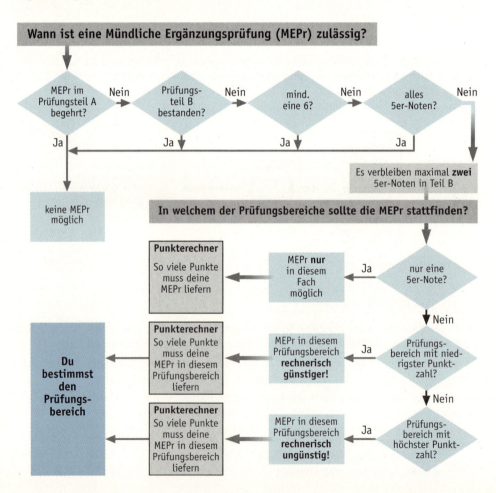

9705276

Es ist rein rechnerisch aussichtsreicher, in dem schlechteren Fach zur MEPr anzutreten als in dem mit den höchsten Punkten.

Das resultiert daher, dass das Ergebnis der MEPr zu $\frac{1}{3}$ einfließt und die schriftliche Leistung zu $\frac{2}{3}$. Also hat eine gute MEPr höheres Gewicht, je schwächer du im schriftlichen Teil warst.

Dies gilt bei einer Wahl zwischen den beiden Ganzheitlichen Aufgaben uneingeschränkt.
Vorsicht ist geboten bei einer Konstellation mit WiSo und einer Ganzheitlichen Aufgabe wegen der geringeren Gewichtung von WiSo.

Bei der Ermittlung des Ergebnisses für diesen Prüfungsbereich ist das bisherige Ergebnis und das Ergebnis der Mündlichen Ergänzungsprüfung im Verhältnis 2:1 zu gewichten.

Wie errechnet sich denn nun deine Note z. B in der G1 nach einer MEPr?

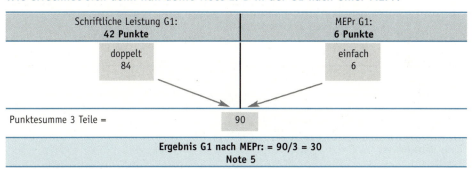

Schriftliche Leistung G1: **42 Punkte**	MEPr G1: **6 Punkte**
doppelt 84	einfach 6

Punktesumme 3 Teile = 90

Ergebnis G1 nach MEPr: = 90/3 = 30
Note 5

„Du kannst dich mit deiner MEPr auch verschlechtern."

Um dein Ergebnis im Prüfungsbereich um einen Punkt zu verbessern, musst du die Punktzahl aus der Schriftlichen Prüfung mit einer MEPr um drei Punkte übertreffen.

Wie viele Punkte benötigst du, um mit deiner MEPr den Prüfungsbereich zu bestehen?

Zum Bestehen benötigte Punktesumme der 3 Teile = 150 (150 : 3 = 50 P. = Note 4)

Schriftliche Leistung G1: **42 Punkte**	doppelt 84

Zum Bestehen benötigte Punktzahl in der MEPr:
(= 150–84) 66

„So errechnest du, welche Punktzahl aus der Sicht eines Prüfungsbereiches erreicht werden muss. Du hast aber nun drei Prüfungsbereiche zu leisten, damit wird die Notenakrobatik wesentlich komplizierter."

9705277

Es ist rein rechnerisch günstiger, in dem Prüfungsbereich mit der geringeren Punktzahl die MEPr zu absolvieren.

	Ganzheitliche Aufgabe 1	Ganzheitliche Aufgabe 2	Wirtschafts- und Sozialkunde
Punktzahl aus der schriftlichen Prüfung	46	34	78
Note	5	5	3
Gewichtung der Prüfungsbereiche im Teil B	zweifach	zweifach	einfach
Umrechnungfaktor zur Ermittlung des Gesamtergebnisses Teil B	0,4	0,4	0,2
Umgerechnete Punktzahl	0,4 · 46 = 18,4	0,4 · 34 = 13,6	0,2 · 78 = 15,6

Gesamtpunktzahl Teil B   = 47,6 ; Note 5

Zum Bestehen ist MEPr erforderlich.

Variante 1 – MEPr in G1

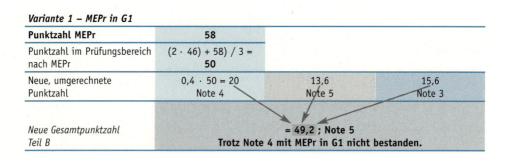

Punktzahl MEPr	**58**		
Punktzahl im Prüfungsbereich nach MEPr	(2 · 46) + 58) / 3 = **50**		
Neue, umgerechnete Punktzahl	0,4 · 50 = 20 Note 4	13,6 Note 5	15,6 Note 3

Neue Gesamtpunktzahl Teil B   = 49,2 ; Note 5

Trotz Note 4 mit MEPr in G1 nicht bestanden.

Variante 2 – MEPr in G2

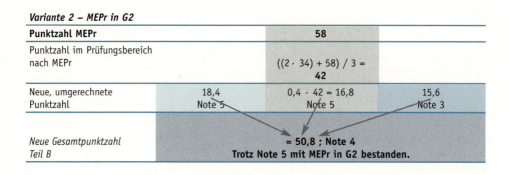

Punktzahl MEPr		**58**	
Punktzahl im Prüfungsbereich nach MEPr		((2 · 34) + 58) / 3 = **42**	
Neue, umgerechnete Punktzahl	18,4 Note 5	0,4 · 42 = 16,8 Note 5	15,6 Note 3

Neue Gesamtpunktzahl Teil B   = 50,8 ; Note 4

Trotz Note 5 mit MEPr in G2 bestanden.

9705278

Nutze daher unseren „Punkterechner".

Deine Aktion	Erläuterung	Ganzheitliche Aufgabe 1	Ganzheitliche Aufgabe 2	Wirtschafts- und Sozialkunde
Hier eintragen	*Punktzahl aus der Schriftlichen Prüfung*	☐	☐	☐
	Umrechnungsfaktor zur Ermittlung des Gesamtergebnisses Teil B	0,4	0,4	0,2
Punktzahl umrech-nen	*Umrechnungsfaktor mit Punktzahl mul-tiplizieren*	0,4 * ☐ = ☐	0,4 * ☐ = ☐	0,2 * ☐ = ☐
Addieren	*Deine Gesamtpunkt-zahl im Teil B ermit-teln*		☐	
Strategie ermitteln				
Differenz ermitteln	*Wie viele Punkte fehlen dir zum Be-stehen?*		50 – ☐ = ☐	
Mit 3 multiplizieren	*Wie viel Punkte muss deine MEPr zusätz-lich erbringen?*		☐ * 3 = ☐	
Durch Umrech-nungsfaktor dividieren	*Fehlende Punktzahl auf Gewichtung der Prüfungsfächer um-rechnen*	/ 0,4 = ☐	/ 0,4 = ☐	/ 0,2 = ☐
Hier nochmal eintragen	*Punktzahl aus der Schriftlichen Prü-fung*	☐	☐	☐
		+	+	+
Addieren	**So viel Punkte muss deine MEPr liefern:**	☐	☐	☐

Die für dich richtige Strategie kannst du mit unseren Hilfsmitteln gut herleiten, aber der Erfolg für die MEPr lässt sich damit nicht programmieren.

Eine MEPr ist nicht ganz ungefährlich. Durch eine schlechte MEPr kann es sogar passieren, dass sich die Gesamtzahl deiner Punkte in dem geprüften Bereich und damit u. U. die Note dort verringert. Zwar ändert sich nichts an dem Endzustand, nämlich dass du durchgefallen bist, aber was sagt deine Seele dann dazu?

Du möchtest gerne zur Mündlichen Ergänzungsprüfung, aber die IHK hat dich nicht dazu eingeladen.

Die Ausbildungsordnung erwähnt ja den „Antrag des Prüflings":

*Sind im Prüfungsteil B die Prüfungsleistungen in bis zu zwei Prüfungsbereichen mit „mangelhaft" und in einem weiteren Prüfungsbereich mit mindestens „ausreichend" bewertet worden, so ist **auf Antrag des Prüflings** oder nach Ermessen des Prüfungsausschusses in einem der mit mangelhaft bewerteten Prüfungsbereiche die Prüfung durch eine mündliche Prüfung von etwa 15 Minuten zu ergänzen, **wenn diese für das Bestehen der Prüfung den Ausschlag geben kann.***

9705279

- **Beantrage bei deiner IHK die Durchführung einer MEPr,**
  wenn die Prüfungskommission dich nicht dazu eingeladen hat, dir unser Notenrechner aber sagt, dass eine MEPr noch den Ausschlag für das Bestehen deiner Prüfung geben kann. Dies kannst du auch noch nach Präsentation/Fachgespräch und der Verkündung der Noten tun.

- **Beantrage keine MEPr, wenn du die Prüfung bestanden hast.**

7.1.3 Dauer und Zeitpunkt deiner MEPr

Die Dauer soll ca. 15 Minuten betragen. ▶ 7.1.2

15 Min.

Damit ist aber deiner Kommission auch die Möglichkeit gegeben, die Prüfung zeitlich über 15 Minuten hinaus auszudehnen. Dies ist nicht zwangsläufig von Nachteil für dich.

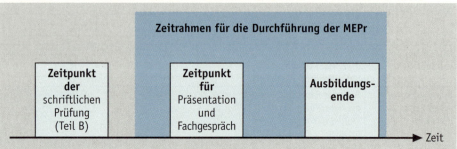

Die MEPr kann in folgendem Zeitrahmen durchgeführt werden:

- Nach der Schriftlichen Prüfung. Die Prüfungskommissionen werden mindestens ca. 3 Wochen für die Korrektur benötigen.

- Die MEPr kann auch noch kurz nach deinem Ausbildungsende abgenommen werden.

Damit erstreckt sich der Zeitrahmen über mehrere Monate. Er lässt sich aber aus pragmatischen Gründen eingrenzen:

- Stehen die Sommerferien kurz bevor, so wird deine MEPr sehr wahrscheinlich kurz vorher abgenommen, da in den Ferien die Verfügbarkeit der Prüfungskommissionen etwas eingeschränkt ist.

- Den Prüfungskommissionsmitgliedern steht nicht unendlich Zeit für das ehrenamtliche Prüfungsgeschäft zur Verfügung. Daher wird in der Regel von den Kommissionen versucht, „mehrere Fliegen mit einer Klappe zu schlagen" und die MEPr in Zusammenhang mit Präsentation und Fachgespräch abzunehmen.

MEPr zu einem Termin unabhängig von Präsentation und Fachgespräch.

Dies wird in erster Linie für die Prüflinge gelten, die den Teil A im ersten Anlauf bestanden, aber im Teil B die Prüfung wiederholen mussten.

Mit dem Einladungsschreiben der IHK bekommst du alle Informationen über die Rahmenbedingungen deiner MEPr. Es gelten im Prinzip dieselben Grundsätze zur Vorbereitung auf diesen Termin wie bei der Vorbereitung auf deine Präsentation und Fachgespräch. Nutze unsere kleine Checkliste:

9705280

Checkliste zur Vorbereitung auf deine separate MEPr

☑ Personalausweis oder ähnliche Dokumente zur Identifikation einstecken

☑ Die Einladung der IHK oder der Prüfungskommission einstecken

☑ Die Fahrtroute mit eigenem PKW oder öffentlichen Verkehrsmitteln großzügig planen, eine Verspätung muss unbedingt vermieden werden

☑ Auswahl der Kleidungsgegenstände (siehe ▶ 5.5 – Erscheinungsbild)

☑ Persönliche Glücksbringer

☑ ...

Der Ablauf deiner MEPr dürfte für dich dann kein Neuland sein, es handelt sich um eine Prüfung, wie du sie wahrscheinlich schon oft in deinem Leben erlebt hast:

■ Du findest dich am Prüfungsort ein.

■ Du wirst zur verabredeten Zeit von deiner Prüfungskommission aus deiner Warteposition abgeholt und in den Prüfungsraum geführt (soweit du die Wahl hast).

■ Dort wirst du dich legitimieren müssen.

■ Du wirst deinen Prüfungsbereich benennen (soweit du die Wahl hattest).

■ Die Prüfungskommission wird sich dir vorstellen.

■ Die Prüfungskommission wird dich fragen: „Gibt es aus Ihrer Sicht Gründe, die gegen die Durchführung der Prüfung sprechen?"
Wenn du aus welchen Gründen auch immer unter Krankheitssymptomen leidest, solltest du das hier bemerken. Dies könnte für dich im Falle eines krankheitsbedingten „Black-outs" hilfreich sein. Der Hinweis auf die eigene Aufgeregtheit geht nicht als Krankheitssymptom durch ...

■ Die Prüfungskommission wird dir den Ablauf der Prüfung erläutern und los gehts.

MEPr in Zusammenhang von Präsentation und Fachgespräch

Wird die MEPr direkt vor oder direkt nach der Präsentation und Fachgespräch abgewickelt, dann benötigst du keine besonderen Checklisten mehr, da du dies ja im Vorfeld berück-sichtigt und in unseren Kapiteln gelesen hast.

Es gibt dann für die konkrete Umsetzung keine Vorschrift: Die Logistik der Prüfungskom-mission spielt hier eine Rolle, aber auch deine Präferenzen könnten berücksichtigt werden.

■ Entscheide, welche Reihenfolge für dich
  – aus praktischen Gründen (bzgl. Logistik der Präsentation) und
  – aus psychologischen Gründen
  die bessere ist.
■ Frage die Prüfungskommission, ob deine Präferenz berücksichtigt werden kann.

Wir raten dir, zuerst die Präsentation und das Fachgespräch abzuwickeln, was auch der Regelfall für die Prüfungskommissionen sein dürfte. Du hast dann vielleicht den Vorteil, dass du deine Nervosität schon abgebaut und die Prüfungskommission schon kennen gelernt hast, bevor es an den über das Bestehen entscheidenden Teil der Prüfung geht.

Die Prüfungskommission wird dann einen deutlichen Schnitt zwischen diesen beiden Prüfungsteilen machen. Dieser Schnitt kann verbal oder auch durch eine Pause vollzogen werden:

„Vielen Dank, Sie haben jetzt den Teil der Präsentation und des Fachgespräches abgeschlossen. Wir müssen aber jetzt noch die Mündliche Ergänzungsprüfung miteinander abwickeln. Doch bevor es los geht, räumen Sie erstmal Ihre Sachen ein, wir machen eine Pause von ca. 15 Minuten und dann machen wir weiter …"

Spätestens an dieser Stelle solltest du deine Entscheidung für einen Prüfungsbereich (G1, G2, WiSo) bekannt geben.

Die Mündliche Ergänzungsprüfung ist dann ein Prüfungsgespräch, in dem du nicht der aktive Partner bist. Warte die Anweisungen und die Fragen der Kommission in Ruhe ab.

7.2 Die Abnahme deiner MEPr

7.2.1 Vorbereitung auf deine MEPr

Nach der Einladung zur Mündlichen Ergänzungsprüfung musst du deine Vorbereitungen intensivieren. Das bedeutet natürlich mehr Stress, da du auch noch deine Vorbereitungen auf die Präsentation und das Fachgespräch zu tätigen hast.

Wenn du also erst nach der Einladung mit dem Lernen anfängst, solltest du zumindest die anderen Prüfungsaktivitäten abgeschlossen haben, sonst musst du eben mit dem Stress leben.

Im Vergleich zur Schriftlichen Prüfung hast du den Vorteil, dass du dich nur auf einen von dir zu bestimmenden Prüfungsbereich vorbereiten musst.

§ 9 AO IT-System-Elektroniker/-in
§ 15 AO Fachinformatiker/-in
§ 21 AO IT-System-Kaufmann/-frau
§ 27 AO Informatikkaufmann/-frau

Sind im Prüfungsteil B die Prüfungsleistungen in bis zu zwei Prüfungsbereichen mit „mangelhaft" und in einem weiteren Prüfungsbereich mit mindestens „ausreichend" bewertet worden, so ist auf Antrag des Prüflings oder nach Ermessen des Prüfungsausschusses in einem der mit mangelhaft bewerteten Prüfungsbereiche die Prüfung durch eine mündliche Prüfung von etwa 15 Minuten zu ergänzen, wenn diese für das Bestehen der Prüfung den Ausschlag geben kann.
Der Prüfungsbereich ist von dem Prüfling zu bestimmen. *Bei der Ermittlung des Ergebnisses für diesen Prüfungsbereich ist das bisherige Ergebnis und das Ergebnis der Mündlichen Ergänzungsprüfung im Verhältnis 2:1 zu gewichten.*

Mithilfe unseres Notenrechners und unseren Empfehlungen aus ▶ 7.1.2 hast du deinen Prüfungsbereich festgelegt. Du weißt also, was du zu lernen hast.

Fehler vermeiden
Du hast dich mit allen Fragen rund um die MEPr nicht beschäftigt, hast von allem so ein bisschen gelernt und fragst am Tage X die Kommission nach dem Gegenstand deiner MEPr …

Es gilt dann dieselbe Vorbereitung wie bei der Schriftlichen Prüfung. In ▶ 2.3 haben wir dir hierzu ausführliche Hinweise gegeben. Wir erinnern:

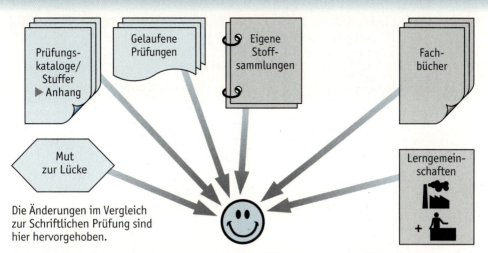

Die Änderungen im Vergleich zur Schriftlichen Prüfung sind hier hervorgehoben.

- Lerne wie bei deiner Vorbereitung auf die Schriftliche Prüfung den Stoff des Prüfungsbereiches, in dem du zur MEPr antreten wirst.

- Betriebliche Ausbildungsmaßnahmen bieten sich nur in geringem Umfang an. Frage deine Ausbilder, ob eine Mündliche Ergänzungsprüfung mit dir simuliert werden kann, sozusagen als Generalprobe.

- Bilde Lerngemeinschaften, wo es nur geht. Es gibt bestimmt noch andere Azubis/Prüflinge, die dein Schicksal teilen.

- Schaue auch nochmals in Fachbücher, insbesondere zur Vorbereitung auf eine MEPr in WiSo. Fachbegriffe aus dem Bereich der Informatik solltest du in einem IT-Handbuch nachschlagen.

Dein Verhalten in der MEPr 7.2.2

Mit Beginn deiner Mündlichen Ergänzungsprüfung stehen nur noch deine Fach- und Methodenkompetenzen auf dem Prüfstand.

Die Bewertungskriterien aus Präsentation und Fachgespräch wie Gestik, Mimik, technisch-organisatorische Vorbereitung, Antwortverhalten, Initiative gelten nicht in der MEPr.

Das Prüfungsgespräch führt die Kommission. Deine aktive Rolle ist auf das Beantworten der gestellten Fragen beschränkt. Du musst also nicht den Alleinunterhalter spielen.

Du musst aber nicht nur antworten. Auch in Hinblick auf andere Sinne bist du gefordert und aktiv (s. folgende Grafik).

Zu Beginn deiner Prüfung kann dir die Prüfungskommission eine Folie mit der Aufgabenstellung auflegen oder dir andere Dokumente zur Analyse geben. Denke an deine Schriftliche Prüfung, dort wurde dir in jedem Prüfungsbereich auch eine Ausgangssituation geschildert, auf die sich die folgenden Fragen bezogen. Das kann in der MEPr genauso sein.

Leistung = Arbeit pro Zeiteinheit

Du denkst „Je weniger Fragen die Kommission in der MEPr stellt, umso besser für mich."

Irrtum, ja dies wäre ein großer Fehler. Du musst in 15 Minuten versuchen, so viel Fragen wie möglich zu beantworten, da hilft es nichts, auf Zeit zu spielen. Du brauchst Punkte, sonst kannst du dein Ergebnis aus der Schriftlichen Prüfung nicht entscheidend verbessern.

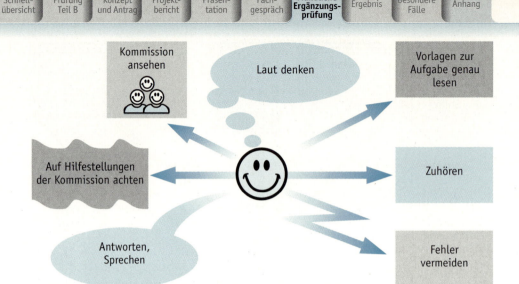

Wenn dir mal nichts zu einer Frage einfallen sollte, dann sitze nicht und schweige, sondern halte das Prüfungsgespräch aufrecht:

 „Entschuldigung, aber ich habe gerade Ihre letzte Frage nicht verstanden. Meinen Sie ..."

 „Können Sie Ihre Frage nochmal wiederholen?"

 „Weiß ich nicht. Können Sie nicht noch etwas anderes fragen?"

		Fehler vermeiden	Pluspunkte sammeln
Laut denken	☹	Die Frage war klar und unmiss-verständlich. Du wartest auf eine Eingebung für die richtige Antwort und schweigst und denkst.	■ Denke laut: ☺ „Ich überlege gerade, ob dies eine Frage des Datenschutzes oder der Datensicherheit ist." Das zeigt, dass du auf dem richtigen Weg bist.
Antworten, Sprechen	☹	Du bist dir ob der Antwort nicht sicher und nuschelst die Antwort mit der Hand vor dem Mund.	■ Rede laut und deutlich, in kurzen Sätzen. ■ Stichwörter können auch schon reichen, um in der Prüfung weiter-zukommen.

Wenn dir trotz aller Hilfen und Tricks nichts zur Lösung des Problemes einfällt, dann gebe es doch zu. Es gibt Kommissionen, die meinen zu helfen, wenn sie immer noch auf dem-selben Thema herumreiten und die Fragestellung zum achten Male umformuliert haben. Ver-suche das Prüfungsgespräch auf ein anderes Thema zu lenken, denn nur so kannst du dir noch Chancen zum Ergattern von Punkten erarbeiten:

„Das ist schade, aber die Prozessbeschreibung zum ‚Einkauf' liegt mir nicht so sehr. Da kenne ich mich im Marketing doch besser aus."

„In meinem Praktikumsbetrieb bestand der ‚Einkauf' nur aus einem Mitarbeiter, zum dem ich nur schwer Zugang bekam. Dafür war ich des öfteren in der Marketingabteilung."

„Es tut mir Leid, aber ich kann Ihre Fragen zum ‚Einkauf' nicht beantworten. Geben Sie mir bitte noch die Möglichkeit, Ihnen Fragen zu einem anderen Fachthema zu beantworten."

Der Abschluss deiner MEPr 7.2.3

Der Abschluss deiner MEPr dürfte relativ unspektakulär erfolgen. Die Prüfungskommission wird nach Ablauf der Zeit oder nachdem sie genug von dir gehört hat (positiv wie negativ) das Ende der Prüfung verkünden:

„Sie haben damit Ihren Teil der Prüfung erbracht, wir müssen uns jetzt zur Beratung und Festlegung Ihrer Zensuren zurückziehen."

Nutze auch hier nochmal die Gelegenheit zu einem Schlusswort und versuche der Kommis-sion einen entsprechenden Eindruck von dir zu vermitteln:

„Vielen Dank. Ich hoffe, dass es gereicht hat."

Vielleicht wird es ja im Endergebnis sehr knapp, und so mancher Punkt ist bisher noch auf der Sympathieebene vergeben worden („Wenigstens höflich war er ..."). Anders verhält es sich mit folgendem Abgesang:

„Na denn tschüss, aber ich glaube, das war ja wohl nichts ..."

„Na gut, dann mal viel Spaß beim Bewerten. Setzen Sie mal das Kreuz an der richtigen Stelle ..."

Es ist danach unerheblich, ob die Kommission zur Festlegung der Ergebnisse den Raum ver-lässt oder ob du dies tun musst. Es wird ein Weilchen dauern, und dann folgt unweigerlich die Verkündung der Ergebnisse.

7.3 Inhalt deiner MEPr

Wir versuchen dir hier mal darzustellen, wie wir uns eine MEPr vorstellen. Der komplette Verlauf einer MEPr kann natürlich auf diese Weise nicht wiedergegeben werden, da mit den Antworten des Prüflings die Prüfung immer anders verlaufen wird.

Da in den Ganzheitlichen Aufgaben der Gedanke der Handlungsorientierung bestimmend ist, befürworten wir natürlich auch handlungsorientierte Aufgabenstellungen in der Mündlichen Ergänzungsprüfung.

7.3.1 Ein Beispiel zur Ganzheitlichen Aufgabe 1

In unserem Beispiel wirst du auch wie bei der Schriftlichen Prüfung in eine Ausgangssituation eingeführt und erhältst eine Vorlage auf Folie. Diese Situation ist zu analysieren und zu erklären:

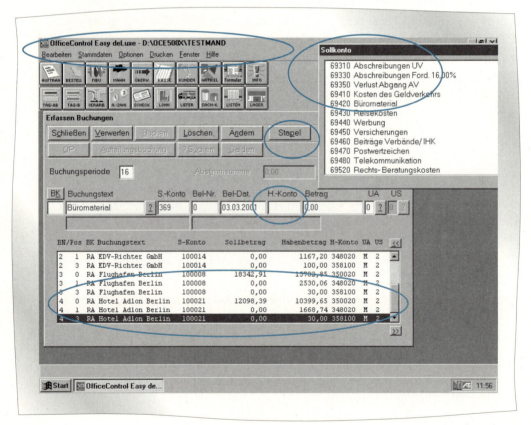

5–7 Leitfragen	So könntest du antworten	Einhilfen/Zusatzfragen

Schauen Sie sich bitte in Ruhe die Situation auf dem Bildschirm an.

Haben Sie Fragen?

Der Mitarbeiter hat Sie gerade um Hilfe gerufen, er könne keine Eingaben mehr vornehmen.

Was macht der Mitarbeiter dort gerade?	Er arbeitet mit einer Buchführungs-software und wird wohl gerade einige Vorgänge buchen wollen.	*Soll und Haben sagt Ihnen nichts?*
...	...	...
Welche Eingaben konnte der Mitarbeiter noch nicht vornehmen?	Das Habenkonto oder auch ein „Ge-genkonto"	*Zeigen Sie mal die Stel-le mit Habenkonto. Was mag da fehlen?*
...		
Der Mitarbeiter will den PC ausschalten und neu hochfahren, weil das immer hilft. Ist das nicht gefährlich?	Ja. Buchungen könnten verloren ge-hen, die Konten stimmen dann nicht mehr, wenn der Mitarbeiter sich die gerade bearbeiteten Buchungen nicht gemerkt hat. Die ganze Buchführung hätte dann einen undefinierten Zu-stand.	*Was ist denn bisher ver-arbeitet worden?* *Könnten Daten verlo-ren gehen?* *Welche Auswirkungen hätte dies auf die Buch-haltung?*
...		
Warum steht dort eigentlich „Stapel"?	Das scheint ein Hinweis auf eine „Stapelverarbeitung" zu sein. Der Mitarbeiter gibt erst eine Reihe von Buchungssätzen ein, die dann zu einem späteren Zeitpunkt gesammelt abgearbeitet und in den Konten ein-getragen werden.	*Stapelverarbeitung?* *Batchjob?* *Macht es Sinn, nach jedem Buchungssatz alle Konten abzuschlie-ßen?*
...		
Buchen Sie mal aus Sicht des Kunden.	Aufwandskonto Büromaterial an Ver-bindlichkeiten und Umsatzsteuer	*Schauen Sie mal unter Buchungstext und Soll-konto, zeigen Sie mal mit dem Finger die Stel-len.*
...		
Der Mitarbeiter ist mit der Software un-zufrieden und meint, dass schon längst jemand aus dem Betrieb eine neue Soft-ware hätte programmieren sollen. Wel-che Vor- und Nachteile hat denn die Eigenentwicklung von Software?	Eigenentwicklungen haben den Vor-teil, dass sie stärker die Bedürfnisse des Benutzers berücksichtigen kön-nen, dafür ist es teurer als die ge-kaufte Standardsoftware. Wenn man es selbst macht, hat man auch kei-nen Support.	*Denken Sie doch mal an Standardsoftware.* *Welche Kosten entste-hen denn bei der Ent-wicklung von Software?* *Und Support?* *Neuentwicklungen?*

7.3.2 Ein Beispiel zur Ganzheitlichen Aufgabe 2

In unserem Beispiel wirst du auch wie bei der Schriftlichen Prüfung in eine Ausgangssitu-ation eingeführt und erhältst eine Vorlage auf Folie. Diese Situation ist zu analysieren und zu erklären:

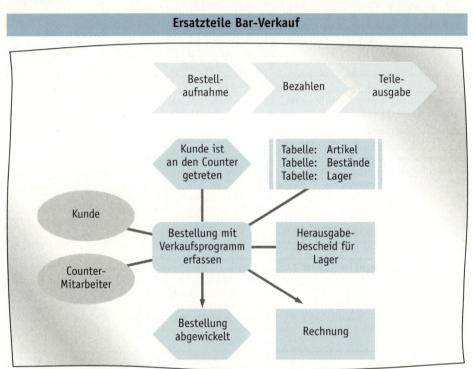

Ersatzteile Bar-Verkauf

Auf der Folie wird ein Ausschnitt im Ablauf eines Ersatzteile-Barverkaufs dargestellt, den ein Mitarbeiter per PC abwickelt. Analysieren Sie dies bitte kurz und dann werden wir uns über den dargestellten Ablauf unter-halten.
Haben Sie Verständnisfragen?

5–7 Leitfragen	So könntest du antworten	Einhilfen/Zusatzfragen
Um welche Diagrammart handelt es sich hierbei?	Um ein „Ereignisgesteuertes Prozess-kettendiagramm".	*Nachfragen nach ähn-lichen Diagrammen.*
...	...	...
Dann schildern Sie bitte mal den Ablauf, wie er sich Ihnen darstellt.	Kunde kommt an den Schalter und will ein Teil kaufen.	*Schon mal Ersatzteile gekauft? Zubehör für Computer?*
...	...	...
Das Verkaufsprogramm verwendet die ge-nannten Tabellen. Über welche Schlüssel sind die Tabellen miteinander verknüpft?	Artikel-Nr. und Lager-Nr. (o. Ä. ...)	*Was ist denn ein Pri-märschlüssel? Wird hier eine Daten-bank verwendet?*
...	...	...

9705288

Nutzt in dieser Situation eine Scannerkasse?	Nein. Die bestellten Artikel werden doch mit dem Herausgabebescheid aus dem Lager geholt. Da es sich um einen Barverkauf handelt, hat der Kunde ja schon bezahlt. Außerdem: Wie sollen denn größere Ersatzteile an der Kasse gescannt werden?	*Was ist die Voraussetzung für den Einsatz einer Scannerkasse? Welche Funktion hat ein Strichcode? Nimmt der Kunde die Teile aus dem Regal?*
...	...	...
Welche Leistungsanforderungen sind an die Hardware zu stellen?	Das Anwortzeitverhalten muss ziemlich schnell sein, damit der Kunde nicht warten muss. Der Drucker sollte ebenfalls schnell sein und die Dokumente sauber drucken – also Laserdrucker. Der Bildschirm sollte mindestens 17" haben ...	*Welche Leistungsanforderungen kennen Sie? Wodurch wird die Schnelligkeit eines PC beeinflusst? Welche Normen gibt es bei Bildschirmen?*
...	...	...
Nehmen wir mal an, das Kundenaufkommen ist sehr groß. Die Geschäftsleitung beauftragt Sie, für einen zweiten Arbeitsplatz einen bereits vorhandenen PC einzurichten. Wie würden Sie technisch vorgehen?	Ich würde hier ein kleines Netzwerk einrichten. Anbieten würde sich hier ... Ich würde dazu folgende Einzelteile benötigen ... Abschließend muss das Ganze ja noch getestet werden ...	*Welche Netzwerktopologien gibt es? Warum stellen Sie keinen Server zur Verfügung? Netzwerkbetriebssystem?*
...	...	...
Welche Anforderungen werden bei mehreren Arbeitsplätzen an die Datenhaltung gestellt?	Die Daten müssen so organisiert sein, dass nie mehrere Benutzer auf denselben Datensatz zugreifen können (mehrbenutzerfähig).	*Bringt eine Datenbank dann hier Vorteile?*

Beispiel zur WiSo 7.3.3

In der Wirtschafts- und Sozialkunde wird in einer MEPr grundsätzlich anders geprüft als in der Schriftlichen Prüfung:

■ Die MEPr kann selbstverständlich nicht in gebundener bzw. programmierter Form abgenommen werden. Du solltest allerdings auch nicht wie in programmierten Aufgaben antworten.

Es kann dir durchaus begegnen, dass sich alle Fragen auf ein bestimmtes Unternehmen oder eine bestimmte Situation beziehen. Lasse einfach mal unser Beispiel auf dich wirken.

 „Beginnen wir jetzt mit der Mündlichen Ergänzungsprüfung im Fach WiSo. Unsere Fragen beziehen sich auf ein fiktives Unternehmen, die XY AG, in der Sie als IT-Berater tätig sind. Erste Frage: „Was ist eigentlich eine AG?"

 „AG heißt Aktiengesellschaft."

 „Prima. Welche Organe hat denn die XY Aktiengesellschaft?"

 „Kommt darauf an, was die XY AG so herstellt."

 „Na, zum Beispiel den Vorstand und so ..."

😊 *„Der Vorstand führt die Geschäfte, der Aufsichtsrat kontrolliert den Vorstand, und die Hauptversammlung beschließt zum Beispiel die Verwendung des Gewinns."*

🗣 *Mit der letzten Antwort hättest du nicht nur die konkrete Frage beantwortet, sondern auch gleich eine mögliche Folgefrage vorweggenommen. In diesem Falle hättest du dein Fachwissen gleich noch angebracht und so bestimmt Zeit und Punkte gewonnen.*

👥 *„Wer ist eigentlich Eigentümer der XY AG?"*

☹ *„Der Vorstand."*

😐 *„Die Banken und die Großindustrie."*

😊 *„Die Aktionäre sind die Eigentümer einer Aktiengesellschaft."*

👥 *„Nehmen wir mal an, die XY AG beschließt die Anschaffung einer neuen Software für die Buchhaltung. Sie als IT-Berater holen entsprechende Angebote ein und empfehlen schließlich den Kauf einer Software. Wann kommt eigentlich ein Kaufvertrag zustande?"*

😊 *„Bei einem Kauf von Software war es zumindest in meinem Ausbildungsbetrieb üblich, vor der Kaufentscheidung einen umfangreichen Test durchzuführen. Ich denke, ich kann das hier vernachlässigen und nur auf die Frage der zwei sich deckenden Willenserklärungen eingehen?"*

🗣 *Sensationell. Auf die unklare Frage „wann?" hast du nicht nur „laut gedacht", sondern auch gleich deine Praxiserfahrungen sowie brauchbare Fachkenntnisse gezeigt. Mit solchen Äußerungen wird der Kommission sicherlich das Prüfungsgespräch in der MEPr auch Spaß machen.*

👥 *„Ja, bitte nur die Sache mit den Willenserklärungen."*

😊 *„Also, ein Kaufvertrag kommt durch Antrag und Annahme zustande."*

👥 *„Bei einem Kaufvertrag hat der Käufer im Falle einer mangelhaften Lieferung bestimmte Rechte. Welche sind das in der Regel?"*

😐 *„Das kann man so nicht sagen. Ich weiß ja nicht genau, was gekauft wurde."*

👥 *„Ich meine das ganz allgemein. Von mir aus beziehen Sie das auf den Kauf der Software oder ein Beispiel aus Ihrem Betrieb."*

☹ *„Naja, da fällt mir jetzt kein Beispiel ein. Können Sie das nicht ein bisschen deutlicher formulieren?"*

👥 *„Also gut: Die XY AG kauft 10 PC. Ein PC lässt sich nicht hochfahren. Welche Rechte haben Sie?"*

☹ *„Naja, umtauschen ... aber Rechte? Ich weiß nicht, worauf Sie hinauswollen."*

🗣 *Stopp. Für beide – Prüfling wie Prüfer. Der Prüfling sollte es endlich richtig zugeben, dass er hier eine Lücke hat und das Kommissionsmitglied sollte sich ein neues Thema nehmen ...*

Operatives Geschäft der Kommission in der MEPr 7.4

Die Rolle eines Prüfers 7.4.1

Unsere Betrachtung, welche Aufgaben von der Prüfungskommission im Rahmen der Mündlichen Ergänzungsprüfung zu leisten sind, setzt an folgendem Punkt an:

☑ Die schriftliche Prüfung wurde korrigiert und ausgewertet.

☑ Die Kommission hat in der Abstimmungssitzung die Notwendigkeit einer MEPr festgestellt und die Termine festgelegt (▶ 2.8.4).

Die Mündliche Ergänzungsprüfung bezieht sich nur auf den Prüfungsteil B.

Sie bietet als zusätzliche Prüfungsleistung dem Prüfling die Möglichkeit, zumindest im Teil B noch zu bestehen. Sie wird nur durchgeführt, wenn sie für das Bestehen wesentlich ist und heißt deswegen Ergänzungsprüfung, weil sie das Bild der schriftlichen Leistungen in gewisser Weise ergänzt – ob das Bild danach besser aussieht, wäre abzuwarten.

> **Gegenstand der Beurteilung**
>
> ☑ ist nicht die Projektarbeit bzw. der Prüfungsteil A
>
> ☑ ist eine etwa 15-minütige Prüfung in den Themengebieten der G1, G2 und der WiSo
>
> ☑ ist in den Ganzheitlichen Aufgaben keine reine Wissens-Abfrage-Prüfung
>
> ☑ ist Handlungsorientierung in realen Situationen

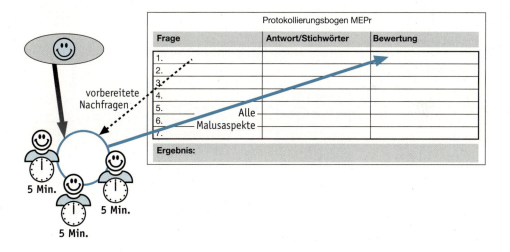

7.4.2 Wann wird eine MEPr notwendig?

Wann eine MEPr infrage kommt, können Sie der AO entnehmen.

§ 9 AO IT-System-Elektroniker/-in
§ 15 AO Fachinformatiker/-in
§ 21 AO IT-System-Kaufmann/-frau
§ 27 AO Informatikkaufmann/-frau

Sind im Prüfungsteil B die Prüfungsleistungen in bis zu zwei Prüfungsbereichen mit „mangelhaft" und in einem weiteren Prüfungsbereich mit mindestens „ausreichend" bewertet worden, so ist auf Antrag des Prüflings oder nach Ermessen des Prüfungsausschusses in einem der mit mangelhaft bewerteten Prüfungsbereiche die Prüfung durch eine mündliche Prüfung von etwa 15 Minuten zu ergänzen, wenn diese für das Bestehen der Prüfung den Ausschlag geben kann.

Der Prüfungsbereich ist von dem Prüfling zu bestimmen. Bei der Ermittlung des Ergebnisses für diesen Prüfungsbereich ist das bisherige Ergebnis und das Ergebnis der Mündlichen Ergänzungsprüfung im Verhältnis 2:1 zu gewichten.

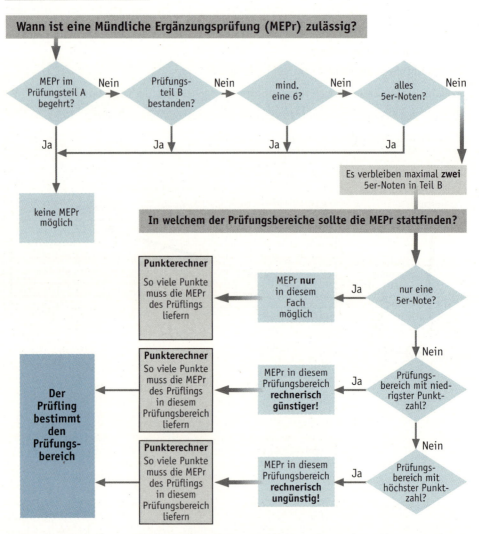

 Es ist rein rechnerisch aussichtsreicher, in dem schlechteren Fach zur MEPr anzutreten als in dem mit den höheren Punkten.

Dies gilt bei einer Wahl zwischen den beiden Ganzheitlichen Aufgaben uneingeschränkt.

Vorsicht ist geboten bei einer Konstellation mit WiSo und einer Ganzheitlichen Aufgabe wegen der geringeren Gewichtung von WiSo.

Das resultiert daher, dass das Ergebnis der MEPr zu $\frac{1}{3}$ in die danach zu ermittelnde Gesamtnote einfließt und die schriftliche Leistung zu $\frac{2}{3}$. Also hat eine gute MEPr höheres Gewicht, je schwächer der Prüfling im schriftlichen Teil abgeschnitten hat.

Bevor Sie also einen Prüfling zur MEPr einladen, sollten Sie neben den hier aufgezeigten Voraussetzungen prüfen, ob er überhaupt noch eine rechnerische Chance hat, mit einer MEPr die Prüfung noch zu bestehen. Ob diese Chance besteht, können Sie mithilfe einer Strategierechnung feststellen.

Nutzen Sie genauso wie der Prüfling unseren Punkterechner im Kapitel ▶ 7.1.2 „Notenakrobatik und Strategie."

> Sofern Sie festgestellt haben, dass alle Voraussetzungen für eine MEPr gegeben sind und ein Prüfling eine rechnerische Chance auf das Bestehen der Prüfung hat, ...
>
> **... dann laden Sie ihn/sie ein.**

Sollten Sie entgegen dieser Voraussetzungen versäumen ihn einzuladen, bleibt es dem Prüfling immer noch freigestellt, selbst eine MEPr zu beantragen. Für Sie bedeutet die in diesem Fall versäumte Einladung ggf. einen höheren logistischen Aufwand (z. B. einen zusätzlichen Prüfungstermin).

Stellen Sie fest, welche Leistungen der Prüfling in der MEPr zu erbringen hätte und richten Sie Ihre Prüfungsstrategie ruhig etwas darauf aus. Beraten Sie auch den Prüfling, wenn er Sie im Vorfeld seiner Prüfung darum bittet. Bedenken Sie letztlich dabei auch, dass eine MEPr nicht ganz ungefährlich ist. Durch eine schlechte MEPr kann es sogar passieren, dass sich die Gesamtzahl der Punkte in dem geprüften Fach und damit u. U. die Note dort verschlechtert.

Wer lädt wann zur MEPr ein? 7.4.3

Sie haben hier einen Organisationsspielraum: Es kann sowohl die IHK als auch die Prüfungskommission den Prüfling zur MEPr einladen. Stimmen Sie sich diesbezüglich mit Ihrer IHK ab, sie kann dies in Ihrem Bezirk und auch je Kommission individuell vereinbaren. In den nachstehenden EPK´s sind beide Prozesse dargestellt.

In der Regel wird Variante 1 angewendet, auch wenn dies zunächst umständlicher erscheint.

Die IHK könnte dabei auch an alle Kommissionsmitglieder eine Einladung für diese Prüfungstage versenden, um die Freistellung beim Arbeitgeber zu erleichtern. Außerdem sind dann die Kommissionsmitglieder nachweislich im Auftrag der IHK tätig, was im Falle von Unfällen (wollen wir nicht hoffen) deutliche versicherungstechnische Vorteile mit sich bringt.

In Ausnahmen und in Abstimmung mit Ihrer IHK könnte auch ein Mitglied der Kommission die Einladungen an die Prüflinge versenden. Die IHK müsste in diesem Falle dem Kommissionsmitglied entsprechendes Briefpapier zur Verfügung stellen, da sonst die Einladung nicht die erforderliche Rechtsverbindlichkeit erhält. Die Portokosten können über den Antrag zur Aufwandsentschädigung abgerechnet werden.

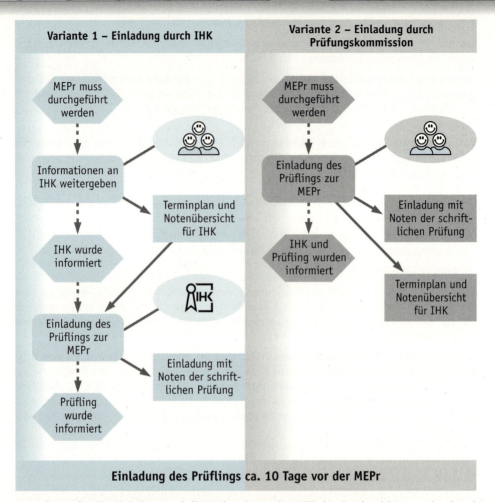

| Variante 1 – Einladung durch IHK | Variante 2 – Einladung durch Prüfungskommission |

Einladung des Prüflings ca. 10 Tage vor der MEPr

Das Schema für die Einladung und die Vorbereitung der MEPr ist darüber hinaus weitgehend identisch mit der Präsentation. Weitere Informationen finden Sie in ▶ 5.8.1.

7.4.4 Dauer und Zeitpunkt der MEPr

15 Min.

Die Ausbildungsordnung fordert eine Dauer von etwa 15 Minuten.

Damit ist Ihnen auch die Möglichkeit gegeben, die Prüfung zeitlich ggf. zum Vorteil des Prüflings über 15 Minuten hinaus auszudehnen. Wir empfehlen aber innerhalb des Zeitrahmens zu bleiben und nur ausnahmsweise davon nach oben oder unten abzuweichen.

Ihr Zeitrahmen für die Durchführung der MEPr kann sich über mehrere Monate erstrecken und ist von folgenden Rahmenbedingungen abhängig (vgl. auch ▶ 7.1.3):

- Die Korrektur der Schriftlichen Prüfung muss in Ihrer Kommission abgeschlossen sein.
- Die MEPr soll nach Möglichkeit innerhalb der Ausbildungszeit eines Prüflings abgenommen werden. Dies ist auch noch kurz nach Ausbildungsende möglich.
- Stehen Ferien kurz bevor, so sollten Sie die MEPr vor Ferienbeginn abnehmen, da sich sonst die Verfügbarkeit aller Beteiligten einschränkt.

Zeitliche Lage der MEPr

MEPr direkt im Anschluss an das Fachgespräch.	Der Regelfall bietet Synergieeffekte.
MEPr getrennt von Präsentation und Fachgespräch.	MEPr bei Prüfungswiederholern, die Teil A oder Präsentation/Fachgespräch bereits bestanden haben.
MEPr direkt vor der Präsentation.	Wenn der Prüfling oder Sie dies ausdrücklich wünschen.

MEPr zu einem Termin unabhängig von Präsentation und Fachgespräch

Es ist davon auszugehen, dass Sie den Prüfling nicht von seiner Präsentation/Fachgespräch kennen. Wenn Sie ihn dann am Prüfungstag aus seiner Warteposition abholen und in den Prüfungsraum bringen, denken Sie an folgende Punkte:

☑ Der Prüfling muss sich legitimieren.

☑ Der Prüfling muss seinen Prüfungsbereich benennen.

☑ Die Prüfungskommission stellt sich dem Prüfling vor.

☑ Die Prüfungskommission fragt nach: „Gibt es aus Ihrer Sicht Gründe, die gegen die Durchführung der Prüfung sprechen?"

☑ Die Prüfungskommission erläutert den Ablauf der Prüfung und beginnt.

MEPr in Zusammenhang von Präsentation und Fachgespräch

Findet die MEPr vor der Präsentation statt, schauen Sie doch nochmal in die Kapitel ▶ 5.8.1 und ▶ 5.8.2 (Präsentation).

■ Respektieren Sie einen Wunsch des Prüflings, wenn er vom Regelfall abweichen sollte und seine MEPr vor der Präsentation ablegen möchte.

■ Der Prüfling muss seinen Prüfungsbereich benennen (wenn er die Wahl hatte).

■ Machen Sie einen deutlichen Schnitt zwischen den Prüfungsteilen und legen Sie entweder vor der Präsentation oder vor der MEPr eine Pause von ca. 15 Minuten ein.

■ Machen Sie diesen Schnitt auch verbal durch eine aufmunternde Bemerkung:

„Vielen Dank, Sie haben jetzt den Teil der Präsentation und des Fachgespräches abgeschlossen. Wir müssen aber jetzt noch die Mündliche Ergänzungsprüfung miteinander abwickeln. Doch bevor es losgeht, räumen Sie erstmal Ihre Sachen ein, wir machen eine Pause von ca. 15 Minuten und dann machen wir weiter ..."

■ Die Prüfungskommission erläutert danach den Ablauf der Prüfung und beginnt.

■ Nutzen Sie die Zeit zwischen den Prüfungsteilen für Auswertung usw.

Abnahme der MEPr 7.4.5

Für die Rahmenbedingungen zur Durchführung gelten grundsätzlich wieder die gleichen Vorschläge unsererseits wie bei Präsentation und Fachgespräch.

Thema	Verweis auf Präsentation	Verweis auf Fachgespräch
Vorbereitung im Raum usw.	▶ 5.8.1	▶ 6.7.1
Verhalten, Fehlerhinweise und Interaktion mit Prüfling		▶ 6.7.3

Tipps zur Protokollführung

Wir empfehlen Ihnen, sich einen kleinen Bogen zur Protokollierung der MEPr anzulegen. In diesem Bogen könnten Sie z. B. festhalten:

Protokollierungsbogen MEPr		
Frage	**Antwort/Stichwörter**	**Bewertung**
1.		
2.		
3.		
4.		
5.		
6.		
7.		
Ergebnis:		

Die gestellten Fragen sollten auf diesem Bogen kurz bzw. stichwortartig festgehalten werden.

Wir empfehlen auch, die Antworten stichwortartig zu notieren oder mindestens folgende Vermerke zu machen:

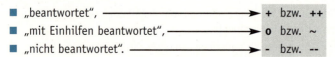

- „beantwortet", ⟶ + bzw. ++
- „mit Einhilfen beantwortet", ⟶ o bzw. ~
- „nicht beantwortet". ⟶ - bzw. --

Im Sinne dessen, was zu den Notizen der Prüfungskommission bei Projektbericht, Präsentation usw. gesagt wurde, ist dieser Bogen nur die Dokumentation des Meinungsbildungsprozesses.

Die abschließende Meinungsbildung erfolgt in der Prüfungskommission durch Festlegen der endgültigen Note und Ausfüllen der Niederschrift (siehe ▶ 8.4.3).

Der Protokollierungsbogen kann Ihnen aber als Gedächtnisstütze unschätzbare Dienste leisten, wenn es einen Widerspruch des Prüflings gegen die MEPr gibt.

7.4.6 Wie realistisch und wie komplex sollten die Aufgaben in der MEPr sein?

Das Wesen der Ganzheitlichen Aufgaben schließt eine reine Wissens-Abfrage-Prüfung aus. Anhand unserer Beispiele haben Sie nun eine Vorstellung von einer handlungsorientierten mündlichen Prüfung. Sie können nicht nur mit Projektarbeiten oder in schriftlichen Ausarbeitungen Handlungskompetenz prüfen.

Denken Sie dann weiter an die Ihnen in der MEPr anvertraute Klientel:

Alle Kandidaten in einer MEPr gehören objektiv dem unteren Leistungsspektrum an, für die es schlussendlich um „Sein oder Nichtsein", d. h. um Bestehen oder Nichtbestehen geht.

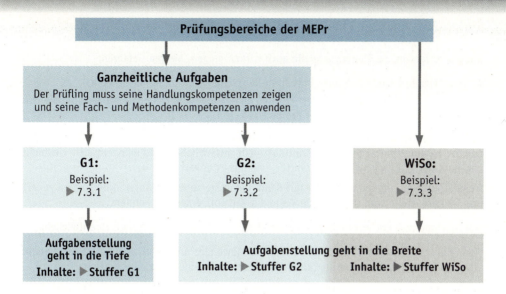

Prüfungsbereiche der MEPr

Ganzheitliche Aufgaben
Der Prüfling muss seine Handlungskompetenzen zeigen und seine Fach- und Methodenkompetenzen anwenden

G1:
Beispiel:
▶ 7.3.1

G2:
Beispiel:
▶ 7.3.2

WiSo:
Beispiel:
▶ 7.3.3

Aufgabenstellung geht in die Tiefe
Inhalte: ▶ Stuffer G1

Aufgabenstellung geht in die Breite
Inhalte: ▶ Stuffer G2   Inhalte: ▶ Stuffer WiSo

Wir empfehlen daher, die Aufgaben so zu gestalten, dass sie

- zunächst ruhig ein bisschen auf Einfachheit konstruiert sind
- keine Klippen enthalten
- wenig Verästelungen aufweisen
- möglichst gut abgegrenzt, gegenständlich und anschaulich sind

Stellen Sie Ihre Fragen so,
– dass Sie auf einem mittleren Niveau beginnen und sich dann steigern,
– dass der Kandidat bei überwiegend vollständiger Erfüllung um die 75 Punkte (Note befriedigend) erreichen kann.

Mit anderen Worten: Schrauben Sie Ihre Erwartungshaltung bezüglich der Antworten des Prüflings so herab, dass eine vollständige, korrekte Handlung bzw. Antwort eine befriedigende Leistung ergibt, mit der der Prüfling eine 5 im schriftlichen Teil dieses Prüfungsfaches ausgleichen kann.

Und wenn der Prüfling ein „sehr gut" zum Bestehen benötigt?

Halten Sie sich zur Steigerung des Niveaus Kür-Fragen bereit und stellen Sie diese, wenn Sie merken, dass der Prüfling ein gutes Niveau erreichen kann:

„Welche Alternativen gibt es noch?"

„Welches Konzept steckt dahinter?"

„Gibt es Ausnahmen von Ihrem Vorgehen?"

Wenn der Prüfling dann alle Aufgaben mit Bravour gelöst hat, ist das wirklich Spitze.

7.4.7 Eigene Aufgaben für eine MEPr zu erfinden ist einfach

Fremde Aufgaben, so überzeugend sie auch wirken mögen, bergen Gefahren:

- Vorgefertigte fremde Aufgaben enthalten Denkschleifen, die Sie nicht kennen.
- Trotz guter Vorlage hätten Sie dem Prüfling einen „Bärendienst" erwiesen, weil Sie die Fragen anders interpretieren als der Prüfling.

Wenn Sie sich nicht mit allen Themen und Schwierigkeiten auseinander gesetzt haben, können Sie Fehlinterpretationen des Prüflings nicht ausschließen und wundern sich vielleicht nur, dass der Prüfling nicht so antwortet, wie Sie es erwarten.

Fremde Aufgaben eignen sich u. U. nur dann, wenn sie so wie in unseren Beispielen zur G1 und G2 dargestellt sind und Sie alle Wege zur Antwort erkennen können.

Wir möchten alle Prüfer ermutigen, selbst aktiv zu werden und Aufgaben zu entwickeln.

Wenn Sie Ihre Aufgabensätze selbst erstellt, angewendet und dann auch verbessert haben, arbeiten Sie spätestens zum dritten Prüfungstermin in einer idealen Situation:

- Sie wissen, wie sich Prüflinge innerhalb Ihrer Aufgaben bewegen.
- Sie haben Aufgaben aus Ihren eigenen, praktischen Erfahrungen entwickelt.
- Sie merken, dass Ihre Aufgaben die Kompetenzen des Prüflings fordern, die auch gefordert und bewertet werden sollten.
- Sie können die Leistung eines Prüflings auch in Bezug zu anderen Prüflingen setzen.
- Sie kennen die meisten Eventualitäten und Missverständnisse.

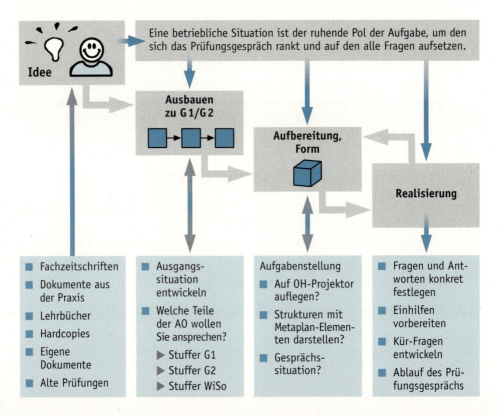

Wie entwickeln Sie Ihre Aufgaben für WiSo?

Legen Sie wie in der Schriftlichen Prüfung eine betriebliche Situation zugrunde und nehmen Sie ruhig Aufgaben aus ehemaligen, echt gelaufenen Schriftlichen Prüfungen. Mit etwas Zeit und Erfahrung können Sie auf dieser Basis Ihren eigenen Stil mehr und mehr entwickeln.

Wie entwickeln Sie Ihre Ganzheitlichen Aufgaben?

Nehmen Sie Situationen, von denen Sie erwarten können, dass sie der Prüfling im Zuge seiner Ausbildung auch in der Praxis erlebt hat.

Für Aufbereitung, Form und Realisierung lassen Sie sich doch mal von folgenden Beispielen anregen, die völlig losgelöst von einem Prüfungsfach dargestellt sind.

Beispiele für die Form	Beispiele für die Realisierung
Unvollständige Darstellung mit der Ausgangssituation auf einer OH-Folie	① Für eine betriebliche Situation fehlende Elemente einzeichnen, z. B. Netze, Organisationsstrukturen, Prozessabläufe, Hardware-Ausstattung ② Dann daraus die betriebliche Situation beschreiben/beurteilen lassen ③ Prozessschnittstellen ermitteln
Vollständige Darstellung mit der Ausgangssituation auf einer OH-Folie	① Teil der Folie bleibt verdeckt: Beschreibung und/oder Bewertung des Ablaufes oder der Struktur ② Rest der Folie wird als Variation aufgedeckt. ③ Zusatzfragen zur IT-Ausstattung und kaufmännischen Hintergründen
Metaplantafel ist vorgegeben – mit unvollständiger Struktur – mit vollständiger Struktur einer Aufbau- oder Ablauforganisation	① Strukturen oder Abläufe sollen beschrieben, geordnet, umgruppiert werden ② Betriebliche Aufgaben sollen zugeordnet werden ③ IT-Ausstattung soll untersucht werden
Hardcopy der Bildschirmmaske einer Software wird mit Laptop/Beamer projiziert	① Beratung an einer bekannten Software erbitten: (z. B. Tabellenkalkulation) ② Probleme beim Zukauf von unbekannter Software ③ Erweiterungen um fiktive Wünsche eines Kunden
Simulation eines Beratungsgespräches	Setzen Sie sich dem Prüfling auf einem Stuhl gegenüber. ① „Guten Tag, ich möchte gerne für meinen kleinen Betrieb eine Datenbank, mit der man alles machen kann. Muss ich selbst programmieren?" ② Analyse der Anforderungen ③ Grobkonzeption der Lösung

Sie sollten sich in Ihrer Prüfungskommission einen Satz von 3–4 Aufgaben je Prüfungsbereich des Teils B anlegen. Diese Anzahl ist hinreichend groß, um mit den Prüfungen variieren zu können. Rechnen Sie immer mit Mundpropaganda der Prüflinge, durch die Wesen und Stil Ihrer Prüfung weitergegeben werden. Mit verschiedenen Aufgaben können Sie eine Reihe von Mündlichen Ergänzungsprüfungen hinter sich bringen, ohne durch Mundpropaganda der Prüflinge beeinträchtigt zu werden. Variieren Sie immer dann, wenn Sie mehrere Ergänzungsprüfungen hintereinander durchführen und sich vielleicht die Prüflinge kennen.

Einigen Sie sich in der Kommission auf eine Vorgehensweise, bei der jedes Mitglied 3 Aufgaben entwerfen könnte:
jeweils eine WiSo, eine Ganzheitliche Aufgabe 1 und eine Ganzheitliche Aufgabe 2.
Der Zeitaufwand dürfte pro Aufgabe nicht mehr als zwei Stunden überschreiten.

Diese Investition lohnt sich, dann haben Sie einen wunderbaren Fundus.

8 Ergebnis

8.1 Wann und wie du dein Prüfungsergebnis erfährst

§ 21 Abs. 5 MPO *zur Durchführung von Abschlussprüfungen [9]:*
Der Prüfungsausschuss soll dem Prüfungsteilnehmer am letzten Prüfungstag mitteilen, ob er die Prüfung „bestanden" oder „nicht bestanden" hat.
Hierüber ist dem Prüfungsteilnehmer unverzüglich eine vom Vorsitzenden zu unterzeichnende Bescheinigung auszuhändigen. Dabei ist als Termin des Bestehens bzw. Nichtbestehens der Tag der letzten Prüfungsleistung einzusetzen.

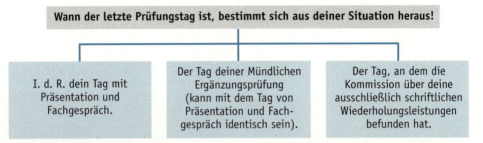

Wann der letzte Prüfungstag ist, bestimmt sich aus deiner Situation heraus!

| I. d. R. dein Tag mit Präsentation und Fachgespräch. | Der Tag deiner Mündlichen Ergänzungsprüfung (kann mit dem Tag von Präsentation und Fachgespräch identisch sein). | Der Tag, an dem die Kommission über deine ausschließlich schriftlichen Wiederholungsleistungen befunden hat. |

Meistens erhältst du von deiner Kommission direkt zunächst **nur** einen Vordruck, auf dem dir dein Bestehen/Nichtbestehen durch Kreuzchen mit Unterschrift bescheinigt wird.

Die Details (Noten/Einzelpunkte und Rechtsbelehrung) werden dir dann später von der IHK mit dem Zeugnis zugesandt.

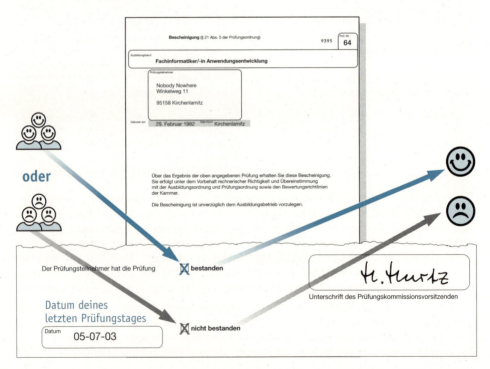

9705300

Bestanden 8.2

Wie sieht dein Zeugnis aus? 8.2.1

IHK
INDUSTRIE- UND HANDELSKAMMER ZU KIRCHENLAMITZ

Prüfungszeugnis
nach § 34 Berufsbildungsgesetz

Nobody Nowhere

geboren am **29. Februar 1982 in Kirchenlamitz**

hat im Ausbildungsberuf

Fachinformatiker Anwendungsentwicklung

die Abschlussprüfung mit der Gesamtnote ausreichend (65 Punkte) bestanden.

Kenntnisprüfung	ausreichend 50 Punkte
Ganzheitliche Aufgabe I	ausreichend 65 Punkte
Ganzheitliche Aufgabe II	mangelhaft 45 Punkte
Wirtschafts- und Sozialkunde	mangelhaft 30 Punkte
Fertigkeitsprüfung	befriedigend 80 Punkte
Durchführung und Dokumentation einer betrieblichen Projektarbeit	gut 90 Punkte
Präsentation der betrieblichen Projektarbeit mit Führung eines Fachgespräches	befriedigend 70 Punkte

Kirchenlamitz, **05-07-03**

Industrie- und Handelskammer zu Kirchenlamitz

Carl Barks
Hauptgeschäftsführer

D Dieses Prüfungszeugnis ist von der Industrie- und Handelskammer (Körperschaft des öffentlichen Rechts) als zuständiger Stelle nach dem Berufsbildungsgesetz ausgestellt worden als Nachweis über den erfolgreichen Abschluss in einem staatlich anerkannten Ausbildungsberuf.

GB This certificate has been issued by the Chamber of Industry and Commerce (a public corporation), the competent agency under the Vocational Training Act, as proof that the holder, having completed an officially recognized course of vocational training, has passed the examination.

F Ce certificat d'examen de fin d'études a été délivré par la Chambre de Commerce et d'Industrie (personne morale de droit public), organe habilité par la Loi sur la formation professionnelle, pour attester que l'examen de fin de formation dans une profession agréée par l'Etat fut passé avec succès.

Punkteschlüssel

100 – 92 Punkte = Note 1 – sehr gut
unter 92 – 81 Punkte = Note 2 – gut
unter 81 – 67 Punkte = Note 3 – befriedigend
unter 67 – 50 Punkte = Note 4 – ausreichend
unter 50 – 30 Punkte = Note 5 – mangelhaft
unter 30 – 0 Punkte = Note 6 – ungenügend

§ 22 MPO *zur Durchführung von Abschlussprüfungen [9]:*
(1) Über die Prüfung erhält der Prüfungsteilnehmer von der Industrie- und Handelskammer ein Zeug-nis (vgl. § 34 BBiG).
(2) Das Prüfungszeugnis enthält
– die Bezeichnung „Prüfungszeugnis nach § 34 BBiG"
– die Personalien des Prüfungsteilnehmers
– den Ausbildungsberuf
– das Gesamtergebnis der Prüfung und die Ergebnisse von einzelnen Prüfungsleistungen
– das Datum des Bestehens der Prüfung
– die Unterschrift des Beauftragten der Industrie- und Handelskammer mit Siegel

8.2.2 Wann erhältst du dein Zeugnis?

Wann du das Zeugnis endlich erhältst, ist nicht leicht zu beantworten.

	Tätigkeit	Werktage
	Unterlagen an die ꬉIHK	ca. 5
ꬉIHK	Datenerfassung und Formalprüfung	3
ꬉIHK	Zeugnisdruck	1
ꬉIHK	Postweg an dich 😊	2
	Zeitraum zwischen letzter Prüfungsleistung und frühestem Erhalt des Zeugnisses.	ca. 11

Manche Kammern sind aufgrund ihrer besonderen Zusammenarbeit mit den Kommissionen besonders fix (z. B. Leitkammer in Essen), manche brechen unter der Last der vielen Prüflinge schier zusammen.

Also ist meistens etwas Geduld angesagt.

8.2.3 Übernahme oder nicht?

Deinem Betrieb solltest du umgehend den Durchschlag von der Prüfung (mit dem Kreuz an der richtigen Stelle) vorlegen.

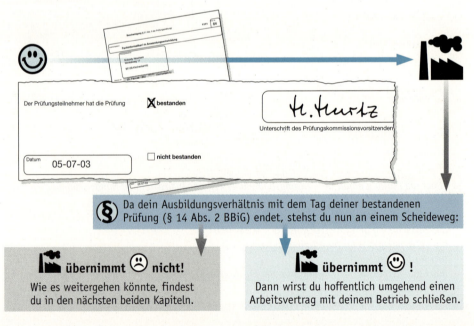

§ Da dein Ausbildungsverhältnis mit dem Tag deiner bestandenen Prüfung (§ 14 Abs. 2 BBiG) endet, stehst du nun an einem Scheideweg:

🏭 übernimmt ☹ nicht!
Wie es weitergehen könnte, findest du in den nächsten beiden Kapiteln.

🏭 übernimmt 😊 !
Dann wirst du hoffentlich umgehend einen Arbeitsvertrag mit deinem Betrieb schließen.

9705302

Ohne Übernahme: Jobsuche 3 Monate vor Ausbildungsende   8.2.4

3 Monate vor Abschluss deiner Prüfung kannst du erahnen,

ob du vermutlich bestehen wirst
und
leider keinen Job in Aussicht hast.

Also plane spätestens drei Monate vor dem Prüfungsabschluss deinen Übergang ins Berufsleben, indem du

☑ schon mal Kontakt (zu dir bekannten) Betrieben aufnimmst,

☑ schon mal aufmerksam die Stellenanzeigen liest,

☑ je nach Marktnachfrage noch schnell einen Kurs zu den nachgefragten Qualifikationen besuchst,

☑ dich bei deinem Arbeitsamt meldest und dich beraten lässt.
Die Leute dort beraten dich i. d. R. kompetent und können eine Reihe von guten Starthilfen geben (z. B. Internetbewerbung).

Ohne Übernahme: Der Weg zum Arbeitsamt und vielleicht auch zum Sozialamt   8.2.5

Du bist dualer Auszubildender mit Entgelt

Du hast dank deines Entgelts das letzte Jahr sozialversicherungspflichtig gearbeitet. Damit stehen dir auch die entsprechenden Leistungen aus der Arbeitslosenversicherung zu.

Derzeit wird ermittelt, ob du dein Arbeitslosengeld auf Basis der höheren der beiden nachstehenden Bemessungsgrundlagen erhältst:

dein durchschnittliches monatliches Ausbildungsentgelt (aus den letzten 12 Monaten)

oder

50 % des monatlichen Entgeltes, das du erwarten könntest, würdest du regulär z. B. in deinem Betrieb weiterbeschäftigt.

Davon erhältst du ca. 60 % (mit Kind ca. 67 %) brutto und davon werden dir gemäß deiner aktuellen Steuerklasse noch die Steuern abgezogen.

Du bist Auszubildender in einer Bildungsmaßnahme

Solltest du ein sozialversicherungspflichtiges Entgelt bezogen haben, so wirst du aufgrund deiner gezahlten Sozialversicherungsbeiträge wie die oben geschilderten dualen Auszubildenden behandelt werden.

Ansonsten hilf dir selbst und suche dir einen Aushilfsjob, auch im Verkauf, damit du im Fachgebiet arbeiten kannst, während du dich weiterbewirbst.

Du bist Umschüler

Du hast vermutlich schon vor deiner Umschulung einen Anspruch erworben, der reicht dir jetzt aus, soweit du ihn nicht schon vorher durch längere Arbeitslosigkeit vollständig verbraucht hast, um zunächst Arbeitslosengeld zu erhalten.

Du bist vollschulisch ausgebildet

Da du keine Anwartschaft durch Sozialversicherungsbeitragszahlungen erworben hast, musst du dir selbst helfen.

Sozialamt?

Das Sozialamt ist immer die letzte Hilfe. Niemand will Steuern zahlen, aber alle empfehlen merkwürdigerweise das Sozialamt. Vielleicht wird ja dort das Geld gedruckt.

Ansonsten solltest du dich vorher beim Arbeitsamt arbeitslos gemeldet haben. Den schriftlichen Nachweis darüber legst du dann dem Sozialamts-Sachbearbeiter vor. Aber denke daran, dass du nun jeden dir zumutbaren Job annehmen musst. Also doch lieber Vorausplanen und rechtzeitig 3 Monate vor Ausbildungsende (▶ 8.2.4) mit dem Bewerben loslegen.

8.3 Du bist durchgefallen

8.3.1 Aufmerksamkeit statt Depression

Die Kommission hat dir gerade eröffnet, dass du aufgrund deiner Leistungen im Teil A und/oder Teil B die Prüfung nicht bestanden hast.

Egal, wie schlecht es dir bei der „Urteilsverkündigung" auch immer ergeht, höre dir – schlau wie du nun mal bist – zunächst einmal an, was die Fachleute über die individuellen Gründe deines Scheiterns zu erzählen wissen. Die Beratungshinweise sind für dich eine wichtige Entscheidungsgrundlage für dein weiteres Vorgehen. Denn du wirst – soweit eine Wiederholung möglich ist (▶ 8.3.4) – doch noch einmal antreten wollen.

Du musst nicht mit der Kommission diskutieren. Dies macht keinen Sinn, denn

- du bist aufgeregt,
- die Kommission hat das ihr derzeit Mögliche getan,
- die nächsten Prüflinge warten schon.

Solltest du später substanzielle Einwendungen zu deinem Nichtbestehen haben, so bleiben dir immer noch alle Wege offen, zu deinem Recht zu kommen. Lies hierzu zu dem Thema „Ungerechte Noten" (▶ 9.4) und „Rechtswege statt Selbstjustiz" (▶ 9.5) nach.

9705304

Wer erfährt von deinem Unglück?   8.3.2

Etwas später erhalten dein Betrieb und auch du (und ggf. deine Erziehungsberechtigten) die Nachricht gem. § 23 MPO.

§ 23 MPO zur Durchführung von Abschlussprüfungen [9].
(1) Bei nicht bestandener Prüfung erhalten der Prüfungsteilnehmer und sein gesetzlicher Vertreter sowie der Ausbildende von der Industrie- und Handelskammer einen schriftlichen Bescheid. Darin ist anzugeben, in welchen Prüfungsteilen ausreichende Leistungen nicht erbracht worden sind und welche Prüfungsleistungen in einer Wiederholungsprüfung nicht mehr wiederholt zu werden brauchen (§ 21 Abs. 3).
(2) Auf die besonderen Bedingungen der Wiederholungsprüfung gem. § 24 ist hinzuweisen.

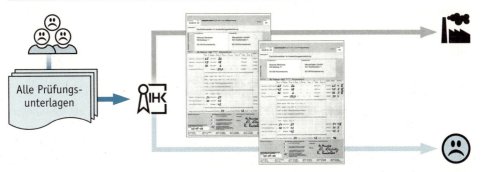

Alle Prüfungs- unterlagen

Notenakrobatik oder wie du deine Wiederholung von den Noten her planst   8.3.3

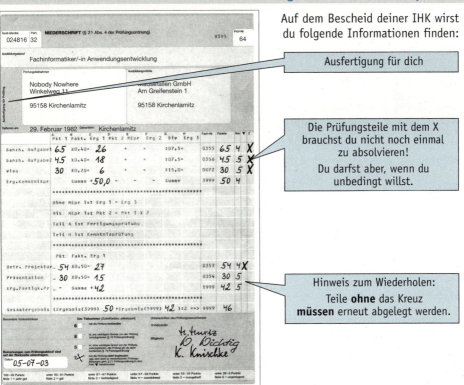

Auf dem Bescheid deiner IHK wirst du folgende Informationen finden:

Ausfertigung für dich

Die Prüfungsteile mit dem X brauchst du nicht noch einmal zu absolvieren!
Du darfst aber, wenn du unbedingt willst.

Hinweis zum Wiederholen:
Teile **ohne** das Kreuz **müssen** erneut abgelegt werden.

Du kannst frei wählen, ob du bestandene Teile deiner Prüfung noch einmal absolvieren möchtest.

Beachte aber die Frist von zwei Jahren, die du einhalten musst. Danach ist alles erneut zu absolvieren, und ob du dann noch so fit bist?

§ 24 Abs. 2 MPO zur Durchführung von Abschlussprüfungen [9].
Hat ein Prüfungsteilnehmer bei nicht bestandener Prüfung in einem Prüfungsteil mindestens ausreichende Leistungen erbracht, so ist dieser Teil auf Antrag des Prüfungsteilnehmers nicht zu wiederholen, sofern dieser sich innerhalb von zwei Jahren – gerechnet vom Tag der Beendigung der nicht bestandenen Prüfung an – zur Wiederholungsprüfung anmeldet.

...

Sollte man bestandene Teile auch noch einmal wiederholen?

Diese Möglichkeit bietet sich gemäß obigem Gesetzestext **nur den durchgefallenen** Prüflingen. Aber warum soll man sich freiwillig zusätzlich stressen?

Der Verschlimmbesserer

- wiederholt die nicht bestandenen Fächer (weil er muss) und zusätzlich
- bestandene Fächer, weil er sich hier noch mal deutlich zu verbessern hofft, um mehr Reserve für die nicht ganz so starken Fächer zu ergattern.

Wenn du jetzt ein Kribbeln im Nacken verspürst, weil du nicht gerne pokerst, ergeht es dir wie den meisten anderen vor dir auch.

Wir raten schlicht von solchen Experimenten ab.

8.3.4 Wie oft, wo und wann kannst du wiederholen?

Wie oft?

Grundsätzlich darfst du deine Prüfung zweimal wiederholen.

§ 24 Abs. 1 MPO zur Durchführung von Abschlussprüfungen [9].
Eine nicht bestandene Abschlussprüfung kann zweimal wiederholt werden (vgl. § 34 Abs. 1 Satz 2 BBiG).

Wo?

Zuständig ist die IHK wie bisher auch.

§ 24 Abs. 4 MPO zur Durchführung von Abschlussprüfungen [9].
Die Vorschriften über die Anmeldung und Zulassung (§ 8–11) gelten sinngemäß. Bei der Anmeldung sind außerdem Ort und Datum der vorausgegangenen Prüfung anzugeben.

Wann?

Du solltest dich sofort zum nächsten möglichen Prüfungstermin (es gibt für dich keinen Extratermin) anmelden, damit du nicht auch noch mit deinem Wissensschwund durch Vergessen zusätzlich zu leiden hast.

Achte aber auf die Termine (▶ 1.1.3) bei deiner Kammer, damit du nicht versehentlich vergessen wirst.

9705306

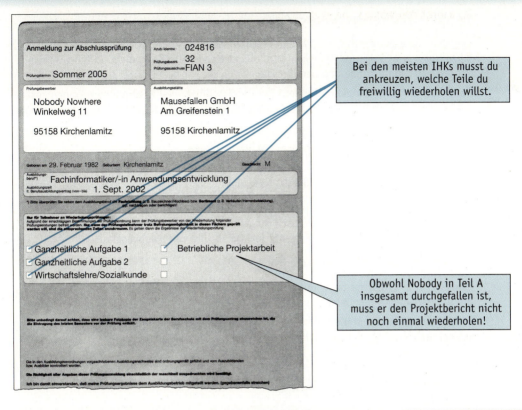

Was tun für die Wiederholung im Prüfungsteil B? 8.3.5

Berufsschule weiterhin besuchen oder nicht?

Nach unseren Erfahrungen schwindet dein aktuell verfügbares Wissen erschreckend rapide, wenn du dich nicht darin übst. Also solltest du unbedingt die Chance zum Besuch deiner Berufsschule nutzen, wenn sie sich dir bietet.

Auch wenn du nur Teile von A zu wiederholen hast: In der Schule findest du immer kompetente Ansprechpartner und du bleibst im Kontakt zum notwendigen Wissen.

Grundsätzlich ist ein bestehendes Ausbildungsverhältnis die Voraussetzung zum Besuch der Berufsschule. Besucher eines vollschulischen Bildungsganges haben von Hause aus das Recht auf Weiterbesuch bis zum dritten Prüfungsversuch.

Gründe eine Wiederholergruppe oder mache bei einer bestehenden mit.

Besonders wenn du die Berufsschule nicht besuchen kannst, musst du Gleichgesinnte suchen, die ebenfalls wiederholen müssen.

Trefft euch regelmäßig und geht Schritt für Schritt alte Prüfungen durch. Jeder hat Stärken und Schwächen, sodass ihr euch ergänzen könnt.

Hilfe durch deinen Ausbildungsbetrieb?

Dein Betrieb unterstützt dich sicherlich bei deiner Vorbereitung auf eine Wiederholungsprüfung. Sprich mit deinem Ausbilder, wiederhole Inhalte mit jüngeren Azubis, wünsche dir spezielle betriebliche Einsatzgebiete, um dich mit der Materie besser vertraut zu machen.

Nachhilfe direkt von der heißesten Quelle, die du anzapfen kannst

Engagiere gute Berufsschüler als Nachhilfelehrer. Wenn mehrere Wiederholer (oder auch noch Vorzeitige aus ▶ 9.1) zusammenkommen, drückt es den Einzelnen nicht so sehr. Trefft euch vor jeder Nachhilfestunde und bereitet Fragen vor, die ihr beantwortet bekommen wollt.

Dann habt ihr alle maximalen Nutzen. Der Berufsschüler, weil er durch eure Fragen zusätzliches Know-how erwirbt, du, weil du im Stoff stehst und dein Wissen nicht verloren geht, sondern sich sogar mehrt.

8.3.6 Was tun für die Wiederholung im Prüfungsteil A?

Durchgefallen im Fachgespräch und Präsentation

Welche Fehler du künftig vermeidest, erfährst du hoffentlich in dem Gespräch mit deiner Kommission. Diese Hinweise befolgst du natürlich brav und überarbeitest alles gründlich. Befolge dabei unsere Tipps zur Präsentation (▶ 5) und zum Fachgespräch (▶ 6).

Durchgefallen mit deinem Projektbericht

Zunächst einmal bist du nicht mit deinem Produkt durchgefallen, denn hier hast du durch die Unterschrift deines Betriebes ein O. K.

Trotz deines Spitzenprodukts konntest du durch einen schlechten Bericht und/oder schlechtes Vorgehen nicht bestehen.

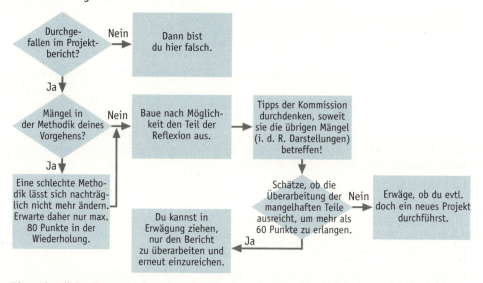

Diese deutliche Trennung hat den Vorteil, dass du grundsätzlich kein neues betriebliches Projekt fertigen musst.

 Damit hast du auch dann eine reelle Chance, wenn du keinen Betrieb mehr zum Durchführen eines neuen Projektes hast.

Trotzdem könntest du es bei deinem ehemaligen Praktikumsbetrieb ruhig noch einmal probieren. Die haben dort vielleicht immer noch Interesse an dir, vor allem weil du mit nur geringen Kosten in vertrautem Umfeld ein weiteres Projekt durchführen kannst. Erinnere dich aber, dass die Qualität deines Produktes gut sein kann, aber nicht sehr viel Einfluss auf die Qualität deines Prüfungsergebnisses hat (▶ 4.1.1).

9705308

Wirtschaftliche Aspekte, denn von irgendetwas musst du ja leben 8.3.7

Ausbildungsverhältnis verlängern oder nicht?

§ 14 Abs. 3 BBiG:
Besteht der Auszubildende die Abschlussprüfung nicht, so verlängert sich das Berufsausbildungsver-hältnis auf sein Verlangen bis zur nächstmöglichen Wiederholungsprüfung, höchstens um ein Jahr.

Du solltest dein Ausbildungsverhältnis auf jeden Fall verlängern. Zum einen erhältst du nun weiter eine Vergütung, bist sozialversichert und überdies berechtigt, die Berufsschule weiterhin zu besuchen, mit all den daraus resultierenden Vorteilen (▶ 8.3.5).

Der Betrieb wird von sich aus nicht aktiv, denn du musst in dir das Verlangen verspüren und bei deinem Betrieb deinen Verlängerungswillen kundtun. Dein Betrieb muss deinen Antrag grundsätzlich annehmen, es sei denn, du stehst z. B. aus disziplinarischen Gründen ohnehin vor dem Rauswurf. Das ganze Verfahren macht allen Beteiligten sehr viel Mühe.

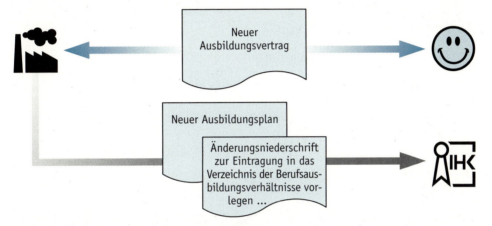

Neuer Ausbildungsvertrag

Neuer Ausbildungsplan

Änderungsniederschrift zur Eintragung in das Verzeichnis der Berufsaus-bildungsverhältnisse vor-legen ...

Du bist ein dualer Azubi bei einem privaten Bildungsträger, der den dualen Part übernimmt und mit deinem Praktikumsbetrieb kooperiert.

Schau in deinen Ausbildungsvertrag (i. d. R. mit dem Bildungsträger), wie dort der Fall deiner Wiederholung geregelt ist, und ermittle, ob die Fördermaßnahme auch sicherstellt, dass die gemäß BBiG vorgegebene Anzahl von Wiederholungen gegenüber deinem Bil-dungsträger finanziert wird.

Du bist Teilnehmer einer „Maßnahme zur Weiterbildung mit anerkanntem Abschluss" (Umschüler).

Unter Umständen kannst du für ein weiteres halbes Jahr von Vater Staat gesponsert wer-den: z. B. nach dem ersten Durchfallen für max. ein halbes Jahr über eine ergänzende För-derung (z. B. gem. § 79 SGB III).

Du solltest umgehend mit deinem Arbeitsamt Kontakt aufnehmen.

Du bist Teilnehmer an einer rein schulischen Ausbildung einer staatlichen Berufsschule.

Dann ändert sich i. d. R. nichts an deiner Finanzierung. Es sei denn, du hast auch in die-ser Berufsausbildung kein Glück wie in den anderen zuvor. Dann kann dir sehr schnell das Geld ausgehen. Aber nach wie vor solltest du dich bei der BAföG-Stelle schlau machen bzw. beim Sozialamt.

8.4 Das Operative Geschäft der Kommission zum Prüfungsabschluss

8.4.1 Übersicht der Abschlussarbeiten

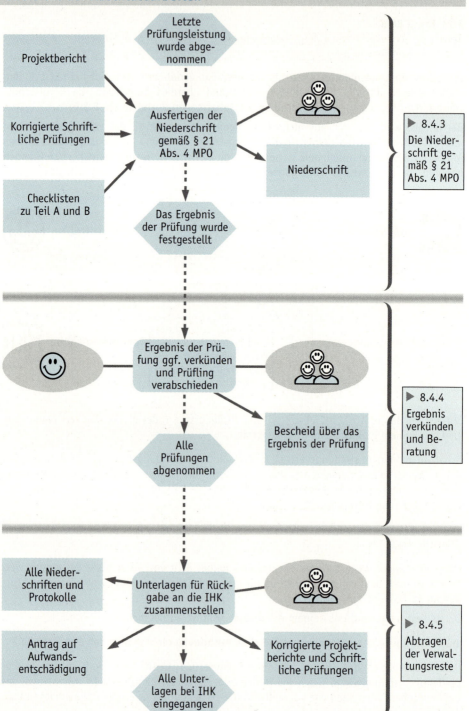

9705310

Zeitverzögerungen im Tagesablauf 8.4.2

Selbst bei großzügiger Zeitplanung kann es vorkommen, dass Ihre Pausen und Ihre Zeit- planung überhaupt durch Problemhäufungen oder durch längere Prüfungshandlungen dahinschmelzen.

☑ Benachrichtigen Sie die wartenden Kandidaten und erklären Sie die Situation.

☑ Hängen Sie ein Schild an die Tür zum Prüfungsraum, dass es Verzögerungen gegeben hat.

☑ Geben Sie die neuen Starttermine als Schätzung auf dem Aushang bekannt.

Die Niederschrift 8.4.3

Ausfertigen der Niederschrift gemäß § 21 Abs. 4 MPO

Nun holen Sie tief Luft, nachdem Sie alle Noten zusammenhaben.

Wenn Sie sich die Übersicht verschafft haben, können Sie die fehlenden Inhalte in der Niederschrift eintragen.

§ 21 Abs. 4 MPO zur Durchführung von Abschlussprüfungen: [9] Über den Verlauf der Prüfung einschließlich der Feststellung der einzelnen Prüfungsergebnisse ist eine Niederschrift zu fertigen. Sie ist von den Mitgliedern des Prüfungsausschusses zu unterzeichnen.

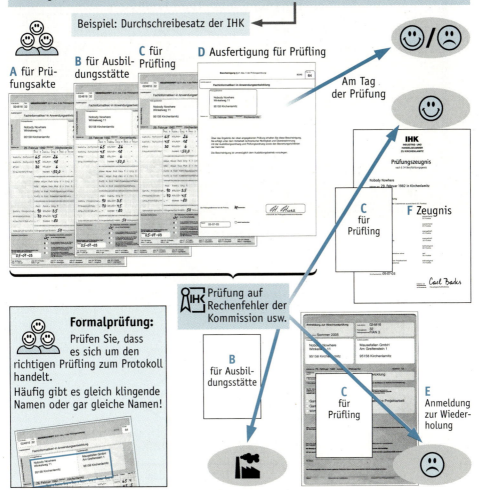

Niederschrift für Teil B (= IHK-Kenntnisprüfung) – Beispiel: Teil B bestanden, **ohne MEPr**

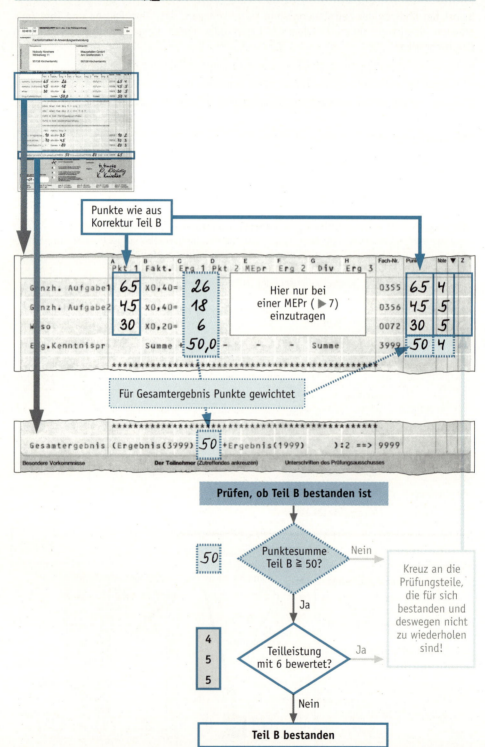

Punkte wie aus Korrektur Teil B

	A Pkt 1	B Fakt.	C Erg 1	D Pkt 2 MEpr	E	F Erg 2	G Div	H Erg 3	Fach-Nr.	Punkte	Note	▼ Z
Ganzh. Aufgabe1	65	x0,40=	26						0355	65	4	
Ganzh. Aufgabe2	45	x0,40=	18						0356	45	5	
Wiso	30	x0,20=	6						0072	30	5	
Erg.Kenntnispr		Summe +	50,0	-	-	-	Summe		3999	50	4	

Hier nur bei einer MEPr (▶7) einzutragen

Für Gesamtergebnis Punkte gewichtet

Gesamtergebnis (Ergebnis(3999) 50 +Ergebnis(1999)):2 ==> 9999

Besondere Vorkommnisse | **Der Teilnehmer** (Zutreffendes ankreuzen) | Unterschriften des Prüfungsausschusses

Prüfen, ob Teil B bestanden ist

50 → Punktesumme Teil B ≧ 50? — Nein → Kreuz an die Prüfungsteile, die für sich bestanden und deswegen nicht zu wiederholen sind!

Ja

4 5 5 → Teilleistung mit 6 bewertet? — Ja →

Nein

Teil B bestanden

9705312

Niederschrift für Teil B (= IHK-Kenntnisprüfung) – Beispiel: Teil B **nicht** bestanden, **ohne MEPr**

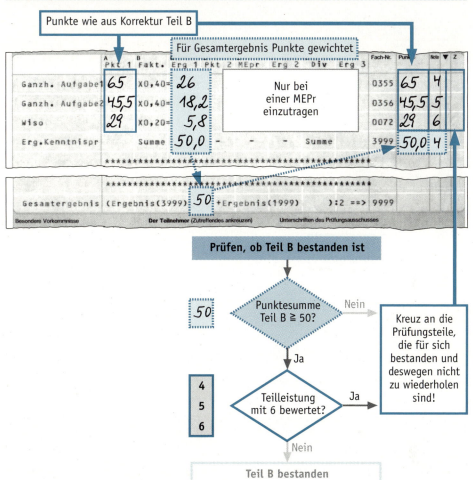

Niederschrift für Teil B (= IHK-Kenntnisprüfung) – Beispiel: Teil B erst **mit MEPr** bestanden

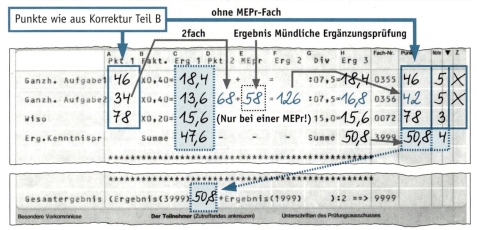

9705313

Niederschrift für Teil A (= 📖IHK-Fertigkeitsprüfung) – Beispiel: Teil A bestanden

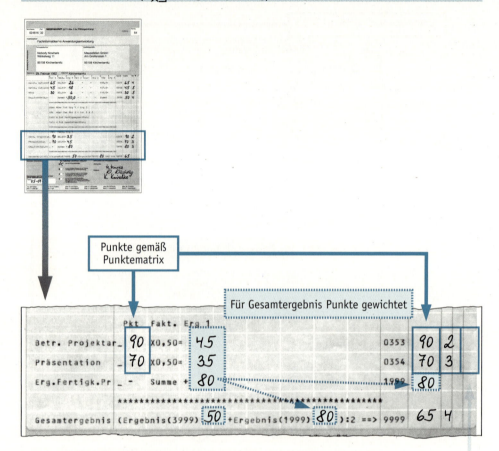

Punkte gemäß Punktematrix

Für Gesamtergebnis Punkte gewichtet

```
                    Pkt    Fakt.  Erg.1
Betr. Projektar_    90    X0,50=   45                    0353   90   2
Präsentation   _    70    X0,50=   35                    0354   70   3
Erg.Fertigk.Pr _     -    Summe +  80                    1999   80
                ************************************************
Gesamtergebnis  (Ergebnis(3999)   50  +Ergebnis(1999)  80 ):2 ==>  9999  65  4
```

Prüfen, ob Teil A bestanden ist

80 → Punktesumme Teil A ≧ 50? → Nein → Kreuz an die Prüfungsteile, die für sich bestanden und deswegen nicht zu wiederholen sind!

Ja ↓

90
70 → Teilleistung mit 6 bewertet? → Ja

Nein ↓

Teil A bestanden

Gesamtergebnis ermitteln

 Nicht an formalen Dingen scheitern!

☑ Überprüfen Sie sich gegenseitig (4-Augen-Prinzip).
☑ Stimmen die Punktesummen?
☑ Steht das Bestehens-Kreuz an der richtigen Stelle?
☑ Alle Unterschriften richtig geleistet?
☑ Datum korrekt?

Tagesdatum auch bei nur schriftlichen Wiederholern.

 Alle Einzelteile bestanden?

Unterschrift Vorsitzender

 Ein oder beide Teile nicht bestanden!

Unterschriften der übrigen Kommissionsmitglieder

9705315

8.4.4 Mündliche Verkündung des Ergebnisses

Ergebnis der Prü-fung ggf. verkünden und Prüfling verabschieden

Irgendwann sind Sie so weit und haben die Noten festgelegt und das Niederschriftsformular ausgefüllt. Alle Ergebnisse sind nachgerechnet und überprüft. Das Kreuz sitzt an der richtigen Stelle.

Ist das Ergebnis korrekt, kann der Durchschlag mit dem alles entscheiden-den Kreuz ausgehändigt werden.

§ 21 Abs. 5 MPO zur Durchführung von Abschlussprüfungen [9].
Der Prüfungsausschuss soll dem Prüfungsteilnehmer am letzten Prüfungstag mitteilen, ob er die Prü-fung „bestanden" oder „nicht bestanden" hat. Hierüber ist dem Prüfungsteilnehmer unverzüglich eine vom Vorsitzenden zu unterzeichnende Bescheinigung auszuhändigen.
Dabei ist als Termin des Bestehens bzw. Nichtbestehens der Tag der letzten Prüfungsleistung ein-zusetzen.

☑ Die Kommission beseitigt zuvor alle Spuren ihrer Snacks.

☑ Die Atmosphäre ist wieder sachlich und auf die besondere Situation des Prüflings ausge-richtet.

☑ Der Erstvorschlagende erhält den Durchschlag und bittet nun den Prüfling in den Raum.

☑ Fordern Sie den Prüfling **immer** auf, sich zu setzen.

☑ Dann wird das Gesamtergebnis verkündet:
„Gratulation, Sie haben bestanden."
„Leider haben Sie nicht bestanden."

☑ Zunächst präzisieren Sie die Details von Teil B.
Das hat den Vorteil, dass hier die Objektivität der Leistung aufgrund der schriftlichen Form eher akzeptiert wird.

☑ Danach wird das Ergebnis von Teil A detailliert vorgetragen.

Ja zur Beratung nach der „Verkündung"?

Besonders wenn der Kandidat durchgefallen ist oder Sie den Eindruck haben, dass der Prüf-ling Probleme bei der Selbsteinschätzung hat, wird eine – wenn auch ausdrücklich unver-bindliche – Beratung wichtig.

Beraten Sie nur in ein bis drei Schwerpunkten und nicht länger als insgesamt 4 Minuten. Sonst entbrennt besonders um Teil A eine Diskussion, dass die Arbeit, die Präsentation doch viel besser ist, als es die Note zum Ausdruck bringt.

Sprechen Sie sich in der Kommission vor der Verkündung ab, welche Richtung Sie dem Prüf-ling mit auf den Weg geben wollen. Nehmen Sie Ihre Bewertungsmatrix zur Hand und wäh-len Sie die Kernpunkte aus.

Beratung in Teil B:

Hier gibt es wenig zu beraten, denn die Punkte sprechen für sich.

Beratung in Teil A:

Präsentation und Fachgespräch: Manchmal fehlt einem Prüfling der entscheidende Impuls, um seine Leistungen zu verbessern.

Projektbericht: Wie schon unter ▶ 4.10.4 angedeutet, kann ein Prüfling seinen Bericht wiederholen, obwohl er kein neues Projekt macht. Die Beratung kann sich grob nach fol-gendem Schema richten.

9705316

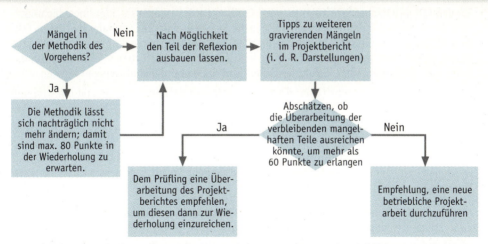

Tatsache ist, dass i. d. R. eine verbesserte Dokumentation zur betrieblichen Projektarbeit (= Projektbericht) möglich ist.

Zwar lässt sich eine schlechte Methodik an sich nicht ausgleichen, wohl aber durch bessere Berichts-Leistungen in Teilbereichen schon die Note 4 erreichen.

Will der Kandidat bessere Noten, kann der Ratschlag nur zur Durchführung einer neuen betrieblichen Projektarbeit tendieren.

Loben oder nicht?

Warum soll man gute Leistungen nicht auch loben? Wir haben Freude am Loben und merken, dass die Prüflinge das auch erwarten, erhoffen und sich freuen.

Abtragen der Verwaltungsreste   8.4.5

Prüflinge mit nur schriftlicher Leistung (Teile von B)

Soweit Sie noch keine Gelegenheit hatten, die nur schriftlichen Fälle (also die Prüflinge, die nur Teil B zu wiederholen hatten) zu bearbeiten, ist nach dem Ende des „mündlichen" Teils Zeit für die rein schriftlichen Fälle.

> Unterlagen für Rückgabe an die IHK zusammen-stellen

Wohin mit den Projektberichten?

Die sach- und fachgerechte Unterlagenbeseitigung ist Aufgabe der IHK.

§ 26 MPO zur Durchführung von Abschlussprüfungen [9].
...

Die schriftlichen Prüfungsarbeiten sind zwei Jahre, die Anmeldungen und Niederschriften gem. § 21 Abs. 4 sind 10 Jahre aufzubewahren.

Aufbewahrungsfristen persönlicher Notizen und Rechtsmittel

Eigentlich sollten Sie Notizen usw. gar nicht mehr aufbewahren müssen, da Ihre persönlichen Notizen, Skizzen oder Aufzeichnungen von Vorüberlegungen zur Bewertung nur Bestandteil einer sich entwickelnden gemeinsamen Meinungsbildung waren. Als Faustregel empfehlen wir 4 Monate.

Für den Fall juristischer Schritte durch den Prüfling (▶ 9.5) wären sie allerdings doch nützlich, wenn Sie sich noch einmal mit der Sache befassen müssen. Im nahe liegenden Fall, dem Widerspruch, müssen Sie noch einmal in die Bewertungsphase eintreten und ganz besonders bei Beibehaltung der Note einmal ausführlicher – auch zu den Einwendungen des Prüflings – Stellung nehmen. Zum Aufheben wird Sie wohl niemand zwingen können.

Ihr gemeinsamer Wille steht (gem. § 21 Abs. 4 MPO) in der Niederschrift und die wird von der IHK aufgehoben.

Ermitteln der Aufwandsentschädigung

Für Ihr Ehrenamt steht Ihnen eine geringe Pauschale als Entschädigung für Wege und Aufwendungen zu. Die genauen Bestimmungen entnehmen Sie bitte dem jeweiligen Formular Ihrer IHK.

(Freibleibender Hinweis: Solche Aufwandsentschädigungen sind Einkommen. Sie müssen zwar steuerlich angegeben werden, unterliegen aber einer HOHEN Freipauschale [ca. 1.000,00 €], sodass hierauf i. d. R. keine Steuern zu entrichten sind).

Paket für die IHK schnüren

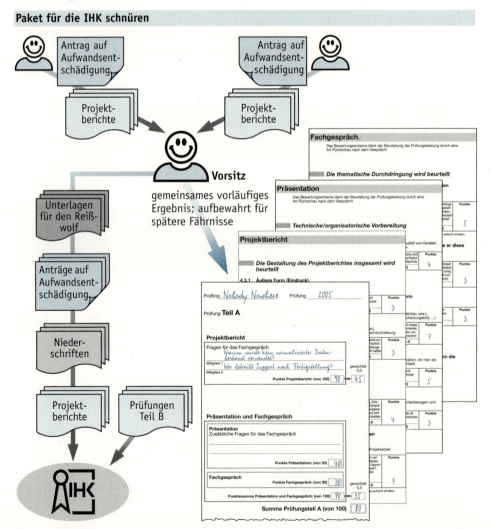

Geschäftsprozess für die Problemfälle 8.4.6

Umgehen mit bereits bekannten Wiederholern

So verblüffend es auch sein mag: Ein Prüfling darf von der gleichen Kommission erneut geprüft werden, wenn die Prüfungsordnung nichts anderes vorsieht.

Denn ein Prüfer ist nicht schon alleine deswegen befangen, weil er den Prüfling schon einmal geprüft hat. *[3] vgl. Randnote 194*

Wir halten es allerdings schon im Interesse des Erfahrungszuwachses für die Kommissionen an sich für geboten, andere Prüflinge kennen zu lernen und nicht im schlimmsten Fall ständig die gleichen Leute vor der Nase zu haben. Hier wäre Abstimmungsbedarf mit der IHK.

Rücktrittserklärung, Nichterscheinen, Nichtabgabe/Fristüberschreitung

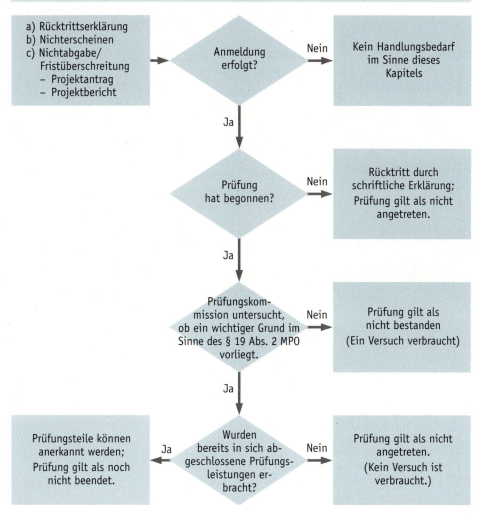

Bei Zweifeln sollten Sie Kontakt zu Ihrer örtlichen IHK aufnehmen.

Ggf. berechtigte Sanktionen sollten nicht an Formalfehlern scheitern.

Maßgeblich für Ihre Entscheidung ist § 19 MPO.

 § 19 MPO zur Durchführung von Abschlussprüfungen. [9]

(1) Der Prüfungsbewerber kann nach erfolgter Anmeldung rechtzeitig vor Beginn der Prüfung durch schriftliche Erklärung zurücktreten. In diesem Fall gilt die Prüfung als nicht abgelegt.

(2) Tritt der Prüfungsbewerber nach Beginn der Prüfung zurück, so können bereits erbrachte, in sich abgeschlossene Prüfungsleistungen nur anerkannt werden, wenn ein wichtiger Grund für den Rücktritt vorliegt (z. B. im Krankheitsfalle durch Vorlage eines ärztlichen Attestes).

(3) Erfolgt der Rücktritt nach Beginn der Prüfung oder nimmt der Prüfungsbewerber an der Prüfung nicht teil, ohne dass ein wichtiger Grund vorliegt, so gilt die Prüfung als nicht bestanden.

(4) Über das Vorliegen eines wichtigen Grundes entscheidet der Prüfungsausschuss.

Ist der Prüfling aus wichtigem Grunde von der Prüfung zurückgetreten, gehört das Kreuz an diese Stelle:

Geschieht dies unentschuldigt, so kommt das Kreuz an diese Stelle:

Besondere Fälle 9

Freizeichnungsklausel

Wir können, wollen und dürfen keine Rechtsberatung durchführen.

Zuständig – und immer aktuell – sind die jeweilige IHK, die Schulen und natürlich die Ausbilder deines Betriebes wie auch ggf. die Arbeits- und Sozialämter.

Trotzdem haben wir wieder eine Reihe von Tipps zusammengetragen, die als Einstieg gedacht sind und deswegen ohne Gewähr gegeben werden.

Vorzeitige Abschlussprüfung 9.1

Wichtige Rechtsgrundlagen für vorzeitige Abschlussprüfung 9.1.1

Wenn du schon VOR Ablauf deiner Ausbildungszeit zur Abschlussprüfung antreten willst, richtet sich das nach § 40 Abs. 1 BBiG.

§ 40 Abs. 1 BBiG:
Der Auszubildende kann nach Anhören des Ausbildenden und der Berufsschule vor Ablauf seiner Ausbildungszeit zur Abschlussprüfung zugelassen werden, wenn seine Leistungen dies rechtfertigen.

Wie ist das grundsätzliche Vorgehen?

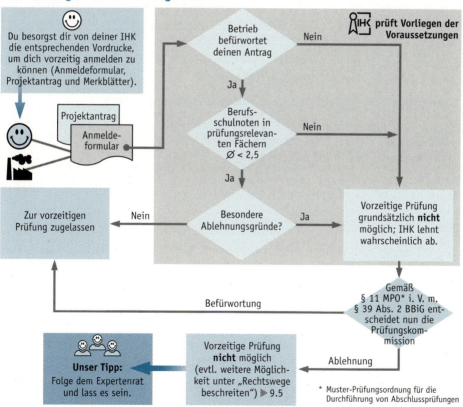

Bevor du nun jubelst, dass du nun superschnell fertig wirst, lies dir auch das nächste Kapitel durch. Sonst gibt es noch Katzenjammer am Ende.

9705321

9.1.2 Mit Bedacht eine vorzeitige Abschlussprüfung erwägen

Wann kommt eine vorzeitige Abschlussprüfung infrage?

Nach unseren Erfahrungen gibt es zwei Motive, die die weiter unten stehenden Bedenken u. U. aufwiegen:

- Du hast die (möglichst schriftliche) Zusage für einen Job, wenn du schnellstmöglich die Prüfung machst und erfolgreich beendest.
- Du willst studieren und deswegen schnell deine Ausbildung beenden.

Du bist einer Vierfach-Belastung ausgesetzt

- Du musst weiterhin die Schule ordentlich absolvieren.
- Du wickelst i. d. R. deine betriebliche Projektarbeit ab, schreibst einen Projektbericht und bereitest dich auf Präsentation und Fachgespräch vor.
- Du bereitest dich auf die Prüfung in Teil B mit Wiederholung des bisher Gelernten vor.
- Du musst dir noch selbstständig die wegen der Verkürzung fehlenden Wissensbausteine für das Bestehen der Prüfung aneignen.

Deine Noten verschlechtern sich in der Abschlussprüfung i. d. R. um 1 Note

Hast du genügend Reserve an Know-how, kommst du nicht in die Gefahr des Durchfallens. Ansonsten beachte:

§ 14 Abs. 3 BBiG:
Besteht der Auszubildende die Abschlussprüfung nicht, so verlängert sich das Berufsausbildungsverhältnis auf sein Verlangen bis zur nächstmöglichen Wiederholungsprüfung, höchstens um ein Jahr.

Bist du auf gute Noten in der Abschlussprüfung angewiesen (z. B. bei späteren Bewerbungen mit dem IHK-Zeugnis), dann VERZICHTE lieber.

Du verkürzt auch deine Fertigkeits- und Wissensausbildung im Betrieb

Objektiv fehlt dir ein halbes Jahr in deiner Erfahrung. Das meinen wir wirklich ernst. Erst berufliche Erfahrung und Schule zusammen ergeben ein starkes Fundament, bei dem es dir später wegen der Verkürzung u. U. mangelt.

9.1.3 Wann und wie das Vorziehen vorbereiten?

Wann

Fang mit deinen Vorbereitungen schon nach dem 3. Semester an, damit du mit dem Lernen in einer etwas ruhigeren Phase startest und du in Ruhe dein Projekt findest.

Wie

1. Sprich die Lehrer deiner Berufsschule auf die Lehrpläne der letzten beiden Semester an und ob sie dir beim Vorziehen den einen oder anderen Schwerpunkttipp geben können.
2. Nimm Kontakt mit Schülern älterer Klassen auf, die schon durch die Prüfung gekommen sind, und tausche dich mit ihnen über die Prüfung und die Inhalte aus. Kopiere dir deren Schulhefter (aber unbedingt zurückgeben).
3. Übe mit den alten veröffentlichten Prüfungsaufgaben (▶ 2.3.3).
4. Gründe eine Arbeitsgruppe. Es ist immer effektiv, wenn mehrere zusammensitzen und sich gegenseitig Fragen stellen und helfen können.
5. Beachte unsere Tipps zum Thema Projektidee und Projektantrag (▶ 3.1).

9705322

Ausbildungszeit aushandeln? 9.1.4

§ 29 Abs. 2 BBiG:
Die zuständige Stelle (IHK) kann auf Antrag die Ausbildungszeit verkürzen, wenn zu erwarten ist, dass der/die Auszubildende das Ausbildungsziel in der gekürzten Zeit erreicht.

Da du mit dem ausbildenden Betrieb einen Ausbildungsvertrag schließt, könntest du theoretisch mit ihm weitgehend aushandeln, wie lange die Ausbildung dauert. Entweder die vollen 36 Monate oder etwas kürzer. Das ist die rechtliche Seite. Aber nutzt es dir etwas, wenn du so stark deine Ausbildungszeit verkürzen willst?

Mit verkürzter Ausbildung auch noch vorzeitig in die Abschlussprüfung? 9.1.5

Du hast einen $2\frac{1}{2}$-Jahres-Ausbildungsvertrag. Vermutlich ging auch ein Beratungsgespräch mit den Beteiligten voraus, um zu klären, ob denn eine Verkürzung deiner Ausbildungszeit von vornherein möglich, sinnvoll und verantwortbar erscheint.

Im Gegensatz zum schulischen Teil deiner Ausbildung, zu dem du viel Wissen nachlesen kannst, erwirbst du nämlich durch deine Ausbildung Fertigkeiten und Erfahrungen, die du nie nur theoretisch erlernen kannst. Dir fehlt also in deiner Fertigkeitsentwicklung ein Teil der Zeit.

Es gibt gewisse Vermutungen, dass

– besonders gute Leute weniger Zeit brauchen, um die nötige Reife zu erlangen,

– Leute mit Vorkenntnissen (z. B. 3 Jahre Informatikkurs am Gymnasium, Grundstudium in BWL/Informatik usw.) mehr Zeit für ihren Fertigkeitserwerb übrig haben als andere,

– Leute mit ähnlichen Berufsabschlüssen nunmehr weniger Zeit benötigen.

Und nun willst du die kurze Zeit auch noch toppen und zusätzlich verkürzen, um vorzeitig in die Prüfung zu gehen?

Nach Aussagen von Beratern, z. B. der Berliner IHK, verbessern sich deine beruflichen Chancen hierdurch nicht unbedingt.
Ansonsten lies unter ▶ 9.1.1 nach.

Du bist Umschüler (= Teilnehmer einer 9.1.6
„Maßnahme zur Weiterbildung mit anerkanntem Abschluss")
und würdest gerne volle drei Jahre Ausbildung machen

Egal, welche Strategie du verfolgst, pass auf jeden Fall auf, dass du die Termine (▶ 1.1.3) nicht versäumst. Das kann vielleicht dadurch passieren, dass der Rest deiner Berufsschulklasse erst ein Jahr später in den Ring steigt und die IHK dir (bzw. deinem Bildungsträger) unangenehmerweise nicht rechtzeitig Anmeldeformulare zuschickt.

In dir bildet sich nach und nach die Erkenntnis aus, dass du nicht schlauer als die Schlauesten bist. Du hast aufgrund deiner Zeugnisnoten den Eindruck, dass du eher die volle Zeit benötigst. Was also tun?

Zunächst einmal ist deine Maßnahme auf zwei Jahre begrenzt.

■ Man unterstellt, dass du als „Umschüler" schon einen Fertigkeits-/Wissensvorsprung durch betriebliche Praxis hast.

■ Dein Vertrag zwischen dir und dem Bildungsträger ist auf zwei Jahre befristet.

An dieser Zeitvorgabe kann man somit leider nichts machen.

Aber wir haben natürlich einige Vorschläge für dich.

Idee 1

Solltest du das große Glück haben und eine staatliche Berufsschule besuchen, so helfen dir zwei Tipps weiter:

Forsche nach, ob es dort Expressklassen gibt. Dann kannst du vielleicht ab und zu schon ergänzend als Teilnehmer in diesen Klassen hospitieren und gewissermaßen in die letzten Semester schnuppern.

Oder

du fragst freundlich nach, ob du in einer der höheren Klassen Mäuschen spielen und einfach zuhören darfst.

Wahrscheinlich werden wir von den Kollegen der Berufsschulen gesteinigt, weil dieser Tipp pädagogisch sehr viel Unannehmlichkeiten bringt.

Die Probleme, die dieser Vorschlag mit sich bringt, solltest du übrigens sehr ernst nehmen und bei Ablehnung deiner Bitte unbedingt respektieren, denn deine Pauker haben auch so schon genug Probleme im schulischen Bereich.

Idee 2

Selbst wenn du durchfällst, hast du u. U. die großartige Möglichkeit, dass dir auch der zweite Anlauf finanziert wird, z. B. ergänzende Förderung für maximal 6 Monate (§ 79 SGB IV ▶ 8.3.7).

Idee 3

Bildet Arbeitsgruppen, in denen ihr euch regelmäßig trefft und Schritt für Schritt alle alten Prüfungen durchgeht. Jeder hat Stärken und Schwächen, sodass ihr euch ergänzen könnt. Alle Prüfungen gibts im Internet oder beim U-Form-Verlag.

Frage dazu mal in deiner Schule nach, wer in einer ähnlichen Maßnahme steckt.

ODER

du fragst bei deinem Bildungsträger nach, ob er nicht auch reguläre Azubis aus einer anderen Fördermaßnahme ausbildet. Dann schließe dich mit denen in einer Arbeitsgruppe zusammen.

ODER

du hast guten Kontakt zu deinen Klassenkameraden und ein paar Vorzeitige haben Kapitel ▶ 9.1.3 dieses Buches gelesen, folgen den dortigen Tipps und lernen schon ab dem dritten Semester voraus. Und du mit.

Idee 4

Engagiere gute Berufsschüler des Abschlusssemesters als Nachhilfelehrer. Wenn mehrere zusammenkommen, drückt es den Einzelnen nicht so sehr. Trefft euch vor jeder Nachhilfestunde und bereitet Fragen vor, die ihr beantwortet bekommen wollt.

Dann habt ihr alle maximalen Nutzen. Der Berufsschüler, weil er durch die Fragen zusätzliches Know-how erwirbt und ihr, weil ihr im Stoff steht und euer Wissen nicht verloren geht, sondern sich sogar mehrt.

9705324

Besondere Fälle während des Prüfungszeitraums 9.2

Dein Projekt ist gescheitert 9.2.1

Ruhe bewahren und nochmals Ruhe bewahren.

Zunächst einmal gratulieren wir dir, dass du dir dein Scheitern selbst eingestehst. Nicht jeder kann das und versucht uns in aalglatten Projektberichten zu schildern, welchen Nutzen seine Bauruine bringt.

Tragischerweise befindest du dich mit deinem gescheiterten Projekt in bester Gesellschaft, denn auch in der Praxis enden Projekte gar nicht mal so selten noch während ihrer Bearbeitung im Nichts.

- Abstand gewinnen:
  Mach die nächsten Werktage etwas völlig anderes.
  Gewinne Abstand zu deinem Projekt.

- Gründe für dein Scheitern identifizieren:
  Eigentlich ist es nicht besonders wichtig, wer die Schuld trägt.
  Hauptsache, du suchst und findest die Gründe für dein Scheitern.

- Punkte gibt es ohnehin kaum für ein Produkt (ob fertig oder nicht):
  Deine Punkte erhältst du sowieso eher durch deinen Projektbericht als durch dein Produkt (denke mal an die Punkte, die du schon durch eine gute Form erhältst ▶ 4.3).

- Lies dir unser Buch noch einmal schwerpunktmäßig an den empfohlenen Stellen mit unserer vorgegebenen selbstkritischen Fragestellung durch:

Selbstkritische Fragestellung im Projektbericht (zusätzlich zu ▶ 4.8)	Kapitel
Habe ich Auftrag, Teilaufgaben und Ziele richtig ermittelt?	▶ 4.4.1
Habe ich Fehler bei der Schnittstellenbeschreibung gemacht?	▶ 4.4.2
War mein Vorgehen angemessen und zielgerichtet, obwohl das Produkt nicht fertig wurde?	▶ 4.6.1
Warum musste ich meinen Produktionsprozess abbrechen? Habe ich eine Entscheidung verpasst?	▶ 4.6.2
Habe ich Fehler in der Qualitätssicherung begangen?	▶ 4.6.3
Habe ich meinem Kunden die Gründe des Scheiterns angemessen dargestellt?	▶ 4.7.1
Es konnte zwar keine Abnahme stattfinden und Nutzen hat das Produkt an sich nicht gebracht, aber vielleicht bietet mein unfertiges Produkt die Basis für ein neues Projekt. Kann ich hierzu dem Kunden Tipps geben?	▶ 4.7.2

- Kontakt mit IHK
  Hast du das alles getan, solltest du ruhig mal Kontakt mit deiner IHK aufnehmen. Du hast nämlich jetzt alles schlau durchdacht.
  Dann könnt ihr gemeinsam überlegen, wie es weitergehen sollte und du kannst dir die Tipps der Kammer besser merken.
  Nie in Panik anrufen, denn dann ist das Gespräch für alle Beteiligten uneffektiv.

- Es geht weiter, na bitte:
  Wenn es weitergehen soll und du deinen Bericht zu Ende schreibst, gehst du wie oben vor und machst dann deinen Bericht stimmig.
  Ehrliche Berichte über gescheiterte Projekte erfüllen auch in der Praxis den unter ▶ 4.2.1 genannten Zweck der „Nachkalkulation" oder der Prozessverbesserung für spätere Projekte.

- Du verspürst gähnende Leere in deinem Kopf?
  Fällt dir eher wenig ein, fang damit an, aufzuschreiben, was du wie getan hättest, wärst du rechtzeitig fertig geworden.
  Dann steig aber in die selbstkritischen Fragen von oben ein.

- Bringe dein Scheitern in die Präsentation:
  Man kann auch präsentieren, wenn etwas schief gegangen ist.

Selbstkritische Fragestellung für die Präsentation	Kapitel
Ist das Scheitern ein Schwerpunktthema in deiner Präsentation?	▶ 5.7.2
Hast du deinen „roten Faden" in der Präsentation bis zur Darstellung des Scheiterns deines Projektes gelegt?	▶ 5.7.3

- Du wirst im Fachgespräch intensive Fragen zu deinem Scheitern gestellt bekommen. Bist du vorbereitet?

Selbstkritische Fragestellung für das Fachgespräch	Kapitel
Kennst du die Gründe des Scheiterns?	▶ 6.4.3
Kannst du Alternativvorschläge mit der Kommission besprechen?	▶ 6.6.3

9.2.2 Dein Betrieb meldet Insolvenz an

Dieser für alle Beteiligten ziemlich schlimme Fall ist nicht ganz so selten, wie man hoffen mag. Dein Weg zur Prüfung mag dann zwar dornenreicher, aber nicht zwangsläufig aussichtslos geworden sein.

 Rede mit deinem Ausbilder und schließe dich evtl. mit anderen Azubis zusammen.

 Geh sofort zu deiner örtlichen IHK und besprich den Fall dort. Die IHK könnte u. U. auch Kontakte vermitteln ...

Betriebliche Projektarbeit

Da wir hier unterstellen, dass du mitten in der Prüfung und Projektarbeit bist, solltest du mithilfe deiner Prüfungskommission klären, ob du die Projektarbeit lieber abbrechen sollst, weil dir dein Arbeitsbereich fehlt (z. B. als wichtiger Grund im Sinne des § 19 MPO, ▶ 9.2.3) oder du vielleicht mit etwas geänderter Themenstellung weitermachen kannst. Da du seit deiner Antragstellung einer Kommission zugeordnet bist, befindet genau diese Prüfungskommission über deinen Fall.

Fortsetzen der Prüfung Teil B?

In jedem Fall und unter allen Umständen.

Neuer Ausbildungsbetrieb

Es spricht wenig dagegen, dass du deine ungewollt gewonnene reichlich freie Zeit dafür verwendest, dich umzutun und dir einen neuen Betrieb zu suchen.

Schließlich bist du wer, wenn du dich zum Ende deiner Ausbildung bei Betrieben bewirbst. Du hast nie unentschuldigt gefehlt, warst immer pünktlich und hast passable Schulnoten, weil du dich angestrengt hast.

Wie wärs dann mal mit dem Kontakt zu Betrieben, mit denen du ohnehin beruflich Kontakt hattest?

9705326

Bitte deine Mitschüler ohne Scham um Hilfe. Das hat oft gut geklappt.

Förderprogramme

Vielleicht gibt es auch in deinem Bundesland oder deiner Stadt usw. ein Förderprogramm, das in diesen Fällen greift und z. B. dem dich aufnehmenden Betrieb für eine gewisse Zeit einen Teil seiner Kosten erstattet.

Berufsschule

Vielleicht kann die Schule mit Kontakten zu bekannten Praktikums-/Ausbildungsbetrieben aushelfen.

Solltest du das Glück haben, auch eine Berufsschule zu besuchen, sprich mit dem dortigen Lehrer deines Vertrauens.

Wir würden dir auf gar keinen Fall raten, die Schule zu hintergehen und dort nicht bekannt zu machen, dass du keinen Ausbildungsplatz mehr hast und damit u. U. dein Recht auf Schulbesuch verwirkt haben könntest.

Es gibt sicherlich Fristen, binnen derer du auf der Suche nach einem Ausbildungsplatz gewiss weiter am Unterricht teilnehmen kannst.

Versicherungsfragen

Kläre auf jeden Fall und vorrangig versicherungsrechtliche Fragen (z. B. Krankenversicherung).

Wovon leben?

Alle würden vermutlich erwarten, dass du nun zum Sozialamt rennst und dort deine Stütze abholst. Aber das Sozialamt zahlt wirklich nur, wenn gar niemand anderes zum Zahlen verpflichtet ist und du schon vorher alles andere ausprobiert hast. Es zahlt also höchstens „nachrangig".

Aber du hast doch während der Übergangzeit die Möglichkeit zu jobben. Sieh mal oben unter „Neuer Ausbildungsbetrieb" nach, wenn sie dir schon keinen Ausbildungsplatz anbieten, kannst du sie vielleicht nach einem Aushilfsjob fragen, bis du eine neue Stelle gefunden hast. In deinem Lebenslauf für eine Bewerbung macht so etwas gewiss mehr Eindruck als nur der Gang zum Sozialamt.

Rücktritt, Nichterscheinen, Nichtabgabe, Fristversäumnis   9.2.3

Unwägbarkeiten gibt es immer wieder. Was ist zu tun, wenn

- du einen Durchhänger hast und nun doch nicht vorzeitig in die Prüfung willst?
- du am Prüfungstag von Teil B oder am Tag der Präsentation erkrankt bist?
- du ein Murmeltier bist und du den Prüfungstag verschlafen hast?
- du deinen Projektantrag oder Projektbericht nicht abgibst?
- dein Betrieb Insolvenz anmeldet (▶ 9.2.2)?
  ...

Neben der Frage, was dir dann in Bezug auf die Prüfung widerfährt, solltest du auch überlegen, was dein Ausbildungsvertrag darüber aussagt.

Ausbildungsverhältnis

9705327

Rechtlich nicht ganz unstrittig ist, ob du auch dann ein Recht auf Verlängerung deines Ausbildungs-verhältnisses hast, wenn du z. B. wegen selbst verschuldeter Gründe (Ausschluss wegen Täuschung, Nichtteilnahme ohne wichtigen Grund ...) die Prüfung nicht bestanden hast oder z. B. vor Prü-fungsbeginn einfach zurückgetreten bist.

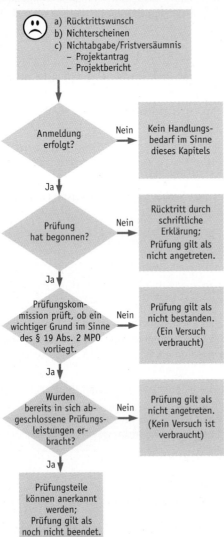

Wir haben dir hier die gesetzliche Grundla-ge – nach der die Kommission deinen Fall prüft – als Diagramm aufgenommen; damit kannst du überblicken, was auf dich zu-kommt.

Auf jeden Fall solltest du für Unregelmäßig-keiten triftige Gründe (sprich ordentliche Entschuldigungen) nachweisen können. Dass dein Dackel eine Herzattacke hatte, wäre eher keiner.

Du bist darauf angewiesen, deine Kommis-sion schriftlich zu überzeugen. Denn nur die zuständige Kommission kann darüber befin-den.

Was macht die Kommission bei verspäteter Abgabe deines Projektantrages oder Pro-jektberichtes?

Das Gleiche, als wenn du nicht zur Prüfung erschienen wärst; sie prüft, ob triftige Grün-de vorlagen.

Die obigen Darstellungen fußen auf nach-stehendem Paragrafen:

§ 19 MPO zur Durchführung von Abschlussprüfungen:

(1) Der Prüfungsbewerber kann nach erfolgter Anmeldung rechtzeitig vor Beginn der Prüfung durch schriftliche Erklärung zurücktreten. In diesem Fall gilt die Prüfung als nicht abgelegt.

(2) Tritt der Prüfungsbewerber nach Beginn der Prüfung zurück, so können bereits erbrachte, in sich abgeschlossene Prüfungsleistungen nur anerkannt werden, wenn ein wichtiger Grund für den Rücktritt vorliegt (z. B. im Krankheitsfalle durch Vorlage eines ärztlichen Attestes).

(3) Erfolgt der Rücktritt nach Beginn der Prüfung oder nimmt der Prüfungsbewerber an der Prüfung nicht teil, ohne dass ein wichtiger Grund vorliegt, so gilt die Prüfung als nicht bestanden.

(4) Über das Vorliegen eines wichtigen Grundes entscheidet der Prüfungsausschuss.

9705328

Nach Abgabe des Projektberichtes entdeckte fachliche Fehler   9.3

Was sind nachträglich entdeckte Fehler?   9.3.1

Deine Projektarbeit liegt der Kommission bereits vor. Nun liest du deine Arbeit im Rahmen deiner zwischenzeitlichen fachlichen Vorbereitung (z. B. ▶ 6.3.1 „Was man zu Hause lernen kann") erneut durch und stellst fest, dass du etwas hättest besser machen können, dass du Fachbegriffe falsch benutzt hast oder dein Produkt zwar erfreulicherweise tatsächlich eingesetzt wird, sich aber leider der eine oder andere Bug herausgestellt hat. Geh übrigens davon aus, dass die Kommission deine Fehler – zumindest in Ansätzen – schon erkannt hat.

Es gibt u. E. im Wesentlichen vier Gruppen von nachträglich entdeckten Fehlern:

- Fachsprachliche Fehler
- Inhaltliche Fehler aus der Entwurfsphase
- Fehlende oder falsche Schwerpunkte bei der Projektarbeit
- Fehler unter Einsatzbedingungen (von dritter Seite gemeldet)

Sind nachträglich erkannte Fehler gefährlich?   9.3.2

Du denkst sicherlich, nachträglich noch Fehler entdeckt zu haben sei ein GAU (Größter anzunehmender Unfall, stammt aus der Atomwirtschaft).

Wird der Fehler von dir bei der Präsentation oder beim Fachgespräch erwähnt, liegt kein GAU vor. Denn jetzt kannst du nämlich beweisen, dass du mit Fehlern fachgerecht umgehen kannst. Natürlich wiegen deine Selbsterkenntnis und deine Fehlerbehebungsvorschläge den Fehler nicht vollständig auf.

Was tun bei nachträglich erkannten Fehlern?   9.3.3

Zunächst einmal gilt es, Ruhe zu bewahren. Das Beste ist, dass du deine Arbeit wieder zur Seite legst und etwas für deine Entspannung tust. Geh ruhig arbeiten, angeln oder mit Freunden aus. Sprich mit Leuten darüber, was dir widerfahren ist. Denn dann arbeitet dein Kopf bereits an dem Problem, obwohl du eigentlich etwas anderes tust.

Ein bis zwei Tage später musst du dann aber wirklich ran:

Entscheide, wann du den Fehler bei der Prüfung abarbeiten willst!

Im Rahmen der Präsentation erwähnen!

Du pokerst gerne und wartest bis zum Fachgespräch ab, ob die Kommission den Fehler selbst zur Sprache bringt, sodass du dann deine vorbereiteten Joker aus der Tasche zaubern kannst!

9705329

Arbeite so lange, bis du Folgendes in Präsentation und ggf. Fachgespräch kannst:

☑ Du musst beschreiben können, wie du den Fehler entdeckt hast:
„Ich habe bei der Vorbereitung auf die Präsentation folgenden Fehler entdeckt ...“
„Ein Mitarbeiter hat mir berichtet ...“ (Du solltest ruhig zugeben, wenn du innerbetrieblich auf den Fehler aufmerksam gemacht worden bist.)

☑ Du musst beschreiben können, wo der Fehler sitzt und wie du dir eine Verbesserung vorstellst bzw. die Verbesserung aussehen könnte.
Visualisiere den Sachverhalt in der Präsentation, wenn er dir wichtig genug erscheint. Eine bildliche Gegenüberstellung Alt/Neu ist manchmal hilfreicher als tausend Worte.

☑ Du musst ggf. beschreiben können, welche Auswirkungen dein Fehler auf dein Produkt und deinen Betrieb hat.

☑ Du musst beschreiben können, wie du künftig solche Fehler vermeiden willst.

Nun noch zwei Musterdialoge für das Pokern bis zum Fachgespräch:

Fehler vermeiden

 In der Anlage zu meiner Projektarbeit habe ich die Beziehungen der Klassen im Klassendiagramm nicht richtig dargestellt. Da müssen die Pfeile in die andere Richtung zeigen.

 Alle Pfeile?

 Nein, der von dem Kundenobjekt zur GUI-Klasse nicht und da war auch noch eine Klasse, die fällt mir vor lauter Aufregung nicht mehr ein und die Beziehung zwischen der Abteilungsklasse und der Mitarbeiterklasse.

 Können Sie uns die Stelle in Ihrer Arbeit zeigen und auch begründen, warum die Pfeile in die falsche Richtung zeigen?

 Auf der Anlage Seite A5. Sehen Sie hier genau. Die Pfeile müssen immer nach rechts zeigen.

 Niemand vermag – ab einem gewissen Komplexitätsgrad – sich komplexe Dinge auch noch in teilweise umgekehrter Form (das ist ja die Konsequenz aus der Richtungsänderung des Pfeils) vorzustellen. Hier sollte man eine Folie bereithalten.

 Wenn du nachträglich einen Fehler in grafischen Vorlagen entdeckt hast, solltest du die entsprechend korrigierte Version parat halten oder gleich aktiv einsetzen. Hierzu zählen geänderte Bildschirmmasken, Leitungspläne, Bauzeichnungen usw.

Pluspunkte sammeln

 In der von Ihnen vorgestellten Oberfläche fehlt ein Button.

 Ja, ich habe schon eine Rückmeldung aus dem Betrieb, dass die keine Änderungen an dem Kundendatensatz vornehmen können. Deswegen müsste man noch den Edit-Button aufnehmen.

 Welche Auswirkungen hat das auf den Arbeitsablauf in der Erfassungsmaske?

 Eigentlich keine, weil der Edit-Button gesperrt sein müsste, bis der Kundensatz vollständig erfasst und gespeichert worden ist.

 Hier hast du die Kommission verblüfft. Dachte man doch, dir einen Fehler aufzeigen zu können. Du konntest sofort reagieren und den Fehler angeben. Auch wusstest du schon über programmtechnische Konsequenzen Bescheid.

9705330

Das Einfügen eines Buttons mit einer Standardaufgabe bedarf wirklich keiner zusätzlichen Veranschaulichung, z. B. durch zusätzliche Folien. Allerdings solltest du auch hier sehr sorgfältig prüfen, ob die Oberfläche nicht schon ohnehin überladen ist und durch einen neuen Button unübersichtlich würde.

Obiges Vorgehen ist eher nur für wagemutige Prüflinge zu empfehlen, die gerne pokern. Eigentlich solltest du möglichst alle Fehler bereits in der Präsentation offensiv angesprochen haben.

Thema verfehlt   9.3.4

Vorweg ein abschreckendes Beispiel in fünf Phasen.

Pleite-Phase 1: Antrag

„Erstellung einer Access-Datenbank zur Verwaltung von PC-Kursen."

Pleite-Phase 2: Genehmigung

Die Kommission genehmigt dir deinen Antrag, denn wenn du dich mit Datenstrukturen beschäftigst, reichen die beantragten 30 Stunden vermutlich.

Allerdings ist schon der Wortlaut „Erstellung" merkwürdig. Willst du eine Datenbank erstellen, gehört vielleicht auch das Erfassen der Daten hinzu. Die Kommission schwankt also zwischen Genehmigung, Ablehnung und Skepsis.

Pleite-Phase 3: Durchführung

Du fängst an zu arbeiten, nimmst eine fertige – verifizierte – Struktur und programmierst per VBA drauflos.

Fertig wirst du sowieso nicht (was schon mal vorkommen kann). Erfassungsmasken, Berichte und die Steuerung sind zu komplex, um innerhalb von 30 Stunden erschaffen, getestet und implementiert zu werden.

Pleite-Phase 4: Projektbericht

Du schreibst sehr anschaulich in deinem Bericht, dass du dich verrannt hast und eine Fortsetzung möglich und wünschenswert ist. Ferner hast du sogar noch fünf Stunden länger gearbeitet und auch richtig begründet.

Pleite-Phase 5: Die Kommission deckt deine Fehler auf

Die Kommission stellt fest, dass du offensichtlich nicht fertig geworden bist. Also wäre das auch noch ein Fall eines gescheiterten Projektes (▶ 9.2).

Aber ... die Kommission kommt auch zum Schluss, dass du nicht wusstest, was dein Projektauftrag war. Das Erstellen einer Datenbank war bei dir eher die Nebensache. Leider zählen Programme i. d. R. nicht zum DB-Design. Bei dir finden sich aber Programmierteile.

Hier ist eine typische Falle zugeschnappt. Du hast die produktspezifischen Begriffe eines Herstellers verwendet. Die Kommission sieht im Projektantrag nicht, dass du programmieren willst, weil sie von der allgemeinen Bedeutung des Fachausdrucks „Datenbank" ausgeht.

Schon alleine deswegen konnte die Kommission dir bei der Antragstellung nicht ein paar dich rettende, ablehnende Bemerkungen in deinen Antrag hineinschreiben.

Stell dir mal vor, du hättest einen Werkvertrag abgeschlossen, dessen Kalkulation von dir mit einem Preis für 35 Arbeitsstunden angesetzt worden wäre. Du wärst ein paar Monate beschäftigt und hättest nur die 35 Stunden entlohnt bekommen.

Was die Kommission mit dir nun macht? Das verraten wir dir nicht, aber ein sehr fetter Merkposten für das Fachgespräch wäre uns das schon wert und ferner eine solide Abwertung der Arbeit durch fehlende Punkte an den entsprechenden Bewertungsstellen.

Wo kommen nun allgemein die verfehlten Themen her?

Ursache	Vermeiden
Fachlich auf Herstellerbegriffen fußende Arbeit *Projektantrag:* Entwurf einer Datenbank, obwohl Programmieren gemeint war.	Fachbegriffe vorher im Lexikon nachschlagen.
Unklare Projektaufgabenstellung *Projektantrag:* Automatische Datenübernahme aus einem SAP R/3-System, obwohl diese per manueller Schnittstelle zu übertragen waren.	Trage deinen Projektantrag einem Laien vor. Beim Erklären und dessen Nachfragen gibt es eine hohe Wahrscheinlichkeit, dass dir innere Widersprüche auffallen.
Fehlinterpretation, was ein Projekt ist *Projektantrag:* Beschaffung von Computerteilen für Großhandelsbetrieb. Obwohl du im Computerhandelsbetrieb täglich diese Arbeit durchführst, meinst du, dass es sich um ein Projekt handelt und baust es so auf.	Schlage im Kapitel ▶ 3 Projekt-idee und Antrag gründlich nach.

Mit einem verfehlten Thema kann man im Teil A beim Projektbericht durchfallen. Wir meinen zu Recht, denn wer mit seinen gesamten Handlungen nicht dem Projektantrag gefolgt ist, sollte noch ein bisschen Zeit erhalten, über die Bedeutung von Sprache, Auftrag und kundenorientiertem Handeln nachzudenken und an sich zu arbeiten.

9.3.5 Du bist beim Schummeln erwischt worden

Streng genommen handelt es sich hier um den schwersten fachlichen Fehler, den man sich vorstellen kann: eigenes Unwissen, oder noch schlimmer – Unvermögen – gegenüber anderen Teilnehmern durch unmoralische Kompetenz und Coolness wettzumachen.

Auch wenn wir in einer Ellenbogengesellschaft leben, möchtest du von einem fachlich guten Arzt operiert werden und nicht von einem, der besonders gut Täuschen und Schummeln kann. Aber um bei obigem Bild zu bleiben, vielleicht fühlst du dich bei so einem Hudu-Woodo-Arzt bis zu deinem Ableben wirklich besser.

§ 18 MPO zur Durchführung von Abschlussprüfungen [9]:
(1) Teilnehmer, die sich einer Täuschungshandlung oder einer erheblichen Störung des Prüfungsablaufs schuldig machen, kann der Aufsichtsführende von der Prüfung vorläufig ausschließen.
(2) Über den endgültigen Ausschluss und die Folgen entscheidet der Prüfungsausschuss nach Anhören des Prüfungsteilnehmers.
In schwer wiegenden Fällen, insbesondere bei vorbereiteten Täuschungshandlungen, kann die Prüfung für nicht bestanden erklärt werden. Das Gleiche gilt bei innerhalb eines Jahres nachträglich festgestellten Täuschungen.

Schummeln (du weißt, was das ist) im Teil B

Rechtlich korrekt handelt es sich hierbei um eine Täuschungshandlung.

Das ist illegal und kann je nach Schwere deiner Täuschungshandlung zum vorläufigen Ausschluss von der Prüfung führen (s. o.).

9705332

Vielleicht wirst du aber nur für den betreffenden Teil ausgeschlossen, wenn dir dein Satz minderwertiger Spicker auf dem Weg zum Klo an der Aufsicht vorbei aus der Unterhose durchs Hosenbein auf den Boden – direkt vor die Aufsicht – fällt.

Ebenso könnte es sich verhalten, wenn VOR Start der Prüfung dein Kuscheltier sich als mit Spickern verwanzt herausstellt. Das Kuscheltier wird dann nämlich unter Quarantäne gestellt, du erhältst dann deine „sechs" für Kuscheltierquälerei. Selbst die Vorbereitungs-handlung, also deine mitgebrachten Spicker, können dir den Garaus machen.

Auch ohne gänzlichen Ausschluss geht in solch tendenziell minderschweren Fällen diese Prüfungsleistung zumindest mit 6 in die Gesamtnote ein, weswegen du durchfällst.

Du hast aber auch § 18 MPO Absatz 2 gelesen.

Selbst wenn du die nächsten Prüfungsteile weiterschreiben darfst, bist du nämlich nicht aus dem Schneider. Deine Kommission muss noch über dich in der Gesamtsituation befinden.

Dein komplettes Aus für diesen Teil ist also noch nicht vom Tisch.

Schummeln beim Projektbericht

Du steckst im Tal des Jammers?

Die Prüfer haben dir auf die eine oder andere Art nachgewiesen, dass du geschummelt und Teile oder gar alles von anderen Arbeiten abgekupfert hast.

Da du ständig damit rechnen musstest, handelt es sich um einen bekannten Mangel von Anfang an und nicht erst nachträglich entdeckt. Was sollst du also tun? Da können auch wir dir nicht weiterhelfen, denn wir haben dich schließlich oft genug gewarnt.

Auch wenn die Prüfungskommissionen weiterhin jeden Einzelfall prüfen werden, halten wir von der Tendenz her dies für einen so schwer wiegenden Fall, dass wir grundsätzlich den Ausschluss von der Prüfung empfehlen würden (und die Prüfung für nicht bestanden erklären). Damit sind alle deine übrigen Leistungen nichts mehr wert, ein Versuch ist verbraucht, und du musst erneut in den Ring.

Was für jedermann besonders sympathisch erscheint, ist, dass man dich sogar noch bis zu einem Jahr nachträglich am Schlawittchen kriegen kann. Da haben die Kommissionen immer noch ausreichend Zeit, im Internet zufällig (?) auf Quellen zu stoßen.

§ 18 MPO zur Durchführung von Abschlussprüfungen [9]:
(2) ... Das Gleiche gilt bei innerhalb eines Jahres nachträglich festgestellten Täuschungen.

Ungerechte Noten 9.4

Was ist eine ungerechte Note? 9.4.1

Eine einfache Antwort lautet: Das Gegenteil einer gerechten Note. Deswegen geben wir hier ein paar Gedankensplitter für dich zum Überblick wieder.

Warum du überhaupt geprüft wirst, findet sich in § 35 BBiG:

§ 35 BBiG:
Durch die Abschlussprüfung ist festzustellen, ob der Prüfling die erforderlichen Fertigkeiten beherrscht, die notwendigen praktischen und theoretischen Kenntnisse besitzt und mit dem ihm im Berufsschulunterricht vermittelten, für die Berufsausbildung wesentlichen Lehrstoff vertraut ist. Die Ausbildungsordnung ist zugrunde zu legen.

Darum rankt sich das komplette Verfahren deiner Abschlussprüfung:

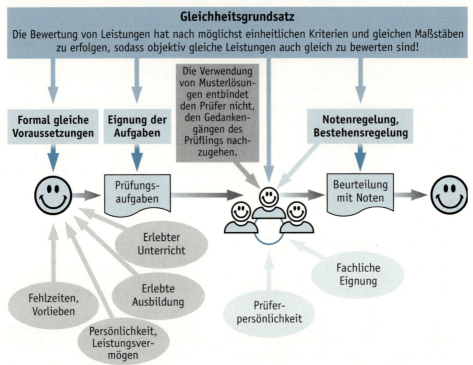

Gleichheitsgrundsatz

Die Bewertung von Leistungen hat nach möglichst einheitlichen Kriterien und gleichen Maßstäben zu erfolgen, sodass objektiv gleiche Leistungen auch gleich zu bewerten sind!

Du siehst, dass gerechte Noten in einem komplexen System von Beziehungen, Vorausset-zungen und Anforderungen entstehen. Da viele Faktoren in einer Prüfung zusammenkom-men, versucht der Gesetzgeber zumindest die äußere Chancengleichheit durch formalisier-te Prüfungsverfahren herzustellen.

Die Prüfer der IHK sind weitgehend autonom in ihrer Aufgabe, unter Beachtung von Objek-tivität und Neutralität *(vgl. [3], RndNoten 75 ff.)* eine gerechte Note zu finden.

Prüfer müssen und dürfen weitgehend autonom entscheiden, handeln aber durchaus nicht unkontrolliert *(vgl. [3], RndNoten 182 ff.)*. Denn diesem Handeln gegenüber stehst du mit einer Anzahl von Rechten und Rechtsmitteln (▶ 9.5), wodurch das Rechtssystem eine ausge-glichene Situation hergestellt haben dürfte.

Diesem formalen System der Prüfung stehen dann die privaten Äußerungen gegenüber:

■ Persönliche Voraussetzungen
„Es ist nicht gerecht, dass ich mit meinen bekannten Schwierigkeiten beim Addieren eine Aufgabe in der G1 nicht lösen konnte."

„Es ist nicht richtig, dass ich die gleiche Prüfung mache wie jemand, der in seinem Betrieb eine Fortbildung nach der anderen genießen durfte."

■ Eignung der Prüfungsaufgaben
„Alle sagen, dass die Aufgaben blöd waren und schreiben trotzdem bessere Noten als ich."

■ Prüferpersönlichkeit
„Ich habe gehört, die lassen immer besonders viele Leute durchfallen."

■ Internet
„Im Internet stand, dass die Aufgaben alle schlecht waren."

Schön geredet! Ihr Autoren seid doch auch Prüfer, also rückt auch ihr mit den heißen Eisen nicht raus. Eine Krähe hackt der anderen bekanntlich nicht die Augen aus.

9705334

Aber was ist denn nun eine ungerechte Note?

Wir vermuten, dass ungerechte Noten dort zu finden sind, wo

- Verletzungen des allgemeinen Gleichheitsgrundsatzes vorliegen
- Verfahren nicht ordnungsgemäß durchgeführt wurden
- sachfremde Erwägungen die Prüfer geleitet haben
- Willkür die Noten bestimmte
- Falsche Tatsachen bei den Prüfern zu einem falschen Bild geführt haben
- Anerkannte Bewertungsmaßstäbe außer Acht gelassen wurden
  ...

Das war nur ein winziger Einstieg für dich zum Thema ungerechte Noten. Wir stellten lediglich subjektiv einige uns wichtig erscheinende Fassetten der komplexen Ansichten zu diesem Thema dar, in der Hoffnung, euch einen Einstieg für ggf. nötige Vertiefungen zu bieten.

Deine Reaktion auf „ungerechte" Noten 9.4.2

Zunächst einmal sollte klar sein, dass du nur für dich persönlich handeln und sprechen kannst. Also nicht wie in der Schule, wo man durch Solidarität und Geschick dem Nachbarn zu einer gerechten Note verhelfen konnte.

Ausgangspunkt ist die Mitteilung deiner Noten, zu welchem Zeitpunkt auch immer.

Phase 1

Du fühlst dich zunächst einmal **individuell ungerecht** behandelt, weil dir deine **Selbsteinschätzung** ein anderes Notengefühl vorgibt.

Dann schlucke erst einmal deinen Ärger runter und lausche gegebenenfalls der Beratung, die dir die Prüfungskommissionsmitglieder geben, die über die Noten zu befinden hatten. Spätestens jetzt solltest du dein Schreibgerät in Betrieb nehmen und dir die wesentlichen Kritikpunkte notieren.

Notiere! Diskutieren macht keinen Sinn, weil du emotional viel zu sehr neben dir stehst und die Kommission noch eine Reihe weiterer Prüflinge zu verarzten hat.

Phase 2

Nachdem du nun noch einmal über die Sache mindestens eine Nacht geschlafen hast, solltest du mit dir kritisch zu Rate gehen.

War alles falsch, was die Kommission dir gesagt hat?

Dann bist du auf dem falschen Zug und solltest noch mal ein paar Tage verstreichen lassen.

Denke dran, dass Fachgespräch und Präsentation Unikate sind, die in dem Moment, wo sie das Licht der Welt erblicken, schon wieder der Vergangenheit geschenkt sind. Mit anderen Worten, du kannst sie sowieso nicht genau rekonstruieren. Auch wenn du ein Protokoll einsehen kannst.

Die schriftlichen Leistungen sind schon eher – aber auch nur bei klarem Verstand – zu überprüfen.

Gemäß § 26 MPO hast du das Recht auf Einsichtnahme in deine Prüfungsunterlagen.

§ 26 MPO zur Durchführung von Abschlussprüfungen [9]:
Auf Antrag ist dem Prüfungsteilnehmer Einsicht in seine Prüfungsunterlagen zu gewähren ...

9705335

Das solltest du dann nutzen. Du wirst erstaunt und auch wahrscheinlich beschämt sein, wenn du siehst was du geschrieben hast.

Lehne dich zurück und atme durch.
Dann kannst du mit dem Papier und dem signalfarbigen Stift der IHK Notizen machen.

Damit gehst du dann nach Hause und schläfst noch einen Tag darüber.

Danach überlege, ob du Rechtsmittel (▶ 9.5) einlegst.

Das mache aber bitte nur, wenn du

a) ein lohnenswertes Ziel hast, (z. B. Bestehen ermöglichen, Notensprünge) für das sich der Aufwand der Rechtsmittel lohnt (also nicht nur Rechthaberei) **und**

b) eine gewisse Wahrscheinlichkeit für deinen Erfolg besteht (▶ 9.5).

9.5 Den Rechtsweg beschreiten

9.5.1 Wenn es Streit gibt

Damit niemand bei Streit zur Selbstjustiz greifen muss, gibt es eine Reihe von bewährten Schritten, die du für den Streitfall kennen und dann in Ruhe durchdenken solltest.

Wir meinen hier den Streit des persönlich Betroffenen. Also nicht den Streit, wenn es z. B. im Internet irrlichtert, weil wieder „skandalöse Verhältnisse" aufgedeckt wurden und die Allgemeinheit (was auch immer das sein mag) gegen die Prüfung wettert. Der Weg der nachträglichen Einflussnahme wäre dann grundsätzlich ein anderer.

Nehmen wir einmal an, du hast 48,5 Punkte und dir deine Prüfung angesehen. Du kommst mit dir selbst zum Schluss, dass hier und dort ein Punkt durchaus möglich wäre und dies genau den Schritt zum Bestehen bedeuten würde. Das ist an sich kein Grund, Rechtsmittel einzulegen.

Vielmehr muss zum verständlichen Wunsch nach einer großzügigeren Bepunktung auch noch ein sachlicher Hintergrund hinzukommen, warum mehr Punkte zu rechtfertigen wären. Der könnte z. B. vermutet werden in einer deutlich von sachfremden Erwägungen geleite-ten schlechten Benotung. Welche Möglichkeiten gibt es überhaupt theoretisch für dich?

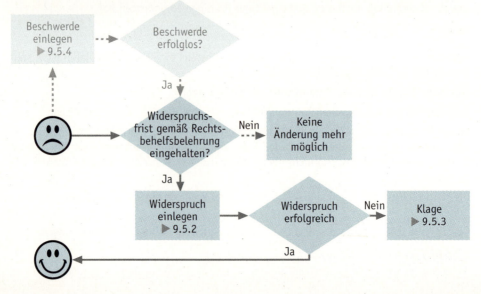

9705336

Der Hebel für die gezeigten Schritte liegt darin, dass es sich bei der Festlegung deiner Prüfungsnoten um einen Verwaltungsakt handelt. Ein deutlicher Hinweis findet sich z. B. in § 25 MPO.

§ 25 MPO zur Durchführung von Abschlussprüfungen [9]:
Maßnahmen und Entscheidungen des Prüfungsausschusses sowie der Industrie- und Handelskammer sind bei ihrer schriftlichen Bekanntgabe an den Prüfungsbewerber bzw. -teilnehmer mit einer Rechtsmittelbelehrung zu versehen.
Diese richtet sich im Einzelnen nach der Verwaltungsgerichtsordnung und den Ausführungsbestimmungen des Landes ...

Obwohl wir in den nachfolgenden Kapiteln Rechtsmittel im Einzelnen erläutern werden, wollen, können und dürfen wir keine Rechtsberatung machen. Wir weisen zudem vorsichtshalber darauf hin, dass zwar die nachfolgenden Punkte von uns sorgfältig recherchiert wurden, wir dennoch keine Gewähr übernehmen. Sie dienen lediglich der Übersicht und nicht mehr. Allerdings kannst du – Kenntnis der nachfolgenden Kapitel vorausgesetzt – z. B. mit der IHK kompetenter verhandeln. Sicherheitshalber könntest du dir eine (wenn auch kostenträchtige) Beratung bei einem erfahrenen Juristen holen. Die örtlichen Rechtsanwaltskammern geben hierüber Auskunft.

Dein Widerspruch 9.5.2

Das eigentlich angemessene Rechtsmittel ist der Widerspruch gemäß der Rechtsbehelfsbelehrung auf deinem IHK-Bescheid (meist Rückseite).

Grundform eines Rechtsbehelfs mit Bekanntgabe der Ergebnisse deiner Abschlussprüfung:

Gegen diesen Bescheid kann innerhalb einer Frist von einem Monat nach Bekanntgabe bei der Industrie- und Handelskammer (Ort, Straße, Hausnummer) schriftlich oder zur Niederschrift Widerspruch erhoben werden.

Also:

Deine Widerspruchsfrist beginnt mit Zugang deines offiziellen Prüfungsbescheides der IHK.

Keine Sorge:

- Niemand ist dir persönlich böse oder hat jetzt einen Rochus auf dich.
- Trotz einer ggf. vorgenommenen Neubewertung durch die Prüfer wird sich deine Note zumindest nicht verschlechtern.

Hast du unsere Hinweise in ▶ 9.4.2 befolgt?

Bist du mit dir selbst zu Rate gegangen, ob du dich wirklich ungerecht behandelt fühlst und du vor allem substanzielle Einwendungen vorbringen kannst? Schließlich haben sich drei Prüfer mit dir befasst.

9705337

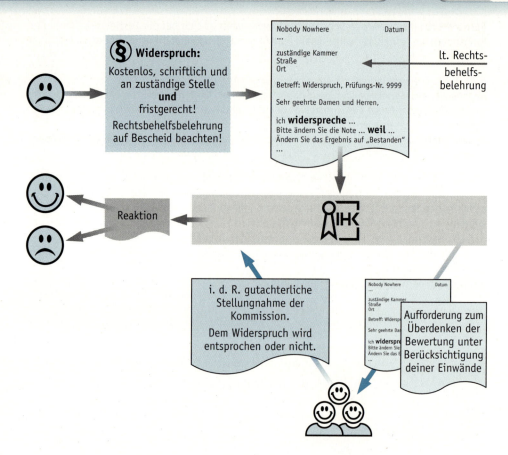

Umgangsform

Wie bei allen Arten von Auseinandersetzungen solltest du sachlich und höflich bleiben. D. h., als Widersprechender solltest du nach sachlichen Argumenten suchen und im fachlichen Stil deine Argumente vortragen.

Gehaltvolles

Vor allem musst du deinen Willen klar zum Ausdruck bringen. Zunächst einmal,

■ dass du Widerspruch erheben möchtest

und

■ warum

und

■ mit welchem Ziel: Note heraufsetzen, Prüfung für Bestanden erklären ...

Es nutzt nichts, mit Allgemeinplätzen gegen Noten zu wettern.

Es nutzt auch nichts, seine Freunde zu zitieren oder „das Internet".

Wenn deine Prüfungskommission in deinem Interesse ihre Bewertung erneut überdenken soll, musst du ihr schon substanziierte Hinweise geben. Dazu solltest du zuvor in deine Prüfungsunterlagen Einblick genommen haben.

§ 26 MPO zur Durchführung von Abschlussprüfungen [9]:
Auf Antrag ist dem Prüfungsteilnehmer Einsicht in seine Prüfungsunterlagen zu gewähren. Die schriftlichen Prüfungsarbeiten sind zwei Jahre, die Anmeldungen und Niederschriften gem. § 21 Abs. 4 sind 10 Jahre aufzubewahren.

Akzeptiere, dass du diese drei Fachleute deiner Kommission zu überzeugen hast. Prüfungskommissionen sind in ihrer Arbeit weitgehend autark (vgl. § 21 MPO) und nur sachlichen Gesichtspunkten unterworfen. Dafür sind die Kommissionen ergebnisoffen und können mit deinen fundierten Hinweisen umgehen. Sollte ein Prüfer dies nicht wollen oder können, müsste er sich für befangen erklären und würde aus diesem Verfahren ausscheiden.

Kostenfragen

Zwar ist der Widerspruch kostenlos, jedoch nicht dein Rechtsanwalt (sofern du einen hinzugezogen haben solltest), wenn deinem Widerspruch nicht entsprochen wird.

Dann bleibst du nämlich grundsätzlich auf diesen Kosten sitzen (abgesehen mal von Fällen der Prozesskostenhilfe, die wir nicht anschneiden wollen).

Wann erhältst du die unverzügliche Antwort von deiner IHK?

Dazu stell dir vor, dass eine Reihe von Personen und Institutionen beteiligt sind, die trotz E-Mail, Fax und evtl. Brieftauben für die interne Bearbeitung Zeit benötigen.

	Tätigkeit	Werktage
😃	Einsichtnahme in Prüfung (Antrag, Anfahrt usw.) bei deiner IHK	ca. 5
😃	Entwurf deines Schreibens aufgrund der Einsichtnahme	ca. 3
😃	Dein Schreiben an IHK	ca. 2
IHK	Interne Bearbeitung bei der IHK	ca. 2
IHK	Schreiben IHK an Kommissionsvorsitzenden 😊	ca. 2
👥	Schreiben + Telefonate Kommissionsvorsitzender mit den übrigen Kommissionsmitgliedern	ca. 2
👥	Abstimmung innerhalb der Kommission treffen und ggf. Rückantworten von dort	ca. 7
👥	Antwortschreiben Kommission an die IHK	ca. 2
IHK	Interne Bearbeitung bei der IHK	ca. 2
IHK	Schreibt an dich 😃	ca. 2
	Summe Beispiel	**ca. 30 Werktage**

Die Überschlagsrechnung ergibt ca. 30 Werktage. Wenn nun noch einige Kommissionsmitglieder verreist sind, musst du vermutlich noch länger warten.

Zugegeben, wir haben dir mal ein eher negatives Szenario aufgezeichnet, aber es sollte dich auch etwas verständnisvoller für diese Vorgänge machen.

9705339

Schnell-
übersicht | Prüfung
Teil B | Konzept
und Antrag | Projekt-
bericht | Präsen-
tation | Fach-
gespräch | Mündliche
Ergänzungs-
prüfung | Ergebnis | **Besondere
Fälle** | Anhang

9.5.3 Nächste Stufe: deine Klage?

Inzwischen sind vermutlich etliche Wochen nach der Prüfung ins Land gegangen und der negative Bescheid der IHK mit Rechtsbehelfsbelehrung bezüglich deines Widerspruchs flattert dir ins Haus.

Grundform eines Rechtsbehelfs der IHK mit Bekanntgabe der Ergebnisse deines Widerspruchs:

 Gegen diesen Widerspruchsbescheid kann innerhalb eines Monats nach Zustellung Klage beim Verwaltungsgericht (Ort, Straße, Hausnummer), schriftlich oder zur Niederschrift des Urkundsbeamten der Geschäftsstelle erhoben werden. Die Klage muss den Kläger, den Beklagten und den Streitgegenstand bezeichnen, sie soll einen bestimmten Antrag enthalten. Die zur Begründung dienenden Tatsachen und Beweismittel sollen angegeben werden. Der Klage selbst neben Anlagen sollen so viele Abschriften beigefügt werden, dass alle Beteiligten eine Ausfertigung erhalten können.

O.K., sagst du, der Widerspruch hat nichts gebracht. Denen zeig ich, was eine Harke ist, und werde klagen.

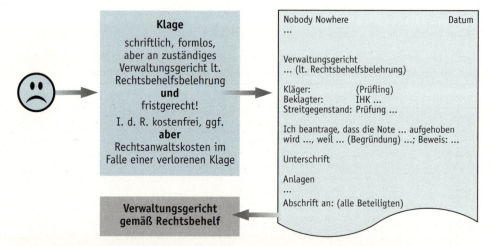

Wenn du dir das antun möchtest, bitte. Aber warum willst du nun einen großen Teil deines Lebens darauf verwenden, denn ab jetzt müsstest du dich auf deine Klage konzentrieren.

Zum einen wirst du erst einmal selbst eine korrekte stichhaltige Begründung schneidern, warum du zu Recht der Meinung bist, deine Noten seien nicht richtig, weil dieses oder jenes falsch korrigiert sei oder sachfremde Erwägungen in deine Note eingeflossen seien usw.

Zum anderen wirst du sinnvollerweise dir (kostenpflichtigen) juristischen Rat einholen und dort den einen oder anderen Beratungstermin haben. So vergeht eine Menge Zeit, die du besser anders verbringen könntest. Sei es, dass du dich auf die Wiederholungsprüfung vorbereitest oder mit Freunden ausgehst usw.

Wenn dann das jeweils zuständige Verwaltungsgericht Zeit gefunden hat, einen Termin anzuberaumen, hast du vielleicht schon deine Wiederholungsprüfung hinter dich gebracht, die vielleicht schlechter ausgefallen sein wird als nötig, da du mit deiner Klage befasst warst.

9705340

Der Papiertiger: deine Beschwerde 9.5.4

Deine Beschwerde wäre eine Art zahnloser Tiger. Denn das eigentlich angemessene Rechtsmittel ist der Widerspruch.

Auch wenn du anfänglich nur eine Beschwerde anvisierst, informiere dich unbedingt vorher über die einzuhaltenden Fristen für die Nutzung der übrigen Rechtsmittel (z. B. gemäß der Rechtsbehelfsbelehrung auf deinem Prüfungsbescheid). Denn eine erfolglose Beschwerde verschafft dir keine zusätzlichen Fristen beim Einlegen eines Widerspruchs.

Umgangsform, Inhalt, Gehaltvolles

Wie bei Widerspruch (▶ 9.5.2).

Bearbeitungsdauer und Wahrung der Chance auf Widerspruch

Im Interesse deines o. g. Fristenplanes solltest du wiederum eine angemessene Frist für die Bearbeitung durch alle Beteiligten einplanen.

Sieh dir das Beispiel für die Durchlaufzeiten beim Widerspruch an.

Uns scheint es deswegen fast aussichtslos, dass du auf eine Beschwerde noch rechtzeitig vor Verstreichen der Frist für einen Widerspruch eine Reaktion erhältst.

Wie man es auch dreht und wendet: Deine Beschwerde macht wenig Sinn.

> „Wir erheben Beschwerde, Klage und Widerspruch ..."
>
> waren die einleitenden Worte eines Schreibens, das ein Prüfling unter Anleitung seines Rechtsbeistandes an die IHK gerichtet hatte. Aufgrund der Sachkenntnisfreiheit der Schreiber musste sich die IHK nun das heraussuchen, **was der Betroffene in welcher Reihenfolge** mit diesem Schreiben hätte haben wollen.

Das Operative Geschäft der Kommission in besonderen Fällen 9.6

Da alle relevanten Hinweise bereits – soweit sie einer breiten Öffentlichkeit zugänglich sein sollten – in den Kapiteln für die Prüflinge enthalten waren, empfehlen wir Ihnen das Studium der entsprechenden Kapitel, während wir andere Dinge studieren.

Musterprüfungsordnung für die Durchführung von Abschlussprüfungen

Aufgrund des Beschlusses des Berufsbildungsausschusses vom ... gemäß den Richtlinien des Bundesausschusses für Berufsbildung vom 9. Juni 1971, zuletzt geändert durch Beschluss des Hauptausschusses vom 11./12. März 1998, erlässt die ... Kammer als zuständige Stelle nach §§ 41 Satz 1, 58 Abs. 2 Berufsbildungsgesetz (BBiG) vom 14. August 1969 (BGBI. IS. 1112), zuletzt geändert durch Artikel 6 des Zweiten Gesetzes zur Änderung der Handwerksordnung und anderer handwerksrechtlicher Vorschriften vom 25. März 1998 (BGBI. IS. 596), die folgende Prüfungsordnung für die Durchführung von Abschlussprüfungen in anerkannten Ausbildungs-berufen:

Erster Abschnitt: Prüfungsausschüsse

§ 1 – Errichtung

(1) Für die Abnahme der Abschlussprüfung errichtet die zuständige Stelle Prüfungsausschüsse (§ 36 Satz 1 BBiG).

(2) Für einen Ausbildungsberuf können bei Bedarf, insbesondere bei einer großen Anzahl von Prüfungs-bewerbern und bei besonderen Anforderungen in der Ausbildungsordnung, mehrere Prüfungsausschüsse errichtet werden.

(3) Mehrere zuständige Stellen können bei einer von ihnen gemeinsame Prüfungsausschüsse errichten (§ 36 Satz 2 BBiG).

§ 2 – Zusammensetzung und Berufung

(1) Der Prüfungsausschuss besteht aus mindestens drei Mitgliedern. Die Mitglieder müssen für die Prü-fungsgebiete sachkundig und für die Mitwirkung im Prüfungswesen geeignet sein (§ 37 Abs. 1 BBiG).

(2) Dem Prüfungsausschuss müssen als Mitglieder Beauftragte der Arbeitgeber und der Arbeitnehmer in gleicher Zahl sowie mindestens ein Lehrer einer berufsbildenden Schule angehören. Mindestens zwei Drittel der Gesamtzahl der Mitglieder müssen Beauf-tragte der Arbeitgeber und der Arbeitnehmer sein. Die Mitglieder haben Stellvertreter (§ 37 Abs. 2 BBiG).

(3) Die Mitglieder und stellvertretenden Mitglieder werden von der zuständigen Stelle längstens für fünf Jahre berufen (vgl. § 37 Abs. 3 Satz 1 BBiG).

(4) Die Arbeitnehmermitglieder werden auf Vorschlag der im Bezirk der zuständigen Stelle bestehenden Gewerkschaften und selbstständigen Vereinigungen von Arbeitnehmern mit sozial- oder berufspolitischer Zwecksetzung berufen (§ 37 Abs. 3 Satz 2 BBiG).

(5) Lehrer von berufsbildenden Schulen werden im Einvernehmen mit der Schulaufsichtsbehörde oder der von ihr bestimmten Stelle berufen (vgl. § 37 Abs. 3 Satz 3 BBiG).

(6) Werden Mitglieder nicht oder nicht in ausreichen-der Zahl innerhalb einer von der zuständigen Stelle gesetzten angemessenen Frist vorgeschlagen, so beruft die zuständige Stelle insoweit nach pflichtge-mäßem Ermessen (§ 37 Abs. 3 Satz 4 BBiG).

(7) Die Mitglieder und stellvertretenden Mitglieder der Prüfungsausschüsse können nach Anhören der an ihrer Berufung Beteiligten aus wichtigem Grund abbe-rufen werden (§ 37 Abs. 3 Satz 5 BBiG).

(8) Die Tätigkeit im Prüfungsausschuss ist ehrenamt-lich. Für bare Auslagen und für Zeitversäumnis ist, soweit eine Entschädigung nicht von anderer Seite gewährt wird, eine angemessene Entschädigung zu zahlen, deren Höhe von der zuständigen Stelle mit Genehmigung der obersten Landesbehörde festge-setzt wird (§ 37 Abs. 4 BBiG).

(9) Von Absatz (2) darf nur abgewichen werden, wenn anderenfalls die erforderliche Zahl von Mitgliedern des Prüfungsausschusses nicht berufen werden kann (§ 37 Abs. 5 BBiG).
+

§ 3 – Ausgeschlossene Personen und Besorgnis der Befangenheit

(1) Bei der Zulassung und Prüfung darf nicht mitwir-ken, wer Angehöriger eines Prüfungsbewerbers ist. Angehörige im Sinne des Satz 1 sind:

1. der Verlobte,
2. der Ehegatte,
3. Verwandte oder Verschwägerte gerader Linie,
4. Geschwister,
5. Kinder der Geschwister,
6. Ehegatten der Geschwister und Geschwister der Ehegatten,
7. Geschwister der Eltern,
8. Personen, die durch ein auf längere Dauer ange-legtes Pflegeverhältnis mit häuslicher Gemein-schaft wie Eltern und Kind miteinander verbunden sind (Pflegeeltern und Pflegekinder).

Angehörige sind die im Satz 2 aufgeführten Personen auch dann, wenn

1. in den Fällen der Nummern 2, 3 und 6 die die Beziehung begründende Ehe nicht mehr besteht;
2. in den Fällen der Nummern 3 bis 7 die Verwandt-schaft oder Schwägerschaft durch Annahme als Kind erloschen ist;
3. im Falle der Nummer 8 die häusliche Gemeinschaft nicht mehr besteht, sofern die Personen weiterhin wie Eltern und Kind miteinander verbunden sind.

(2) Hält sich ein Prüfungsausschussmitglied nach Absatz 1 für ausgeschlossen oder bestehen Zweifel, ob die Voraussetzung des Absatzes 1 gegeben ist, ist dies der zuständigen Stelle mitzuteilen, während der Prüfung dem Prüfungsausschuss. Die Entscheidung über den Ausschluss von der Mitwirkung trifft die zuständige Stelle, während der Prüfung der Prüfungs-ausschuss.

9705342

(3) Liegt ein Grund vor, der geeignet ist Misstrauen gegen eine unparteiische Ausübung des Prüfungsamtes zu rechtfertigen, oder wird von einem Prüfungsteilnehmer das Vorliegen eines solchen Grundes behauptet, so hat der Betroffene dies der zuständigen Stelle mitzuteilen, während der Prüfung dem Prüfungsausschuss. Absatz 2 Satz 2 gilt entsprechend.

(4) Ausbilder sollen, soweit nicht besondere Umstände eine Mitwirkung zulassen oder erfordern, nicht mitwirken.

(5) Wenn infolge von Ausschluss oder Besorgnis der Befangenheit eine ordnungsgemäße Besetzung des Prüfungsausschusses nicht möglich ist, kann die zuständige Stelle die Durchführung der Prüfung einem anderen Prüfungsausschuss, erforderlichenfalls einer anderen zuständigen Stelle übertragen. Das Gleiche gilt, wenn eine objektive Durchführung der Prüfung nicht gewährleistet erscheint.

Absatz 4 entfällt in den Musterprüfungsordnungen für Umschulungsprüfungen, Fortbildungsprüfungen und Ausbildereignungsprüfungen, Absatz 5 tritt hier an die Stelle von Absatz 4.

§ 4 – Vorsitz, Beschlussfähigkeit, Abstimmung (§ 38 BBiG)

(1) Der Prüfungsausschuss wählt aus seiner Mitte einen Vorsitzenden und dessen Stellvertreter. Der Vorsitzende und sein Stellvertreter sollen nicht derselben Mitgliedergruppe angehören.

(2) Der Prüfungsausschuss ist beschlussfähig, wenn zwei Drittel der Mitglieder, mindestens drei, mitwirken. Er beschließt mit der Mehrheit der abgegebenen Stimmen. Bei Stimmengleichheit gibt die Stimme des Vorsitzenden den Ausschlag.

§ 5 – Geschäftsführung

(1) Die zuständige Stelle regelt im Einvernehmen mit dem Prüfungsausschuss dessen Geschäftsführung, insbesondere Einladungen, Protokollführung und Durchführung der Beschlüsse.

(2) Die Sitzungsprotokolle sind vom Protokollführer und vom Vorsitzenden zu unterzeichnen. § 21 Abs. 4 bleibt unberührt.

§ 6 – Verschwiegenheit

Die Mitglieder des Prüfungsausschusses haben über alle Prüfungsvorgänge gegenüber Dritten Verschwiegenheit zu wahren. Dies gilt nicht gegenüber dem Berufsbildungsausschuss. Ausnahmen bedürfen der Einwilligung der zuständigen Stelle.

Zweiter Abschnitt: Vorbereitung der Prüfung

§ 7 – Prüfungstermine

(1) Die zuständige Stelle bestimmt in der Regel zwei für die Durchführung der Prüfung maßgebende Termine im Jahr. Diese Termine sollen auf den Ablauf der Berufsausbildung und des Schuljahres abgestimmt sein.

(2) Die zuständige Stelle gibt diese Termine einschließlich der Anmeldefristen in ihrem Mitteilungsblatt mindestens drei Monate vorher bekannt.

(3) Wird die Abschlussprüfung mit einheitlichen überregionalen Prüfungsaufgaben durchgeführt, sind einheitliche Prüfungstage von den beteiligten zuständigen Stellen anzusetzen, soweit die Durchführbarkeit sichergestellt werden kann.

§ 8 – Zulassungsvoraussetzungen für die Abschlussprüfung

(1) Zur Abschlussprüfung ist zuzulassen (§ 39 Abs. 1 BBiG),

1. wer die Ausbildungszeit zurückgelegt hat oder dessen Ausbildungszeit nicht später als zwei Monate nach dem Prüfungstermin endet,

2. wer an vorgeschriebenen Zwischenprüfungen teilgenommen sowie vorgeschriebene Berichtshefte geführt hat und

3. dessen Berufsausbildungsverhältnis in das Verzeichnis der Berufsausbildungsverhältnisse eingetragen oder aus einem Grund nicht eingetragen ist, den weder der Auszubildende noch dessen gesetzlicher Vertreter zu vertreten hat.

(2) Körperlich, geistig oder seelisch Behinderte sind zur Abschlussprüfung auch zuzulassen, wenn die Voraussetzungen des Abs. (1) nicht vorliegen (vgl. § 48 Abs. 3 Nr. 2 BBiG).

§ 9 – Zulassungsvoraussetzungen in besonderen Fällen (§ 40 BBiG)

(1) Der Auszubildende kann nach Anhören des Ausbildenden und der Berufsschule vor Ablauf seiner Ausbildungszeit zur Abschlussprüfung zugelassen werden, wenn seine Leistungen dies rechtfertigen.

(2) Zur Abschlussprüfung ist auch zuzulassen, wer nachweist, dass er mindestens das Zweifache der Zeit, die als Ausbildungszeit vorgeschrieben ist, in dem Beruf tätig gewesen ist, in dem er die Prüfung ablegen will. Hiervon kann abgesehen werden, wenn durch Vorlage von Zeugnissen oder auf andere Weise glaubhaft dargetan wird, dass der Bewerber Kenntnisse und Fertigkeiten erworben hat, die die Zulassung zur Prüfung rechtfertigen.

(3) Zur Abschlussprüfung ist ferner zuzulassen, wer in einer berufsbildenden Schule oder einer sonstigen Einrichtung ausgebildet worden ist, wenn diese Ausbildung der Berufsausbildung in einem anerkannten Ausbildungsberuf entspricht.

§ 10 – Anmeldung zur Prüfung

(1) Die Anmeldung zur Prüfung hat schriftlich nach den von der zuständigen Stelle bestimmten Anmeldefristen und -formularen durch den Ausbildenden mit Zustimmung des Auszubildenden zu erfolgen.

(2) In besonderen Fällen kann der Prüfungsbewerber selbst den Antrag auf Zulassung zur Prüfung stellen. Dies gilt insbesondere in Fällen gem. § 9 und bei

Wiederholungsprüfungen, falls ein Ausbildungsver-hältnis nicht mehr besteht.

(3) Örtlich zuständig für die Anmeldung ist die zuständige Stelle, in deren Bezirk

- in den Fällen des § 8 und § 9 Abs. 1 die Ausbil-dungsstätte liegt,
- in den Fällen des § 9 Abs. 2 und 3 die Arbeitsstät-te oder, soweit kein Arbeitsverhältnis besteht, der Wohnsitz des Prüfungsbewerbers liegt,
- in den Fällen des § 1 Abs. 3 der gemeinsame Prü-fungsausschuss errichtet worden ist.

(4) Der Anmeldung sollen beigefügt werden

a) in den Fällen des § 8 und § 9 Abs. 1

- Bescheinigung über die Teilnahme an vorgeschrie-benen Zwischenprüfungen
- vorgeschriebene Berichtshefte (Ausbildungsnach-weise)
- das letzte Zeugnis der zuletzt besuchten berufsbil-denden Schule
- ggf. weitere Ausbildungs- und Tätigkeitsnachweise

b) in den Fällen des § 9 Abs. 2 und 3

- Tätigkeitsnachweise oder glaubhafte Darlegung über den Erwerb von Kenntnissen und Fertigkeiten i. S. des § 9 Abs. 2 oder Ausbildungsnachweise i. S. des § 9 Abs. 3
- das letzte Zeugnis der zuletzt besuchten berufsbil-denden Schule
- ggf. weitere Ausbildungs- und Tätigkeitsnachweise

§ 11 – Entscheidung über die Zulassung

(1) Über die Zulassung zur Abschlussprüfung ent-scheidet die zuständige Stelle. Hält sie die Zulas-sungsvoraussetzungen nicht für gegeben, so ent-scheidet der Prüfungsausschuss (§ 39 Abs. 2 BBiG).

(2) Die Entscheidung über die Zulassung ist dem Prü-fungsbewerber rechtzeitig unter Angabe des Prü-fungstages und -ortes einschließlich der erlaubten Arbeits- und Hilfsmittel mitzuteilen.

(3) Die Zulassung kann vom Prüfungsausschuss bis zum ersten Prüfungstage, wenn sie aufgrund von gefälschten Unterlagen oder falschen Angaben ausge-sprochen wird, widerrufen werden.

Dritter Abschnitt: Durchführung der Prüfung

§ 12 – Prüfungsgegenstand (vgl. § 35 BBiG)

Durch die Abschlussprüfung ist festzustellen, ob der Prüfungsteilnehmer die erforderlichen Fertigkeiten beherrscht, die notwendigen praktischen und theore-tischen Kenntnisse besitzt und mit dem ihm im Berufsschulunterricht vermittelten, für die Berufsaus-bildung wesentlichen Lehrstoff vertraut ist. Die Aus-bildungsordnung ist zugrunde zu legen.

§ 13 – Gliederung der Prüfung

(1) Soweit die Ausbildungsordnung nichts anderes bestimmt, soll sich die Prüfung in eine Fertigkeits-und eine Kenntnisprüfung (Prüfungsteile) gliedern.

Die Kenntnisprüfung kann in Prüfungsfächer, diese können in Prüfungsgebiete gegliedert werden, die Fertigkeitsprüfung kann aus Arbeitsproben und Prü-fungsstück bestehen.

(2) Die Kenntnisprüfung ist schriftlich durchzuführen. Sie ist durch eine mündliche Prüfung zu ergänzen, soweit die Ausbildungsordnung dies vorschreibt.

(3) Falls die Ausbildungsordnung keine Bestimmung zur mündlichen Prüfung enthält, kann der Prüfungs-ausschuss die Durchführung einer mündlichen Prü-fung beschließen,

a) wenn die Art des Ausbildungsberufes dies erfordert,

b) wenn dies im Einzelfall für die Feststellung eines für den Prüfungsteilnehmer günstigeren Ergebnis-ses von wesentlicher Bedeutung ist und wenn die an der Berufsschule oder im Betrieb gezeigten Leis-tungen in erheblichem Widerspruch zum bisherigen Prüfungsergebnis stehen.

(4) Soweit körperlich, geistig oder seelisch Behinder-te an der Prüfung teilnehmen, sind deren besonderen Belange bei der Prüfung zu berücksichtigen.

§ 14 – Prüfungsaufgaben

(1) Der Prüfungsausschuss beschließt auf der Grund-lage der Ausbildungsordnung die Prüfungsaufgaben.

(2) Der Prüfungsausschuss ist gehalten überregional erstellte Prüfungsaufgaben zu übernehmen.

§ 15 – Nichtöffentlichkeit

Die Prüfungen sind nicht öffentlich. Vertreter der obersten Landesbehörden und der zuständigen Stelle sowie die Mitglieder und stellvertretenden Mitglieder des Berufsbildungsausschusses können anwesend sein. Der Prüfungsausschuss kann im Einvernehmen mit der zuständigen Stelle andere Personen als Gäste zulassen. Bei der Beratung über das Prüfungsergebnis dürfen nur die Mitglieder des Prüfungsausschusses anwesend sein.

§ 16 – Leitung und Aufsicht

(1) Die Prüfung wird unter Leitung des Vorsitzenden vom gesamten Prüfungsausschuss abgenommen.

(2) Bei schriftlichen Prüfungen und bei der Anferti-gung von Prüfungsstücken regelt die zuständige Stel-le im Einvernehmen mit dem Prüfungsausschuss die Aufsichtsführung, die sicherstellen soll, dass der Prü-fungsteilnehmer die Arbeiten selbstständig und nur mit den erlaubten Arbeits- und Hilfsmitteln ausführt.

(3) Die Anfertigung von Arbeitsproben ist von mindes-tens zwei, nicht der gleichen Gruppe angehörenden Mitgliedern des Prüfungsausschusses zu überwachen; diese werden vom Prüfungsausschuss bestimmt.

(4) In den Fällen der Abs. (2) und (3) ist über den Ablauf eine Niederschrift zu fertigen.

§ 17 – Ausweispflicht und Belehrung

Die Prüfungsteilnehmer haben sich auf Verlangen des Vorsitzenden oder des Aufsicht Führenden über ihre

Person auszuweisen. Sie sind vor Beginn der Prüfung über den Prüfungsablauf, die zur Verfügung stehende Zeit, die erlaubten Arbeits- und Hilfsmittel, die Folgen von Täuschungshandlungen und Ordnungsverstößen zu belehren.

§ 18 Täuschungshandlungen und Ordnungsverstöße

(1) Teilnehmer, die sich einer Täuschungshandlung oder einer erheblichen Störung des Prüfungsablaufs schuldig machen, kann der Aufsicht Führende von der Prüfung vorläufig ausschließen.

(2) Über den endgültigen Ausschluss und die Folgen entscheidet der Prüfungsausschuss nach Anhören des Prüfungsteilnehmers. In schwerwiegenden Fällen, insbesondere bei vorbereiteten Täuschungshandlungen, kann die Prüfung für nicht bestanden erklärt werden. Das Gleiche gilt bei innerhalb eines Jahres nachträglich festgestellten Täuschungen.

§ 19 – Rücktritt, Nichtteilnahme

(1) Der Prüfungsbewerber kann nach erfolgter Anmeldung rechtzeitig vor Beginn der Prüfung durch schriftliche Erklärung zurücktreten. In diesem Fall gilt die Prüfung als nicht abgelegt.

(2) Tritt der Prüfungsbewerber nach Beginn der Prüfung zurück, so können bereits erbrachte, in sich abgeschlossene Prüfungsleistungen nur anerkannt werden, wenn ein wichtiger Grund für den Rücktritt vorliegt (z. B. im Krankheitsfalle durch Vorlage eines ärztlichen Attestes).

(3) Erfolgt der Rücktritt nach Beginn der Prüfung oder nimmt der Prüfungsbewerber an der Prüfung nicht teil, ohne dass ein wichtiger Grund vorliegt, so gilt die Prüfung als nicht bestanden.

(4) Über das Vorliegen eines wichtigen Grundes entscheidet der Prüfungsausschuss.

Vierter Abschnitt: Bewertung, Feststellung und Beurkundung des Prüfungsergebnisses

§ 20 – Bewertung

(1) Die Prüfungsleistungen gemäß der Gliederung der Prüfung nach § 13 sowie die Gesamtleistung sind – unbeschadet der Gewichtung von einzelnen Prüfungsleistungen aufgrund der Ausbildungsordnungen oder, soweit diese darüber keine Bestimmungen enthalten, aufgrund der Entscheidung des Prüfungsausschusses – wie folgt zu bewerten:

Eine den Anforderungen in besonderem Maße entsprechende Leistung

= 100–92 Punkte = Note 1 = sehr gut,

eine den Anforderungen voll entsprechende Leistung = unter 92–81 Punkte = Note 2 = gut,

eine den Anforderungen im allgemeinen entsprechende Leistung

= unter 81–67 Punkte = Note 3 = befriedigend,

eine Leistung, die zwar Mängel aufweist, aber im ganzen den Anforderungen noch entspricht,

= unter 67–50 Punkte = Note 4 = ausreichend,

eine Leistung, die den Anforderungen nicht entspricht, jedoch erkennen lässt, dass gewisse Grundkenntnisse noch vorhanden sind,

= unter 50–30 Punkte = Note 5 = mangelhaft,

eine Leistung, die den Anforderungen nicht entspricht und bei der selbst Grundkenntnisse fehlen,

= unter 30–0 Punkte = Note 6 = ungenügend.

(2) Soweit eine Bewertung der Leistungen nach dem Punktesystem nicht sachgerecht ist, ist die Bewertung nur nach Noten vorzunehmen. Bei programmierter Prüfung ist eine der Prüfungsart entsprechende Bewertung vorzunehmen.

(3) Andere Bewertungssysteme können noch bis zum 31. Dezember 1972 angewandt werden.

(4) Jede Prüfungsleistung ist von den Mitgliedern des Prüfungsausschusses getrennt und selbstständig zu beurteilen und zu bewerten.

§ 21 – Feststellung des Prüfungsergebnisses

(1) Der Prüfungsausschuss stellt gemeinsam die Ergebnisse der einzelnen Prüfungsleistungen sowie das Gesamtergebnis der Prüfung fest.

(2) Die Prüfung ist insgesamt bestanden, wenn in den einzelnen Prüfungsteilen (Fertigkeits- und Kenntnisprüfung) – soweit die Ausbildungsordnung nicht anderes bestimmt – mindestens ausreichende Leistungen erbracht sind.

(3) Unbeschadet des § 24 Abs. 2 Satz 1 kann der Prüfungsausschuss bestimmen, dass in bestimmten Prüfungsfächern oder Prüfungsgebieten (§ 13) eine Wiederholungsprüfung nicht erforderlich ist. Ebenso kann der Prüfungsausschuss den Prüfungsteilnehmer von einem nochmaligen Anfertigen des Prüfungsstücks befreien, wenn keine ausreichende Leistung bei der Arbeitsprobe, aber eine mindestens ausreichende Leistung bei dem Prüfungsstück erbracht wurde.

(4) Über den Verlauf der Prüfung einschließlich der Feststellung der einzelnen Prüfungsergebnisse ist eine Niederschrift zu fertigen. Sie ist von den Mitgliedern des Prüfungsausschusses zu unterzeichnen.

(5) Der Prüfungsausschuss soll dem Prüfungsteilnehmer am letzten Prüfungstag mitteilen, ob er die Prüfung „bestanden" oder „nicht bestanden" hat. Hierüber ist dem Prüfungsteilnehmer unverzüglich eine vom Vorsitzenden zu unterzeichnende Bescheinigung auszuhändigen. Dabei ist als Termin des Bestehens bzw. Nichtbestehens der Tag der letzten Prüfungsleistung einzusetzen.

§ 22 – Prüfungszeugnis

(1) Über die Prüfung erhält der Prüfungsteilnehmer von der zuständigen Stelle ein Zeugnis (vgl. § 34 BBiG).

(2) Das Prüfungszeugnis enthält
- die Bezeichnung „Prüfungszeugnis nach § 34 BBiG",
- die Personalien des Prüfungsteilnehmers,
- den Ausbildungsberuf,
- das Gesamtergebnis der Prüfung und die Ergebnisse von einzelnen Prüfungsleistungen,
- das Datum des Bestehens der Prüfung,
- die Unterschriften des Vorsitzenden des Prüfungs-ausschusses und des Beauftragten der zuständigen Stelle mit Siegel; mit Zustimmung des Vorsitzenden des Prüfungsausschusses kann dessen Unterschrift durch die Unterschrift eines anderen Mitgliedes des Prüfungsausschusses ersetzt werden.

§ 23 – Nicht bestandene Prüfung

(1) Bei nicht bestandener Prüfung erhalten der Prü-fungsteilnehmer und sein gesetzlicher Vertreter sowie der Ausbildende von der zuständigen Stelle einen schriftlichen Bescheid. Darin ist anzugeben, in wel-chen Prüfungsteilen ausreichende Leistungen nicht erbracht worden sind, und welche Prüfungsleistungen in einer Wiederholungsprüfung nicht mehr wiederholt zu werden brauchen (§ 21 Abs. 3).

(2) Auf die besonderen Bedingungen der Wiederho-lungsprüfung gem. § 24 ist hinzuweisen.

Fünfter Abschnitt: Wiederholungsprüfung

§ 24 – Wiederholungsprüfung

(1) Eine nicht bestandene Abschlussprüfung kann zweimal wiederholt werden (vgl. § 34 Abs. 1 Satz 2 BBiG).

(2) Hat der Prüfungsteilnehmer bei nicht bestandener Prüfung in einem Prüfungsteil mindestens ausrei-chende Leistungen erbracht, so ist dieser Teil auf Antrag des Prüfungsteilnehmers nicht zu wiederholen, sofern dieser sich innerhalb von zwei Jahren – gerechnet vom Tage der Beendigung der nicht bestandenen Prüfung an – zur Wiederholungsprüfung anmeldet. Das Gleiche gilt, wenn nach Bestimmung des Prüfungsausschusses gem. § 21 Abs. 3 in bestimmten Prüfungsfächern oder Prüfungsgebieten eine Wiederholung nicht erforderlich ist oder eine Befreiung von der Wiederholung des Prüfungsstücks ausgesprochen wurde.

(3) Die Prüfung kann frühestens zum nächsten Prü-fungstermin wiederholt werden.

(4) Die Vorschriften über die Anmeldung und Zulas-sung (§§ 8–11) gelten sinngemäß. Bei der Anmel-dung sind außerdem Ort und Datum der vorausgegan-genen Prüfung anzugeben.

Sechster Abschnitt: Schlussbestimmungen

§ 25 – Rechtsmittel

Maßnahmen und Entscheidungen der Prüfungsaus-schüsse sowie der zuständigen Stelle sind bei ihrer schriftlichen Bekanntgabe an den Prüfungsbewerber bzw. -teilnehmer mit einer Rechtsmittelbelehrung zu versehen. Diese richtet sich im Einzelnen nach der Verwaltungsgerichtsordnung und den Ausführungsbe-stimmungen des Landes.

§ 26 – Prüfungsunterlagen

Auf Antrag ist dem Prüfungsteilnehmer Einsicht in seine Prüfungsunterlagen zu gewähren. Die schrift-lichen Prüfungsarbeiten sind zwei Jahre, die Anmel-dungen und Niederschriften gem. § 21 Abs. 4 sind 10 Jahre aufzubewahren.

§ 27 – In-Kraft-Treten, Genehmigung

Diese Prüfungsordnung tritt nach ihrer Verkündung im Mitteilungsblatt der zuständigen Stelle am 01.05.1972 in Kraft. Die Prüfungsordnung wurde am 11.02.1972 gemäß § 41 Satz 3 BBiG von der obersten Landesbe-hörde genehmigt.

Protokollnotizen

Zu § 1 Abs. 2
Diese Regelung deckt im Bedarfsfall auch die etwa aufgrund der Ausbildungsordnung notwendige Diffe-renzierung nach Fachrichtungen ab.

Zu § 1 Abs. 3
Damit erübrigt sich bei Splitterberufen die Hinzuzie-hung von Sachverständigen, die nicht Mitglieder der Prüfungsausschüsse sind. Im Übrigen kann die zustän-dige Stelle die Durchführung der Abschlussprüfung in diesen Berufen durch rechtzeitige Berufung von sach-verständigen Prüfern sicherstellen.

Zu § 2 Abs. 2
Nach Möglichkeit sollten die Prüfungsausschüsse auch hinsichtlich der Lehrer an berufsbildenden Schu-len paritätisch besetzt sein.

Zu § 4 Abs. 1
Der Prüfungsausschuss sollte den Vorsitz zwischen den Gruppen wechseln.

Zu § 7 Abs. 1
Maßgebende Termine sind für die Winterprüfung der 31. Januar und für die Sommerprüfung der 31. August jeden Jahres. Nach diesen Terminen richten sich die Bekanntmachungs-, Anmelde- und Zulassungsfristen der Prüfungsordnung sowie die Vorbereitung der Prü-fungen; die Festsetzung der einzelnen Prüfungstage wird gesondert geregelt.

Zu § 8 Abs. 2
Es wird darauf hingewiesen, dass die Prüfungsordnung nicht die Abschlussprüfung für Behinderte im Sinne des § 48 BBiG außerhalb anerkannter Ausbildungsbe-rufe regelt.

Zu § 9 Abs. 1
Bei der Beurteilung der betrieblichen Leistungen sind entsprechend der Ausbildungsordnung der Ausbil-

9705346

dungsgang, der Leistungsstand und die in der bis zur Prüfung noch verbleibenden Zeit zu vermittelnden Fertigkeiten und Kenntnisse im Hinblick auf die Erreichung des Ausbildungsziels zu berücksichtigen.

Für die Beurteilung durch die Berufsschule ist davon auszugehen, dass durchschnittliche Leistungen Voraussetzung für eine vorzeitige Zulassung sind. Eine entsprechende Leistung liegt vor, wenn, bezogen auf die für die Prüfung wesentlichen Fächer, im Durchschnitt mindestens die Gesamtnote „befriedigend" erreicht wird.

Darüber hinausgehende Leistungsanforderungen sind unzulässig.*

Zu § 13
Näheres zu einzelnen Ausbildungsberufen regeln Anhänge zur Prüfungsordnung.

Zu § 13 Abs. 2 Satz 2
Diese Regelung schließt nicht aus, dass bei der Durchführung der Fertigkeitsprüfung Fragen gestellt werden können, die damit im Zusammenhang stehen.

Zu § 14 Abs. 2
Der Berufsbildungsausschuss geht davon aus, dass überregionale Prüfungsaufgaben von Gremien erstellt werden, die entsprechend § 37 Abs. 2 BBiG zusammengesetzt sind.

Zu § 20
Näheres zu einzelnen Ausbildungsberufen regeln Anhänge zur Prüfungsordnung.

Zu § 21
Näheres zu einzelnen Ausbildungsberufen regeln Anhänge zur Prüfungsordnung.

* Richtlinien der Kammer über die vorzeitige Zulassung zur Abschlussprüfung wurden inzwischen geändert (siehe Anlage Schreiben vom 25.11.81).

9705347

Prüfling_____   Prüfung_____

Prüfung **Teil A**

Projektbericht

Fragen für das Fachgespräch

_____

Mitglied 1
_____
Mitglied 2

Punkte Projektbericht: (von 100) [ ] → [ ]   gewichtet · 0,5

Präsentation und Fachgespräch

Präsentation
Zusätzliche Fragen für das Fachgespräch

_____

_____

Punkte Präsentation: (von 50) [ ]

Fachgespräch

Punkte Fachgespräch: (von 50) [ ]

Punktesumme Präsentation und Fachgespräch: (von 100) [ ] → [ ]   gewichtet · 0,5

Summe Prüfungsteil A (von 100) [ ]

Projektbericht

Die Gestaltung des Projektberichtes insgesamt wird beurteilt

4.3.1 Äußere Form (Eindruck)

Deckblatt enthält alle Angaben, DIN-Gliederung, Gestaltung, Seitenaufbau, Text, Tabellen, Schriftgut ...

Insgesamt überzeugende Gestaltung	Im Wesentlichen überzeugende Gestaltung	In wesentlichen Teilen ansprechend	Noch akzeptabel	Nicht ansprechend	Nicht annehmbar	Punkte
5	4	3	2	1	0	

4.3.4 Angepasste Darstellungsweise

Strukturierung des Berichtes (Trennung zwischen Bericht und Anlagen), fachgerechte Darstellung, Sprachstil, Ausdrucksform und korrekte Rechtschreibung

Darstellung dem Inhalt optimal angepasst	Angepasste Darstellung	Weit gehend angepasste Darstellung	Struktur erschließbar, mit fachlichen und Darstellungsmängeln	Struktur nicht erschließbar, mit fachlichen u. Darstellungsmängeln	Struktur nicht vorhanden, fachlich und darstellungsmäßig nicht haltbar	Punkte
5	4	3	2	1	0	

Beschreibung der Ausgangssituation

4.4.1 Beschreibung von Auftrag, Teilaufgaben, Zielen und Kundenwünschen

ggf. Abweichungen zum Projektauftrag beachten!

Auftrag, Ziele Kundenwünsche und Teilaufgaben sind umfassend dargestellt	Auftrag, wesentliche Ziele, Kundenwünsche und Teilaufgaben sind dargestellt	Auftrag, Ziele, Kundenwünsche und Teilaufgaben sind erkennbar	Auftrag, Ziele, Kundenwünsche und Teilaufgaben sind erschließbar	Auftrag, Ziele, Kundenwünsche und Teilaufgaben sind nicht erschließbar	Auftrag, Ziele, Kundenwünsche und Teilaufgaben fehlen und sind nicht erschließbar	Punkte
10	9–8	7–6	5	4–3	2–0	

4.4.2 Beschreibung der betrieblichen Prozessschnittstellen und des Projektumfeldes

– Einpassung des Produktes in den betrieblichen Prozess
– Projektbezogene Rahmenbedingungen während der betrieblichen Projektarbeit

Umfeld und Schnittstellen (und ggf. Supportprozesse*) sind umfassend beschrieben	Das Umfeld und die wesentlichen Schnittstellen (und ggf. Supportprozesse*) sind beschrieben.	Umfeld und Schnittstellen (und ggf. Supportprozesse*) sind erkennbar	Umfeld und Schnittstellen (und ggf. Supportprozesse*) sind erschließbar	Umfeld und Schnittstellen (und ggf. Supportprozesse*) nicht oder nicht zutreffend beschrieben	Umfeld und Schnittstellen (und ggf. Supportprozesse*) fehlen	Punkte
10	9–8	7–6	5	4–3	2–0	

* Supportprozesse sollen solche Prozesse sein, die das fertige Produkt im betrieblichen Funktionsumfang aufrechterhalten.

Download als EXCEL-Version www.IT-Pruefungshandbuch.de

9705349

4.4.3 Ressourcen- und Zeitplanung

ggf. Zeit, Geld, Personal und Sachmittel und Kosten(plan)

Ressourcen und Zeiten umfassend angeführt und geplant	Ressourcen und Zeiten im Wesentlichen angeführt und geplant	Ressourcen und Zeiten erkennbar und teilweise geplant	Wichtige Ressourcen und Zeiten erschließ-bar und teilweise geplant	Ressourcen und Zeiten bedingt erschließbar, nicht geplant	Ressourcen und Zeiten nicht erschließbar und nicht geplant	Punkte
10	9–8	7–6	5	4–3	2–0	

Die Darstellung des durchgeführten Prozesses wird beurteilt

4.5.1 Beschreibung der durchgeführten Prozessschritte

Formale Beurteilung der Darstellung der Prozessschritte

Durchführung der Prozessschritte umfassend dargestellt	Durchführung der wesentlichen Prozessschritte dargestellt	Durchführung der Prozessschritte erkennbar	Durchführung von Prozessschritten erschließbar	Durchführung von Prozessschritten bedingt erschließbar	Durchführung nicht ange-sprochen, nicht erschließbar	Punkte
10	9–8	7–6	5	4–3	2–0	

Die Methodik des durchgeführten Prozesses wird beurteilt

4.6.1 Inhaltliche Betrachtung, Methodik des Vorgehens

(War das Vorgehen angemessen?)

Vorgehen ist voll zielgerichtet und angemessen	Vorgehen ist zielgerichtet und angemessen	Vorgehen ist weit gehend zielgerichtet und angemessen	Vorgehen ist noch erkennbar zielgerichtet/ angemessen	Vorgehen ist nicht zielgerichtet/ angemessen	Vorgehen ist nicht zielgerichtet und nicht angemessen	Punkte
10	9–8	7–6	5	4–3	2–0	

4.6.2 Entscheidungssituationen

Durch Abweichungen/Anpassungen im Zuge des Projekts; ggf. erforderlich gewordene Entscheidungen und Erkenntnisse

Anpassungen und Folgen umfassend begründet und berücksichtigt	Wesentliche Anpassungen und Folgen begründet und berücksichtigt	Anpassungen und Folgen erkennbar	Anpassungen und Folgen erschließbar	Anpassungen und Folgen bedingt erschließbar	Anpassungen und Folgen nicht angesprochen/ nicht erschließbar	Punkte
5	4	3	2	1	0	

Download als EXCEL-Version www.IT-Pruefungshandbuch.de

9705350

4.6.3 Qualitätssicherung

Analytische und konstruktive QS (Abnahmetest s. u. Abschluss des Projektes)

QS-Maßnahmen immer angemessen und umfassend dargestellt	QS-Maßnahmen angemessen und im Wesentlichen dargestellt	QS-Maßnahmen erkennbar und dargestellt	QS-Maßnahmen erschließbar und nicht immer einwandfrei	QS-Maßnahmen erschließbar mit deutlichen Mängeln	QS-Maßnahmen nicht angesprochen/erschließbar, fachlich nicht haltbar	Punkte
10	9–8	7–6	5	4–3	2–0	

Die Darstellung des Projektabschlusses mit Abnahme/ Bereitstellung und Kundendokumentation wird beurteilt

4.7.1 Was erhält der Kunde zum Abschluss an Dokumentation?

Sind die Unterlagen (eigene + fremderstellte) für den Kunden strukturiert und zweckmäßig für den späteren betriebl. Einsatz des Produktes, der Produktwartung bzw. als Entscheidungsgrundlage? Erhellen die vorgestellten Teile in Bericht und Anhang diesen Sachverhalt?

Auftragsgerecht, gut strukturiert und deutlich nachvollziehbar	Im Wesentlichen auftragsgerecht, strukturiert und nachvollziehbar	In wesentlichen Teilen auftragsgerecht, im Allgemeinen strukturiert u. nachvollziehbar	Noch auftragsgerecht, wenig strukturiert, aber noch erschließbar	Teilweise nicht auftragsgerecht, strukturelle Mängel, kaum erschließbar	Nicht auftragsgerecht, nicht erschließbar	Punkte
10	9–8	7–6	5	4–3	2–0	

4.7.2 Abschluss des Projektes – Projektabnahme und -bereitstellung

Betrieblicher Schlussstrich, Abnahme (mit Test), Übergabe/ggf. Schulung, Überraschungen?

Abnahme und Bereitstellung des Produkts umfassend dargestellt	Abnahme und Bereitstellung des Produkts im Wesentlichen dargestellt	Abnahme und Bereitstellung des Produkts erkennbar dargestellt	Abnahme und Bereitstellung des Produkts erschließbar	Abnahme und Bereitstellung des Produkts bedingt erschließbar	Abnahme und Bereitstellung des Produkts nicht angesprochen/ nicht erschließbar	Punkte
5	4	3	2	1	0	

Reflexion

4.8.1 Methodik des Vorgehens

Was war gut, was war schlecht, was könnte künftig besser gemacht werden? Plausibilität Zeitaufwand: Hier sind Abwertungen möglich und ggf. zwingend!

Das Ergebnis des Prozesses

Soll-Ist-Vergleich von Projektauftrag, Zielen und Kundenwünschen

ggf. Wirtschaftlichkeitsbetrachtung

Prozess und Ergebnis umfassend bewertet	Prozess und Ergebnis im Wesentlichen bewertet	Bewertung von Prozess und Ergebnis in Teilen erkennbar	Bewertung von Prozess und Ergebnis erschließbar	Bewertung von Prozess und Ergebnis mit erheblichen fachlichen Mängeln	Bewertung v. Prozess u. Ergebnis nicht angesprochen oder fachlich nicht haltbar	Punkte
10	9–8	7–6	5	4–3	2–0	

Zwischensumme Projektbericht ☐

Download als EXCEL-Version  www.IT-Pruefungshandbuch.de

9705351

Präsentation

Das Bewertungsschema dient der Beurteilung der Prüfungsleistung durch eine Art Rückschau nach dem Gespräch!

Technische/organisatorische Vorbereitung

5.4 Handling mit Material, Geräten usw.

Hat die Rüstzeit lt. Projektantrag gereicht? Waren Maßnahmen für Ausfall von Geräten (Abzüge usw.) getroffen worden? Sind die Sachen bereitgelegt?

Insgesamt sehr gut vorbereitet	Insgesamt gut vorbereitet	In wesentlichen Teilen angemessene Vorbereitung	Vorbereitung noch akzeptabel	Vorbereitung mit deutlichen Defiziten	Vorbereitung nicht erkennbar/basiert auf Zufallsprinzip	Punkte
5	4	3	2	1	0	

Die durchgeführte Präsentation – Äußere Form

5.5 Der Präsentierende

Kommunikative Kompetenz (Gestik, Mimik, Ausdruck, sprachlich: Satzbau usw.), Auftreten (Wirkung auf Kunden [= Kommission], Blickkontakt, auf Folie zeigen, Erscheinungsbild, ...)

Kommunikative Kompetenz und Auftreten sehr gut	Gute kommunikative Kompetenz u. angemessenes Auftreten	Kommunikative Kompetenz und Auftreten weit gehend angemessen	Kommunikative Kompetenz und Auftreten mit Defiziten	Kommunikative Kompetenz und Auftreten mit deutlichen Mängeln	Kein dem Anlass entsprechendes Auftreten und Kommunizieren	Punkte
10	9–8	7–6	5	4–3	2–0	

5.6.1 Eindruck von der Präsentation
5.8.3

Da es sich um eine „kundenorientierte" Präsentation handelt, ist zu klären, ob man als Kunde (= Kommission) angesprochen wurde (Tempo, Fachkompetenz, Verständlichkeit).

Insgesamt überzeugende Gestaltung	Im Wesentlichen überzeugende Gestaltung	In wesentlichen Teilen ansprechend	Noch akzeptabel	Nicht ansprechend	Nicht annehmbar	Punkte
5	4	3	2	1	0	

5.6.2 Fachgerechter Medieneinsatz

Ist der Medieneinsatz zeitgemäß (zeitgemäß ≠ immer Beamer), branchenbezogen und fachgerecht? Werden die Medien beherrscht?

Einsatz ist voll angemessen und zeitgemäß	Einsatz ist angemessen und zeitgemäß	Einsatz ist weit gehend angemessen u. zeitgemäß	Einsatz ist in Ansätzen angemessen u. zeitgemäß	Einsatz weist deutliche Defizite auf	Einsatz ist nicht hinnehmbar	Punkte
5	4	3	2	1	0	

Download als EXCEL-Version www.IT-Pruefungshandbuch.de

9705352

5.6.3 Visualisierung

Ist visualisiert worden (also nicht nur Texte, sondern auch Grafiken zur Veranschaulichung von Prozessen usw.)? Wie wurde visualisiert, wurden die wesentlichen Inhalte visualisiert?

Darstellung dem inhalt optimal angepasst	Angepasste Darstellung	Weit gehend angepasste Darstellung	Visualisierung noch erschließbar, Dar-stellungsmängel	Visualisierung nicht erschließbar	Keine Visualisierung	Punkte
5	4	3	2	1	0	

Die durchgeführte Präsentation – Inhaltliche Struktur

5.7.2 Auswahl der Themen und Schwerpunkte

Wurden dem Kunden (= Kommission) die wesentlichen Themen und Schwerpunkte des Projektes (also nicht des Projektberichtes) nahe gebracht? (≈ Prozess- und Methodenkompetenz)

Schwerpunkte und Themen richtig gefunden	Die wesentlichen Schwerpunkte und Themen wurden gefunden	Einige Schwer-punkte und Themen wurden gesetzt	Deutliche Lücken bei der Wahl von Themen und Schwerpunkten	Keine Schwer-punkte erkennbar	Bericht wurde lediglich wiederholt	Punkte
10	9–8	7–6	5	4–3	2–0	

5.7.3 Roter Faden

Wie wurde der Kunde (= Kommission) durch die Präsentation geführt? Wurde eine Gliederung vorgestellt und eingehalten?

Ablauf klar und übersichtlich	Ablauf übersichtlich	Ablauf erkennbar	Ablauf erschließbar	Ablauf bedingt erschließbar	Ablauf nicht er-schließbar oder nicht dargestellt	Punkte
10	9–8	7–6	5	4–3	2–0	

Zwischensumme Präsentation

9705353

Fachgespräch

Das Bewertungsschema dient der Beurteilung der Prüfungsleistung durch eine Art Rückschau nach dem Gespräch!

Die thematische Durchdringung wird beurteilt

6.4.1 Konnte der Prüfling auf Nachfragen sein Projekt in den betrieblichen Zusammenhang einordnen?

Prozessschnittstelle(n), Projektumfeld

Zusammenhang immer selbststän-dig hergestellt; ggf. Supportprozesse* immer selbst-ständig bedacht	Zusammenhang sicher hergestellt; ggf. Support-prozesse* sicher bedacht	Auf Nachfragen Zusammenhang hergestellt; ggf. Supportprozesse* bedacht	Auf Nachfragen meist fehlerfrei Zusammenhang hergestellt; ggf. Supportprozesse* bedacht	Trotz Einhilfen Zusammenhang fehlerhaft herge-stellt; ggf. Support-prozesse* mangel-haft bedacht	Zusammenhänge nicht hergestellt; ggf. Supportpro-zesse* unbeachtet und fehlerhaft	**Punkte**
10	9–8	7–6	5	4–3	2–0	

* Supportprozesse sollen solche Prozesse sein, die das fertige Produkt im betrieblichen Funktionsumfang aufrechterhalten.

6.4.2 Hat der Prüfling Fremdleistungen genutzt und konnte er diese kennzeichnen bzw. ausgrenzen?

(Vorlagen, Zuarbeiten, Partner)

Fremdleistungen immer erkannt, richtig dargestellt und ausgegrenzt	Fremdleistungen im Wesentlichen dargestellt und ausgegrenzt	Fremdleistungen erkennbar und ausgegrenzt	Fremdleistungen erschließbar, noch dargestellt und ausgegrenzt	Fremdleistungen selten erkannt, selten richtig dar-gestellt und ausgegrenzt	Fremdleistungen selten/nie erkannt, selten/nie richtig dargestellt und ausgegrenzt	**Punkte**
5	4	3	2	1	0	

6.4.3 Konnte der Prüfling sein Tun reflektieren?

Warum hat er etwas getan; wieso will der Betrieb das so ...?

Immer sicher reflektiert	Im Wesentlichen reflektiert	Reflexion erkennbar	Reflexion erschließbar	Reflexion bedingt erschließbar	Keine Reflexion	**Punkte**
5	4	3	2	1	0	

KO-Kriterium

4.10.8 Wurde im Verlauf des Gesprächs klar, dass es sich um die eigene Arbeit des Prüflings handelt?

JA ☐   NEIN ☐ ▶ 4.10.8

Download als EXCEL-Version www.IT-Pruefungshandbuch.de

9705354

Beherrschung der Fachhintergründe/ Umgang mit Fachbegriffen wird beurteilt

6.5.1 Wurde Fachkompetenz nachgewiesen?

Theoretische Kompetenz immer nachgewiesen	Theoretische Kompetenz vorhanden	Theoretische Kompetenz im Allgemeinen vorhanden	Theoretische Kompetenz weist einige Lücken auf	Theoretische Kompetenz weist deutliche Fehler auf	Theoretische Kompetenz kaum oder gar nicht erkennbar	Punkte
5	4	3	2	1	0	

6.5.2 Wurde erkennbar, dass zusätzliche Fachkompetenz zur Aufgabenbewältigung erworben wurde?

(Einarbeitung in Sachgebiet, sich schlau gemacht im Betrieb; was war warum schlecht usw., ..., zusätzliches Fachwissen für Aufgabe ...)

Immer überzeugende Einarbeitung (fachlich und betrieblich) im Aufgabengebiet nachgewiesen	Überzeugende Einarbeitung (fachlich und betrieblich) im Aufgabengebiet nachgewiesen	Die Einarbeitung (fachlich und betrieblich) im Aufgabengebiet im Allgemeinen nachgewiesen	Die Einarbeitung (fachlich und betrieblich) im Aufgabengebiet weist Lücken auf	Die Einarbeitung (fachlich und betrieblich) im Aufgabengebiet weist Lücken und Fehler auf	Die Einarbeitung (fachlich und betrieblich) im Aufgabengebiet ist nicht erkennbar und fehlerbehaftet	Punkte
10	9–8	7–6	5	4–3	2–0	

Die Interaktion mit der Zielgruppe wird beurteilt

6.6.1 Die sprachliche Kompetenz des Prüflings

(Satzbau, Sprachstil, Ausdrucksweise)

Sauberer, gehobener Sprachstil, ordentliche Sätze und höfliche Ausdrucksweise	Sauberer Sprachstil, ordentliche Sätze und höfliche Ausdrucksweise	Im Allgemeinen sauberer Sprachstil, Sätze und Ausdrucksweise angemessen	Sprachstil, Sätze und Ausdrucksweise noch mängelfrei	Sprachstil, Sätze und Ausdrucksweise mängelbehaftet	Sprachstil, Sätze und Ausdrucksweise nicht akzeptabel	Punkte
5	4	3	2	1	0	

6.6.2 Die kommunikative Kompetenz steht auf dem Prüfstand

Umgehen mit Kunden (= Kommission)

Immer beherrscht, auf den Kunden eingegangen und Dinge verständlich gemacht	Auf den Kunden eingegangen und versucht, Dinge verständlich „rüberzubringen"	Meist auf den Kunden eingegangen und versucht, Dinge verständlich „rüberzubringen"	Selten auf den Kunden eingegangen, kaum Erklärungswille	Selten/nie auf den Kunden eingegangen, kein Erklärungswille	Unflexibel, unwillig, maulfaul	Punkte
5	4	3	2	1	0	

6.6.3 Konnte der Prüfling sich mit Problemen auseinander setzen?

Eingehen auf Alternativvorschläge und Nachfragen der Kunden (= Kommission)

Probleme und Lösungen werden selbstständig und sicher erkannt	Probleme und Lösungen werden sicher erkannt	Probleme und Lösungen werden teilweise ohne und teilweise mit Einhilfen erkannt	Probleme und Lösungen werden trotz Einhilfen nicht vollständig erkannt	Probleme und Lösungen werden trotz Einhilfen nicht vollständig erkannt und sind unberücksichtigt	Probleme und Lösungen werden trotz Einhilfen weder erkannt noch sind sie berücksichtigt	Punkte
5	4	3	2	1	0	

Zwischensumme Fachgespräch

⑤ A0 Fachinformatiker/-in • Anwendungsentwicklung

Auszug aus der Verordnung über die Berufsausbildung im Bereich der Informations- und Telekommunikationstechnik Fachinformatiker/Fachinformatikerin vom 10. Juli 1997 (BGBl. I S. 1741 vom 15. Juli 1997)

§	1	Staatliche Anerkennung der Ausbildungsberufe	
§	2	Ausbildungsdauer	
§	3	Struktur und Zielsetzung der Berufsausbildung	
§	10	Ausbildungsberufsbild	
§	11	Ausbildungsrahmenplan	G1 ▶ S. 358; G2 ▶ S. 378; WiSo ▶ S. 377
§	12	Ausbildungsplan	
§	13	Berichtsheft	▶ S. 356
§	14	Zwischenprüfung	▶ S. 356
§	15	Abschlussprüfung	▶ S. 356
§	28	Aufhebung von Vorschriften	
§	29	Übergangsregelung	
§	30	In-Kraft-Treten	

Ausbildungsrahmenplan für die Berufsausbildung zum Fachinformatiker/zur Fachinformatikerin

Anlage 2 Teil A (zu § 11) Sachliche Gliederung	G1 ▶ S. 358; G2 ▶ S. 378; WiSo ▶ S. 377
Anlage 2 Teil B (zu § 11) Zeitliche Gliederung	

§ 13 Berichtsheft

Der Auszubildende hat ein Berichtsheft in Form eines Ausbildungsnachweises zu führen. Ihm ist Gelegenheit zu geben, das Berichtsheft während der Ausbildungszeit zu führen. Der Ausbildende hat das Berichtsheft regelmäßig durchzusehen.

§ 14 Zwischenprüfung

(1) Zur Ermittlung des Ausbildungsstandes ist eine Zwischenprüfung durchzuführen. Sie soll in der Mitte des zweiten Ausbildungsjahres stattfinden.

(2) Die Zwischenprüfung erstreckt sich auf die in Anlage 2 für das erste Ausbildungsjahr aufgeführten Fertigkeiten und Kenntnisse sowie auf den im Berufsschulunterricht entsprechend dem Rahmenlehrplan zu vermittelnden Lehrstoff, soweit er für die Berufsausbildung wesentlich ist.

(3) Der Prüfling soll in einer schriftlichen Prüfung in insgesamt höchstens 180 Minuten vier Aufgaben bearbeiten, die sich auf praxisbezogene Fälle beziehen sollen. Hierfür kommen insbesondere folgende Gebiete in Betracht:

1. betriebliche Leistungsprozesse und Arbeitsorganisation,
2. informations- und telekommunikationstechnische Systeme,
3. Programmerstellung und -dokumentation,
4. Wirtschafts- und Sozialkunde.

(4) Die in Absatz 3 genannte Prüfungsdauer kann insbesondere unterschritten werden, soweit die schriftliche Prüfung in programmierter Form durchgeführt wird.

§ 15 Abschlussprüfung

Bestandteile   (1) Die Abschlussprüfung erstreckt sich auf die in Anlage 2 aufgeführten Fertigkeiten und Kenntnisse sowie auf den im Berufsschulunterricht vermittelten Lehrstoff, soweit er für die Berufsausbildung wesentlich ist.

Teil A Projekt-bericht, Präsentation, Fachgespräch   (2) Der Prüfling soll in Teil A der Prüfung eine betriebliche Projektarbeit durchführen und dokumentieren sowie in insgesamt höchstens 30 Minuten diese Projektarbeit präsentieren und darüber ein Fachgespräch führen. Für die Projektarbeit soll der Prüfling einen Auftrag oder einen abgegrenzten Teilauftrag ausführen. Hierfür kommt insbesondere eine der nachfolgenden Aufgaben in Betracht:

1. in der Fachrichtung Anwendungsentwicklung in insgesamt höchstens 70 Stunden für die Projektarbeit einschließlich Dokumentation:
   a) Erstellen oder Anpassen eines Softwareproduktes, einschl. Planung, Kalkulation, Realisation u. Testen,
   b) Entwickeln eines Pflichtenheftes, einschließlich Analyse kundenspezifischer Anforderungen, Schnittstellenbetrachtung und Planung der Einführung;

2. in der Fachrichtung Systemintegration ...

Die Ausführung der Projektarbeit wird mit praxisbezogenen Unterlagen dokumentiert. Durch die Projektarbeit und deren Dokumentation soll der Prüfling belegen, dass er Arbeitsabläufe und Teilaufgaben zielorientiert

9705356

unter Beachtung wirtschaftlicher, technischer, organisatorischer und zeitlicher Vorgaben selbstständig planen und kundengerecht umsetzen sowie Dokumentationen kundengerecht anfertigen, zusammenstellen und modifizieren kann. Durch die Präsentation einschließlich Fachgespräch soll der Prüfling zeigen, dass er fachbezogene Probleme und Lösungskonzepte zielgruppengerecht darstellen, den für die Projektarbeit relevanten fachlichen Hintergrund aufzeigen sowie die Vorgehensweise im Projekt begründen kann. Dem Prüfungsausschuss ist vor der Durchführung der Projektarbeit das zu realisierende Konzept einschließlich einer Zeitplanung sowie der Hilfsmittel zur Präsentation zur Genehmigung vorzulegen. Die Projektarbeit einschließlich Dokumentation sowie die Projektpräsentation einschließlich Fachgespräch sollen jeweils mit 50 vom Hundert gewichtet werden.

(3) Der Prüfungsteil B besteht aus den drei Prüfungsbereichen Ganzheitliche Aufgabe I, Ganzheitliche Aufgabe II sowie Wirtschafts- und Sozialkunde.

Teil B G1, G2, WiSo

(4) Für die Ganzheitliche Aufgabe I kommt insbesondere eine der nachfolgenden Aufgaben in Betracht:

G1 Berufsspezifische Qualifikationen

1. Planen eines Softwareproduktes zur Lösung einer Fachaufgabe. Dabei soll der Prüfling zeigen, dass er Softwarekomponenten auswählen, Programmspezifikationen anwendungsgerecht festlegen sowie Bedienoberflächen funktionsgerecht und ergonomisch konzipieren kann;

2. Grobplanung eines Projektes für ein zu realisierendes System der Informations- und Telekommunikationstechnik. Dabei soll der Prüfling zeigen, dass er das System entsprechend den kundenspezifischen Anforderungen unter wirtschaftl., organisatorischen u. technischen Gesichtspunkten selbstständig planen kann;

3. Entwickeln eines Benutzerschulungskonzeptes für ein beschriebenes informations- und telekommunikationstechnisches System. Dabei soll der Prüfling zeigen, dass er eine anwendungs- und benutzergerechte Schulungsmaßnahme entwickeln sowie den dafür erforderlichen Aufwand ermitteln kann;

4. Entwickeln eines Sicherheits- oder Sicherungskonzeptes für ein gegebenes System der Informations- und Telekommunikationstechnik. Dabei soll der Prüfling zeigen, dass er ein nach wirtschaftlichen, organisatorischen und technischen Aspekten geeignetes Sicherheits- oder Sicherungskonzept planen und Maßnahmen für dessen Umsetzung erarbeiten kann.

Für die Ganzheitliche Aufgabe II kommt für beide Fachrichtungen insbesondere eine der nachfolgenden Aufgaben in Betracht:

G2 Kernqualifikationen aller IT-Berufe

1. Bewerten eines Systems der Informations- und Telekommunikationstechnik. Dabei soll der Prüfling zeigen, dass er die Leistungsmerkmale, Benutzerfreundlichkeit, Wirtschaftlichkeit und Erweiterbarkeit des Systems hinsichtlich definierter Anforderungen beurteilen kann;

2. Entwerfen eines Datenmodells für ein Anwendungsbeispiel. Dabei soll der Prüfling zeigen, dass er Kundenanforderungen in ein Datenmodell umsetzen kann;

3. benutzergerechtes Aufbereiten technischer Unterlagen. Dabei soll der Prüfling zeigen, dass er die zur Anwendung informations- und telekommunikationstechnischer Systeme notwendigen Inhalte fachsprachlicher, einschließlich englischsprachiger Bedienungsanleitungen, Dokumentationen und Handbücher benutzergerecht aufbereiten kann;

4. Vorbereiten einer Benutzerberatung unter Berücksichtigung auftragsspezifischer Wünsche anhand eines praktischen Falles. Dabei soll der Prüfling zeigen, dass er ein Beratungskonzept entwickeln und kundenorientiert handeln kann.

Im Prüfungsbereich Wirtschafts- und Sozialkunde kommen Aufgaben, die sich auf praxisbezogene Fälle beziehen sollen, insbesondere aus folgenden Gebieten in Betracht: allgemeine, wirtschaftliche und gesellschaftliche Zusammenhänge aus der Berufs- und Arbeitswelt.

WiSo

(5) Für den Prüfungsteil B ist von folgenden zeitlichen Höchstwerten auszugehen:

Zeit

1. für die Ganzheitlichen Aufgaben I und II   je 90 Minuten,
2. im Prüfungsbereich Wirtschafts- und Sozialkunde   60 Minuten.

(6) Innerhalb des Prüfungsteiles B haben die Ganzheitlichen Aufgaben I und II gegenüber dem Prüfungsbereich Wirtschafts- und Sozialkunde jeweils das doppelte Gewicht.

Punkteanteile B

(7) Sind im Prüfungsteil B die Prüfungsleistungen in bis zu zwei Prüfungsbereichen mit „mangelhaft" und in einem weiteren Prüfungsbereich mit mindestens „ausreichend" bewertet worden, so ist auf Antrag des Prüflings oder nach Ermessen des Prüfungsausschusses in einem der mit „mangelhaft" bewerteten Prüfungsbereiche die Prüfung durch eine mündliche Prüfung von etwa 15 Minuten zu ergänzen, wenn diese für das Bestehen der Prüfung den Ausschlag geben kann. Der Prüfungsbereich ist vom Prüfling zu bestimmen. Bei der Ermittlung des Ergebnisses für diesen Prüfungsbereich ist das bisherige Ergebnis und das Ergebnis der mündlichen Ergänzungsprüfung im Verhältnis 2 : 1 zu gewichten.

MEPr Mündliche Ergänzungsprüfung

(8) Die Prüfung ist bestanden, wenn jeweils in den Prüfungsteilen A und B mindestens ausreichende Leistungen erbracht wurden. Werden die Prüfungsleistungen in der Projektarbeit einschließlich Dokumentation, in der Projektpräsentation einschließlich Fachgespräch oder in einem der drei Prüfungsbereiche mit „ungenügend" bewertet, so ist die Prüfung nicht bestanden.

Bestehen

G1 Stuffer — Fachinformatiker/-in · Anwendungsentwicklung — (§) Ausbildungsrahmenplan

G1 — Systementwicklung

Analyse und Design	a) Vorgehensmodelle und -methoden sowie Entwicklungsumgebungen aufgabenbezogen auswählen und anwenden
	b) strukturierte und objektorientierte Analyse- und Designverfahren anwenden
	c) Programmspezifikationen festlegen, Datenmodelle und Strukturen aus fachlichen Anforderungen ableiten, Schnittstellen festlegen
	d) Methoden zur Strukturierung von Daten und Programmen anwenden
	e) Daten und Funktionen zu Objekten zusammenfassen, Klassen definieren und Hierarchiediagramme erstellen

Programm-erstellung und -doku-mentation	a) Programmiersprachen auswählen, unterschiedliche Programmiersprachen anwenden
	b) Softwareentwicklungsumgebungen an das Systemumfeld anpassen
	c) Schnittstellen, insbesondere zum Betriebssystem, zu grafischen Oberflächen und zu Datenbanken, aus Programmen ansprechen
	d) Programme entsprechend der fachinhaltlichen Funktionen modular aufbauen
	e) Programme unter Berücksichtigung der Wartbarkeit und Wiederverwendbarkeit erstellen
	f) Software-Entwicklungswerkzeuge aufgabenbezogen anwenden
	g) Softwarekonfiguration verwalten, insbesondere Konfigurationsmanagement durchführen

Schnitt-stellen-konzepte	a) Verfahren des Datenaustausches anwenden, Produkte zum Datenaustausch einsetzen
	b) Datenfelder mithilfe von Werkzeugen inhaltlich und strukturell abgleichen

Test-verfahren	a) Testkonzept und Testplan erstellen
	b) Testumfang festlegen, Testdaten generieren und auswählen
	c) informations- und telekommunikationstechnische Systeme testen
	d) Testergebnisse auswerten und dokumentieren

Schulung	a) Schulungsziele und -methoden festlegen
	b) Schulungsmaßnahmen, insbesondere Termine, Sachmittel und Personaleinsatz, planen und mit Kunden abstimmen
	c) Schulungsveranstaltungen organisatorisch vorbereiten
	d) Schulungsinhalte strukturieren und aufbereiten
	e) Anwenderschulung durchführen

G1 — Informations- und telekommunikationstechnische Systeme

Architekturen	a) Rechnerarchitekturen beurteilen und einordnen
	b) Softwarearchitekturen aufgabenbezogen entwickeln
	c) Softwarearchitekturen an Betriebssysteme anpassen
	d) Softwarearchitekturen in Netze integrieren
	e) Betriebssysteme anpassen und konfigurieren

Datenbanken und Schnittstellen	a) Datenbankprodukte aufgabengerecht auswählen
	b) Datenbankstrukturen, insbesondere logische Struktur der Daten, Objekte, Attribute, Relationen und Zugriffsmethoden, festlegen sowie Schlüssel definieren
	c) Sicherheitsmechanismen, insbesondere Zugriffsmöglichkeiten und -rechte, festlegen und implementieren
	d) Werkzeuge zur Sicherstellung der Datenintegrität implementieren
	e) Datenbanksysteme testen und optimieren
	f) Datenbestände strukturieren und in eine Datenbank übernehmen
	g) Abfragen und Berichte von Datenbeständen unter Nutzung einer Abfragesprache erstellen
	h) Schnittstellenprogramme in einer Datenbankprogrammiersprache erstellen

9705358

Ausbildungsrahmenplan ⑤ Anwendungsentwicklung · **Fachinformatiker/-in** Stuffer **G1**

Kundenspezifische Anwendungslösungen G1

a) Anwendungslösungen entspr. den kundenspezifischen Anforderungen einrichten, konfigurieren und anpassen	**Kundenspezifische Anpassung und Softwarepflege**
b) Software an eine veränderte Umgebung anpassen und weiterentwickeln	
c) Anwendungslösungen mithilfe von Applikationssprachen erweitern	
d) Fehler beseitigen	
e) Konfigurationen verwalten	

a) menügesteuerte und grafische Bedienoberflächen ergonomisch gestalten	**Bedienoberflächen**
b) Bedienoberflächen an die betrieblichen Erfordernisse anpassen	
c) interaktive Applikationen unter Berücksichtigung fach- und benutzergerechter Dialoggestaltung erstellen	

a) Konzepte für softwarebasierte Präsentationen erstellen, insbesondere Abläufe festlegen sowie Ton, Bild und Text auswählen	**Softwarebasierte Präsentation**
b) Ton, Bild und Text in eine Präsentation integrieren	
c) Präsentationen durchführen	

a) Leistungsumfang und Spezifikationen erstellter Anwendungslösungen kundengerecht dokumentieren	**Technisches Marketing**
b) Anwendungslösungen und Dokumentationen für den Vertrieb bereitstellen	
c) Anwendungslösungen präsentieren	
d) Bedienungsunterlagen und Hilfeprogramme zur Benutzerunterstützung bereitstellen sowie Systeme zur interaktiven Benutzerunterstützung einrichten	
e) auf Benutzerprobleme eingehen, Vorschläge zur Problembeseitigung unterbreiten	

Fachaufgaben im Einsatzgebiet G1

a) bereichs- und produktspezifische Informationen nutzen	**Produkte, Prozesse und Verfahren**
b) die für das Einsatzgebiet typischen Produkte, Prozesse und Verfahren im Hinblick auf die Anforderungen an Anwendungslösungen analysieren und in ein Lösungskonzept umsetzen	
c) die für das Einsatzgebiet spezifischen Plattformen anwenden	
d) Informationswege, -strukturen und -verarbeitung sowie Schnittstellen zwischen verschiedenen Funktionsbereichen des Einsatzgebietes analysieren	
e) vorhandene Anwendungslösungen im Einsatzgebiet erfassen und nach Maßgabe ihrer Leistungsfähigkeit, Funktionalität, Wirtschaftlichkeit und Erweiterbarkeit bewerten	

a) Projektziele festlegen und Teilaufgaben definieren	**Projektplanung**
b) Teilaufgaben unter Beachtung arbeitsorganisatorischer, sicherheitstechnischer und wirtschaftlicher Gesichtspunkte planen, insb. Personalplanung, Sachmittelplanung, Terminplanung und Kostenplanung durchführen	
c) einsatzgebietstypische Designverfahren anwenden	
d) Projektplanungswerkzeuge anwenden	

a) einsatzgebietsspezifische Anwendungslösungen unter Beachtung wirtsch. u. terminlicher Vorgaben erstellen	**Projektdurchführung**
b) die im Einsatzgebiet typischen Programmbibliotheken, Programmmodule, Prozeduren, Algorithmen und Optimierungsverfahren anwenden	
c) bei der Auftragsbearbeitung mit Kunden, internen Stellen und externen Dienstleistern zusammenarbeiten	
d) Anwendungslösungen an Kunden übergeben, Abnahmeprotokolle anfertigen	
e) Einführung von Anwendungslösungen unter Berücksichtigung der organisatorischen und terminlichen Vorgaben mit den Kunden abstimmen und kontrollieren	

a) Zielerreichung kontrollieren, insbesondere Soll-Ist-Vergleich aufgrund der Planungsdaten durchführen	**Projektkontrolle, Qualitätssicherung**
b) Qualitätssicherungsmaßnahmen projektbegleitend durchführen	
c) Projektablauf sowie Qualitätskontrollen und durchgeführte Testläufe dokumentieren	
d) bei Störungen im Projektablauf Kunden informieren und Lösungsalternativen aufzeigen	
e) Leistungen abrechnen, Nachkalkulation durchführen, abrechnungsrelevante Daten dokumentieren	

9705359

AO Fachinformatiker/-in · Systemintegration

Auszug aus der Verordnung über die Berufsausbildung im Bereich der Informations- und Telekommunikationstechnik Fachinformatiker/Fachinformatikerin vom 10. Juli 1997 (BGBl. I S. 1741 vom 15. Juli 1997)

§ 1 Staatliche Anerkennung der Ausbildungsberufe	
§ 2 Ausbildungsdauer	
§ 3 Struktur und Zielsetzung der Berufsausbildung	
§ 10 Ausbildungsberufsbild	
§ 11 Ausbildungsrahmenplan	G1 ▶ S. 362; G2 ▶ S. 378; Wiso ▶ S. 377
§ 12 Ausbildungsplan	
§ 13 Berichtsheft	▶ S. 360
§ 14 Zwischenprüfung	▶ S. 360
§ 15 Abschlussprüfung	▶ S. 360
§ 28 Aufhebung von Vorschriften	
§ 29 Übergangsregelung	
§ 30 In-Kraft-Treten	

Ausbildungsrahmenplan für die Berufsausbildung zum Fachinformatiker/zur Fachinformatikerin

Anlage 2 Teil A (zu § 11) Sachliche Gliederung	G1 ▶ S. 362; G2 ▶ S. 378; Wiso ▶ S. 377
Anlage 2 Teil B (zu § 11) Zeitliche Gliederung	

§ 13 Berichtsheft

Der Auszubildende hat ein Berichtsheft in Form eines Ausbildungsnachweises zu führen. Ihm ist Gelegenheit zu geben, das Berichtsheft während der Ausbildungszeit zu führen. Der Ausbildende hat das Berichtsheft regelmäßig durchzusehen.

§ 14 Zwischenprüfung

(1) Zur Ermittlung des Ausbildungsstandes ist eine Zwischenprüfung durchzuführen. Sie soll in der Mitte des zweiten Ausbildungsjahres stattfinden.

(2) Die Zwischenprüfung erstreckt sich auf die in Anlage 2 für das erste Ausbildungsjahr aufgeführten Fertigkeiten und Kenntnisse sowie auf den im Berufsschulunterricht entsprechend dem Rahmenlehrplan zu vermittelnden Lehrstoff, soweit er für die Berufsausbildung wesentlich ist.

(3) Der Prüfling soll in einer schriftlichen Prüfung in insgesamt höchstens 180 Minuten vier Aufgaben bearbeiten, die sich auf praxisbezogene Fälle beziehen sollen. Hierfür kommen insbesondere folgende Gebiete in Betracht:

1. betriebliche Leistungsprozesse und Arbeitsorganisation,

2. informations- und telekommunikationstechnische Systeme,

3. Programmerstellung und -dokumentation,

4. Wirtschafts- und Sozialkunde.

(4) Die in Absatz 3 genannte Prüfungsdauer kann insbesondere unterschritten werden, soweit die schriftliche Prüfung in programmierter Form durchgeführt wird.

§ 15 Abschlussprüfung

Bestandteile (1) Die Abschlussprüfung erstreckt sich auf die in Anlage 2 aufgeführten Fertigkeiten und Kenntnisse sowie auf den im Berufsschulunterricht vermittelten Lehrstoff, soweit er für die Berufsausbildung wesentlich ist.

Teil A Projekt-bericht, Präsentation, Fachgespräch (2) Der Prüfling soll in Teil A der Prüfung eine betriebliche Projektarbeit durchführen und dokumentieren sowie in insgesamt höchstens 30 Minuten diese Projektarbeit präsentieren und darüber ein Fachgespräch führen. Für die Projektarbeit soll der Prüfling einen Auftrag oder einen abgegrenzten Teilauftrag ausführen. Hierfür kommt insbesondere eine der nachfolgenden Aufgaben in Betracht:

1. in der Fachrichtung Anwendungsentwicklung ...

2. in der Fachrichtung Systemintegration in insgesamt höchstens 35 Stunden für die Projektarbeit einschließlich Dokumentation:

   a) Realisieren und Anpassen eines komplexen Systems der Informations- und Telekommunikationstechnik einschließlich Anforderungsanalyse, Planung, Angebotserstellung, Inbetriebnahme und Übergabe,

   b) Erweitern eines komplexen Systems der Informations- und Telekommunikationstechnik sowie Einbinden von Komponenten in das Gesamtsystem unter Berücksichtigung organisatorischer und logistischer Aspekte einschließlich Anforderungsanalyse, Planung, Angebotserstellung, Inbetriebnahme und Übergabe.

9705360

Die Ausführung der Projektarbeit wird mit praxisbezogenen Unterlagen dokumentiert. Durch die Projektarbeit und deren Dokumentation soll der Prüfling belegen, dass er Arbeitsabläufe und Teilaufgaben zielorientiert unter Beachtung wirtschaftlicher, technischer, organisatorischer und zeitlicher Vorgaben selbstständig planen und kundengerecht umsetzen sowie Dokumentationen kundengerecht anfertigen, zusammenstellen und modifizieren kann. Durch die Präsentation einschließlich Fachgespräch soll der Prüfling zeigen, dass er fachbezogene Probleme und Lösungskonzepte zielgruppengerecht darstellen, den für die Projektarbeit relevanten fachlichen Hintergrund aufzeigen sowie die Vorgehensweise im Projekt begründen kann. Dem Prüfungsausschuss ist vor der Durchführung der Projektarbeit das zu realisierende Konzept einschließlich einer Zeitplanung sowie der Hilfsmittel zur Präsentation zur Genehmigung vorzulegen. Die Projektarbeit einschließlich Dokumentation sowie die Projektpräsentation einschließlich Fachgespräch sollen jeweils mit 50 vom Hundert gewichtet werden.

(3) Der Prüfungsteil B besteht aus den drei Prüfungsbereichen Ganzheitliche Aufgabe I, Ganzheitliche Aufgabe II sowie Wirtschafts- und Sozialkunde.

> **Teil B**
> **G1, G2, WiSo**

(4) Für die Ganzheitliche Aufgabe I kommt insbesondere eine der nachfolgenden Aufgaben in Betracht:

> **G1**
> **Berufs-spezifische Qualifika-tionen**

1. Planen eines Softwareproduktes zur Lösung einer Fachaufgabe. Dabei soll der Prüfling zeigen, dass er Softwarekomponenten auswählen, Programmspezifikationen anwendungsgerecht festlegen sowie Bedienoberflächen funktionsgerecht und ergonomisch konzipieren kann;

2. Grobplanung eines Projektes für ein zu realisierendes System der Informations- und Telekommunikationstechnik. Dabei soll der Prüfling zeigen, dass er das System entsprechend den kundenspezifischen Anforderungen unter wirtschaftl., organisatorischen u. technischen Gesichtspunkten selbstständig planen kann;

3. Entwickeln eines Benutzerschulungskonzeptes für ein beschriebenes informations- und telekommunikationstechnisches System. Dabei soll der Prüfling zeigen, dass er eine anwendungs- und benutzergerechte Schulungsmaßnahme entwickeln sowie den dafür erforderlichen Aufwand ermitteln kann;

4. Entwickeln eines Sicherheits- oder Sicherungskonzeptes für ein gegebenes System der Informations- und Telekommunikationstechnik. Dabei soll der Prüfling zeigen, dass er ein nach wirtschaftlichen, organisatorischen und technischen Aspekten geeignetes Sicherheits- oder Sicherungskonzept planen und Maßnahmen für dessen Umsetzung erarbeiten kann.

Für die Ganzheitliche Aufgabe II kommt für beide Fachrichtungen insbesondere eine der nachfolgenden Aufgaben in Betracht:

> **G2**
> **Kernqualifikationen aller IT-Berufe**

1. Bewerten eines Systems der Informations- und Telekommunikationstechnik. Dabei soll der Prüfling zeigen, dass er die Leistungsmerkmale, Benutzerfreundlichkeit, Wirtschaftlichkeit und Erweiterbarkeit des Systems hinsichtlich definierter Anforderungen beurteilen kann;

2. Entwerfen eines Datenmodells für ein Anwendungsbeispiel. Dabei soll der Prüfling zeigen, dass er Kundenanforderungen in ein Datenmodell umsetzen kann;

3. benutzergerechtes Aufbereiten technischer Unterlagen. Dabei soll der Prüfling zeigen, dass er die zur Anwendung informations- und telekommunikationstechnischer Systeme notwendigen Inhalte fachsprachlicher, einschließlich englischsprachiger Bedienungsanleitungen, Dokumentationen und Handbücher benutzergerecht aufbereiten kann;

4. Vorbereiten einer Benutzerberatung unter Berücksichtigung auftragsspezifischer Wünsche anhand eines praktischen Falles. Dabei soll der Prüfling zeigen, dass er ein Beratungskonzept entwickeln und kundenorientiert handeln kann.

Im Prüfungsbereich Wirtschafts- und Sozialkunde kommen Aufgaben, die sich auf praxisbezogene Fälle beziehen sollen, insbesondere aus folgenden Gebieten in Betracht: allgemeine, wirtschaftliche und gesellschaftliche Zusammenhänge aus der Berufs- und Arbeitswelt.

> **WiSo**

(5) Für den Prüfungsteil B ist von folgenden zeitlichen Höchstwerten auszugehen:

> **Zeit**

1. für die Ganzheitlichen Aufgaben I und II je 90 Minuten,
2. im Prüfungsbereich Wirtschafts- und Sozialkunde 60 Minuten.

(6) Innerhalb des Prüfungsteiles B haben die Ganzheitlichen Aufgaben I und II gegenüber dem Prüfungsbereich Wirtschafts- und Sozialkunde jeweils das doppelte Gewicht.

> **Punkte-anteile B**

(7) Sind im Prüfungsteil B die Prüfungsleistungen in bis zu zwei Prüfungsbereichen mit „mangelhaft" und in einem weiteren Prüfungsbereich mit mindestens „ausreichend" bewertet worden, so ist auf Antrag des Prüflings oder nach Ermessen des Prüfungsausschusses in einem der mit „mangelhaft" bewerteten Prüfungsbereiche die Prüfung durch eine mündliche Prüfung von etwa 15 Minuten zu ergänzen, wenn diese für das Bestehen der Prüfung den Ausschlag geben kann. Der Prüfungsbereich ist vom Prüfling zu bestimmen. Bei der Ermittlung des Ergebnisses für diesen Prüfungsbereich ist das bisherige Ergebnis und das Ergebnis der mündlichen Ergänzungsprüfung im Verhältnis 2 : 1 zu gewichten.

> **MEPr**
> **Mündliche Ergänzungsprüfung**

(8) Die Prüfung ist bestanden, wenn jeweils in den Prüfungsteilen A und B mindestens ausreichende Leistungen erbracht wurden. Werden die Prüfungsleistungen in der Projektarbeit einschließlich Dokumentation, in der Projektpräsentation einschließlich Fachgespräch oder in einem der drei Prüfungsbereiche mit „ungenügend" bewertet, so ist die Prüfung nicht bestanden.

> **Bestehen**

G1 Stuffer · Fachinformatiker/-in · Systemintegration · (§) Ausbildungsrahmenplan

G1 Systementwicklung

Analyse und Design	a) Vorgehensmodelle und -methoden sowie Entwicklungsumgebungen aufgabenbezogen auswählen und anwenden b) strukturierte und objektorientierte Analyse- und Designverfahren anwenden c) Programmspezifikationen festlegen, Datenmodelle und Strukturen aus fachlichen Anforderungen ableiten, Schnittstellen festlegen d) Methoden zur Strukturierung von Daten und Programmen anwenden e) Daten und Funktionen zu Objekten zusammenfassen, Klassen definieren und Hierarchiediagramme erstellen
Programm-erstellung und -doku-mentation	a) Programmiersprachen auswählen, unterschiedliche Programmiersprachen anwenden b) Softwareentwicklungsumgebungen an das Systemumfeld anpassen c) Schnittstellen, insbesondere zum Betriebssystem, zu grafischen Oberflächen und zu Datenbanken, aus Programmen ansprechen d) Programme entsprechend der fachinhaltlichen Funktionen modular aufbauen e) Programme unter Berücksichtigung der Wartbarkeit und Wiederverwendbarkeit erstellen f) Software-Entwicklungswerkzeuge aufgabenbezogen anwenden g) Softwarekonfiguration verwalten, insbesondere Konfigurationsmanagement durchführen
Schnitt-stellen-konzepte	a) Verfahren des Datenaustausches anwenden, Produkte zum Datenaustausch einsetzen b) Datenfelder mithilfe von Werkzeugen inhaltlich und strukturell abgleichen
Test-verfahren	a) Testkonzept und Testplan erstellen b) Testumfang festlegen, Testdaten generieren und auswählen c) informations- und telekommunikationstechnische Systeme testen d) Testergebnisse auswerten und dokumentieren
Schulung	a) Schulungsziele und -methoden festlegen b) Schulungsmaßnahmen, insbesondere Termine, Sachmittel und Personaleinsatz, planen und mit Kunden abstimmen c) Schulungsveranstaltungen organisatorisch vorbereiten d) Schulungsinhalte strukturieren und aufbereiten e) Anwenderschulung durchführen

G1 Systemintegration

System-konfiguration	a) Rechner- und Systemarchitekturen sowie Betriebssysteme beurteilen und einordnen b) Betriebssysteme unter Berücksichtigung ihrer Vor- und Nachteile für bestimmte Anwendungsbereiche auswählen und konfigurieren c) Betriebssystemsteuersprachen anwenden d) Speichermedien, Systemkomponenten und Ein- und Ausgabegeräte auswählen e) Hardwarekomponenten hard- und softwareseitig einstellen, insbesondere Peripheriegeräte, Schnittstellen, Übertragungswege und Übertragungsprotokolle, sowie gerätespezifische Hilfs- und Steuerprogramme installieren und konfigurieren f) Kompatibilität von Systemkomponenten und Peripheriegeräten beurteilen und Kompatibilitätsprobleme lösen g) Hard- und Softwarekomponenten in bestehende Systeme einpassen und in Betrieb nehmen
Netzwerke	a) Vor- und Nachteile verschiedener Netzwerktopologien, -protokolle und -schnittstellen für unterschiedliche Anwendungsbereiche bewerten b) Netzwerkprodukte und Netzwerkbetriebssysteme auswählen, Netzwerkkomponenten und Netzwerkbetriebssysteme installieren und konfigurieren c) Übergänge zwischen verschiedenen Netzwerken herstellen d) Softwarearchitekturen in Netze integrieren
System-lösungen	a) Anwendungsprogramme und Softwarekomponenten hinsichtlich ihres Leistungsumfanges beurteilen und entsprechend den Kundenanforderungen auswählen b) Softwarekomponenten unter Beachtung von Arbeitsabläufen und Datenflüssen zu komplexen Systemlösungen integrieren c) Systemlösungen entsprechend den kundenspezifischen Anforderungen einrichten, konfigurieren und anpassen d) Prozeduren zur Automatisierung von Abläufen erstellen und in den Systemablauf einbinden e) Sicherheitsmechanismen, insbesondere Zugriffsmöglichkeiten, festlegen und implementieren f) Bedienoberflächen und Benutzerdialoge einrichten g) Leistungsfähigkeit von Systemen der Informations- und Telekommunikationstechnik ermitteln, beurteilen und optimieren

9705362

Ausbildungsrahmenplan ⑤   Systemintegration • **Fachinformatiker/-in**   Stuffer   **G1**

a) Dokumentationen zielgruppengerecht erstellen, archivieren und pflegen, insbesondere Programmierhandbücher, technische Dokumentationen, Hersteller-, System- sowie Benutzerdokumentationen	**Einführung von Systemen**
b) Systemeinführung planen und mit den beteiligten Organisationseinheiten abstimmen	
c) Datenübernahmen planen und durchführen	
d) Systeme unter Beachtung der Betriebsabläufe steuern	
e) Systemkomponenten aus integrierten Systemen entfernen	

Service   G1

a) Anwendungsmöglichkeiten, Leistungsspektrum und Bedienung komplexer Systeme vor Benutzern präsentieren	**Benutzerunterstützung**
b) Bedienungsunterlagen und Hilfeprogramme zur Benutzerunterstützung bereitstellen sowie Systeme zur interaktiven Benutzerunterstützung einrichten	
c) Benutzerprobleme aufnehmen und analysieren sowie Vorschläge zur Problemlösung unterbreiten	
a) Geräte prüfen, Fehler systematisch ermitteln und beseitigen, Instandhaltung veranlassen	**Fehleranalyse, Störungsbeseitigung**
b) Daten von defekten Geräten retten und bereitstellen	
c) Präventivmaßnahmen zur Fehlervermeidung konzipieren und durchführen	

a) Richtlinien zur Nutzung informations- und telekommunikationstechnischer Systeme erstellen und einführen, insbesondere
  aa) zur Einhaltung von Lizenzbestimmungen
  bb) für Zugriffsberechtigungen auf Datenbestände, deren Weitergabe und Speicherung
  cc) zur Datensicherung und Archivierung
  dd) für Notfallmaßnahmen beim Ausfall von Systemen
	Systemunterstützung

b) Geräte, Software, Dokumentationen und Verbrauchsmaterialien für die Nutzung informations- und telekommunikationstechnischer Systeme beschaffen, bereitstellen und verwalten	
c) Systemkapazitäten planen und Benutzern zuteilen	
d) Verfahren zur Pflege und Verwaltung von Datenbeständen einrichten	
e) Zugangsvoraussetzungen für die Nutzung externer Datenbanken und Informations- und Telekommunikationssysteme herstellen	

Fachaufgaben im Einsatzgebiet   G1

a) bereichs- und produktspezifische Informationen nutzen	**Produkte, Prozesse und Verfahren**
b) die für das Einsatzgebiet typischen Produkte, Prozesse und Verfahren im Hinblick auf die Anforderungen an komplexe Systemlösungen analysieren und in ein Lösungskonzept umsetzen	
c) Informationswege, -strukturen und -verarbeitung sowie Schnittstellen zwischen verschiedenen Funktionsbereichen des Einsatzgebietes analysieren	
d) vorhandene Systemlösungen im Einsatzgebiet erfassen und nach Maßgabe ihrer Leistungsfähigkeit, Funktionalität, Wirtschaftlichkeit und Erweiterbarkeit bewerten	
a) Projektziele festlegen und Teilaufgaben definieren	**Projektplanung**
b) Teilaufgaben unter Beachtung arbeitsorganisatorischer, sicherheitstechnischer und wirtschaftlicher Gesichtspunkte planen, insbesondere Personalplanung, Sachmittelplanung, Terminplanung und Kostenplanung durchführen	
c) Systemkonzeptionen unter Anwendung einsatzgebietstypischer Verfahren erstellen	
d) Projektplanungswerkzeuge anwenden	
a) einsatzgebietsspezifische Systemlösungen unter Beachtung wirtschaftlicher und terminlicher Vorgaben erstellen	**Projektdurchführung**
b) die im Einsatzgebiet typischen Werkzeuge und Verfahren anwenden sowie Systemkomponenten einsetzen	
c) bei der Auftragsbearbeitung mit Kunden, internen Stellen und externen Dienstleistern zusammenarbeiten	
d) Gesamtsystem an Kunden übergeben, Abnahmeprotokolle anfertigen	
e) Einführung von Systemlösungen unter Berücksichtigung der organisatorischen und terminlichen Vorgaben mit Kunden abstimmen und kontrollieren	
a) Zielerreichung kontrollieren, insbesondere Soll-Ist-Vergleich aufgrund der Planungsdaten durchführen	**Projektkontrolle, Qualitätssicherung**
b) Qualitätssicherungsmaßnahmen projektbegleitend durchführen	
c) Projektablauf sowie Qualitätskontrollen und durchgeführte Testläufe dokumentieren	
d) bei Störungen im Projektablauf Kunden informieren und Lösungsalternativen aufzeigen	
e) Leistungen abrechnen, Nachkalkulation durchführen, abrechnungsrelevante Daten dokumentieren	

9705363

§ AO IT-Systemelektroniker/-in

Auszug aus der Verordnung über die Berufsausbildung im Bereich der Informations- u. Telekommunikationstechnik Informations- und Telekommunikationssystem-Elektroniker/Informations- u. Telekommunikationssystem-Elektronikerin (IT-System-Elektroniker/IT-System-Elektronikerin) v. 10. Juli 1997 (BGBl. I S. 1741 vom 15. Juli 1997)

Ausbildungsrahmenplan für die Berufsausbildung zum Informations- und Telekommunikationssystem-Elektroniker/zur Informations- und Telekommunikationssystem-Elektronikerin (IT-System-Elektroniker/IT-System-Elektronikerin)

§ 7 Berichtsheft

Der Auszubildende hat ein Berichtsheft in Form eines Ausbildungsnachweises zu führen. Ihm ist Gelegenheit zu geben, das Berichtsheft während der Ausbildungszeit zu führen. Der Ausbildende hat das Berichtsheft regelmäßig durchzusehen.

§ 8 Zwischenprüfung

(1) Zur Ermittlung des Ausbildungsstandes ist eine Zwischenprüfung durchzuführen. Sie soll in der Mitte des zweiten Ausbildungsjahres stattfinden.

(2) Die Zwischenprüfung erstreckt sich auf die in Anlage 1 für das erste Ausbildungsjahr aufgeführten Fertigkeiten und Kenntnisse sowie auf den im Berufsschulunterricht entsprechend dem Rahmenlehrplan zu vermittelnden Lehrstoff, soweit er für die Berufsausbildung wesentlich ist.

(3) Der Prüfling soll in einer schriftlichen Prüfung in insgesamt höchstens 180 Minuten vier Aufgaben bearbeiten, die sich auf praxisbezogene Fälle beziehen sollen. Hierfür kommen insbesondere folgende Gebiete in Betracht:

1. betriebliche Leistungsprozesse und Arbeitsorganisation,
2. informations- und telekommunikationstechnische Systeme,
3. Montagetechnik,
4. Wirtschafts- und Sozialkunde.

(4) Die in Absatz 3 genannte Prüfungsdauer kann insbesondere unterschritten werden, soweit die schriftliche Prüfung in programmierter Form durchgeführt wird.

§ 9 Abschlussprüfung

Bestandteile (1) Die Abschlussprüfung erstreckt sich auf die in Anlage 1 aufgeführten Fertigkeiten und Kenntnisse sowie auf den im Berufsschulunterricht vermittelten Lehrstoff, soweit er für die Berufsausbildung wesentlich ist.

Teil A Projekt-bericht, Präsentation, Fachgespräch
(2) Der Prüfling soll in Teil A der Prüfung in insgesamt höchstens 35 Stunden eine betriebliche Projektarbeit durchführen und dokumentieren sowie in insgesamt höchstens 30 Minuten diese Projektarbeit präsentieren und darüber ein Fachgespräch führen. Für die Projektarbeit soll der Prüfling einen Auftrag oder einen abgegrenzten Teilauftrag ausführen. Hierfür kommt insbesondere eine der nachfolgenden Aufgaben in Betracht:

1. Erstellen, Ändern oder Erweitern eines Systems der Informations- und Telekommunikationstechnik einschließlich Arbeitsplanung, Materialdisposition, Montage der Leitungen und Komponenten, Dokumentation, Qualitätskontrolle sowie Funktionsprüfung;

2. Erstellen, Ändern oder Erweitern eines Kommunikationsnetzes einschließlich Arbeitsplanung, Materialdisposition, Montage der Leitungen und Komponenten, Dokumentation, Qualitätskontrolle sowie Funktionsprüfung.

9705364

IT-Systemelektroniker/-in   A0   Ⓢ

Die Ausführung der Projektarbeit wird mit praxisbezogenen Unterlagen dokumentiert. Durch die Projektarbeit und deren Dokumentation soll der Prüfling belegen, dass er Arbeitsabläufe und Teilaufgaben zielorientiert unter Beachtung wirtschaftlicher, technischer, organisatorischer und zeitlicher Vorgaben selbstständig planen und kundengerecht umsetzen sowie Dokumentationen kundengerecht anfertigen, zusammenstellen und modifizieren kann. Durch die Präsentation einschließlich Fachgespräch soll der Prüfling zeigen, dass er fachbezogene Probleme und Lösungskonzepte zielgruppengerecht darstellen, den für die Projektarbeit relevanten fachlichen Hintergrund aufzeigen sowie die Vorgehensweise im Projekt begründen kann. Dem Prüfungsausschuss ist vor der Durchführung der Projektarbeit das zu realisierende Konzept einschließlich einer Zeitplanung sowie der Hilfsmittel zur Präsentation zur Genehmigung vorzulegen. Die Projektarbeit einschließlich Dokumentation sowie die Projektpräsentation einschließlich Fachgespräch sollen jeweils mit 50 vom Hundert gewichtet werden.

(3) Der Prüfungsteil B besteht aus den drei Prüfungsbereichen Ganzheitliche Aufgabe I, Ganzheitliche Aufgabe II sowie Wirtschafts- und Sozialkunde.

Teil B
G1, G2, WiSo

(4) Für die Ganzheitliche Aufgabe I kommt insbesondere eine der nachfolgenden Aufgaben in Betracht:

G1
Berufsspezifische Qualifikationen

1. Beschreiben der Vorgehensweise zur systematischen Eingrenzung eines Fehlers in einem System der Informations- und Telekommunikationstechnik. Dabei soll der Prüfling zeigen, dass er die Leistungsmerkmale des Systems beurteilen, Signale an Schnittstellen prüfen, Protokolle interpretieren sowie Experten- und Diagnosesysteme einsetzen kann;

2. Anfertigen eines Arbeitsplanes zur Installation und Inbetriebnahme eines Systems der Informations- und Telekommunikationstechnik nach vorgegebenen Anforderungen. Dabei soll der Prüfling zeigen, dass er die zur Installation und Inbetriebnahme des Systems notwendigen Geräte und Hilfsmittel, einschließlich der Stromversorgung, unter Beachtung der technischen Regeln auswählen und den notwendigen Arbeitseinsatz sachgerecht planen kann.

Für die Ganzheitliche Aufgabe II kommt insbesondere eine der nachfolgenden Aufgaben in Betracht:

G2
Kernqualifikationen aller IT-Berufe

1. Bewerten eines Systems der Informations- und Telekommunikationstechnik. Dabei soll der Prüfling zeigen, dass er die Leistungsmerkmale, Benutzerfreundlichkeit, Wirtschaftlichkeit und Erweiterbarkeit des Systems hinsichtlich definierter Anforderungen beurteilen kann;

2. Entwerfen eines Datenmodells für ein Anwendungsbeispiel. Dabei soll der Prüfling zeigen, dass er Kundenanforderungen in ein Datenmodell umsetzen kann;

3. benutzergerechtes Aufbereiten technischer Unterlagen. Dabei soll der Prüfling zeigen, dass er die zur Anwendung informations- und telekommunikationstechnischer Systeme notwendigen Inhalte fachsprachlicher, einschließlich englischsprachiger Bedienungsanleitungen, Dokumentationen und Handbücher benutzergerecht aufbereiten kann;

4. Vorbereiten einer Benutzerberatung unter Berücksichtigung auftragsspezifischer Wünsche anhand eines praktischen Falles. Dabei soll der Prüfling zeigen, dass er ein Beratungskonzept entwickeln und kundenorientiert handeln kann.

Im Prüfungsbereich Wirtschafts- und Sozialkunde kommen Aufgaben, die sich auf praxisbezogene Fälle beziehen sollen, insbesondere aus folgenden Gebieten in Betracht: allgemeine, wirtschaftliche und gesellschaftliche Zusammenhänge aus der Berufs- und Arbeitswelt.

WiSo

(5) Für den Prüfungsteil B ist von folgenden zeitlichen Höchstwerten auszugehen:

Zeit

1. für die Ganzheitlichen Aufgaben I und II   je 90 Minuten,
2. im Prüfungsbereich Wirtschafts- und Sozialkunde   60 Minuten.

(6) Innerhalb des Prüfungsteiles B haben die Ganzheitlichen Aufgaben I und II gegenüber dem Prüfungsbereich Wirtschafts- und Sozialkunde jeweils das doppelte Gewicht.

Punkteanteile B

(7) Sind im Prüfungsteil B die Prüfungsleistungen in bis zu zwei Prüfungsbereichen mit „mangelhaft" und in einem weiteren Prüfungsbereich mit mindestens „ausreichend" bewertet worden, so ist auf Antrag des Prüflings oder nach Ermessen des Prüfungsausschusses in einem der mit „mangelhaft" bewerteten Prüfungsbereiche die Prüfung durch eine mündliche Prüfung von etwa 15 Minuten zu ergänzen, wenn diese für das Bestehen der Prüfung den Ausschlag geben kann. Der Prüfungsbereich ist vom Prüfling zu bestimmen. Bei der Ermittlung des Ergebnisses für diesen Prüfungsbereich ist das bisherige Ergebnis und das Ergebnis der mündlichen Ergänzungsprüfung im Verhältnis 2 : 1 zu gewichten.

MEPr
Mündliche Ergänzungsprüfung

(8) Die Prüfung ist bestanden, wenn jeweils in den Prüfungsteilen A und B mindestens ausreichende Leistungen erbracht wurden. Werden die Prüfungsleistungen in der Projektarbeit einschließlich Dokumentation, in der Projektpräsentation einschließlich Fachgespräch oder in einem der drei Prüfungsbereiche mit „ungenügend" bewertet, so ist die Prüfung nicht bestanden.

Bestehen

G1 Stuffer | IT-Systemelektroniker/-in | § Ausbildungsrahmenplan

G1 Systemtechnik

System-komponenten
a) Komponenten für Systeme der Informations- und Telekommunikationstechnik auswählen und zusammenbauen
b) Hardwarekonfigurationen und Baugruppen kundenspezifisch modifizieren
c) Leitungen konfektionieren sowie Komponenten verbinden
d) informations- und telekommunikationstechnische Geräte aufstellen und anschließen
e) Baugruppen hard- und softwareseitig einstellen, anpassen und in Betrieb nehmen, insbesondere Schnittstellen, Übertragungswege und Übertragungsprotokolle

Ergonomische Geräte-aufstellung
a) Arbeitsumgebung und Arbeitsplatz hinsichtlich der Ergonomie beurteilen
b) Geräte, Möbel und Zusatzgeräte entsprechend der örtlichen Gegebenheiten und der Lichtverhältnisse sowie der Arbeitsabläufe und den Anforderungen der Kunden aufstellen und einrichten
c) Maßnahmen gegen elektrostatische Aufladung vorschlagen

G1 Installation

Montage-technik
a) Geräte, Leitungen, Verteiler und Steckverbindungen am Baukörper und an Kundeneinrichtungen montieren
b) Leitungen in Leitungsführungssysteme einbringen
c) Leitungen konfektionieren, verbinden und an Geräte anschließen

Strom-versorgung, Schutzmaß-nahmen
a) Stromversorgung hinsichtlich der anzuschließenden informations- und telekommunikationstechnischen Geräte und der VDE-Bestimmungen beurteilen
b) Schutzmaßnahmen festlegen
c) Stromkreise unter Beachtung der einschlägigen Vorschriften installieren sowie informations- und telekommunikationstechnische Geräte an das Stromversorgungsnetz anschließen
d) informations- und telekommunikationstechnische Geräte an vorhandenen Potenzialausgleich anschließen sowie Widerstand zwischen Körper, Schutzleiteranschlüssen und Potenzialausgleich messen und beurteilen
e) Schutz gegen direktes Berühren durch Besichtigen prüfen
f) Wirksamkeit von Schutzmaßnahmen bei indirektem Berühren, insbesondere durch Abschaltung mit Überstromschutzorganen und Fehlerstromschutzeinrichtungen, prüfen
g) Isolationswiderstand messen
h) Einhaltung der Bestimmungen des Brandschutzes und zur Verlegung von Leitungsnetzen unterschiedlicher Spannungspegel prüfen
i) informations- und telekommunikationstechnische Geräte sowie sonstige Betriebsmittel unter Berücksichtigung der Umgebungsbedingungen und der Zusatzfestlegungen für Räume besonderer Art auswählen
k) Prüfungen dokumentieren

Datensicher-heit, Hard- und Soft-waretests
a) Zugangsberechtigungen festlegen
b) Datensicherungssysteme hard- und softwareseitig installieren und Datensicherung durchführen
c) Leistungsumfang und Einhaltung der Spezifikationen prüfen und dokumentieren, Abnahmeprotokolle erstellen

Netzwerke
a) Netzwerkbetriebssysteme und Treibersoftware für Hardwarekomponenten installieren, in bestehende Systeme einpassen und in Betrieb nehmen
b) drahtgebundene Übertragungssysteme installieren, in Betrieb nehmen und prüfen, insbesondere Netzwerkkomponenten aufstellen und programmieren
c) drahtlose Übertragungssysteme installieren, in Betrieb nehmen und prüfen

9705366

Ausbildungsrahmenplan § IT-Systemelektroniker/-in Stuffer **G1**

Serviceleistungen G1

a) Wartungsmaßnahmen planen, kalkulieren und durchführen
b) Wartungsverträge vorbereiten
c) vorbeugende Instandhaltung durchführen
d) Störungsmeldungen entgegennehmen, Vorschläge zur Störungsbeseitigung unterbreiten
e) Produktschulungen planen und durchführen
f) Serviceleistungen kalkulieren und abrechnen

Instandhaltung G1

a) Leistungsmerkmale prüfen und beurteilen
b) Fehler durch Kundenbefragung eingrenzen
c) Experten- und Diagnosesysteme, insbesondere Testsoftware, auswählen
d) Funktionsfähigkeit von Systemen der Informations- und Telekommunikationstechnik und von einzelnen Komponenten prüfen
e) Signale an Schnittstellen prüfen, Protokolle interpretieren
f) Netze prüfen, netzwerkspezifische Messungen durchführen
g) Fehler beseitigen, insbesondere Hardwarekomponenten austauschen und einstellen sowie Software installieren und konfigurieren
h) Vorschriften zur elektromagnetischen Verträglichkeit anwenden

Fachaufgaben im Einsatzgebiet G1

Produkte, Prozesse und Verfahren

a) bereichs- und produktspezifische Informationen nutzen
b) die für das Einsatzgebiet typischen Produkte, Prozesse und Verfahren im Hinblick auf die Anforderungen an Systemlösungen analysieren und in ein Lösungskonzept umsetzen
c) Informationswege, -strukturen und -verarbeitung sowie Schnittstellen zwischen verschiedenen Funktionsbereichen des Einsatzgebietes analysieren
d) vorhandene Systeme im Einsatzgebiet erfassen und nach Maßgabe ihrer Leistungsfähigkeit, Funktionalität, Wirtschaftlichkeit und Erweiterbarkeit bewerten

Projekt- planung

a) Projektziele festlegen und Teilaufgaben definieren
b) Teilaufgaben unter Beachtung arbeitsorganisatorischer, sicherheitstechnischer und wirtschaftlicher Gesichtspunkte planen, insbesondere Personalplanung, Sachmittelplanung, Terminplanung und Kostenplanung durchführen
c) einsatzgebietstypische Verfahren zur Systemkonzeption anwenden
d) Projektplanungswerkzeuge anwenden

Projekt- durchführung und Auftrags- bearbeitung

a) Aufträge unter Beachtung wirtschaftlicher und terminlicher Vorgaben kundengerecht ausführen
b) die zum Projektumfang gehörenden Fremdleistungen koordinieren
c) Leistungen externer Anbieter prüfen, überwachen und abnehmen
d) Gesamtsystem an Kunden übergeben, Abnahmeprotokolle anfertigen
e) Systemeinführungen unter Berücksichtigung der organisatorischen und terminlichen Vorgaben mit Kunden abstimmen und kontrollieren
f) Benutzer in die Bedienung der Systeme einweisen

Projekt- kontrolle, Qualitäts- sicherung

a) Zielerreichung kontrollieren, insbesondere Soll-Ist-Vergleich aufgrund der Planungsdaten durchführen
b) Qualitätssicherungsmaßnahmen projektbegleitend durchführen
c) Projektablauf sowie Qualitätskontrollen und durchgeführte technische Prüfungen dokumentieren
d) bei Störungen im Projektablauf Kunden informieren und Lösungsalternativen aufzeigen
e) Leistungen abrechnen, Nachkalkulation durchführen, abrechnungsrelevante Daten dokumentieren

9705367

(§) A0　IT-System-Kaufmann/IT-System-Kauffrau

Auszug aus der Verordnung über die Berufsausbildung im Bereich der Informations- und Telekommunikationstechnik Informations- und Telekommunikationssystem-Kaufmann/Informations- und Telekommunikationssystem-Kauffrau (IT-System-Kaufmann/IT-System-Kauffrau) vom 10. Juli 1997 (BGBl. I S. 1741 vom 15. Juli 1997)

Ausbildungsrahmenplan für die Berufsausbildung zum Informations- und Telekommunikationssystem-Kaufmann/zur Informations- und Telekommunikationssystem-Kauffrau (IT-System-Kaufmann/IT-System-Kauffrau)

§ 19　Berichtsheft

Der Auszubildende hat ein Berichtsheft in Form eines Ausbildungsnachweises zu führen. Ihm ist Gelegenheit zu geben, das Berichtsheft während der Ausbildungszeit zu führen. Der Ausbildende hat das Berichtsheft regelmäßig durchzusehen.

§ 20　Zwischenprüfung

(1) Zur Ermittlung des Ausbildungsstandes ist eine Zwischenprüfung durchzuführen. Sie soll in der Mitte des zweiten Ausbildungsjahres stattfinden.

(2) Die Zwischenprüfung erstreckt sich auf die in Anlage 3 für das erste Ausbildungsjahr aufgeführten Fertigkeiten und Kenntnisse sowie auf den im Berufsschulunterricht entsprechend dem Rahmenlehrplan zu vermittelnden Lehrstoff, soweit er für die Berufsausbildung wesentlich ist.

(3) Der Prüfling soll in einer schriftlichen Prüfung in insgesamt höchstens 180 Minuten vier Aufgaben bearbeiten, die sich auf praxisbezogene Fälle beziehen sollen. Hierfür kommen insbesondere folgende Gebiete in Betracht:

1. betriebliche Leistungsprozesse und Arbeitsorganisation,

2. informations- und telekommunikationstechnische Systeme,

3. Vertrieb,

4. Wirtschafts- und Sozialkunde.

(4) Die in Absatz 3 genannte Prüfungsdauer kann insbesondere unterschritten werden, soweit die schriftliche Prüfung in programmierter Form durchgeführt wird.

§ 21　Abschlussprüfung

Bestandteile

(1) Die Abschlussprüfung erstreckt sich auf die in Anlage 3 aufgeführten Fertigkeiten und Kenntnisse sowie auf den im Berufsschulunterricht vermittelten Lehrstoff, soweit er für die Berufsausbildung wesentlich ist.

Teil A Projekt-bericht, Präsentation, Fachgespräch

(2) Der Prüfling soll in Teil A der Prüfung in insgesamt höchstens 35 Stunden eine betriebliche Projektarbeit durchführen und dokumentieren sowie in insgesamt höchstens 30 Minuten diese Projektarbeit präsentieren und darüber ein Fachgespräch führen. Für die Projektarbeit soll der Prüfling einen Auftrag oder einen abgegrenzten Teilauftrag ausführen. Hierfür kommt insbesondere eine der nachfolgenden Aufgaben in Betracht:

9705368

IT-System-Kaufmann/IT-System-Kauffrau   A0

1. Abwicklung eines Kundenauftrages einschließlich Anforderungsanalyse, Konzepterstellung, Kundenberatung sowie Angebotserstellung;

2. Erstellen einer Projektplanung bei vorgegebener Kundenanalyse einschließlich Ermittlung von Aufwand und Ertrag.

Die Ausführung der Projektarbeit wird mit praxisbezogenen Unterlagen dokumentiert. Durch die Projektarbeit und deren Dokumentation soll der Prüfling belegen, dass er Arbeitsabläufe und Teilaufgaben zielorientiert unter Beachtung wirtschaftlicher, technischer, organisatorischer und zeitlicher Vorgaben selbstständig planen und kundengerecht umsetzen sowie Dokumentationen kundengerecht anfertigen, zusammenstellen und modifizieren kann. Durch die Präsentation einschließlich Fachgespräch soll der Prüfling zeigen, dass er fachbezogene Probleme und Lösungskonzepte zielgruppengerecht darstellen, den für die Projektarbeit relevanten fachlichen Hintergrund aufzeigen sowie die Vorgehensweise im Projekt begründen kann. Dem Prüfungsausschuss ist vor der Durchführung der Projektarbeit das zu realisierende Konzept einschließlich einer Zeitplanung sowie der Hilfsmittel zur Präsentation zur Genehmigung vorzulegen. Die Projektarbeit einschließlich Dokumentation sowie die Projektpräsentation einschließlich Fachgespräch sollen jeweils mit 50 vom Hundert gewichtet werden.

(3) Der Prüfungsteil B besteht aus den drei Prüfungsbereichen Ganzheitliche Aufgabe I, Ganzheitliche Aufgabe II sowie Wirtschafts- und Sozialkunde.

**Teil B
G1, G2, WiSo**

(4) Für die Ganzheitliche Aufgabe I kommt insbesondere eine der nachfolgenden Aufgaben in Betracht:

1. Erstellen eines Angebotes für ein System der Informations- und Telekommunikationstechnik aufgrund vorgegebener fachlicher und technischer Spezifikationen. Dabei soll der Prüfling zeigen, dass er die erforderlichen Eigen- und Fremdleistungen ermitteln, Termine planen sowie Kosten und Preise kalkulieren kann;

2. Planen eines informations- und telekommunikationstechnischen Systems nach vorgegebenen Anforderungen eines Kunden. Dabei soll der Prüfling zeigen, dass er Lösungskonzepte entsprechend den Kundenanforderungen entwickeln kann.

**G1
Berufsspezifische Qualifikationen**

Für die Ganzheitliche Aufgabe II kommt insbesondere eine der nachfolgenden Aufgaben in Betracht:

1. Bewerten eines Systems der Informations- und Telekommunikationstechnik. Dabei soll der Prüfling zeigen, dass er die Leistungsmerkmale, Benutzerfreundlichkeit, Wirtschaftlichkeit und Erweiterbarkeit des Systems hinsichtlich definierter Anforderungen beurteilen kann;

2. Entwerfen eines Datenmodells für ein Anwendungsbeispiel. Dabei soll der Prüfling zeigen, dass er Kundenanforderungen in ein Datenmodell umsetzen kann;

3. benutzergerechtes Aufbereiten technischer Unterlagen. Dabei soll der Prüfling zeigen, dass er die zur Anwendung informations- und telekommunikationstechnischer Systeme notwendigen Inhalte fachsprachlicher, einschließlich englischsprachiger Bedienungsanleitungen, Dokumentationen und Handbücher benutzergerecht aufbereiten kann;

4. Vorbereiten einer Benutzerberatung unter Berücksichtigung auftragsspezifischer Wünsche anhand eines praktischen Falles. Dabei soll der Prüfling zeigen, dass er ein Beratungskonzept entwickeln und kundenorientiert handeln kann.

**G2
Kernqualifikationen aller IT-Berufe**

Im Prüfungsbereich Wirtschafts- und Sozialkunde kommen Aufgaben, die sich auf praxisbezogene Fälle beziehen sollen, insbesondere aus folgenden Gebieten in Betracht: allgemeine, wirtschaftliche und gesellschaftliche Zusammenhänge aus der Berufs- und Arbeitswelt.

WiSo

(5) Für den Prüfungsteil B ist von folgenden zeitlichen Höchstwerten auszugehen:

1. für die Ganzheitlichen Aufgaben I und II   je 90 Minuten,

2. im Prüfungsbereich Wirtschafts- und Sozialkunde   60 Minuten.

Zeit

(6) Innerhalb des Prüfungsteiles B haben die Ganzheitlichen Aufgaben I und II gegenüber dem Prüfungsbereich Wirtschafts- und Sozialkunde jeweils das doppelte Gewicht.

Punkteanteile B

(7) Sind im Prüfungsteil B die Prüfungsleistungen in bis zu zwei Prüfungsbereichen mit „mangelhaft" und in einem weiteren Prüfungsbereich mit mindestens „ausreichend" bewertet worden, so ist auf Antrag des Prüflings oder nach Ermessen des Prüfungsausschusses in einem der mit „mangelhaft" bewerteten Prüfungsbereiche die Prüfung durch eine mündliche Prüfung von etwa 15 Minuten zu ergänzen, wenn diese für das Bestehen der Prüfung den Ausschlag geben kann. Der Prüfungsbereich ist vom Prüfling zu bestimmen. Bei der Ermittlung des Ergebnisses für diesen Prüfungsbereich ist das bisherige Ergebnis und das Ergebnis der mündlichen Ergänzungsprüfung im Verhältnis 2 : 1 zu gewichten.

**MEPr
Mündliche Ergänzungsprüfung**

(8) Die Prüfung ist bestanden, wenn jeweils in den Prüfungsteilen A und B mindestens ausreichende Leistungen erbracht wurden. Werden die Prüfungsleistungen in der Projektarbeit einschließlich Dokumentation, in der Projektpräsentation einschließlich Fachgespräch oder in einem der drei Prüfungsbereiche mit „ungenügend" bewertet, so ist die Prüfung nicht bestanden.

Bestehen

9705369

G1 Stuffer | IT-System-Kaufmann/IT-System-Kauffrau (§) Ausbildungsrahmenplan

G1 Marketing

Markt-beobachtung
a) Informationsbedarf an Marktdaten feststellen
b) zukünftige Entwicklung der Verkaufspreise am Markt unter Berücksichtigung von Innovationszyklen abschätzen
c) Informationen über Mitbewerber, deren Verkaufsverhalten und Werbung auswerten
d) Informationen über Marktsegmente und Kaufverhalten unterschiedlicher Kundengruppen erfassen und daraus Anforderungen für die Produktplanung und -gestaltung ableiten
e) Anfragen, erstellte Angebote, eingegangene Aufträge und Reklamationen auswerten

Marketing-instrumente
a) verschiedene Kombinationsmöglichkeiten unterschiedlicher Marketinginstrumente, insbesondere Produktgestaltung, Preisgestaltung, Werbung, Vertriebswege und Serviceangebote, für den Ausbildungsbetrieb beurteilen
b) Produkt- und Preisgestaltung sowie Serviceangebote in Zusammenarbeit mit den beteiligten Organisationseinheiten abstimmen

Werbung und Verkaufs-förderung
a) Werbeziele unter Berücksichtigung des Produktsortiments, der Stellung des Produktes im Markt und der Zielgruppen definieren
b) Werbemaßnahmen, insbesondere Werbemittel, -träger und -kosten, planen
c) Daten zur Erfolgskontrolle von Werbung ermitteln und auswerten
d) an Konzepten für verkaufsfördernde Maßnahmen mitwirken

G1 Vertrieb

Vertriebs-techniken
a) Vertriebswege für unterschiedliche Produkt- und Zielgruppen sowie die damit verbundenen Kosten ermitteln
b) Kundenkontakte und Informationen über den Kundenstamm des Ausbildungsunternehmens systematisch auswerten und für die Durchführung von vertrieblichen Maßnahmen nutzen
c) Kundenkontakte vorbereiten, herstellen sowie die Ergebnisse festhalten und aufbereiten

Kunden-beratung
a) Kundenwünsche und -erwartungen hinsichtlich der Eigenschaften der Produkte mit dem eigenen Leistungsangebot vergleichen und daraus Vorgehensweisen für die Kundenberatung ableiten
b) Produkte und Dienstleistungen des Ausbildungsbetriebes unter Beachtung der Kundenwünsche aus technischer und kaufmännischer Sicht präsentieren sowie Kunden bei der Auswahl beraten

G1 Kundenspezifische Systemlösungen

Analyse
a) Geschäftsprozesse des Kunden im Hinblick auf die Anforderungen an Systeme der Informations- und Telekommunikationstechnik analysieren
b) Organisationsstruktur, Informationswege und -verarbeitung sowie Schnittstellen zwischen verschiedenen Funktionsbereichen des Kundenunternehmens analysieren
c) Systeme der Informations- und Telekommunikationstechnik des Kunden erfassen und nach Maßgabe ihrer Leistungsfähigkeit, Funktionalität, Wirtschaftlichkeit und Erweiterbarkeit bewerten
d) relevante Mengengerüste, insbesondere Datenbestände und Transaktionsvolumen, ermitteln
e) Richtlinien des Kundenunternehmens zum Einsatz von Systemen der Informations- und Telekommunikationstechnik auswerten sowie technische und organisatorische Rahmenbedingungen für die Auftragsdurchführung ermitteln

Konzeption
a) Realisierungsmöglichkeiten der Kundenanforderungen in Absprache mit den beteiligten Organisationseinheiten, unter Berücksichtigung von Kapazitäten, Ressourcen und Terminen, abschätzen
b) Lösungsvarianten unter Berücksichtigung fachlicher, wirtschaftlicher, arbeitsorganisatorischer und sozialer Aspekte entwickeln und bewerten
c) Systemkonfiguration sowie Hard- und Softwareschnittstellen festlegen; Vernetzungen planen
d) Ein- und Ausgabeformate, Dateien und Verarbeitungsalgorithmen festlegen
e) Datenbankstrukturen unter Beachtung von Datenmodellen entwerfen

9705370

Ausbildungsrahmenplan § IT-System-Kaufmann/IT-System-Kauffrau Stuffer G1

f) Benutzerkommunikation und Bedienoberflächen unter Beachtung ergonomischer Gesichtspunkte konzipieren

g) kundenspezifische Softwarelösungen konzipieren

h) Abläufe zur Auftragsdurchführung festlegen

i) Kosten-Nutzen-Rechnung für den Kunden erstellen

a) Serviceleistungen mit Kunden abstimmen	**Service-konzepte**
b) Leistungen zur Benutzerunterstützung festlegen	
c) Einführungs- und Schulungsmaßnahmen unter Berücksichtigung der Kundenwünsche konzipieren	

Auftragsbearbeitung   G1

a) Kosten für Eigen- und Fremdleistungen ermitteln	**Angebots-erstellung**
b) Angebotspreis unter Berücksichtigung von Zuschlägen ermitteln	
c) Serviceleistungen kalkulieren	
d) Angebote unter Berücksichtigung von technischen Spezifikationen, Gewährleistung sowie der kaufmännischen und rechtlichen Bedingungen erstellen	
e) Finanzierungsarten unterscheiden und Kunden über Finanzierungsmöglichkeiten beraten	
a) die im Ausbildungsbetrieb verwendeten Vertragsarten und deren rechtliche und kaufmännische Bedeutung erläutern	**Verträge**
b) Vertragsverhandlungen führen und Verträge unterschriftsreif vorbereiten	
c) Reklamationen bearbeiten	
a) Rechnungen erstellen, Daten für das betriebliche Rechnungswesen aufbereiten	**Abrechnen von Leistungen**
b) Zahlungsvorgänge überwachen, eingegangene Zahlungen erfassen und prüfen sowie Buchung vorbereiten	
c) betriebsübliche Maßnahmen bei Zahlungsverzug durchführen	

Fachaufgaben im Einsatzgebiet   G1

a) Projektziele festlegen und Teilaufgaben definieren	**Projekt-planung**
b) Teilaufgaben unter Beachtung arbeitsorganisatorischer, sicherheitstechnischer und wirtschaftlicher Gesichtspunkte planen, insbesondere Personalplanung, Sachmittelplanung, Terminplanung und Kostenplanung durchführen	
c) Bedarf an Fremdleistungen ermitteln, Termine für die Bereitstellung von Fremdleistungen abstimmen sowie Aufträge vergeben	
d) Projektplanungswerkzeuge anwenden	
a) Aufträge unter Beachtung wirtschaftlicher und terminlicher Vorgaben kundengerecht ausführen	**Projekt-durchführung**
b) die zum Projektumfang gehörenden Fremdleistungen koordinieren	
c) Leistungen externer Anbieter prüfen, überwachen und abnehmen	
d) Gesamtsystem an Kunden übergeben, Abnahmeprotokolle anfertigen	
e) Systemeinführungen unter Berücksichtigung der organisatorischen und terminlichen Vorgaben mit Kunden abstimmen und kontrollieren	
f) Benutzer in die Bedienung der Systeme einweisen	
g) Schulungsziele und -methoden festlegen sowie Benutzerschulung durchführen	
a) Zielerreichung kontrollieren, insbesondere Soll-Ist-Vergleich aufgrund der Planungsdaten durchführen	**Projekt-kontrolle, Qualitäts-sicherung**
b) Projektablauf sowie Qualitätskontrollen und technische Prüfungen dokumentieren	
c) Bedienungsunterlagen und andere Dokumentationen zusammenstellen und modifizieren	
d) Qualitätssicherungsmaßnahmen durchführen	
e) bei Leistungsstörungen Kunden informieren und Lösungsalternativen aufzeigen	
f) Nachkalkulationen durchführen	

9705371

(§) A0   Informatikkaufmann/Informatikkauffrau

Auszug aus der Verordnung über die Berufsausbildung im Bereich der Informations- u. Telekommunikationstechnik Informatikkaufmann/Informatikkauffrau vom 10. Juli 1997 (BGBl. I S. 1741 vom 15. Juli 1997)

Ausbildungsrahmenplan für die Berufsausbildung zum Informatikkaufmann/zur Informatikkauffrau

§ 25   Berichtsheft

Der Auszubildende hat ein Berichtsheft in Form eines Ausbildungsnachweises zu führen. Ihm ist Gelegenheit zu geben, das Berichtsheft während der Ausbildungszeit zu führen. Der Ausbildende hat das Berichtsheft regelmäßig durchzusehen.

§ 26   Zwischenprüfung

(1) Zur Ermittlung des Ausbildungsstandes ist eine Zwischenprüfung durchzuführen. Sie soll in der Mitte des zweiten Ausbildungsjahres stattfinden.

(2) Die Zwischenprüfung erstreckt sich auf die in Anlage 4 für das erste Ausbildungsjahr aufgeführten Fertigkeiten und Kenntnisse sowie auf den im Berufsschulunterricht entsprechend dem Rahmenlehrplan zu vermittelnden Lehrstoff, soweit er für die Berufsausbildung wesentlich ist.

(3) Der Prüfling soll in einer schriftlichen Prüfung in insgesamt höchstens 180 Minuten vier Aufgaben bearbeiten, die sich auf praxisbezogene Fälle beziehen sollen. Hierfür kommen insbesondere folgende Gebiete in Betracht:

1. betriebliche Leistungsprozesse und Arbeitsorganisation,

2. informations- und telekommunikationstechnische Systeme,

3. Wirtschafts- und Sozialkunde.

(4) Die in Absatz 3 genannte Prüfungsdauer kann insbesondere unterschritten werden, soweit die schriftliche Prüfung in programmierter Form durchgeführt wird.

§ 27   Abschlussprüfung

Bestandteile

(1) Die Abschlussprüfung erstreckt sich auf die in Anlage 4 aufgeführten Fertigkeiten und Kenntnisse sowie auf den im Berufsschulunterricht vermittelten Lehrstoff, soweit er für die Berufsausbildung wesentlich ist.

Teil A Projekt-bericht, Präsentation, Fachgespräch

(2) Der Prüfling soll in Teil A der Prüfung in insgesamt höchstens 35 Stunden eine betriebliche Projektarbeit durchführen und dokumentieren sowie in insgesamt höchstens 30 Minuten diese Projektarbeit präsentieren und darüber ein Fachgespräch führen. Für die Projektarbeit soll der Prüfling einen Auftrag oder einen abgegrenzten Teilauftrag ausführen. Hierfür kommt insbesondere eine der nachfolgenden Aufgaben in Betracht:

1. Erstellen eines Pflichtenheftes für ein System der Informations- und Telekommunikationstechnik einschließlich der Analyse der damit verbundenen Geschäftsprozesse;

2. Durchführen einer Kosten-Nutzen-Analyse zur Einführung eines Systems der Informations- und Tele-kommunikationstechnik.

9705372

Informatikkaufmann/Informatikkauffrau AO §

Die Ausführung der Projektarbeit wird mit praxisbezogenen Unterlagen dokumentiert. Durch die Projektarbeit und deren Dokumentation soll der Prüfling belegen, dass er Arbeitsabläufe und Teilaufgaben zielorientiert unter Beachtung wirtschaftlicher, technischer, organisatorischer und zeitlicher Vorgaben selbstständig planen und kundengerecht umsetzen sowie Dokumentationen kundengerecht anfertigen, zusammenstellen und modifizieren kann. Durch die Präsentation einschließlich Fachgespräch soll der Prüfling zeigen, dass er fachbezogene Probleme und Lösungskonzepte zielgruppengerecht darstellen, den für die Projektarbeit relevanten fachlichen Hintergrund aufzeigen sowie die Vorgehensweise im Projekt begründen kann. Dem Prüfungsausschuss ist vor der Durchführung der Projektarbeit das zu realisierende Konzept einschließlich einer Zeitplanung sowie der Hilfsmittel zur Präsentation zur Genehmigung vorzulegen. Die Projektarbeit einschließlich Dokumentation sowie die Projektpräsentation einschließlich Fachgespräch sollen jeweils mit 50 vom Hundert gewichtet werden.

(3) Der Prüfungsteil B besteht aus den drei Prüfungsbereichen Ganzheitliche Aufgabe I, Ganzheitliche Aufgabe II sowie Wirtschafts- und Sozialkunde.

Teil B
G1, G2, WiSo

(4) Für die Ganzheitliche Aufgabe I kommt insbesondere eine der nachfolgenden Aufgaben in Betracht:

G1
Berufsspezifische Qualifikationen

1. Durchführen eines Angebotsvergleichs auf der Grundlage vorgegebener fachlicher und technischer Spezifikationen. Dabei soll der Prüfling zeigen, dass er unter Beachtung wirtschaftlicher, fachlicher und terminlicher Aspekte Angebote systematisch aufbereiten und auswerten sowie die getroffene Auswahl begründen kann;

2. Entwickeln eines Konzeptes zur Organisation des Datenschutzes, der Datensicherheit oder der Festlegung von Zugriffsrechten. Dabei soll der Prüfling zeigen, dass er unter Berücksichtigung der rechtlichen Bestimmungen, organisatorischen Abläufe und Zuständigkeiten betriebliche Standards zum Einsatz von Systemen der Informations- und Telekommunikationstechnik entwickeln kann.

Für die Ganzheitliche Aufgabe II kommt insbesondere eine der nachfolgenden Aufgaben in Betracht:

G2
Kernqualifikationen aller IT-Berufe

1. Bewerten eines Systems der Informations- und Telekommunikationstechnik. Dabei soll der Prüfling zeigen, dass er die Leistungsmerkmale, Benutzerfreundlichkeit, Wirtschaftlichkeit und Erweiterbarkeit des Systems hinsichtlich definierter Anforderungen beurteilen kann;

2. Entwerfen eines Datenmodells für ein Anwendungsbeispiel. Dabei soll der Prüfling zeigen, dass er Kundenanforderungen in ein Datenmodell umsetzen kann;

3. benutzergerechtes Aufbereiten technischer Unterlagen. Dabei soll der Prüfling zeigen, dass er die zur Anwendung informations- und telekommunikationstechnischer Systeme notwendigen Inhalte fachsprachlicher, einschließlich englischsprachiger Bedienungsanleitungen, Dokumentationen und Handbücher benutzergerecht aufbereiten kann;

4. Vorbereiten einer Benutzerberatung unter Berücksichtigung auftragsspezifischer Wünsche anhand eines praktischen Falles. Dabei soll der Prüfling zeigen, dass er ein Beratungskonzept entwickeln und kundenorientiert handeln kann.

Im Prüfungsbereich Wirtschafts- und Sozialkunde kommen Aufgaben, die sich auf praxisbezogene Fälle beziehen sollen, insbesondere aus folgenden Gebieten in Betracht:

WiSo

allgemeine, wirtschaftliche und gesellschaftliche Zusammenhänge aus der Berufs- und Arbeitswelt.

(5) Für den Prüfungsteil B ist von folgenden zeitlichen Höchstwerten auszugehen:

Zeit

1. für die Ganzheitlichen Aufgaben I und II   je 90 Minuten,
2. im Prüfungsbereich Wirtschafts- und Sozialkunde   60 Minuten.

(6) Innerhalb des Prüfungsteiles B haben die Ganzheitlichen Aufgaben I und II gegenüber dem Prüfungsbereich Wirtschafts- und Sozialkunde jeweils das doppelte Gewicht.

Punkteanteile B

(7) Sind im Prüfungsteil B die Prüfungsleistungen in bis zu zwei Prüfungsbereichen mit „mangelhaft" und in einem weiteren Prüfungsbereich mit mindestens „ausreichend" bewertet worden, so ist auf Antrag des Prüflings oder nach Ermessen des Prüfungsausschusses in einem der mit „mangelhaft" bewerteten Prüfungsbereiche die Prüfung durch eine mündliche Prüfung von etwa 15 Minuten zu ergänzen, wenn diese für das Bestehen der Prüfung den Ausschlag geben kann. Der Prüfungsbereich ist vom Prüfling zu bestimmen. Bei der Ermittlung des Ergebnisses für diesen Prüfungsbereich ist das bisherige Ergebnis und das Ergebnis der mündlichen Ergänzungsprüfung im Verhältnis 2 : 1 zu gewichten.

MEPr
Mündliche Ergänzungsprüfung

(8) Die Prüfung ist bestanden, wenn jeweils in den Prüfungsteilen A und B mindestens ausreichende Leistungen erbracht wurden. Werden die Prüfungsleistungen in der Projektarbeit einschließlich Dokumentation, in der Projektpräsentation einschließlich Fachgespräch oder in einem der drei Prüfungsbereiche mit „ungenügend" bewertet, so ist die Prüfung nicht bestanden.

Bestehen

9705373

G1 Stuffer Informatikkaufmann/Informatikkauffrau (§) Ausbildungsrahmenplan

G1 Branchenspezifische Leistungen

Geschäfts-prozesse

a) den Aufbau der Organisationseinheiten des Ausbildungsbetriebes sowie deren Funktionen und Kommunikationswege darstellen
b) die wesentlichen betrieblichen Voraussetzungen für die Erstellung der Leistungen und deren Abnahme erläutern
c) Abnehmer oder Kunden über die Leistungspalette informieren
d) ausgewählte Arbeitsaufgaben in unterschiedlichen Organisationseinheiten unter Beachtung einschlägiger Rechtsvorschriften und Verfahrensregeln ausführen
e) mit internen und externen Stellen unter Beachtung von Geschäftsordnungen und geschäftlichen Gepflogenheiten zusammenarbeiten
f) das Zusammenspiel von Leistungserstellung und Informationsfluss des Ausbildungsbetriebes erklären, mit dem Leistungsprozess anfallende Daten erfassen und weiterleiten
g) Systeme der Informations- und Telekommunikationstechnik zur Erledigung von Fachaufgaben einsetzen

Spezialisierung für betriebliche Projektarbeit und Ausbildung

Industrie
► Seite 376

Handel
► Seite 376

Banken
► Seite 376

Planung, Steuerung und Kontrolle

a) bei der Planung der Leistungserstellung mitwirken
b) Geschäftsprozesse und Austauschbeziehungen analysieren, Daten zur Steuerung und Kontrolle der Leistungserstellung auswerten
c) Störungen im Prozess der Leistungserstellung in wirtschaftlicher und organisatorischer Hinsicht analysieren sowie Maßnahmen zu ihrer Behebung einleiten
d) Verfahren und Vorschriften zur Qualitätssicherung anwenden

Versicherungen
► Seite 376

Krankenhaus
► Seite 376

G1 Rahmenbedingungen für den Einsatz von Informations- und Telekommunikationstechnik

Arbeitsorga-nisation und Organisations-entwicklung

a) Methoden der Arbeitsorganisation und -planung des Ausbildungsbetriebes beschreiben
b) Zusammenhang zwischen Arbeitsorganisation, dem Einsatz von informations- und telekommunikationstechnischen Systemen und Rationalisierung bewerten
c) Wirkungen des Einsatzes von Systemen der Informations- und Telekommunikationstechnik auf die Arbeitsorganisation und die Mitarbeiter an Beispielen des Ausbildungsbetriebes beschreiben
d) Vorschläge zur Veränderung von Arbeitsabläufen im Zusammenhang mit der Einführung von Systemen der Informations- und Telekommunikationstechnik erarbeiten
e) Methoden und Aufgaben der Organisationsentwicklung im Unternehmen erläutern
f) Beteiligungsstrukturen und Mitwirkungsrechte bei der Einführung von informations- und telekommunikationstechnischen Systemen berücksichtigen

Informations-organisation

a) Ursachen für Störungen im betrieblichen Informationsfluss untersuchen und Gegenmaßnahmen vorschlagen
b) Schnittstellen, Übergabeparameter und Schlüsselsysteme im betrieblichen Informationsfluss definieren und dokumentieren
c) an der Entwicklung von arbeitsorganisatorischen, arbeitsgestalterischen und technischen Standards der betrieblichen Systeme der Informations- und Telekommunikationstechnik mitarbeiten und ihre Umsetzung kontrollieren
d) Richtlinien und Handbücher für die Nutzung von Systemen der Informations- und Telekommunikationstechnik erarbeiten und aktualisieren

Personal-wirtschaft

a) Verfahren von Einflussfaktoren der Personalplanung, -beschaffung und -abrechnung unter Gesichtspunkten ihrer organisatorischen Abwicklung erläutern
b) betriebliche Maßnahmen der Personalführung, -betreuung und -entwicklung als Instrumente zur Mitarbeitermotivation und -qualifikation aufzeigen
c) Auswirkungen des Einsatzes von Systemen der Informations- und Telekommunikationstechnik auf Qualifikationsanforderungen und -struktur feststellen; Ergebnisse für Planung und Durchführung von Aus- und Weiterbildung im Unternehmen aufbereiten

Rechnungs-wesen und Controlling

a) Aufgaben, Rechtsgrundlagen des Rechnungswesens erläutern
b) Aufgaben und Verfahren der Kosten- und Leistungsrechnung darstellen sowie die Verbindung zur Buchführung am Beispiel des Ausbildungsbetriebes erläutern
c) Voll- und Teilkostenrechnungen sowie Wirtschaftlichkeitsberechnungen durchführen, Ergebnisse für betriebliche Entscheidungen anwenden
d) Daten für die Betriebsabrechnung erheben und abgrenzen
e) Informations- und Steuerungsinstrumente des Controllings an Beispielen des Einsatzes von informations- und telekommunikationstechnischen Systemen anwenden
f) Kennziffern für die Auslastung und den wirtschaftlichen Einsatz von informations- und telekommunikationstechnischen Systemen ermitteln und als Planungsgrundlage bei der Einführung oder Anpassung von Systemen verwenden

G1 Projektplanung und -durchführung

Anforderungs-analyse

a) Fachaufgaben und betriebliche Funktionsbereiche im Hinblick auf die Möglichkeiten des Einsatzes von Systemen der Informations- und Telekommunikationstechnik analysieren
b) Arbeitsabläufe und Arbeitsorganisation sowie die damit verbundenen Datenflüsse und Schnittstellen analysieren
c) Systeme der Informations- und Telekommunikationstechnik des Ausbildungsbetriebes auf ihre Eignung, Erweiterbarkeit und Wirtschaftlichkeit zur Lösung von Fachaufgaben beurteilen
d) Anforderungsanalysen in Zusammenarbeit mit den beteiligten Organisationseinheiten und unter Berücksichtigung von Mitwirkungsrechten durchführen

9705374

Ausbildungsrahmenplan § Informatikkaufmann/Informatikkauffrau Stuffer G1

a) Hard- und Softwarekonfiguration festlegen; Vernetzungen planen	**Konzeption**
b) Ein- und Ausgabeformate, Dateien und Verarbeitungsalgorithmen festlegen	
c) Datenmodelle entwickeln sowie Datenbankstrukturen festlegen	
d) Benutzerkommunikation und Bedienoberflächen unter Beachtung ergonomischer Gesichtspunkte konzipieren	
e) Standard- und Individuallösungen unter Aspekten der Wirtschaftlichkeit, Erweiterbarkeit und des Wartungsaufwandes konzipieren	
f) Lösungsvarianten unter Berücksichtigung fachlicher, wirtschaftlicher, arbeitsorganisatorischer und sozialer Aspekte entwickeln und bewerten	
g) Pflichtenhefte für die Einführung oder Anpassung von Systemen der Informations- und Telekommunikationstechnik erstellen	
a) Projektplanung zur Einführung oder Anpassung von Systemen der Informations- und Telekommunikationstechnik, insbesondere für Teilaufgaben Personal-, Sachmittel-, Termin- und Kostenplanung, durchführen	**Projektvorbereitung**
b) Kosten- und Nutzenrechnung für Investitionen zur Einführung von Systemen der Informations- und Telekommunikationstechnik erstellen sowie Kapitalbedarfsrechnungen durchführen	
c) die geplante Einführung oder Änderung von Systemen der Informations- und Telekommunikationstechnik hinsichtlich der Auswirkungen auf die Qualitätsanforderungen an die Benutzer und die Arbeitsintensität beurteilen	
d) Konzepte für Systemlösungen präsentieren	
a) Vorgehensmodell und betriebliche Standards zur Projektdurchführung bei unterschiedlichen Aufgabenstellungen anwenden	**Projektdurchführung**
b) Projektdurchführung mit den beteiligten Organisationseinheiten des Ausbildungsbetriebes unter Berücksichtigung der Auswirkungen auf die Betriebsabläufe abstimmen	
c) betriebliche Voraussetzungen für die Abwicklung von Auftragsleistungen herstellen	
d) Zielerreichung kontrollieren, insbesondere Soll-Ist-Vergleiche aufgrund der Planungsdaten durchführen	
e) Projektabläufe analysieren und Verbesserungsvorschläge entwickeln	
f) Projektablauf sowie Qualitätskontrollen und technische Prüfungen dokumentieren	

Beschaffen und Bereitstellen von Systemen G1

a) Leistungen ausschreiben	**Einkauf**
b) Bezugsquellen ermitteln	
c) Gespräche mit Anbietern und Lieferanten systematisch vorbereiten, führen und nachbereiten	
d) Vertragsverhandlungen führen und Verträge abschließen	
a) Vertragserfüllung überwachen	**Auftragsabwicklung**
b) erbrachte Leistungen prüfen, bewerten und abnehmen	
c) Maßnahmen bei Leistungsstörungen einleiten	
a) Systemlösungen nach Maßgabe der betrieblichen Erfordernisse einrichten und anpassen	**Installation und Optimierung**
b) Vorschläge für Leistungsverbesserungen betrieblicher Systemlösungen erarbeiten und umsetzen	
c) ein Entwicklungssystem zur Erstellung von Anwendungslösungen anwenden	
d) Systemlösungen in Zusammenarbeit mit den Benutzern einführen	
a) Benutzerzugänge für branchenspezifische Informationsdienste und Expertensysteme einrichten und die Kostenentwicklung dokumentieren	**Systemverwaltung**
b) Datenbanken an veränderte Anforderungen anpassen	
c) Methoden zur fach- und benutzergerechten Pflege und Verwaltung von Datenbeständen sowie zur Sicherung der Datenintegrität entwickeln	
d) Maßnahmen zur Gewährleistung der Datensicherheit und des Datenschutzes planen und in Zusammenarbeit mit den Benutzern umsetzen	
e) Systemressourcen verwalten und Benutzern zuteilen	
f) informations- und telekommunikationstechnisches Inventar und Verbrauchsmaterial verwalten	

Benutzerberatung und -unterstützung G1

a) Bildschirmarbeitsplätze nach ergonomischen Gesichtspunkten prüfen und einrichten	**Ergonomie**
b) Benutzer über die Möglichkeiten zur Vermeidung gesundheitlicher Risiken im Umgang mit Systemen der Informations- und Telekommunikationstechnik beraten	
a) Hard- und Softwarefehler, Bedienungsfehler und Probleme der Informations- und Arbeitsorganisation voneinander abgrenzen	**Anwendungsprobleme**
b) Störungen nach Art, Umfang und Häufigkeit analysieren und dokumentieren	
c) Anwendungsprobleme unter Berücksichtigung von Wirtschaftlichkeit, technischer Realisierbarkeit und Schulungsaufwand lösen	
d) Verbesserungen bei der Nutzung von Anwendungssystemen in Zusammenarbeit mit den Benutzern erarbeiten	
a) Benutzer in die Bedienung und Nutzung der Systeme einweisen und beraten	**Einweisen und Schulen**
b) Bedienungsunterlagen und Hilfeprogramme zur Benutzerunterstützung auswählen und bereitstellen	
c) Benutzerschulungen planen und durchführen	

9705375

G1 Stuffer Informatikkaufmann/Informatikkauffrau Ausbildungsrahmenplan

G1 Branchenspezifische Leistungen — Spezialisierung für betr. Projektarbeit und Ausbildung

Geschäftsprozesse

Industrie

a) das Zusammenspiel von Material-, Waren- und Informationsfluss darstellen
b) für den Ausbildungsbetrieb typische Beschaffungsvorgänge durchführen, insbesondere
  aa) Bedarf ermitteln
  bb) Bezugsquellen ermitteln und prüfen
  cc) Angebote einholen und vergleichen
  dd) Bestellungen bearbeiten und überwachen
c) betriebstypische Formen der Lagerhaltung abgrenzen
d) Produkte und Produktionsverfahren erläutern und bei der Produktionsvorbereitung mitwirken
e) vertriebliche Aufgaben durchführen, insbesondere
  aa) Anfragen bearbeiten und Angebote erstellen
  bb) Aufträge annehmen und bearbeiten
f) Daten für das Rechnungswesen bereitstellen

Handel

a) das Zusammenspiel von Waren- und Informationsfluss des Ausbildungsbetriebes erläutern
b) Einkaufsvorgänge durchführen, insbesondere
  aa) Bezugsquellen ermitteln
  bb) Lieferanten und Artikel auswählen
  cc) bei der Gestaltung von Sortimenten und Preisen mitwirken
  dd) Mengen und Zeiten disponieren, Lieferungen überwachen
c) Lagerbestände überprüfen, Warenein- und -ausgang überwachen sowie Lagerdaten aktualisieren
d) Verkaufs- und Bestandsdaten erfassen und auswerten
e) Marktanalyse durchführen, Preise, Leistungen und Konditionen von Wettbewerbern auswerten
f) Warenwirtschaftssysteme für Einkauf, Lagerhaltung und Verkauf sowie deren Leistungsfähigkeit beurteilen
g) Zahlungsverkehr überwachen

Banken

a) Aufgaben und Ablauf des Zahlungsverkehrs im ausbildenden Betrieb erläutern
b) bei der Abwicklung des Zahlungsverkehrs, insbesondere bei der Kontoführung, dem Inlandszahlungsverkehr, dem dokumentären und nicht dokumentären Auslandsgeschäft, mitwirken
c) Arten und Bedeutung der Geld- und Kapitalanlage erläutern, insbesondere die Anlage auf Konten und Wertpapieren
d) bei der Abwicklung von Wertpapiergeschäften mitwirken
e) Arten und Bedeutung von Kreditgeschäften abgrenzen und bei der Bearbeitung und Prüfung mitwirken

Versicherungen

a) Versicherungsprodukte aus den Sparten Lebens- und Unfall-, Kranken- und Schadensversicherung gegeneinander abgrenzen
b) bei der Ermittlung und Fortschreibung der Marktsegmente mitwirken
c) Kontakte zu Kunden und Interessenten systematisch vorbereiten
d) Kunden unter Berücksichtigung von Produktqualität, Kundennutzen und -zufriedenheit beraten
e) Aufgaben in der Antragsbearbeitung übernehmen, insbesondere in den Bereichen Beratung und Risikoanalyse; Problemlösungen vorschlagen
f) Versicherungsverträge unter Berücksichtigung von Risikoänderungen sowie der Maßgabe der Erhaltung der Wertbeständigkeit des Versicherungsschutzes und der Bestandserhaltung überwachen

Krankenhaus

a) Struktur und Kommunikationswege der Organisationseinheiten, insbes. für die Bereiche Pflege, Diagnostik, Therapie, Versorgung und Verwaltung, unterscheiden
b) Patientendaten erfassen und verwalten, insbesondere Krankenakten anlegen sowie Belege und patientenbezogene Dokumente erstellen und weiterleiten
c) an der Organisation von Versorgungsabläufen mitwirken
d) die für die Abrechnung mit den Kostenträgern relevanten Daten erfassen und für das Rechnungswesen und die Statistik aufbereiten
e) Materialbedarfsplanungen durchführen, insbesondere Medikamente und Verbrauchsgüter unter Berücksichtigung von Bestell- und Lagerfristen beschaffen
f) bei der Personaleinsatzplanung und ihrer Abstimmung zwischen den Bereichen ärztliche Versorgung, Pflege und Verwaltung mitwirken
g) Zugänge zu Onlinediensten der medizinischen Dokumentation herstellen sowie medizinische Dokumentationen beschaffen und verwalten
h) krankenhausspezifische informations- und telekommunikationstechnische Systeme, insbesondere zum Patientenmanagement, zur Dienst- und Terminplanung, zur Befundverwaltung und medizinischen Dokumentation anwenden

Planung, Steuerung und Kontrolle

a) Maßnahmen und Methoden des Ausbildungsbetriebes zur Planung, Steuerung und Kontrolle der Leistungserstellung darstellen
b) den Prozess der Leistungserstellung in wirtschaftlicher und organisatorischer Hinsicht analysieren, Störungen feststellen und Gegenmaßnahmen einleiten
c) die Auswirkungen von betrieblichen Strukturveränderungen, insbesondere beim Technik- und Rohstoffeinsatz und bei Maßnahmen zum Umweltschutz, analysieren und bewerten

a) Geschäftsprozesse und Austauschbeziehungen des Unternehmens zu Kunden, Lieferanten, Organisationen und Banken sowie deren Unterstützung durch das informations- und telekommunikationstechnische System aufzeigen
b) Störungen im Geschäftsprozess, insbesondere bei Lieferverzug, feststellen und Gegenmaßnahmen einleiten
c) an Maßnahmen zur Planung, Steuerung und Kontrolle der Warenwirtschaft mitwirken

a) Geschäftsprozesse und Austauschbeziehungen des Unternehmens zu Kunden und Partnern sowie deren Unterstützung durch das informations- und telekommunikationstechnische System erklären
b) informations- und telekommunikationstechnische Maßnahmen und Methoden des Ausbildungsbetriebes zur Planung, Steuerung und Kontrolle der Leistungserstellung, insbesondere Managementinformationssysteme und datenverarbeitungsgestütztes Controlling, nutzen
c) an Maßnahmen zur Planung, Steuerung und Kontrolle der Leistungserstellung mitwirken, insbesondere Analysedaten sowie Daten zur Kundenberatung und Kundenbilanzauswertung beschaffen und erfassen
d) Maßnahmen des Ausbildungsbetriebes zur Qualitätssicherung erläutern, insbesondere Kundenanforderungen, und Leistungsangebot der Bank vergleichen
e) interne Vorschriften zur Qualitätssicherung, insbesondere Arbeitsanweisungen und Revisionsvorschriften, anwenden
f) Prozesse der Leistungserstellung in wirtschaftlicher und organisatorischer Hinsicht analysieren, Störungen feststellen und Gegenmaßnahmen einleiten

a) versicherungsspezifische Rechtsgrundlagen sowie betriebliche Regelungen anwenden
b) Daten, insbesondere aus den Funktionsbereichen Antrag, Vertrag und Leistung sowie zu den betrieblichen Zielen der ertragsorientierten Steuerung, aufbereiten und auswerten
c) den Einsatz von informations- und telekommunikationstechnischen Systemen prüfen und Verbesserungen vorschlagen

a) die für die Krankenhausorganisation wesentlichen Aufgaben analysieren und mit den jeweiligen Organisationseinheiten Verfahren zur Erfassung und Bewertung der erbrachten Leistung entwickeln und einsetzen
b) den Einsatz von Informations- und Telekommunikationssystemen, insbesondere in den Bereichen Terminüberwachung, Medikamentenverbrauch und Patientenverwaltung analysieren und Verbesserungen vorschlagen
c) Störungen im Verwaltungsablauf analysieren und mit den Organisationseinheiten Gegenmaßnahmen entwickeln

9705376

Ausbildungsrahmenplan Alle IT-Berufe: Wirtschafts- und Sozialkunde Stuffer WiSo

Der Ausbildungsbetrieb	WiSo
a) Aufgaben und Stellung des Ausbildungsbetriebes im gesamtwirtschaftlichen Zusammenhang beschreiben b) Aufbau des ausbildenden Betriebes erläutern c) Art und Rechtsform des Betriebes erläutern d) die Zusammenarbeit des Ausbildungsbetriebes mit Wirtschaftsorganisationen, Verbänden, Behörden und Gewerkschaften beschreiben	**Stellung, Rechtsform und Struktur**
a) rechtliche Vorschriften zur Berufsausbildung erläutern, Rechte und Pflichten aus dem Ausbildungsverhältnis erklären b) die Ausbildungsordnung mit dem betrieblichen Ausbildungsplan vergleichen c) die Notwendigkeit weiterer beruflicher Qualifizierung begründen d) berufliche Fortbildungsmöglichkeiten beschreiben und Aufstiegsmöglichkeiten nennen e) wesentliche Bestimmungen des Arbeits- und Tarifrechtes beschreiben und ihre Bedeutung für das Arbeitsverhältnis erklären f) eigene Entgeltabrechnung erläutern g) Grundlagen, Aufgaben und Arbeitsweise der betriebsverfassungsrechtlichen oder personalvertretungsrechtlichen Organe des ausbildenden Betriebes beschreiben	**Berufsbildung, Arbeits- und Tarifrecht**
a) Gefährdung von Sicherheit und Gesundheit am Arbeitsplatz feststellen und Maßnahmen zu ihrer Vermeidung ergreifen b) berufsbezogene Arbeitsschutz- und Unfallverhütungsvorschriften anwenden c) Verhaltensweisen bei Unfällen beschreiben sowie erste Maßnahmen einleiten d) Vorschriften des vorbeugenden Brandschutzes anwenden; Verhaltensweisen bei Bränden beschreiben und Maßnahmen zur Brandbekämpfung ergreifen	**Sicherheit und Gesundheitsschutz bei der Arbeit**

G2 Stuffer — Alle IT-Berufe · Kernqualifikationen § Ausbildungsrahmenplan

G2 — Der Ausbildungsbetrieb

Sicherheit und Gesundheits-schutz bei der Arbeit	a) Gefährdung von Sicherheit und Gesundheit am Arbeitsplatz feststellen und Maßnahmen zu ihrer Vermeidung ergreifen
	b) berufsbezogene Arbeitsschutz- und Unfallverhütungsvorschriften anwenden
	c) Verhaltensweisen bei Unfällen beschreiben sowie erste Maßnahmen einleiten
	d) Vorschriften des vorbeugenden Brandschutzes anwenden; Verhaltensweisen bei Bränden beschreiben und Maßnahmen zur Brandbekämpfung ergreifen
Umweltschutz	Zur Vermeidung betriebsbedingter Umweltbelastungen im beruflichen Einwirkungsbereich beitragen, insbesondere
	a) mögliche Umweltbelastungen durch den Ausbildungsbetrieb und seinen Beitrag zum Umweltschutz an Beispielen erklären
	b) für den Ausbildungsbetrieb geltende Regelungen des Umweltschutzes anwenden
	c) Möglichkeiten der wirtschaftlichen und umweltschonenden Energie- und Materialverwendung nutzen
	d) Abfälle vermeiden; Stoffe und Materialien einer umweltschonenden Entsorgung zuführen
...	Übrige Inhalte zum „Ausbildungsbetrieb" prüfungstechnisch WiSo zugeordnet (▶ WiSo S. 377)!

G2 — Geschäfts- und Leistungsprozesse

Leistungser-stellung und -verwertung	a) den Prozess der Leistungserstellung im Ausbildungsbetrieb beschreiben
	b) Wirtschaftlichkeit und Produktivität betrieblicher Leistungen beurteilen
	c) Einfluss der Wettbewerbssituation auf die Leistungserstellung und -verwertung darstellen
	d) die Rolle von Kunden und Lieferanten für die Leistungserstellung und -verwertung erläutern
Betriebliche Organisation	a) Zuständigkeiten für die unterschiedlichen Aufgaben im Ausbildungsbetrieb unterscheiden
	b) die Zusammenarbeit zwischen den einzelnen Organisationseinheiten beschreiben, insbesondere Informationsflüsse und Entscheidungsprozesse darstellen
	c) Vor- und Nachteile von zentralen und dezentralen Organisationsformen erläutern
	d) Schwachstellen im Betriebsablauf aufzeigen, Verbesserungen vorschlagen
Beschaffung	a) Bedarf an informations- und telekommunikationstechnischen Produkten und Dienstleistungen ermitteln
	b) Produktinformationen von Anbietern unter wirtschaftlichen und fachlichen Gesichtspunkten auswerten
	c) Angebote einholen und vergleichen
	d) Bestellvorgänge planen und durchführen, Wareneingang kontrollieren
Markt- und Kunden-beziehungen	a) bei der Marktbeobachtung mitwirken, insbesondere Preise, Leistungen, Konditionen von Wettbewerbern vergleichen
	b) Bedürfnisse und Kaufverhalten von Benutzern informations- und telekommunikationstechnischer Systeme feststellen sowie Zielgruppen unterscheiden
	c) Kunden unter Beachtung von Kommunikationsregeln informieren und beraten sowie Kundeninteressen berücksichtigen
	d) Kundenbeziehungen unter Berücksichtigung betrieblicher Grundsätze gestalten
	e) an der Vorbereitung von Verträgen und Vertragsverhandlungen mitwirken, über Finanzierungsmöglichkeiten informieren
	f) an Marketing- und Verkaufsförderungsmaßnahmen mitwirken
	g) Auswirkungen der Kundenzufriedenheit auf das Betriebsergebnis darstellen
Kauf-männische Steuerung und Kontrolle	a) die Notwendigkeit der Steuerung und Kontrolle der Geschäftsprozesse begründen
	b) Kosten und Erträge für erbrachte Leistungen errechnen sowie im Zeitvergleich und im Soll-Ist-Vergleich bewerten
	c) Ergebnisse der Betriebsabrechnung für Controllingzwecke auswerten
	d) Daten für die Erstellung von Statistiken beschaffen und aufbereiten, in geeigneter Form darstellen und interpretieren

G2 — Arbeitsorganisation und Arbeitstechniken

Informieren und Kommu-nizieren	a) Informationsquellen, insbesondere technische Unterlagen, Dokumentationen und Handbücher, in deutscher und englischer Sprache aufgabenbezogen auswerten
	b) Gespräche situationsgerecht führen und Sachverhalte präsentieren, deutsche und englische Fachbegriffe anwenden
	c) Informationen aufgabenbezogen bewerten und auswählen
	d) Schriftverkehr durchführen und Protokolle anfertigen
	e) Daten und Sachverhalte visualisieren und Grafiken erstellen sowie Standardsoftware anwenden
Planen und Organisieren	a) Zeitplan und Reihenfolge der Arbeitsschritte für den eigenen Arbeitsbereich festlegen
	b) den eigenen Arbeitsplatz unter Berücksichtigung betrieblicher Vorgaben und ergonomischer Aspekte gestalten
	c) Termine planen und abstimmen, Terminüberwachung durchführen
	d) Probleme analysieren und als Aufgabe definieren, Lösungsalternativen entwickeln und beurteilen
	e) unterschiedliche Lerntechniken anwenden
	f) Maßnahmen zur Verbesserung der Arbeitsorganisation und der Arbeitsgestaltung vorschlagen
	g) Arbeits- und Organisationsmittel wirtschaftlich und ökologisch einsetzen
Teamarbeit	a) Aufgaben im Team planen, entsprechend den individuellen Fähigkeiten aufteilen, Zusammenarbeit aktiv gestalten
	b) Aufgaben im Team bearbeiten, Ergebnisse abstimmen und auswerten
	c) Möglichkeiten zur Konfliktregelung im Interesse eines sachbezogenen Ergebnisses anwenden

9705378

Ausbildungsrahmenplan Ⓢ **Kernqualifikationen** • **Alle IT-Berufe** Stuffer **G2**

Informations- und telekommunikationstechnische Produkte und Märkte — G2

a) marktgängige Systeme der Informations- und Telekommunikationstechnik nach Einsatzbereichen, Leistungsfähigkeit und Wirtschaftlichkeit unterscheiden	**Einsatz-felder und Entwicklungs-trends**
b) Veränderungen von Einsatzfeldern für Systeme der Informations- und Telekommunikationstechnik aufgrund technischer, wirtschaftlicher und gesellschaftlicher Entwicklungen feststellen	
c) technologische Entwicklungstrends von Systemen der Informations- und Telekommunikationstechnik feststellen sowie ihre wirtschaftlichen, sozialen und beruflichen Auswirkungen bewerten	
d) Auswirkungen der technologischen Entwicklung auf Lösungskonzepte aktueller informations- und telekommunika-tionstechnischer Systeme darstellen	
a) Systemarchitekturen und Hardwareschnittstellen marktgängiger informations- und telekommunikationstechnischer Systeme unterscheiden sowie Kompatibilität von Speicherbausteinen, Ein-/Ausgabekomponenten und Peripherie-geräten beurteilen	**System-architektur, Hardware und Betriebs-systeme**
b) verschiedene Speichermedien sowie Ein- und Ausgabegeräte nach Einsatzbereichen unterscheiden	
c) marktgängige Betriebssysteme, ihre Komponenten und ihre Anwendungsbereiche unterscheiden	
a) Anwendungssoftware nach Einsatzbereichen unterscheiden	**Anwendungs-software**
b) Hardware- und Systemvoraussetzungen beurteilen	
c) Leistungsfähigkeit und Erweiterbarkeit beurteilen	
a) Hard- und Softwaresysteme sowie gängige Datenformate zur Datenübertragung unterscheiden	**Netze, Dienste**
b) Netzwerkarchitekturen unterscheiden	
c) Netzwerkbetriebssysteme nach Leistungsfähigkeit und Einsatzbereichen beurteilen	
d) Angebote von Informations- und Telekommunikationsdiensten und Konditionen zur Nutzung vergleichen	
e) systemtechnische Voraussetzungen für die Nutzung von Informations- und Telekommunikationsdiensten schaffen	

Herstellen und Betreuen von Systemlösungen — G2

a) Hard- und Software-Ausstattung eines Arbeitsplatzsystems zur Bearbeitung betrieblicher Fachaufgaben ermitteln sowie Arbeitsablauf, Datenflüsse und Schnittstellen analysieren	**Ist-Analyse und Konzeption**
b) Anforderungen an ein Arbeitsplatzsystem unter Berücksichtigung der organisatorischen Abläufe und der Anforderungen der Benutzer feststellen	
c) Hard- und Softwarekomponenten auswählen sowie Lösungsvarianten entwickeln und beurteilen	
d) Datenmodelle entwerfen	
e) die zu erbringende Leistung dokumentieren	
a) prozedurale und objektorientierte Programmiersprachen unterscheiden	**Programmier-techniken**
b) Programmierlogik und Programmiermethoden anwenden	
c) Anwendungen in einer Makro- oder Programmiersprache erstellen	
a) Systeme zusammenstellen und verbinden	**Installieren und Konfigurieren**
b) Hardware und Betriebssystem installieren und konfigurieren	
c) Anwendungsprogramme, insbesondere marktübliche Büroanwendungen, installieren und konfigurieren	
d) Systeme testen	
e) Konfigurationsdaten festhalten sowie Systemdokumentation zusammenstellen	
a) Verschlüsselungsverfahren und Zugriffsschutzmethoden anwenden	**Datenschutz und Urheberrecht**
b) Vorschriften zum Datenschutz anwenden	
c) Vorschriften zum Urheberrecht anwenden	
d) technische Vorschriften zur Sicherung des Fernmeldegeheimnisses anwenden	
e) Daten archivieren, nicht mehr benötigte Datenbestände löschen, Datenträger entsorgen	
a) Datenbankmodelle unterscheiden	**Systempflege**
b) Datenbanken einrichten und verwalten, Datenbankabfragen durchführen	
c) Daten unterschiedlicher Formate übernehmen	
d) Daten für unterschiedliche Hard- und Softwaresysteme konvertieren	
e) Datensicherung durchführen	
f) Methoden zur Wiederherstellung von Daten einschließlich Daten defekter Datenträger anwenden	
g) Versionswechsel von Betriebssystemen und Anwendungssoftware durchführen	
h) Störungen unter Einsatz von Diagnosewerkzeugen analysieren und beheben, Fehlertypologie und Fehlerhäufigkeiten ermitteln	
i) Wartungsmaßnahmen durchführen	
k) Serviceleistungen dokumentieren, kalkulieren und abrechnen	

9705379

Sachwortverzeichnis

9705380

9705382

9705383